W0223247

GLAS

AUS VIER JAHRHUNDERTEN

GLASGALERIE MICHAEL KOVACEK
WIEN

A-1010 Wien, Stallburggasse 2, Österreich
Tel.: 52 99 54 oder 53 21 66
(Tel. ab ca. Mitte 1986: 51 29 954 oder 51 32 166)

Wien, im Oktober 1985

Wir danken für die Mitwirkung an dieser Publikation:

Helga Dittmann
Wolfgang Prager
Walter Spiegl
Ernst Ploil
Prof. Dr. Hanns Jäger-Sunstenau

Impressum:

Eigentümer und Herausgeber: Michael Kovacek

Beschreibung der Gläser: Regine und Michael Kovacek
Übersetzung: Regine Kovacek
Fotos: Edith Jekel, Wien
Graphische Gestaltung: Hubert Borger, Wien
Druck: Druckerei Gerstmayer Gesellschaft m.b.H., Wien

ISBN-Nr. 3-900605-00-9

Vorwort

Angespornt durch beinahe fünftausend Besucher unserer ersten Glasausstellung im Jahre 1982, entschlossen wir uns schon kurz danach, dieser in drei Jahren eine weitere Ausstellung in größerem Umfang folgen zu lassen. Mit dieser Vorstellung und der vorliegenden Veröffentlichung soll der Versuch unternommen werden, dem stark gestiegenen Interesse an alten Gläsern Rechnung zu tragen und den Liebhabern dieser faszinierenden Materie Anregung und Information zu bieten.
Die Unterteilung in dreizehn Gruppen mit vorangehenden kurzen Einführungen ermöglicht einen Überblick über die unterschiedlichen Entwicklungen der Glasgeschichte und die Erzeugnisse verschiedener Glashütten. Damit soll keine umfassende Information über die Entstehung des europäischen Glases geboten werden, sondern bestimmte Gläser und Glasgruppen eine ausführliche Betrachtung erfahren.
Um die Schatten der Anonymität von welchen die Meister des Glasschnittes umgeben sind etwas aufzuhellen, fertigten wir von vielen Gravuren Abdrücke an und bilden diese, so weit es möglich ist, in Originalgröße ab. Anhand von Vergleichen mit stilistisch ähnlich geschnittenen Gläsern, müßte es dadurch möglich werden, das eine oder andere Glas einem bestimmten Meister zuzuschreiben.
Da in den angelsächsischen Ländern das Interesse am mitteleuropäischen Glas immer größer wird, entschlossen wir uns auch zu einer Ausgabe in englischer Sprache.
Allen Personen die durch ihre Mithilfe am Zustandekommen dieser Publikation beteiligt waren, wollen wir an dieser Stelle unseren besten Dank aussprechen.
In der Absicht den beschrittenen Weg in einigen Jahren mit einer weiteren Ausstellung fortzusetzen, empfehlen wir uns

mit den besten Grüßen
Regine und Michael Kovacek

Formglas

Gegenstände des täglichen Bedarfes wie Flaschen, Becher und Krüge zählen seit der Erfindung des Glases zu den überwiegenden Erzeugnissen fast aller Glashütten.
Die ersten Hütten in Mitteleuropa entstanden zu Beginn unserer Zeitrechnung und wurden von den Römern gegründet. Eine eigenständige Entwicklung setzte aber erst ab dem 14. Jahrhundert ein.
Durch die engen wirtschaftlichen Beziehungen entstanden in vielen Gebieten sehr ähnliche Glasformen, wodurch es bei einfachen Gebrauchsgläsern oft unmöglich ist, zwischen Erzeugnissen aus der Schweiz, aus Österreich, Böhmen und Süddeutschland genaue Unterscheidungen zu treffen.
Trotzdem kann man die eine oder andere geschlossene Gruppe bestimmten Regionen zuordnen. Dazu zählen die sogenannten Tiroler Schnapsflaschen, deren Ursprünge in der Mitte des 16. Jahrhunderts anzusetzen sind. Ob diese nun tatsächlich nur für die Aufbewahrung von Spirituosen dienten und ausschließlich in Tirol hergestellt wurden, ist nicht eindeutig geklärt. Faszinierend jedoch ist die Vielfalt der Formen und der Oberflächengestaltung, welche durchwegs — teils unter Zuhilfenahme reliefierter Holzformen — in der Hütte gefertigt wurden. Abb. 2, 5, 6, 8, 9, 10, 11, 12, 13, 17, 18.

Michael Kovacek

(1)

Vorrats- oder Kühlflasche, Böhmen?, 2. Hälfte 17. Jahrhundert

Gelbgrünes, dickwandiges, durch viele Kalkeinschlüsse verunreinigtes Glas. Die Verlegung des Pfeifenansatzes an eine Ecke der quadratisch geformten Flasche ermöglichte dem Glasbläser in die Mitte der oberen Fläche ein Loch zu schneiden, um eine birnenförmige Glasblase einzuschmelzen. Beide Öffnungen wurden mit einer zusammenhängenden Zinnmontierung sowie zwei Schraubverschlüssen versehen. Höhe 22,5 cm.

Der genaue Verwendungszweck dieser Flasche konnte nicht ermittelt werden. Es ist sowohl an die Möglichkeit eines Kühlgefäßes, durch Einfüllen eines Kühlmittels in eine der beiden Blasen, als auch eines Gefäßes für ein festes und ein flüssiges Medium zu denken.

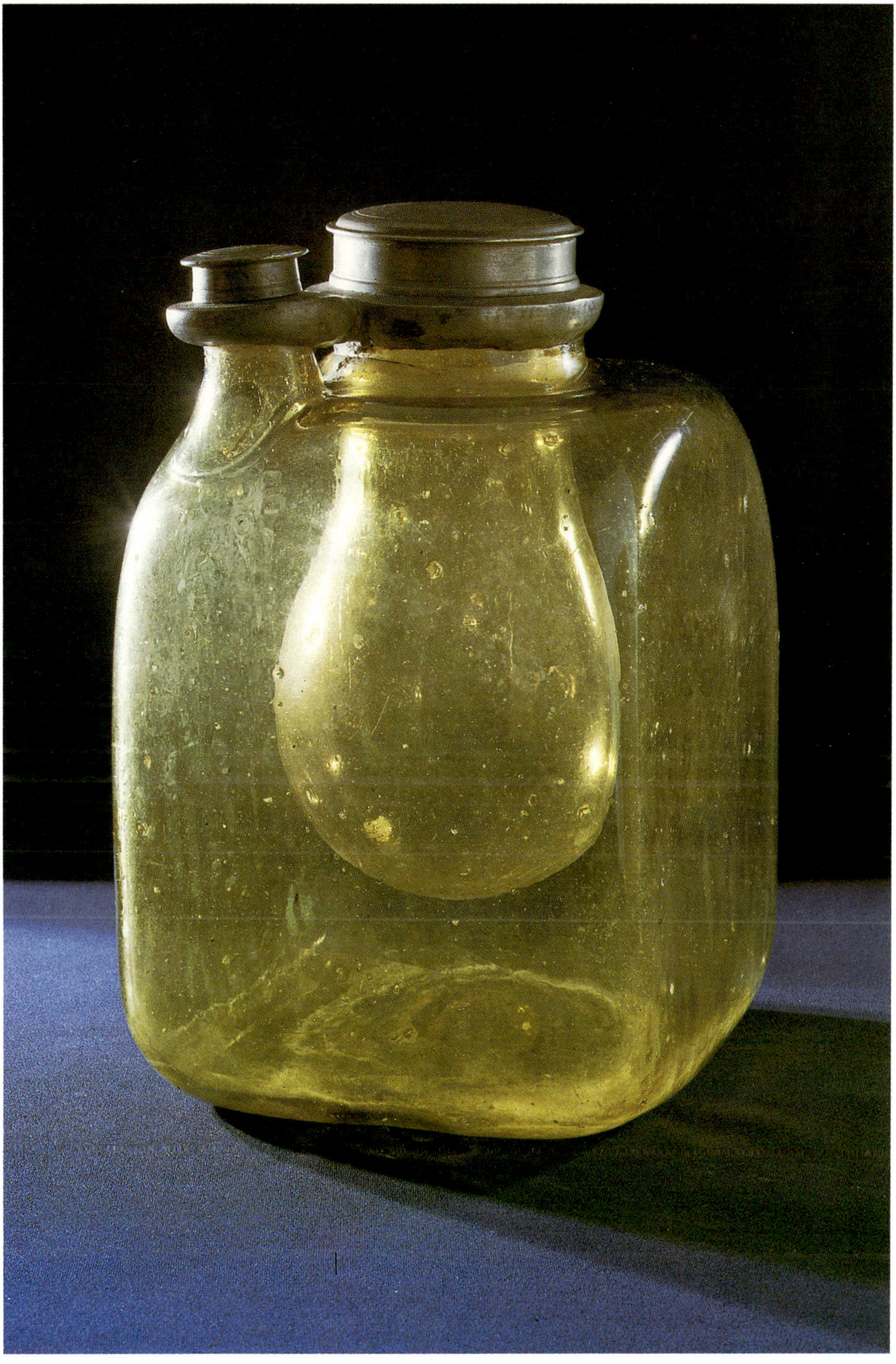

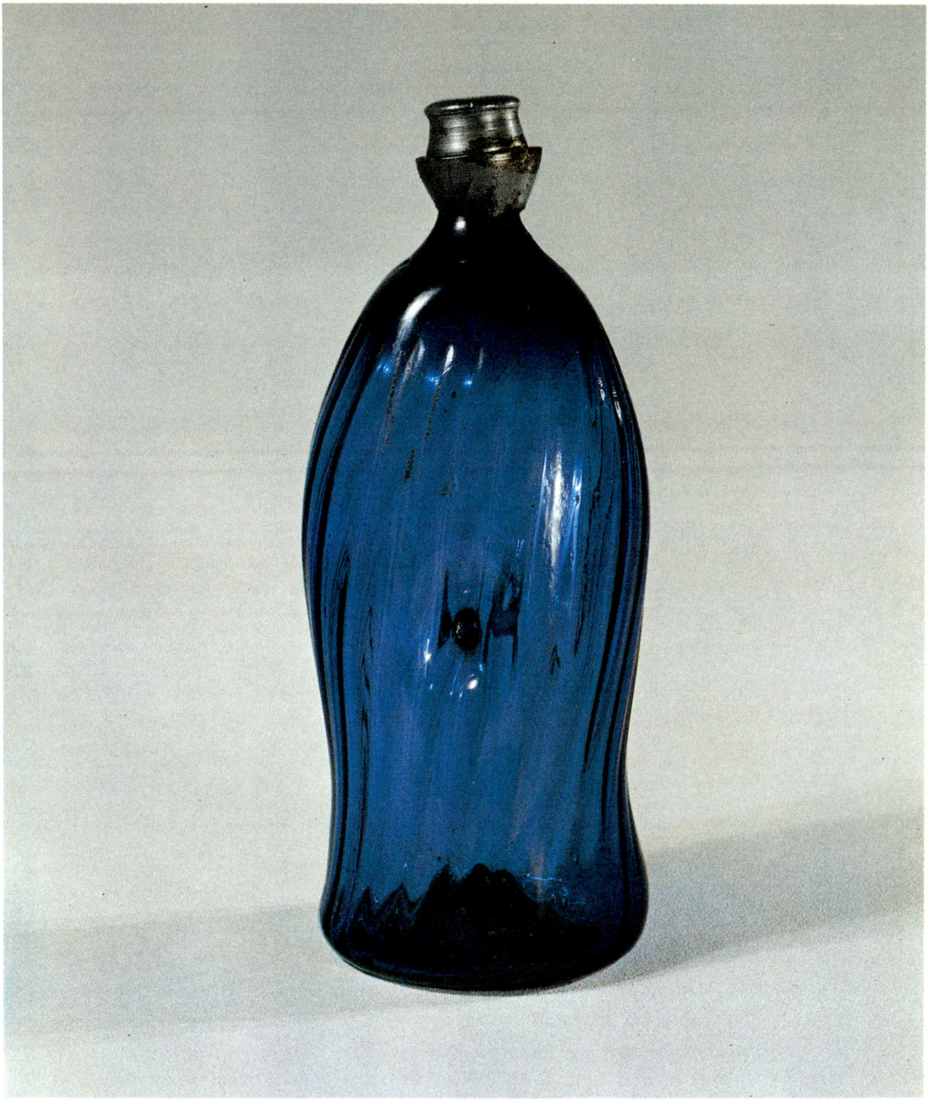

(2)

Nabelflasche, alpenländisch, 1. Hälfte 18. Jahrhundert

Blaues Glas in eine längsgerillte Holzform geblasen, anschließend leicht verdreht und beidseitig eingedrückt. Zinnmontierung mit Schraubverschluß. Höhe 16,7 cm.

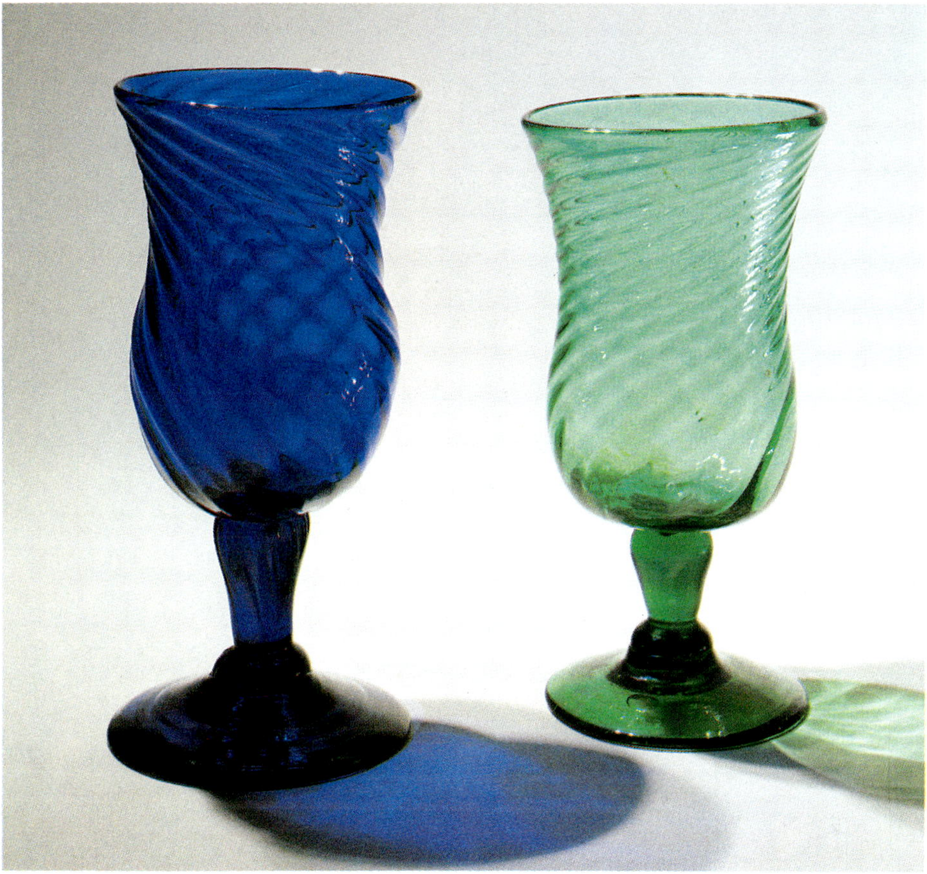

3 4

(3)

Weinglas, alpenländisch oder Sachsen?, 1. Hälfte 18. Jahrhundert

Blaues Glas in eine mit Längsrillen versehene Holzform geblasen. Anschließend wurden die Kuppa und der Balusterschaft geformt. Angeschmolzener, leicht gewölbter Fuß.
Höhe 16,5 cm.

(4)

Weinglas, alpenländisch oder Sachsen?, 1. Hälfte 18. Jahrhundert

Lichtgrünes Glas in eine mit Längsrillen versehene Holzform geblasen. Anschließend wurden die Kuppa und der Balusterschaft geformt. Angeschmolzener, leicht gewölbter Fuß.
Höhe 15,7 cm.

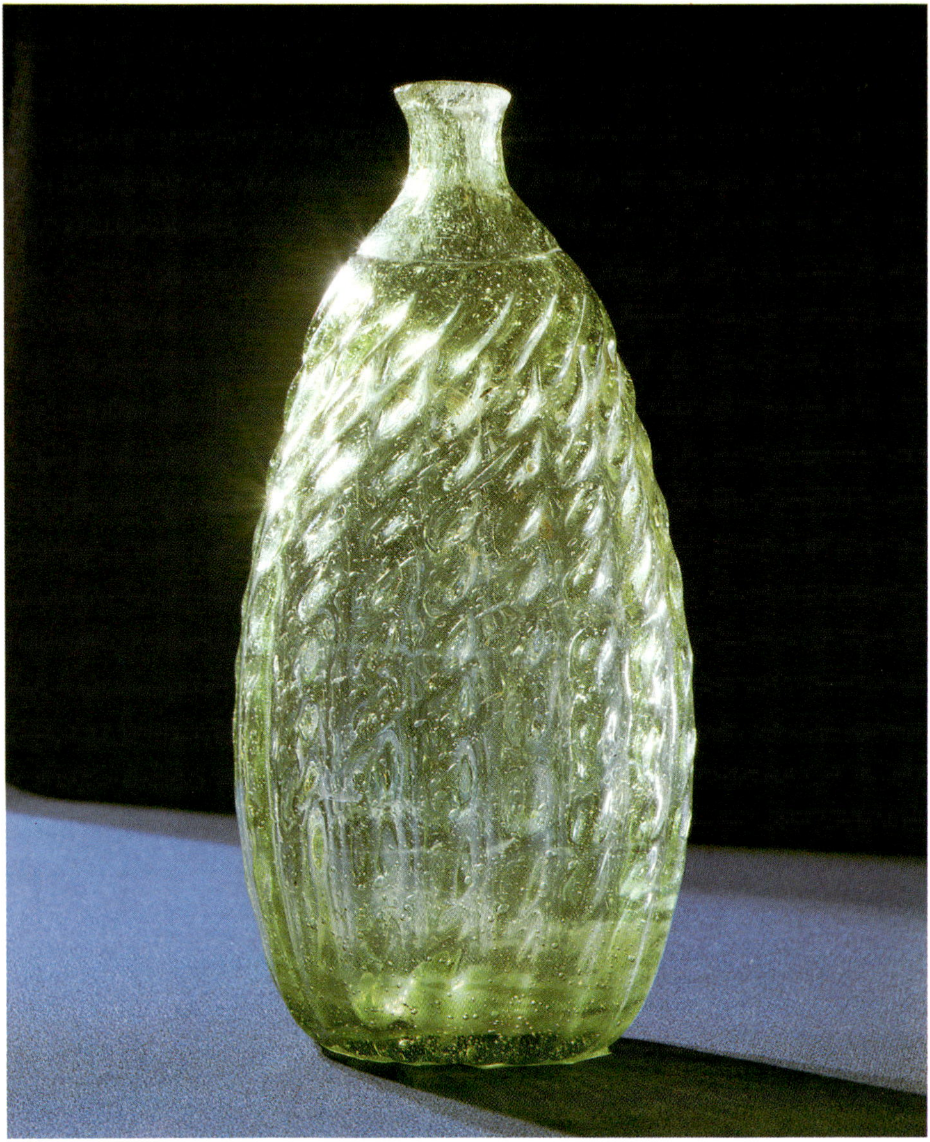

(5)

Flasche, alpenländisch, um 1700

Hellgrünes Glas, in eine mit Längs- und Querrillen versehene Holzform geblasen, anschließend in die Länge gezogen und auf einer Seite flachgedrückt. Höhe 15,5 cm.

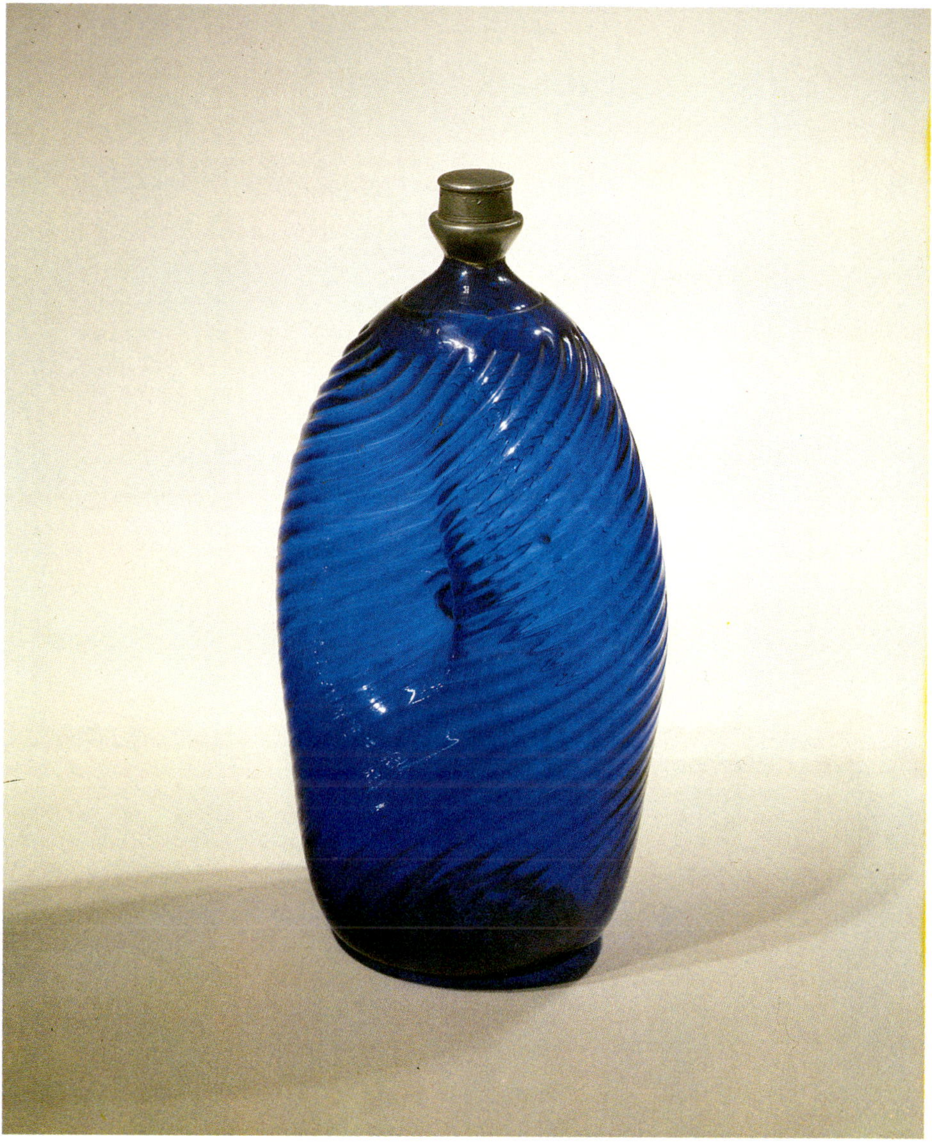

6

Nabelflasche, alpenländisch, 1. Hälfte 18. Jahrhundert

Blaues Glas, in eine längsgerillte Holzform geblasen, anschließend stark verdreht und beidseitig eingedrückt. Zinnmontierung mit Schraubverschluß. Höhe 19,5 cm.

7

Flasche, alpenländisch, um 1700

Dunkles, bernsteinfarbiges Glas. Der Flaschenkörper wurde durch Einblasen in eine zehnfach gerillte Holzform und anschließendes Verdrehen gebildet. Der Flaschenhals hingegen ist durch eine zwölffach gerillte Form gezogen. Unterhalb der Zinnmontierung gewellter, aufgeschmolzener Glasfaden. Höhe 20 cm.

Schraubverschluß fehlt.

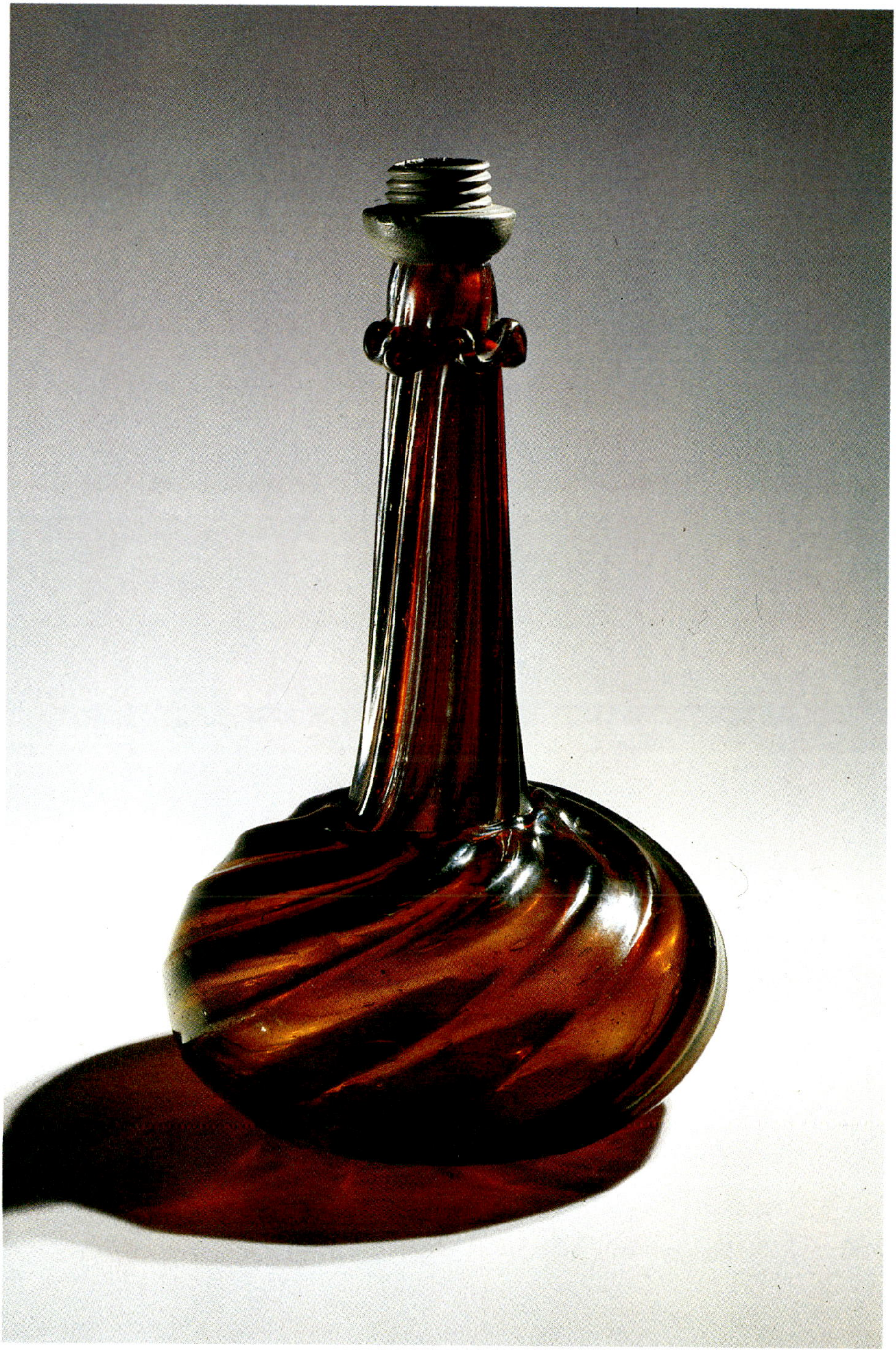

(8)

Flasche, alpenländisch, 1. Hälfte 18. Jahrhundert

Bernsteinfarbiges, dünnwandiges Glas, in eine mit verschiedenen Ornamenten verzierte Holzform geblasen und anschließend quadratisch geformt. Die Längskanten sind abgeschrägt. Höhe 22 cm.

Zinnmontierung beschädigt. Im Boden, vom Hefteisenansatz ausgehend 3 cm langer Spannungsriß.

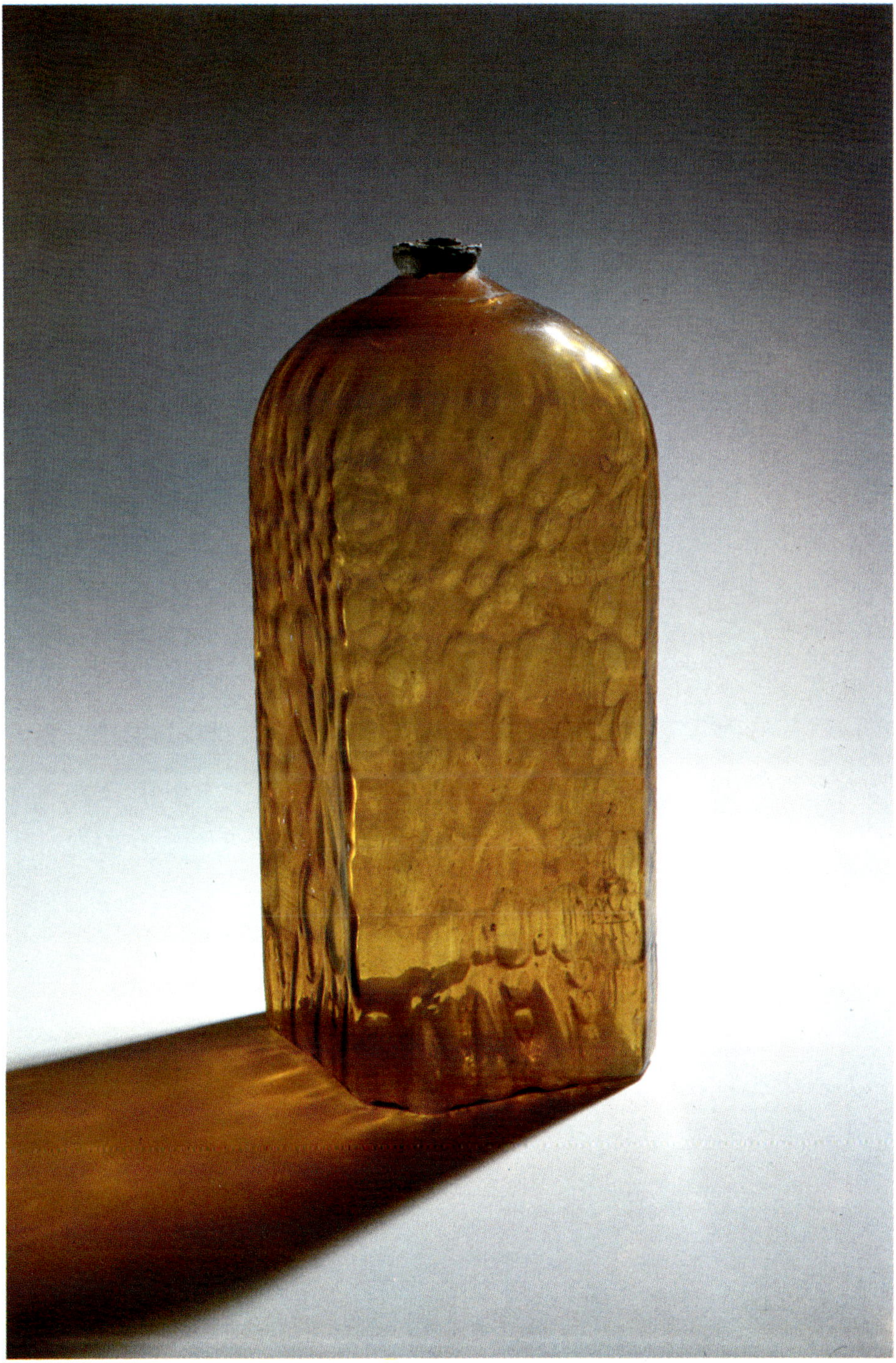

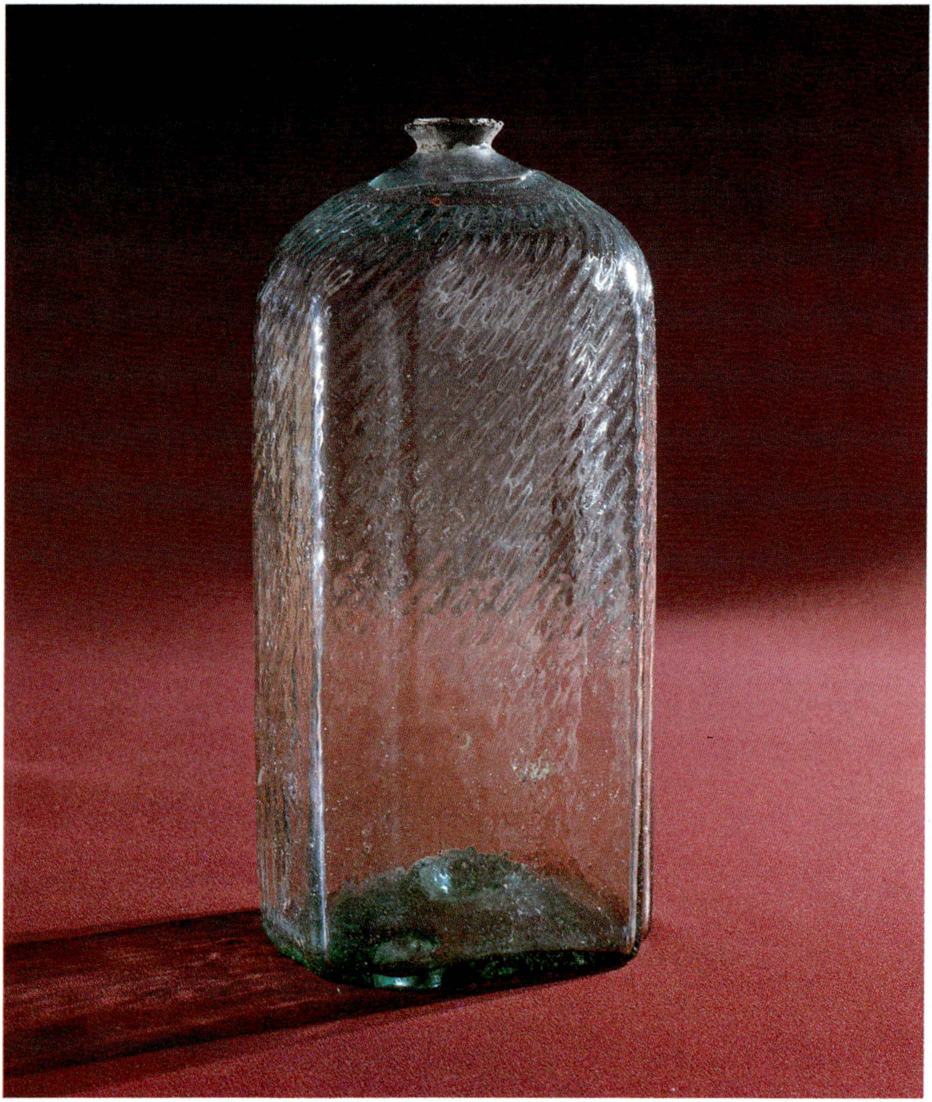

(9)

Flasche, alpenländisch, 1. Hälfte 18. Jahrhundert

Lichtgrünes, dünnwandiges Glas, in eine längsgerillte Holzform geblasen, anschließend verdreht und rechteckig geformt. Die Längskanten sind eingezogen. Zum Zwecke der besseren Griffestigkeit wurde die Flasche knapp unter der Schulter an beiden Breitseiten leicht eingedrückt. Höhe 18,2 cm.

Zinnmontierung beschädigt.

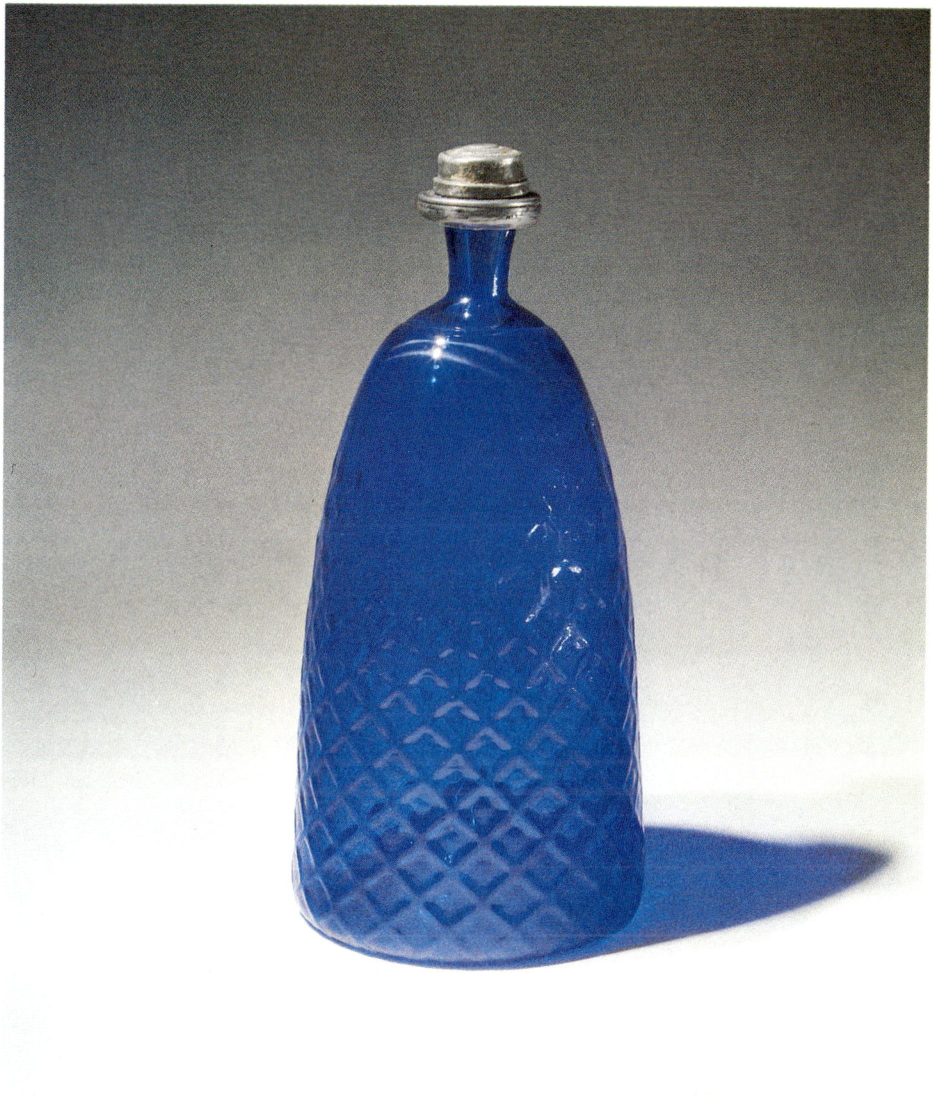

(10)

Flasche, alpenländisch, 1. Hälfte 18. Jahrhundert

Blaues Glas, in eine netzartig gerillte Holzform geblasen. Der Boden hoch eingestochen. Zinnmontierung mit nicht zugehörigem Schraubverschluß. Höhe 19,5 cm.

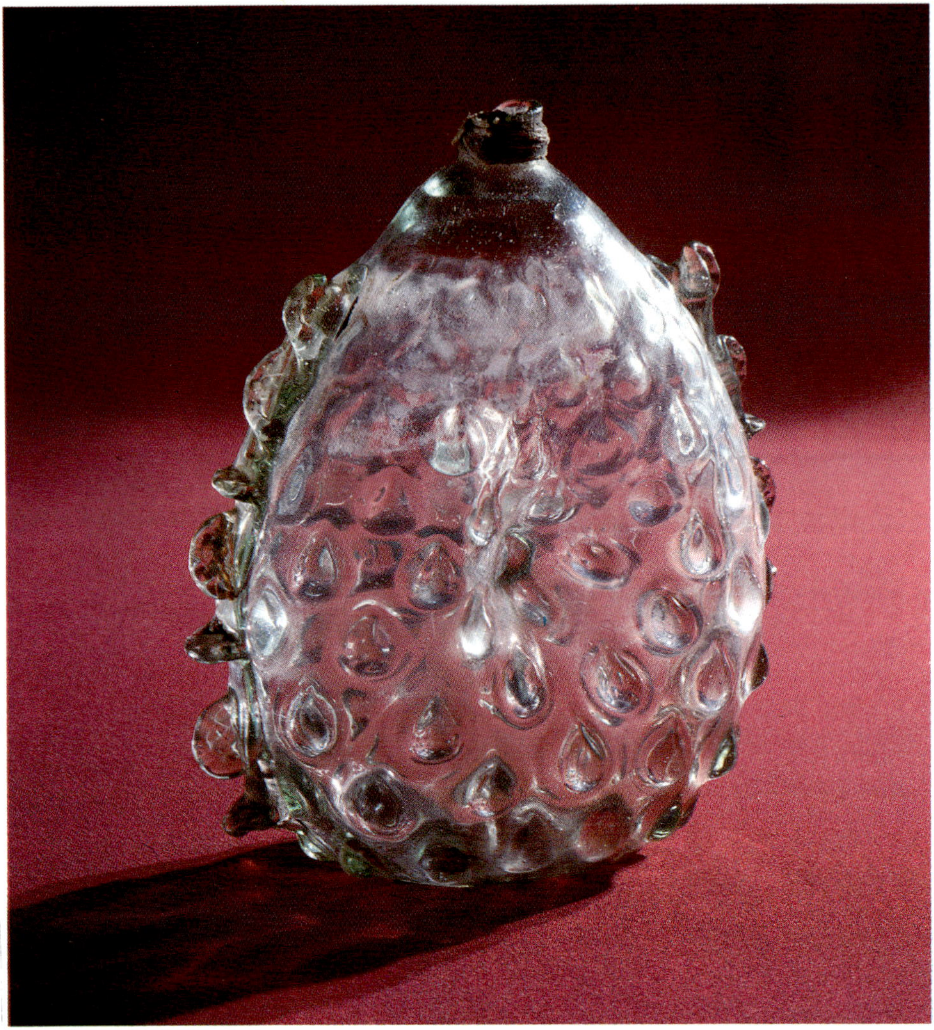

(11)

Nabelflasche, alpenländisch, 2. Hälfte 17. Jahrhundert

Lichtgrünes Glas, in eine mit noppenförmigen Vertiefungen versehene Holzform geblasen und beidseitig eingedrückt. An den Schmalseiten aufgeschmolzene Glasfäden, längs und quer gekniffen. Alte Schnurumwicklung am Ausguß. Höhe 14 cm.

Ausguß ausgesplittert, eine gekniffene Zacke abgebrochen.

Provenienz:

Alte Sammlungsnummer 2342

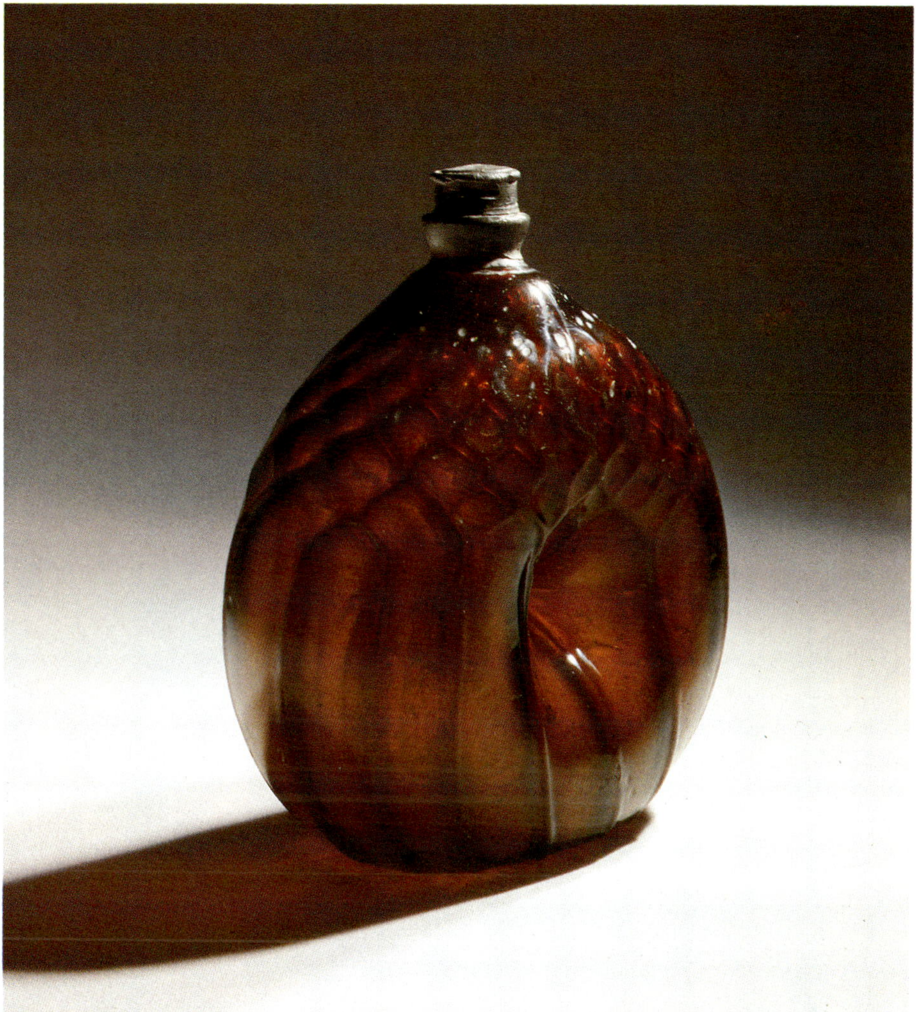

(12)

Nabelflasche, alpenländisch, um 1700

Dunkles, bernsteinfarbiges Glas, in eine in der unteren Hälfte längs- und im oberen Teil netzartig gerillte Holzform geblasen und beidseitig eingedrückt. Zinnmontierung mit Schraubverschluß. Höhe 11,5 cm.

(13)

Nabelflasche, alpenländisch, 1. Hälfte 18. Jahrhundert

Blaues, dünnwandiges Glas, in eine gerillte Holzform geblasen und beidseitig eingedrückt. Zinnmontierung mit Schraubverschluß. Höhe 26 cm.

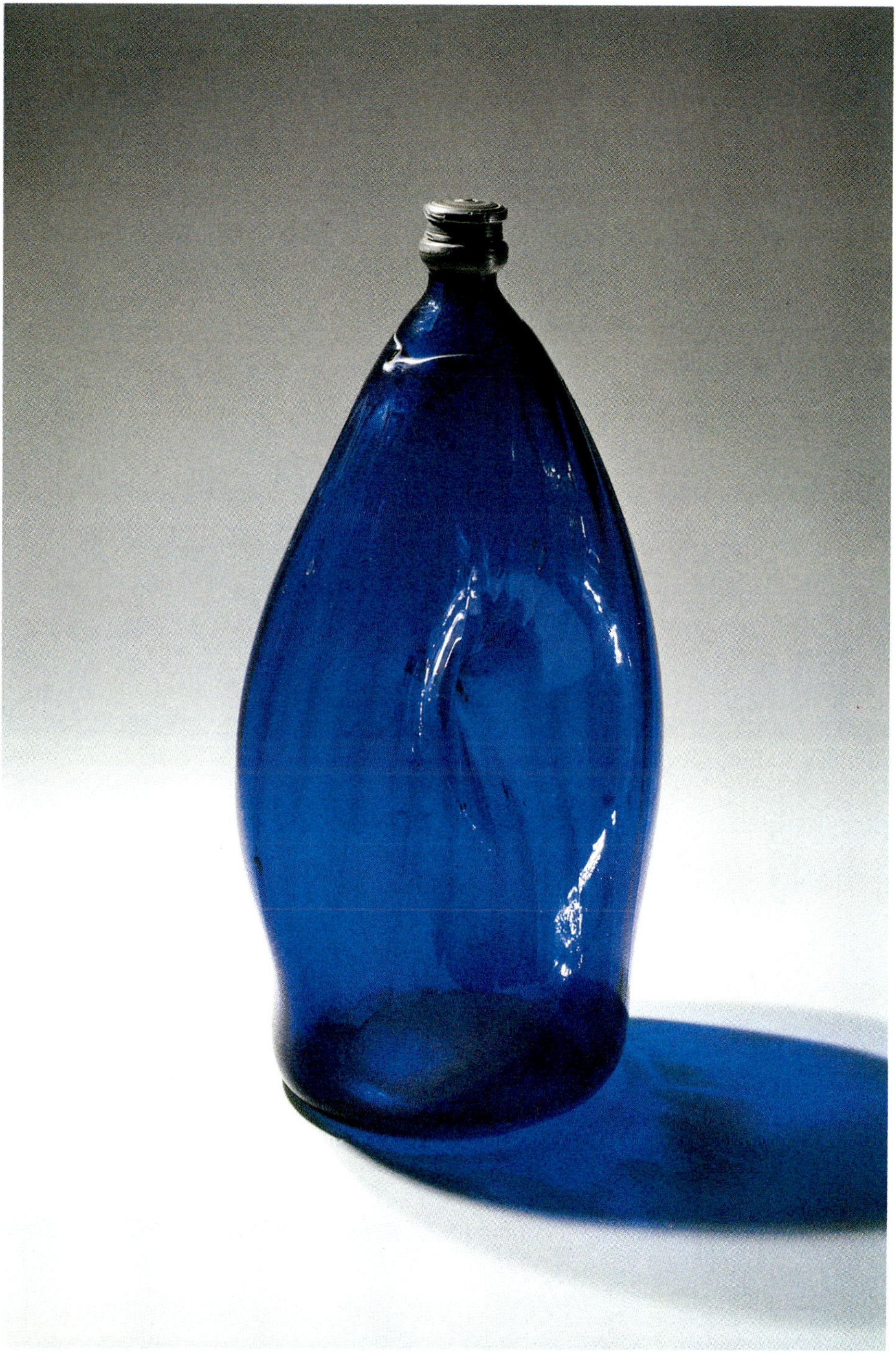

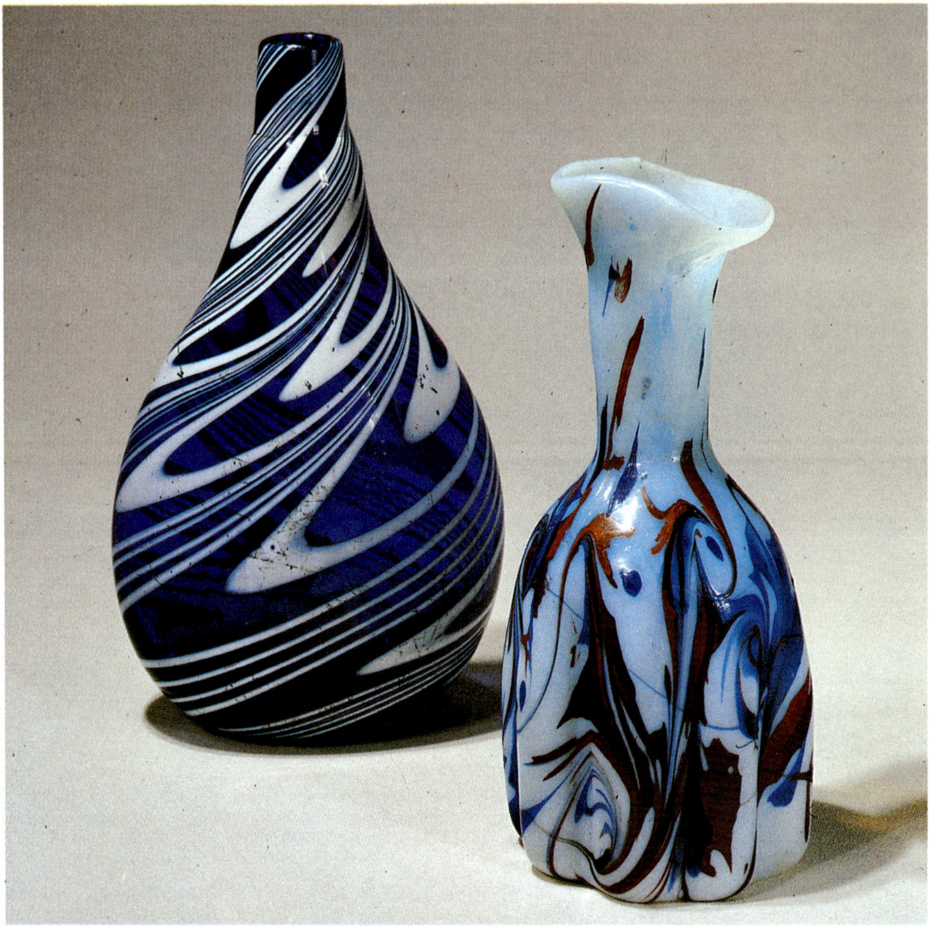

(14)

Flasche, Deutschland?, 1. Hälfte 18. Jahrhundert

Blaues Glas, oval geformt. Die Wandung ist umlaufend mit weißen, spiralig aufgeschmolzenen und eingewalzten Glasfäden dekoriert. Höhe 14 cm.

(15)

Miniatur-Kuttrolf, Böhmen?, 1. Hälfte 18. Jahrhundert

Lichtblaues Beinglas, im Gegenlicht bernsteinfarbig bis rubinrot schimmernd. Die Wandung ist umlaufend mit eingewalzten und anschließend teilweise gezogenen, dunkelblauen und roten Glassplittern verziert. Achtfach eingedrückter Gefäßkörper. Höhe 12,5 cm.

Eine kleine Scharte am Ausguß ist restauriert.

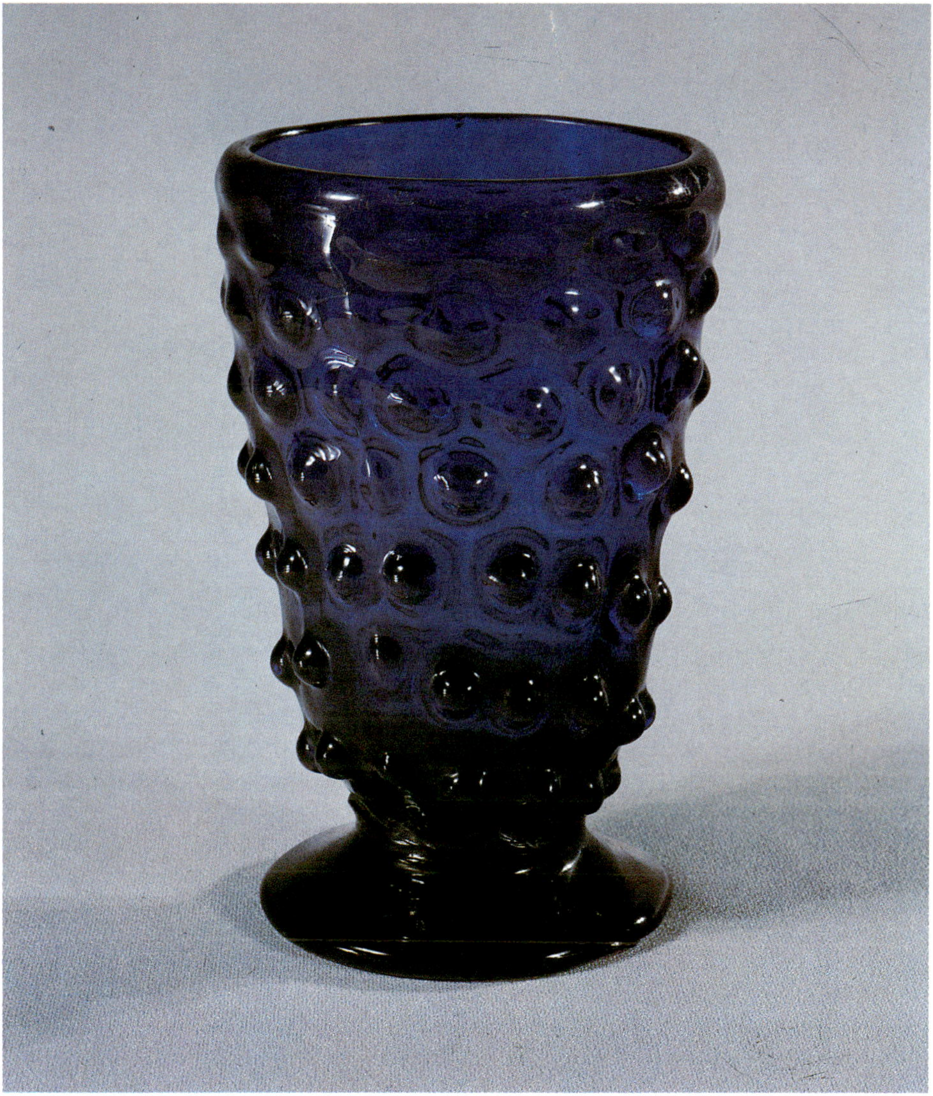

(16)

Becher, alpenländisch, 2. Hälfte 17. Jahrhundert

Blaues, dickwandiges Glas, in eine zweiteilige, mit noppenförmigen Vertiefungen versehene Holzform geblasen. Der massive, unregelmäßige Fuß wurde durch Umschmelzen der Basis geformt. Höhe 10,8 cm.

(17)

Flasche, alpenländisch, um 1700

Dunkles, dünnwandiges, bernsteinfarbiges Glas, welches zuerst in eine mit noppenartigen Vertiefungen versehene Holzform geblasen wurde. Durch das Umstülpen der Glasblase gelangten die Noppen auf die Innenseite. In weiterer Folge formte man die Flasche durch erneutes Blasen in eine neunpassige Holzform. Zinnmontierung mit Schraubverschluß Höhe 17,5 cm.

5 cm langer Längssprung mit 2 mm kleinem Loch in der Mitte eines Wulstes.

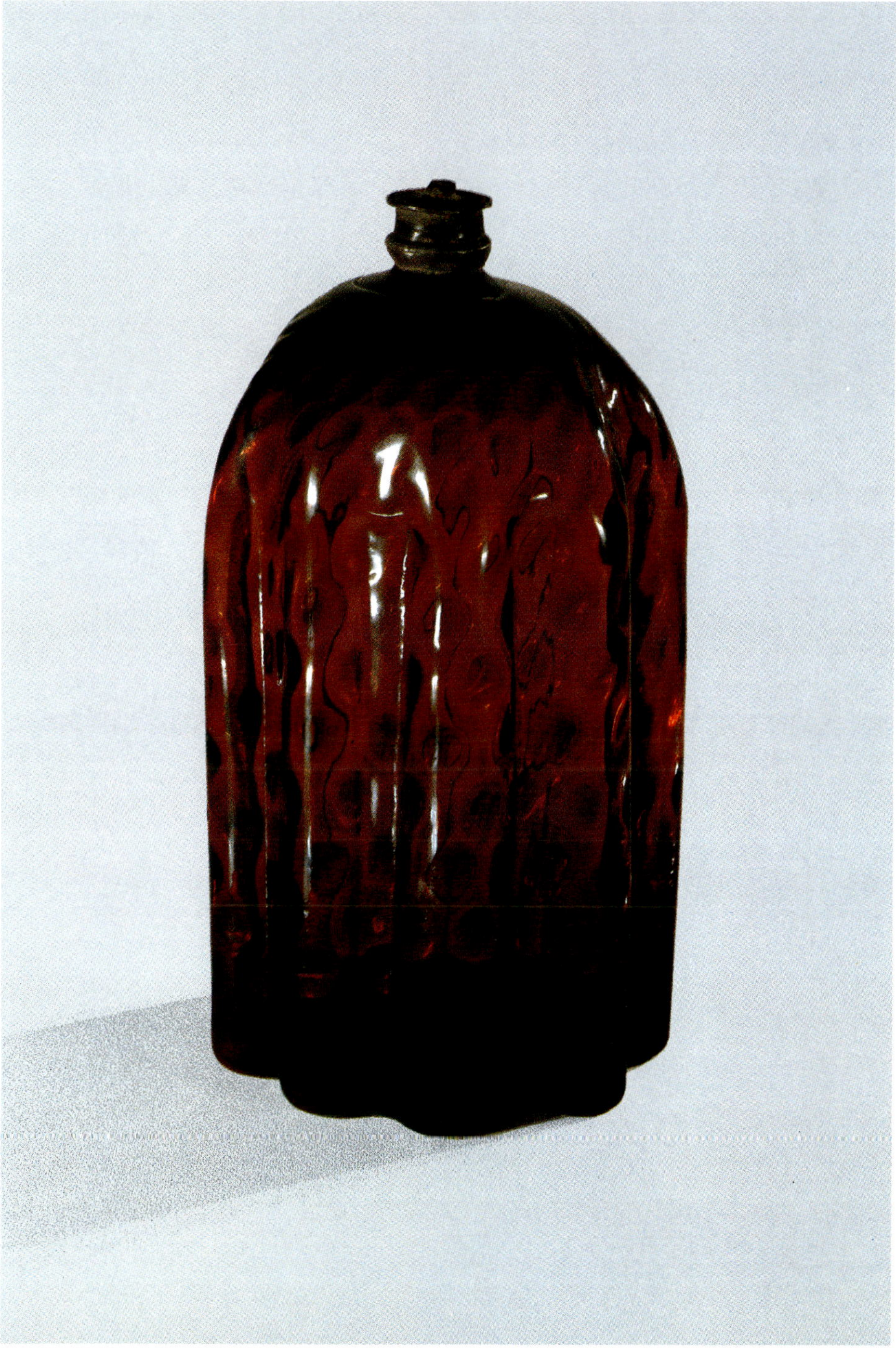

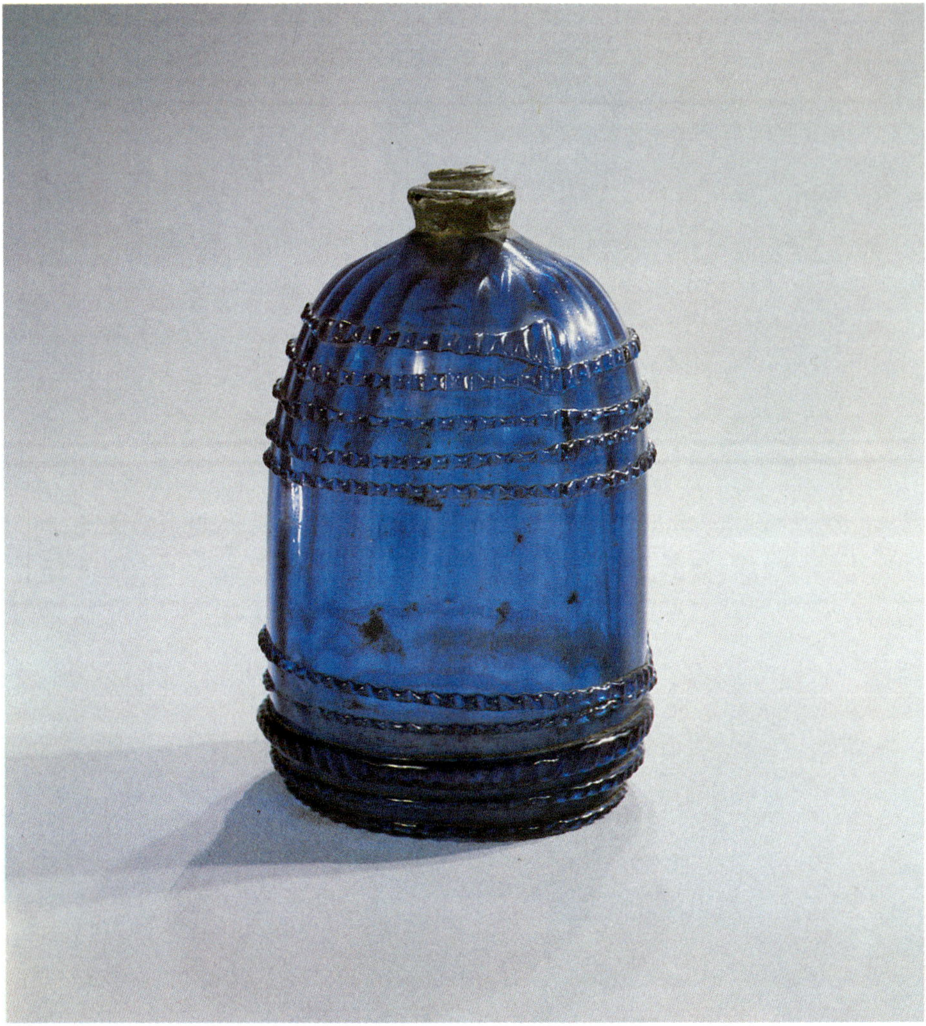

18

Flasche, alpenländisch, um 1700

Blaues, dünnwandiges Glas, in eine längsgerillte Holzform geblasen. Anschließend mit einem spiralig aufgeschmolzenen Glasfaden verziert, welcher danach durch Rollen der Flasche über eine gezahnte Fläche gekerbt wurde. Zinnmontierung, Schraubverschluß fehlt. Höhe 11,6 cm.

Glasfaden an zwei Stellen je 1,5 cm abgesplittert.

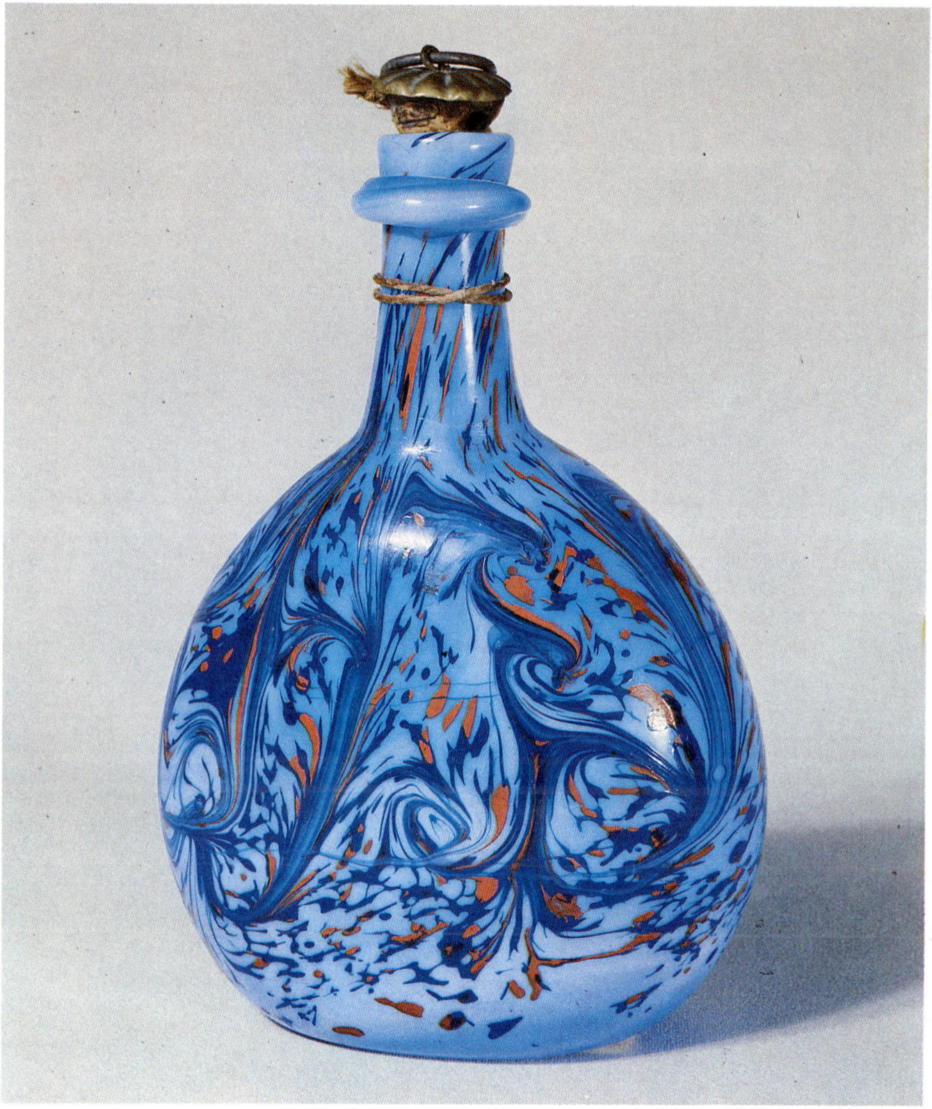

(19)

Flasche, Böhmen?, 1. Hälfte 18. Jahrhundert

Lichtblaues, dickwandiges, leicht marmoriertes Glas, im Gegenlicht rubinrot schimmernd. Die Wandung ist umlaufend mit eingewalzten und anschließend teilweise gezogenen, dunkelblauen und roten Glassplittern verziert. Unter dem Ausguß ist der Flaschenhals mit einem aufgeschmolzenen Glasfaden umwunden. Originalstöpsel mit gerillter Messingkappe, Splint und Eisenring. Flaschenhöhe 14,8 cm.

20

Flasche, Deutschland?, Mitte 17. Jahrhundert

Waldgrünes, dickwandiges Glas, in eine Holzform geblasen und oval geformt. Der Flaschenhals ist im oberen Teil mit einem aufgeschmolzenen Glasfaden umwunden. Zinnmontierung mit Schraubverschluß. Höhe 19 cm.

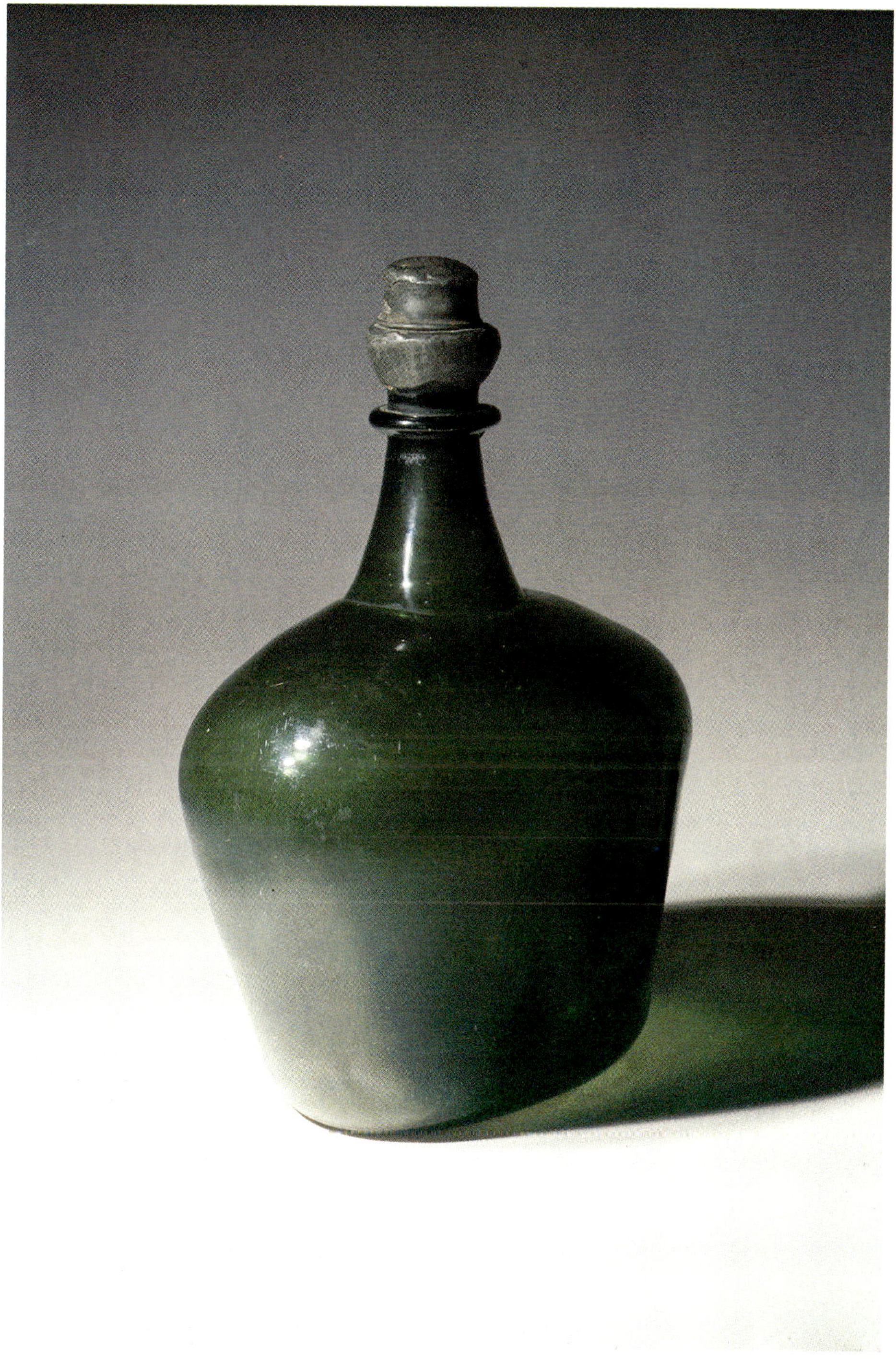

Venezianisches Glas

Die erste Erwähnung eines ortsansässigen Glasmachers finden wir schon im Jahre 982, wo dieser „Domenico, von Beruf Glasmacher" als Zeuge in einem Schenkungsvertrag zwischen dem Dogen und der Klosterkirche San Giorgio angeführt wird. Doch erst die Eroberung des Handelszentrums Konstantinopel anläßlich des vierten Kreuzzuges in den Jahren 1202—1204 ermöglichte es den Venezianern, die Handelswege in den Nahen und Fernen Osten zu kontrollieren und gleichzeitig dort ansässige Glasmacher zur Übersiedlung in die Lagunenstadt zu zwingen. Bis zu diesem Zeitpunkt handelten venezianische Kaufleute zwar schon mit kunstvoll gefertigten Gläsern, doch wurden diese vor allem in Syrien hergestellt. In den eigenen Hütten beschränkte man sich zu dieser Zeit in erster Linie auf die Herstellung von Gebrauchsgegenständen für Apotheker. Erst durch die schon erwähnte Verschleppung von Glasmachern aus dem Nahen Osten eröffnete sich für die Venezianer die Möglichkeit, verschiedene Dekorationstechniken, z. B. das Bemalen mit buntem Email, zu erlernen und in den eigenen Werkstätten anzuwenden.

Im Laufe des 13. Jahrhunderts erlangte die Glaserzeugung immer größere Bedeutung, und die Meister mußten sich genauestens an die von der Innung vorgeschriebenen Regeln halten. So sind aus dem Jahre 1224 im „Liber Plegorium" 29 Glasmacher namentlich überliefert, welche gegen die Vorschriften der Gilde verstoßen haben.

Im Jahre 1291 wurden alle venezianischen Glashütten per Dekret zur Übersiedlung auf die Insel Murano verpflichtet. Durch die ständige Gefahr von Feuersbrünsten, aber vor allem aus Angst vor einer allgemeinen Verbreitung der Glaskunst entschloß man sich zu diesem Schritt.

Die Befürchtungen der Regierung gingen so weit, daß den Glaserzeugern unter Androhung der Todesstrafe und Sippenhaftung die Preisgabe von Herstellungsgeheimnissen und das Auswandern verboten wurde.

Aber selbstverständlich konnten auch noch so strenge Bestimmungen die Wanderlust der damaligen Handwerker nicht vollkommen unterdrücken, und so gelang es venezianischen Glasmachern, oft durch Fürstenhäuser animiert nördlich der Alpen Glashütten zu gründen. All diese Gläser in venezianischer Art, welche in anderen Ländern hergestellt wurden und keiner der wenigen bekannten Glashütten zuzuschreiben sind, tragen den Namen „Façon de Venise".
Den unterschiedlichen Glasformen des 14. Jahrhunderts begegnen wir vereinzelt auf zeitgenössischen Gemälden. Die Gläser dieser Zeit waren dünnwandig, meist ohne Verzierungen und in erster Linie für den täglichen Gebrauch hergestellt. Erst gegen Ende dieses Zeitabschnittes beginnen die Venezianer mit der Dekoration ihrer Gläser. Aufgeschmolzene und gekniffene Standringe sowie verschiedenartig gewellte Wandungen zählen zu diesen ersten Dekorationsformen.
In weiterer Folge kommen zu diesen Hüttendekoren bunte, opake Emailmalereien in vielfältigen, meist ornamentalen Mustern hinzu. In der zweiten Hälfte des 16. Jahrhunderts erfanden die Venezianer eine Glasdekoration, die bis zum heutigen Tage für das venezianische Glas charakteristisch ist: das „Fadenglas". Durch das Aufschmelzen dünner, weißer Glasfäden in verschiedenen Richtungen ergaben sich die mannigfaltigsten Muster.
Eine weitere Spielart des Fadenglases entstand durch vorgefertigte, in sich spiralig gewundene Glasstäbe aus farblosem und weißem Glas, die in einer zylindrischen Form umlaufend an den Rand gestellt wurden. Anschließend führte man in diese eine Glasblase ein und heftete durch Aufblasen die Glasstäbe an die Wandung. In weiterer Folge konnte man durch mannigfaches Verformen verschiedenste Musterungen erzielen.
Im 17. Jahrhundert wurden sowohl die Formen der Gläser wie auch die verschiedenen Dekore immer üppiger und verspielter. Aus dem schlichten, glatten Schaft der frühen Trinkgläser entwickelte sich zunächst ein gerillter Balusterschaft, und in weiterer Folge verbanden plastisch geformte Tiere bis hin zu phantasieartigen Vogelgebilden (Flügelgläser) die Standfläche mit der Kuppa.
Auch kostbarste Gastgeschenke für Kaiser und Fürsten wurden hergestellt, doch wie eine Geschichte überliefert, nicht immer richtig eingeschätzt. Als Kaiser Friedrich III. in der 2. Hälfte des 15. Jahrhunderts Venedig besuchte, wurde ihm als besondere Kostbarkeit ein Glasgefäß überreicht. Die Besonderheit der Materie nicht richtig einschätzend, meinte er, Gold und Silber wären beständiger und ließ das Glas vor den Augen der Gastgeber fallen.
Den Vertrieb der zerbrechlichen Ware übernahmen vor allem die großen Handelshäuser der damaligen Zeit. Aber auch mit der Kraxen (einem rucksackartigen Traggestell) wurden die Glaserzeugnisse von Trägern oft über weite Entfernungen zu Fuß transportiert, um auf Märkten oder von Haus zu Haus feil geboten zu werden. Um aber den vielen Besuchern der Lagunenstadt die einzigartigen Produkte zu zeigen, wurden diese in Geschäften zur Schau gestellt. Einen dieser Läden können wir auf einem zeitgenössischen Stich von Jost Amman „Auf der Mole von San Marco" betrachten.

Michael Kovacek

(21)

Flügelglas, Façon de Venise, Niederlande, 3. Viertel 17. Jahrhundert

Der Fuß mit dem nach unten umgeschlagenen Rand und die im oberen Teil achteckige Kuppa sind aus farblosem Glas. Der gewundene Mittelteil des Schaftes wurde aus einem, mit roten und weißen Einschmelzungen verzierten Glasstab geformt. Die seitlichen, gekniffenen Aufschmelzungen sind aus blauem Glas. Höhe 16 cm.

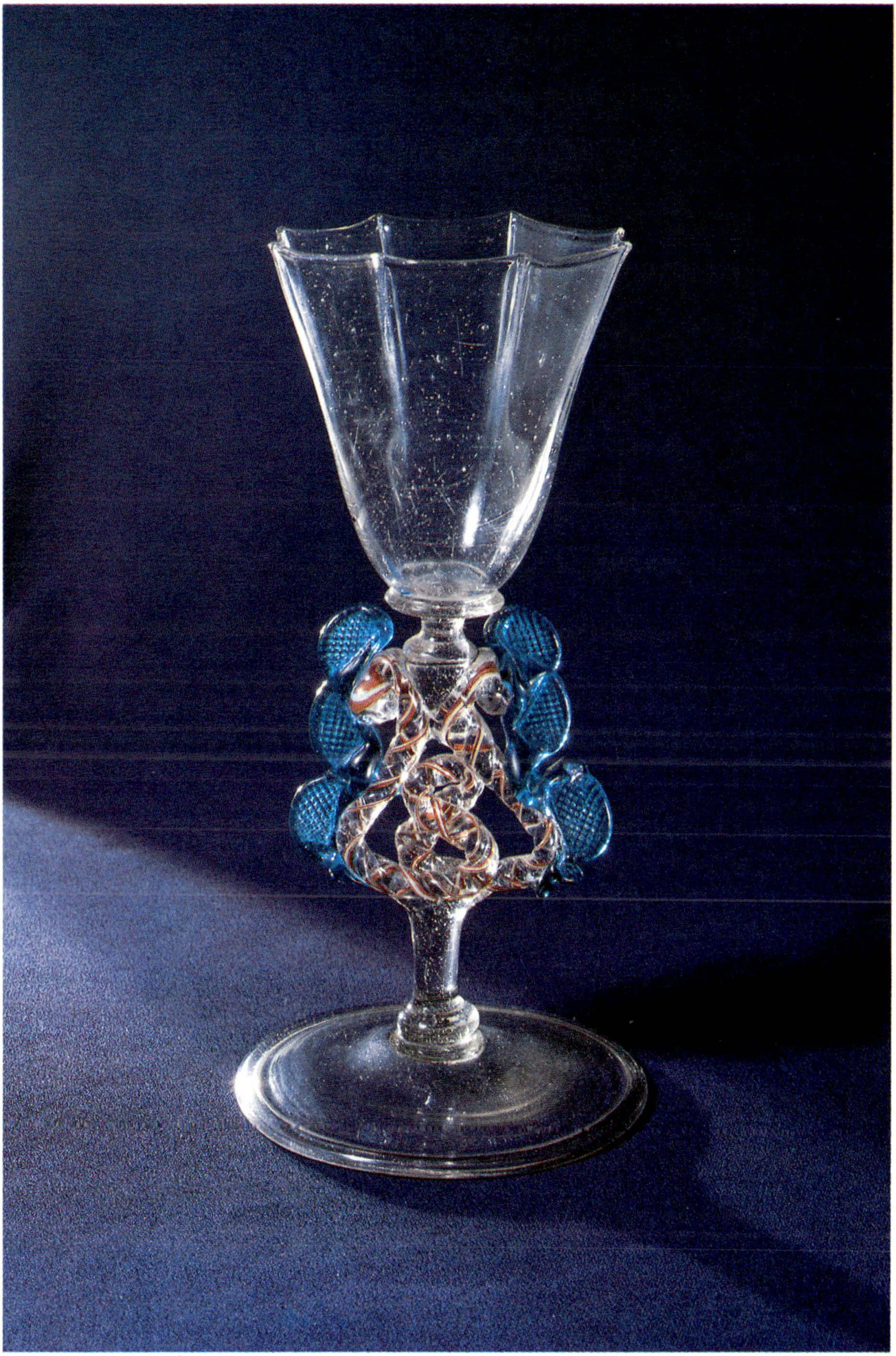

(22)

Deckelglas, Venedig?, um 1600

Farbloses, gelb-grün schimmerndes, dünnwandiges Glas. Der nach unten umgeschlagene Fuß ist durch einen gerillten, hohlen Balusterschaft mit der Kuppa verbunden. Der als Kreuz ausgebildete Deckelknauf ist an den Enden gekniffen. Auf der Kuppa und dem Deckel je zwei angeschmolzene kleine Griffe. Höhe 21,5 cm.

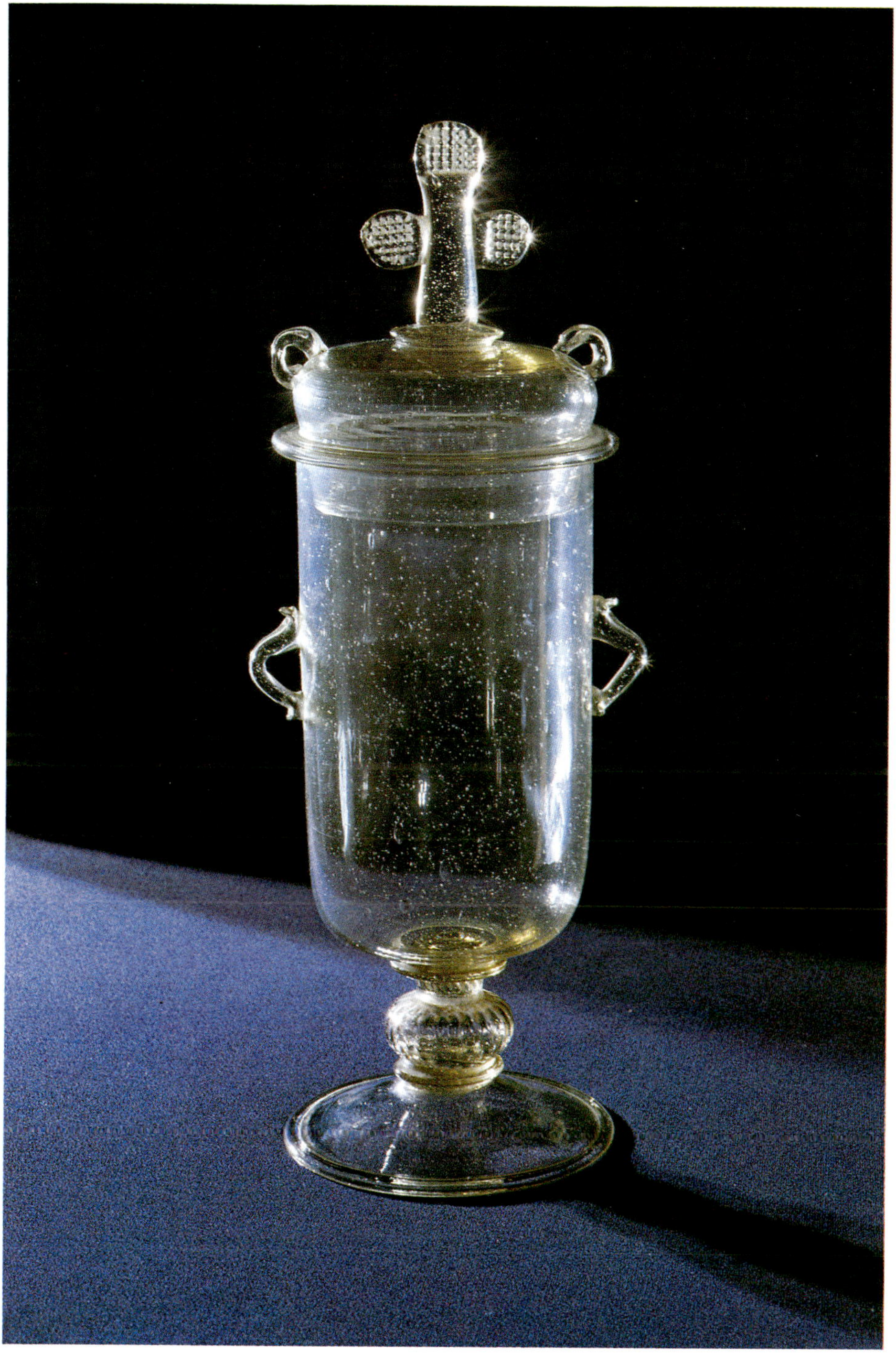

(23)

Flügelglas, Façon de Venise, Niederlande, 3. Viertel 17. Jahrhundert

Der Fuß mit dem nach unten umgeschlagenen Rand und die Kuppa sind aus farblosem Glas. Der gewundene Mittelteil des Schaftes wurde aus einem, mit roten und weißen Einschmelzungen verzierten Glasstab geformt. Die seitlichen, gekniffenen Aufschmelzungen sind aus blauem Glas. Höhe 19 cm.

Literatur:

Cinzano Glass Collection, Abb. 31

Die Bezeichnung „Façon de Venise" ist ein Sammelbegriff für alle Gläser, die in Anlehnung an venezianische Vorbilder, vorwiegend in Holland hergestellt wurden.

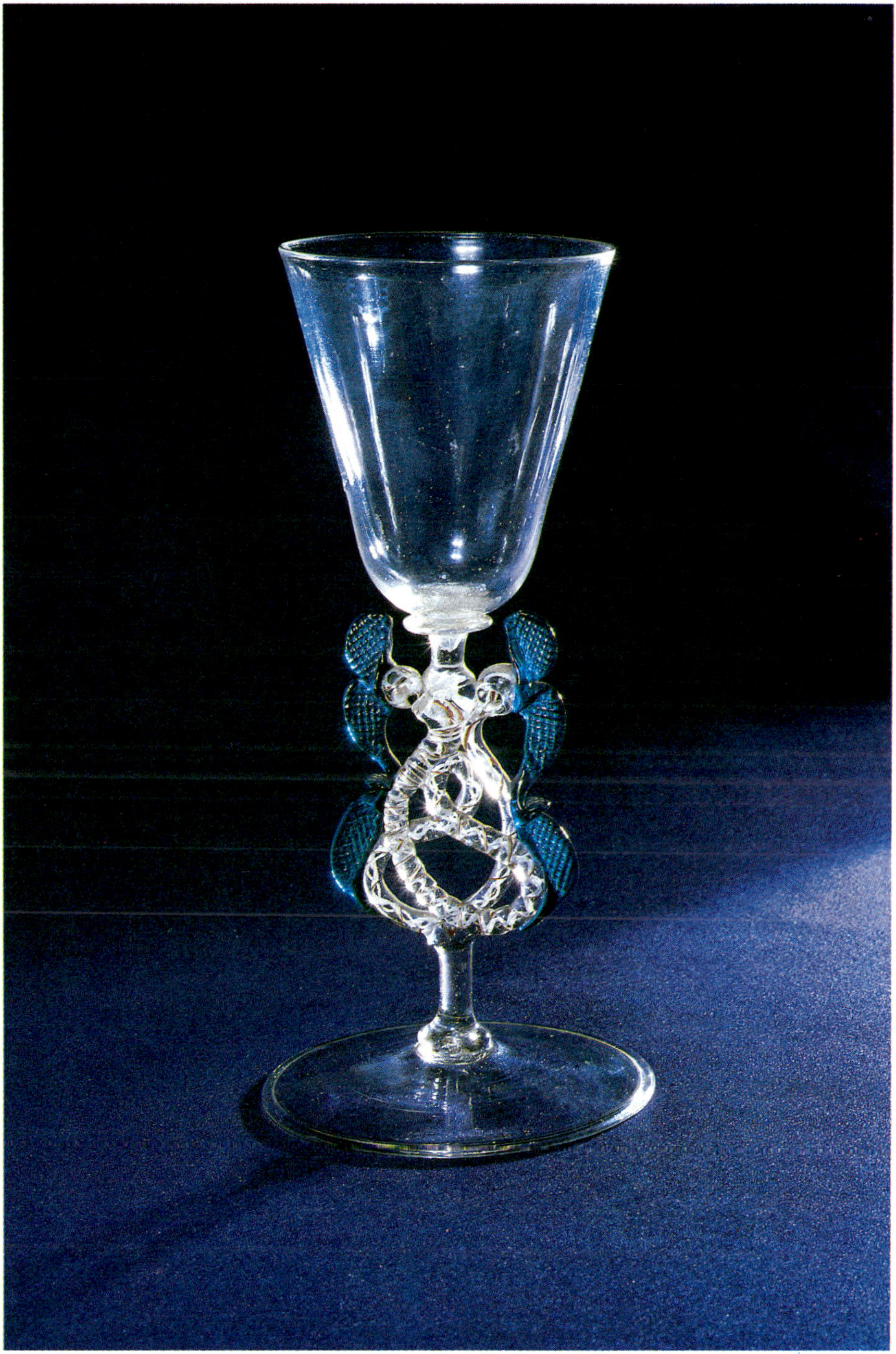

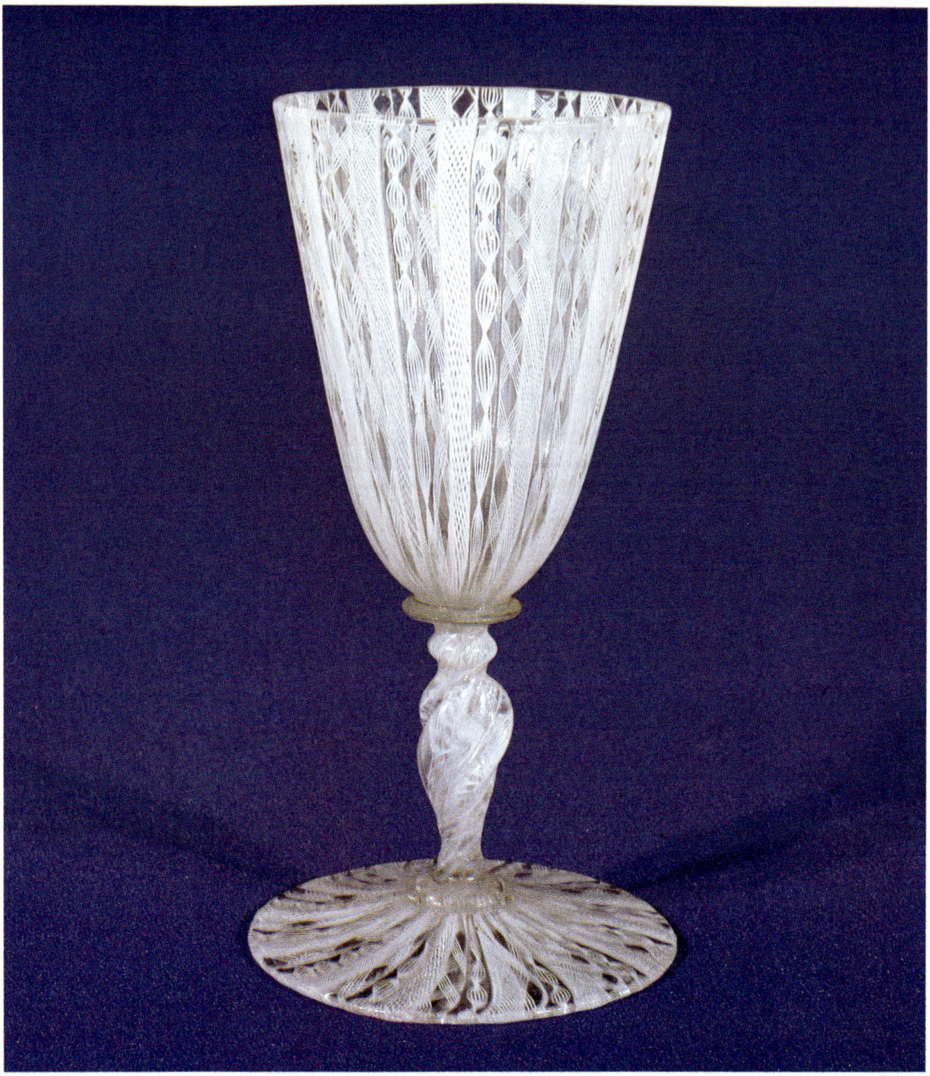

(24)

Fadenglas, Venedig oder Façon de Venise, um 1700

Der Fuß und die Kuppa bestehen aus einem sich dreizehnmal wiederholenden Muster, das jeweils durch drei verschiedene Fadenglasstäbe gebildet wird. Der ebenfalls mit weißen Glasfäden verzierte und vedrehte Schaft verbindet die beiden Teile. Höhe 15 cm.

Literatur:

Brigitte Klesse, Glassammlung Helfried Krug, 1965, Bd. I, Nr. 88

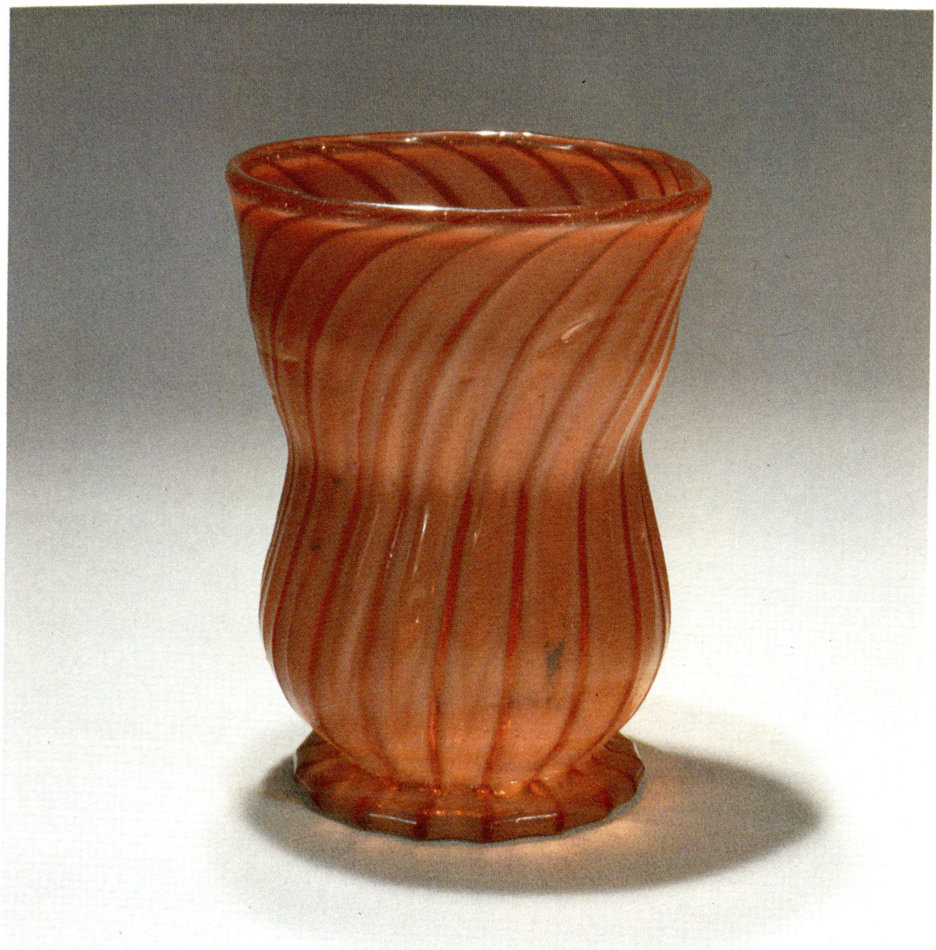

(25)

Becher, Venedig?, um 1700

Hohle Glasstäbe aus weißem, rot überfangenem Beinglas und dünne, rote Glasstäbe wurden alternierend um eine zylindrische Form gebunden, erwärmt und mit der Pfeife aufgenommen. Im Bereich des Mundrandes und des Fußes wurden die hohlen Glasstäbe durch das Formen des Bechers geschlossen. Die Hohlräume blieben nur im mittleren Wandungsbereich erhalten. Um den Mundrand aufgeschmolzener, roter Glasfaden. Höhe 8,7 cm.

Im oberen Teil der Wandung fünf kleine Löcher, die beim Abkühlen des Bechers durch Aufplatzen der Hohlräume entstanden sind. Trotz gründlicher Sichtung der einschlägigen Literatur konnte kein gleichartig gefertigter Glasgegenstand gefunden werden. Es dürfte sich dabei um ein Versuchsstück einer venezianischen(?) Hütte handeln, welches trotz des Mißlingens erhalten blieb.

Emailgläser

Die Anregung, Gläser mit Farben zu bemalen, stammte ursprünglich aus dem Orient. Als erste in Europa übernahmen die Venezianer diese Veredelungsart. Damals war die Blüte der islamischen Emailgläser längst vorüber, so daß man von den venezianischen Emailgläsern als eigenständige Arbeiten in technischer wie künstlerischer Hinsicht sprechen kann.
Von etwa 1460 bis um die Mitte des 16. Jahrhunderts war Venedig auf diesem Gebiet führend. Deutsche Adelshäuser und Patrizierfamilien ließen Emailgläser, vorwiegend Walzenhumpen und Stangen, in Venedig anfertigen.
Durch die Gründung von Glashütten nördlich der Alpen — meist durch Venezianer —, gelangte die Glasmacherkunst nach Tirol, Süddeutschland und Südböhmen und schließlich auch in weiter nördlich gelegene Gebiete.
Aus archivalischen Quellen der Jahre 1548 und 1553 geht hervor, daß auch in Wien Gläser mit Emailfarben bemalt wurden. Zwei Maler sind namentlich bekannt: Augustin Hirschvogel und Albrecht Glockenthon.
Bald nach der Mitte des 16. Jahrhunderts waren viele der deutschen Hütten technisch in der Lage, ein genügend reines und für die Bemalung mit Emailfarben geeignetes Glas herzustellen. Dieser Umstand führte zu einer schnellen Verbreitung der Emailfarbenmalerei, die sich bis weit in das 18. Jahrhundert hinein behaupten konnte. Bei den meisten frühen Gläsern handelt es sich um Wappenhumpen, deren Auftraggeber denselben Kreisen angehörten, die früher in Venedig fertigen ließen, also Adels- und Patrizierhäuser. Selbst als diese kaufkräftigen Schichten sich dem inzwischen in Mode gekommenen geschliffenen und gravierten Glas zuwandten, wurden zum Beispiel für die Dresdner Hofkellerei August des Starken noch Gläser mit dem sächsischen Wappen bemalt. Ein spätes Exemplar im Kunstgewerbemuseum in Leipzig ist 1733 datiert. Vor allem aber waren es nun Bürger und Handwerker, deren Gunst sich das Emailglas erfreute, wie die vielen Darstellungen von Szenen aus dem Wirkungskreis der Besteller, die Zunftzeichen, Abb. 36, Jagdmotive Abb. 29, 40 und die verschiedenen volkstümlich bemalten Gläser, Abb. 26, 30, 31 zeigen.
Den Wappengläsern motivisch nahestehend sind die Kurfürsten-, Abb. 35 und die Reichsadlerhumpen, Abb. 27, 33. Dargestellt ist der doppelköpfige Reichsadler und auf seinen ausgebreiteten Schwingen das feststehende Symbol der sogenannten Quaternionen, insgesamt 56 Wappen, angefangen von der „Potestas zu Rom" bis zu den „Baurn" und „Birg" (Bauern und Bürgern). Allen Reichsadlerhumpen gemeinsam ist auch die Inschrift: „Das heilige Römische Reich mit sampt seinen Gliedern„ in verschiedenen, leicht abgewandelten Varianten. Reichsadlerhumpen scheinen an die Kunstfertigkeit und Schnelligkeit der Maler besonders hohe Anforderungen gestellt zu haben, denn Anwärter, welche in die 1669 gegründete Zunft der Glasmaler und Glasschneider in Kreibitz (Nordböhmen) als Meister aufgenommen werden wollten, mußten „ein Jeder des heiligen römischen Reichs Adler sammt seinen Gliedern in anderthalben Tagen mit Farben verfertigen". Sehr viele Reichsadler- und Kurfürstenhumpen sind in Böhmen entstanden, aber auch sächsische und oberfränkische Provenienz ist belegt.

Humpen mit Familienwappen und seltener auch Wappenscheiben wurden sowohl in Tirol wie auch in Hütten des Bayerischen Waldes und in Oberösterreich, Abb. 37, hergestellt.
Besonders viele Wappengläser scheint man in der Wilhelmsburger Hütte in Südböhmen gemalt zu haben, wie dies aus Warenverzeichnissen der Jahre 1608 und von 1612 bis 1614 hervorgeht. Ein Verzeichnis der Fabrikate der Kurbrandenburgischen Hütte Grimnitz bei Joachimsthal vom Frühjahr 1602 weist unter anderem Wappengläser und „Schiltgleser" — wohl Reichsadlerhumpen — aus.
Die bekanntesten Emailgläser des oberfränkischen Raumes sind die Humpen und Becher mit der Darstellung des Ochsenkopfes, der höchsten Erhebung des Fichtelgebirges. Typische Kennzeichen für die Bemalung in diesem Gebiet sind Flachbogenmuster und Zackenornamente der Randbordüren, Abb. 26. Sehr ähnliche Ornamente zeigen auch Emailgläser aus dem benachbarten Thüringen.
Neben den Hofkellereigläsern der sächsischen Kurfürsten, Abb. 28, 34, bilden die sogenannten Hallorengläser, hergestellt für die Mitglieder der Salzpfännerschaft in Halle an der Saale, eine geschlossene Gruppe.
Bei vielen Emailgläsern ist eine genaue Lokalisierung nur schwer möglich, da durch die Wanderlust der Glasmaler die stilistischen Merkmale bestimmter Gebiete, an anderen Orten in leicht abgewandelter Form, wieder Verwendung fanden. Dies gilt vor allem für Gläser mit volkstümlichen Motiven, Apothekergefäße und den in großer Zahl hergestellten, emailbemalten Schnapsflaschen. Für dergleichen bestand in allen Gebieten Bedarf und es gab viele Glasmaler, die in diesem Bereich tätig waren und die das benötigte Glas aus teils weit entfernt liegenden Hütten bezogen.
Als zu Beginn des 18. Jahrhunderts das geschliffene und geschnittene Glas Verbreitung fand, verloren die Emailgläser immer mehr an Bedeutung. Lediglich in der zweiten Hälfte des 18. Jahrhunderts erlebte das, aus Konkurrenzgründen zum Porzellan entwickelte Milchglas, teilweise von Porzellanhausmalern dekoriert, eine kurze Hochblüte, Abb. 41, 42, 43.
Erst der Historismus mit seiner Vorliebe für altdeutsche Einrichtung und Kunsthandwerk des Mittelalters brachte die Emailgläser erneut in Mode. Vor allem Nachbildungen von Originalen wurden meist in Böhmen, in teils hervorragender Qualität hergestellt, Abb. 197, 198, 203, 204.

Walter Spiegl
Michael Kovacek

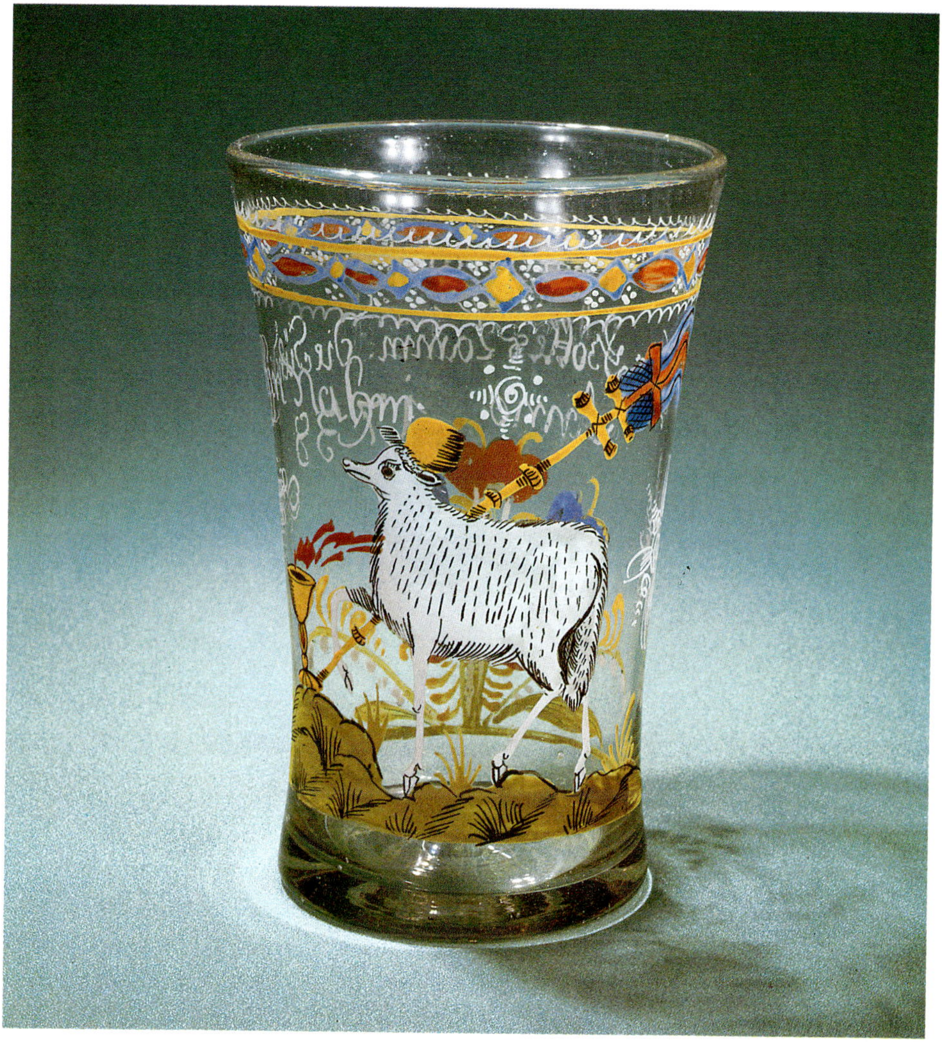

(26)

Osterbecher, Böhmen oder Fichtelgebirge, 1738

Farbloses Glas. Die Wandung ist rundum mit opaken Emailfarben bemalt. Auf der Vorderseite das „Lamm Gottes“ mit der Osterfahne, sein Blut in einen Kelch spritzend. Rückseitig stilisierte Blumen und Maiglöckchen. Inschrift: „Das Gottes Lamm, die Sünden hin Nahm. 1738.“ Höhe 16,4 cm.

Literatur:

Brigitte Klesse, Axel von Saldern, 500 Jahre Glaskunst, Sammlung Biemann, 1978, Abb. 293

(27)

Reichsadlerhumpen, Böhmen, Mitte 17. Jahrhundert

Farbloses Glas mit aufgeschmolzenem Standring. Die Vorderseite der Wandung ist mit dem Reichsadler und 56 Wappen, unterteilt in 14 Vierergruppen (Quaternionen) mit opaken Emailfarben bemalt. Die vier obersten Wappen des linken Flügels beziehen sich auf die drei geistlichen Kurfürstentümer Trier, Köln und Mainz sowie auf den Potestat zu Rom (Potestas = Gewalt, Macht). Auf der rechten Seite sind die Wappen der vier weltlichen Kurfürstentümer Böhmen, Pfalz, Sachsen und Brandenburg. Die sechs Vierergruppen des linken Flügels von der Mitte ausgehend: 1. Seillen (Säulen, Herzoge), 2. Margraven (Markgrafen), 3. Burggraven (Burggrafen), 4. Semberfreien (Freiherren), 5. Stet (Städte), 6. Baurn (Bauern). Auf der rechten Seite, ebenfalls von der Mitte ausgehend: 1. Viccari (Vikariate), 2. Landgraven (Landgrafen), 3. Graven (Grafen), 4. Ritter, 5. Dorfer (Dörfer), 6. Birg (Burgen). Rückseitig Inschrift: „Daß Heilige Römische Reich mit Sampt Seinen Gliedern." Höhe 24,7 cm.

Provenienz:

Sammlung William Randolph Hearst

Literatur:

Franz Carl Lipp, Bemalte Gläser, 1974, Abb. 18

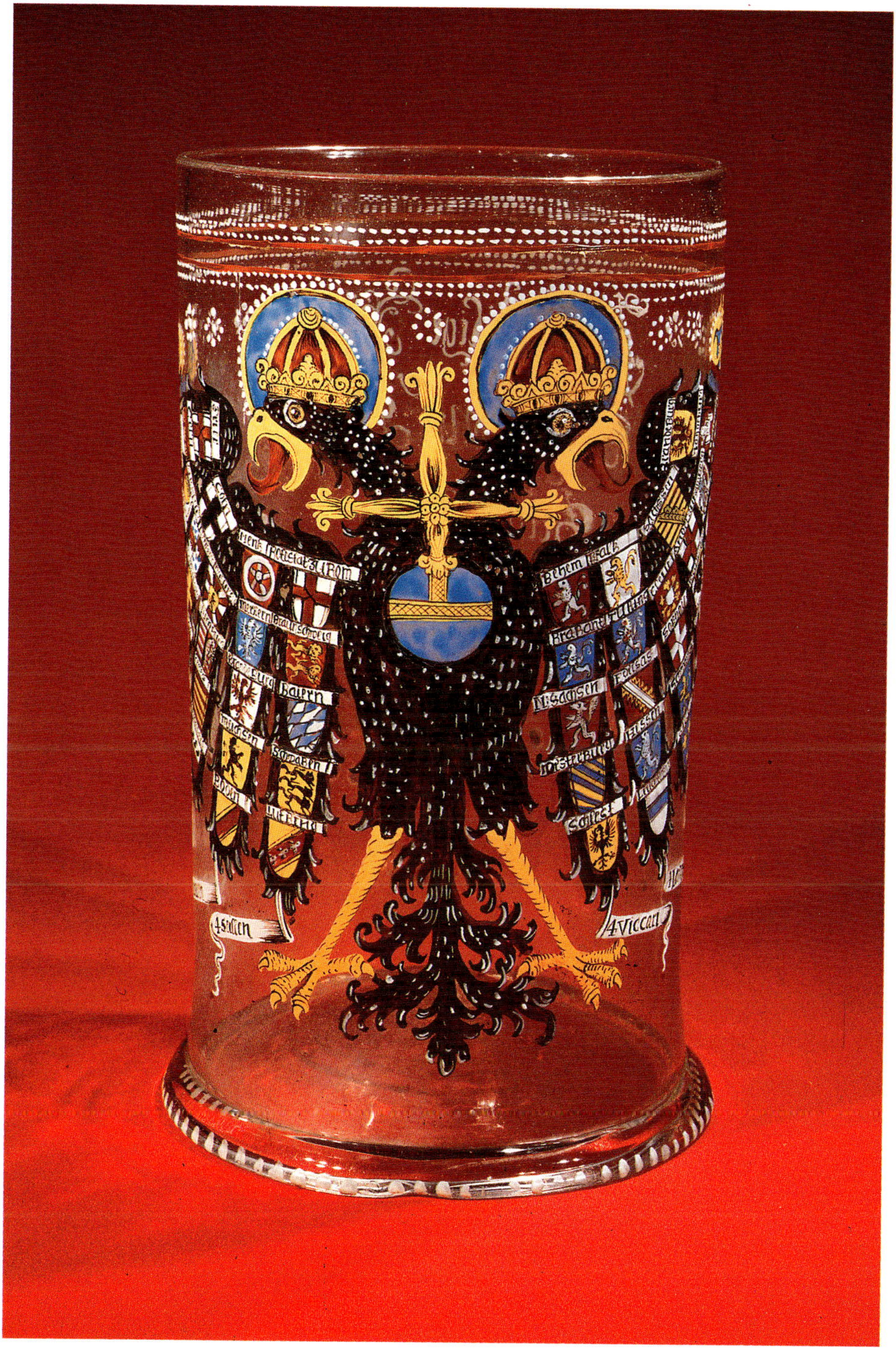

(28)

Hofkellereiglas, Sachsen, 1687

Farbloses Glas mit aufgeschmolzenem Standring. Auf die Vorderseite der Wandung Wappen und Initialen „I.G.D.D.H.z.S.I.C.V.B.C." (Johann Georg der Dritte Herzog zu Sachsen, Jülich, Cleve und Berg Churfürst) mit opaken Emailfarben gemalt. Darunter Inschrift: „Hoffkellerey Dresden 1687". Rückseitig drei Ornamente. Höhe 19,6 cm.

Provenienz:

Sammlung William Randolph Hearst

Literatur:

Brigitte Klesse, Axel von Saldern, 500 Jahre Glaskunst, Sammlung Biemann, 1978, Abb. 314

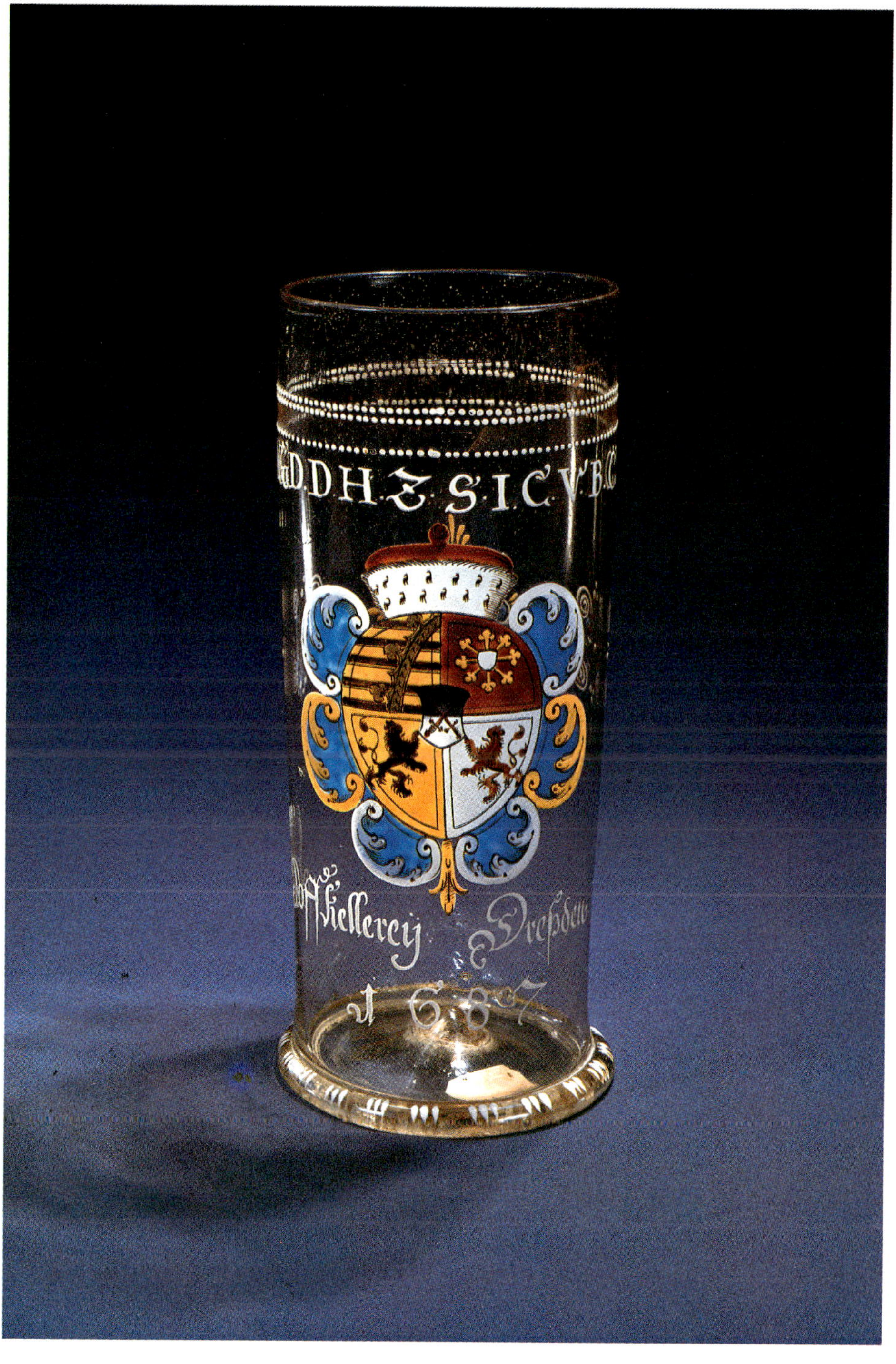
Kellerey

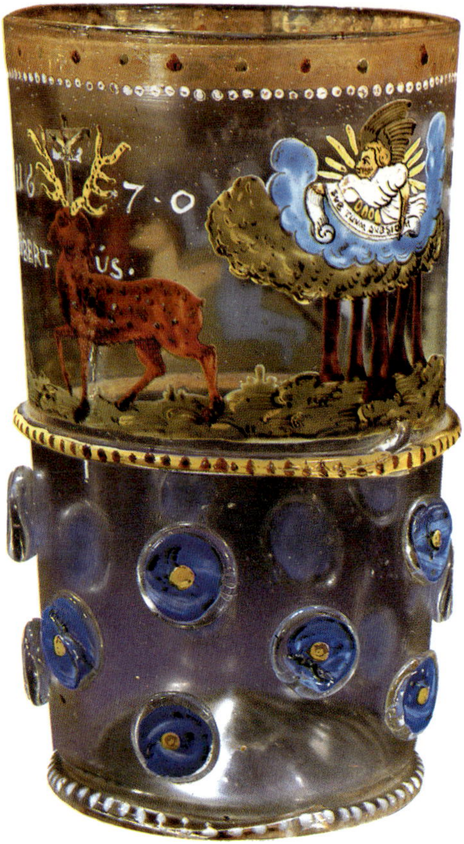

Rückseite

29

Jagdhumpen, Böhmen oder Sachsen?, 1670

Farbloses Glas mit aufgeschmolzenem Standring. Im unteren Bereich der Wandung sind fünfzehn Noppen und darüber ein umlaufender Glasfaden aufgeschmolzen. Der obere Teil der Wandung ist rundum mit opaken Emailfarben bemalt. Der zwischen zwei Hunden kniende Ritter blickt ehrfürchtig zum majestätisch schreitenden Hubertushirsch auf. Rückseitig in der Krone einer Baumgruppe ein in Wolken schwebender Engel mit Schriftband „SUB TUUM SUBSIDIUM".

Inschrift: „Jagen auf der griner Haid, Macht Lust und fraid. St. Hubertus 1670."
Höhe 19,3 cm.

Literatur:

Sabine Baumgärtner, Sächsisches Glas, 1977, Abb. 30, Malerei stilverwandt.

Trotz umfangreicher Nachforschungen hat sich für diesen ungewöhnlichen, dem Römer verwandten Humpen kein Vergleichsstück finden lassen.

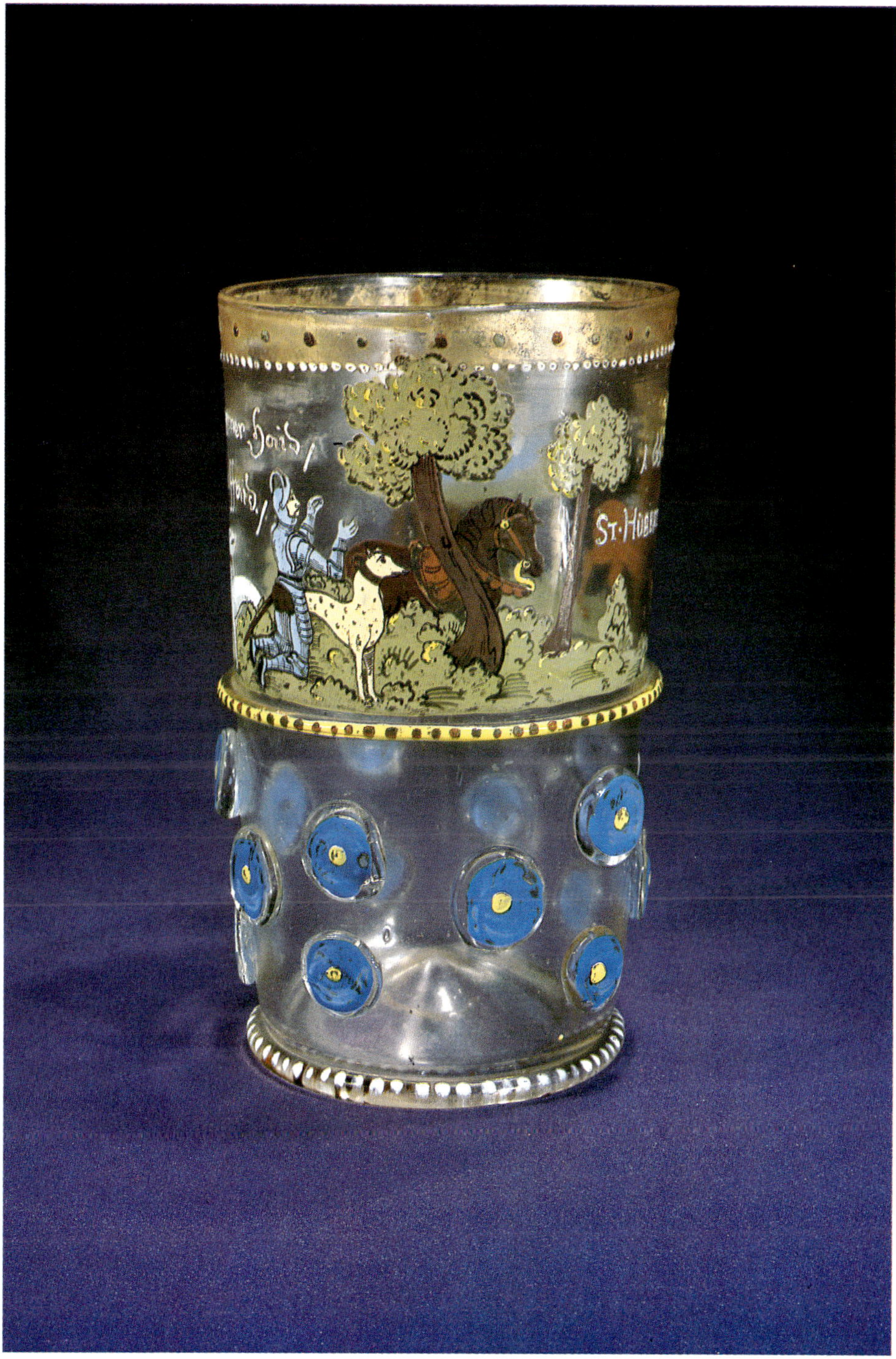

(30)

Becher, Franken?, 1698

Farbloses Glas mit hohlem aus der Glasblase geformten Standring und hoch eingestochenem Boden. Die Darstellung ist auf der Innenseite der Wandung mit opaken Emailfarben untermalt. Auf der Außenseite ist die Detailzeichnung mit Schwarzlot aufgebracht. Rechts vom Baum zwei kämpfende Hirsche, auf der linken Seite deckt ein Hirsch eine Hirschkuh. Rückseitig die zweideutige Inschrift: „Wir kempffen hie Auff diesen blatz, wer gewind behält den Schatz. VIVAT. Haldt still mein schmahles Dier, Der Schertz gielt mir, undt die laß heisse kempffen hier. 1698." Höhe 16,9 cm.

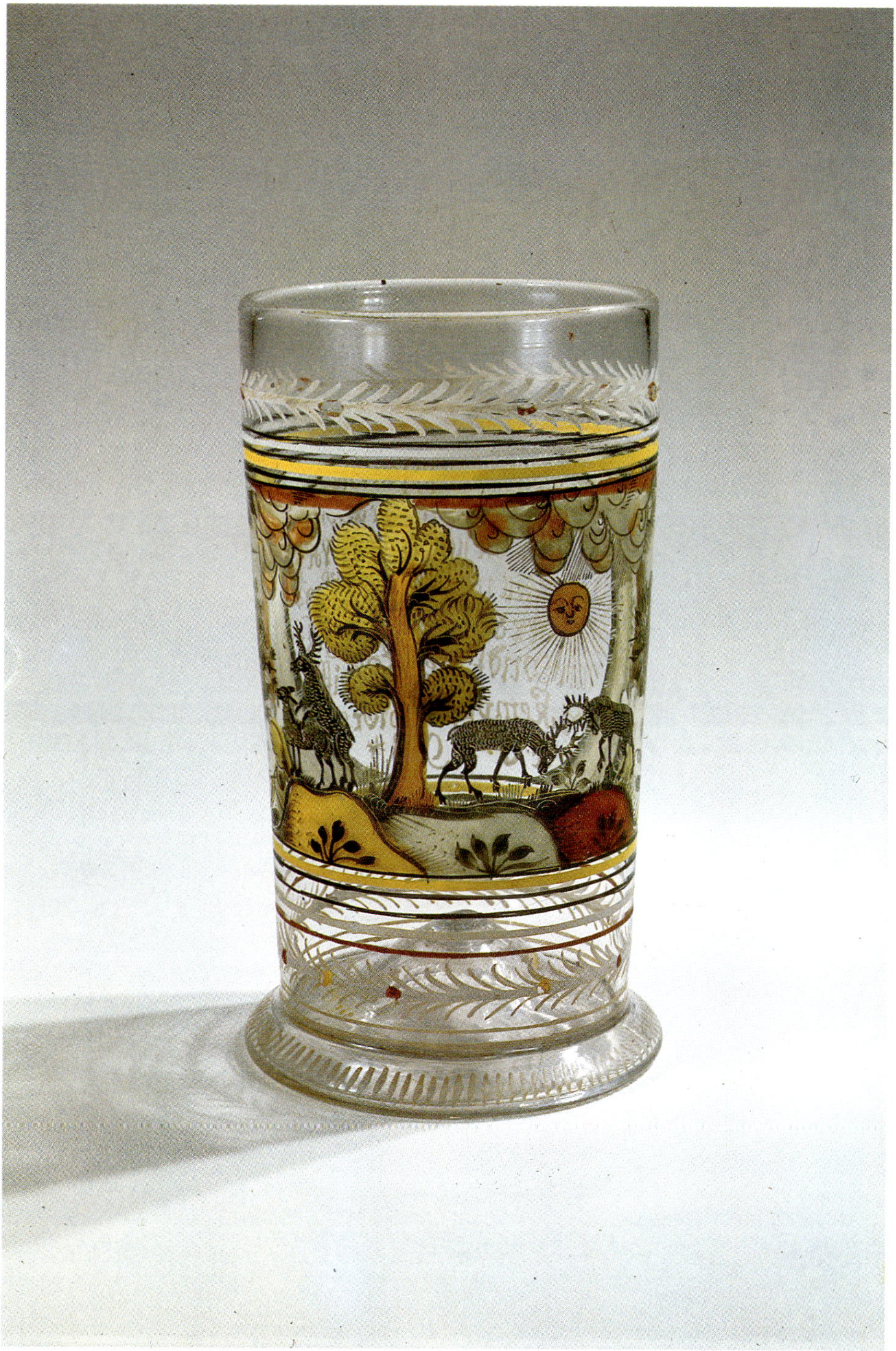

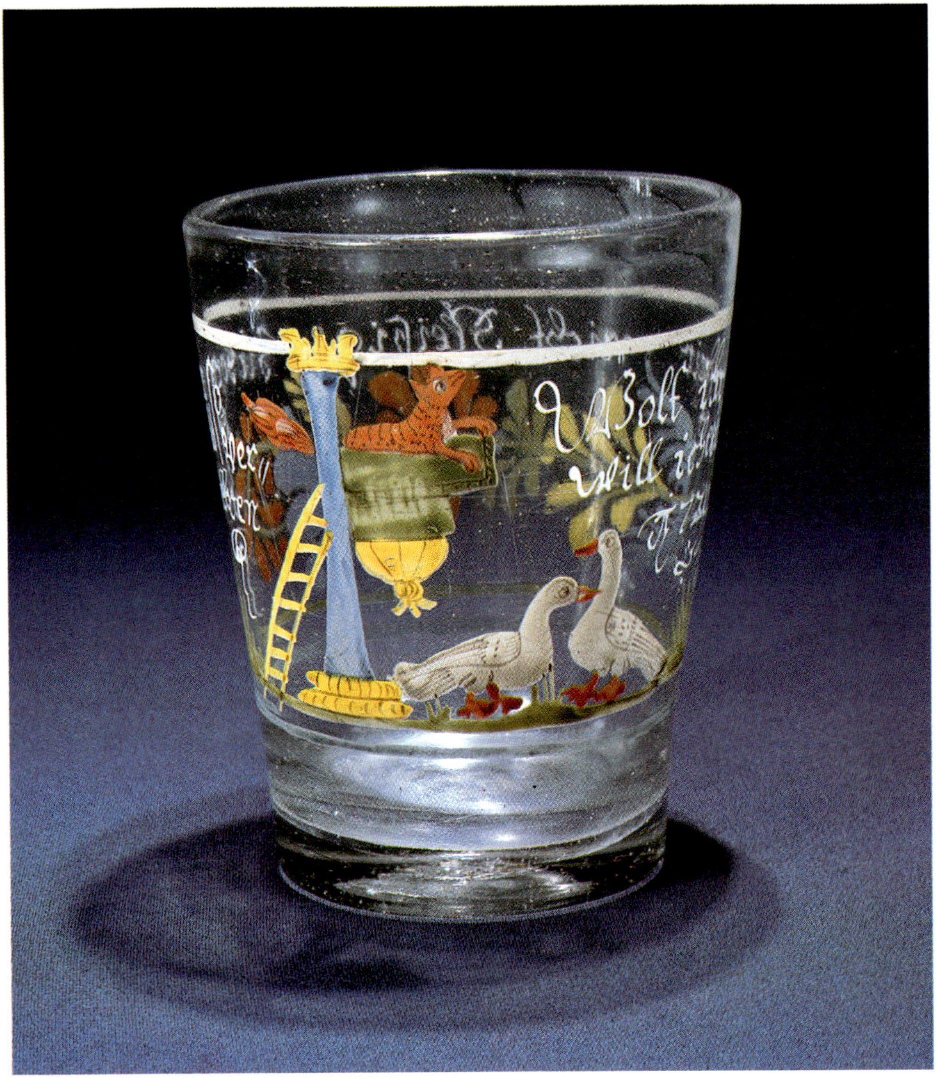

(31)

Becher, Böhmen?, 1729

Farbloses, dickwandiges Glas. Die Wandung ist rundum mit opaken Emailfarben bemalt. In Anspielung auf die Macht der Kirche über das Volk predigt der Fuchs den Gänsen: „Wollt ihr mir nicht Fleißig zuhören, so will ich euch bald verzehren. 1729." Höhe 10,9 cm.

Literatur:

Franz Carl Lipp, Bemalte Gläser, 1974, Abb. 134

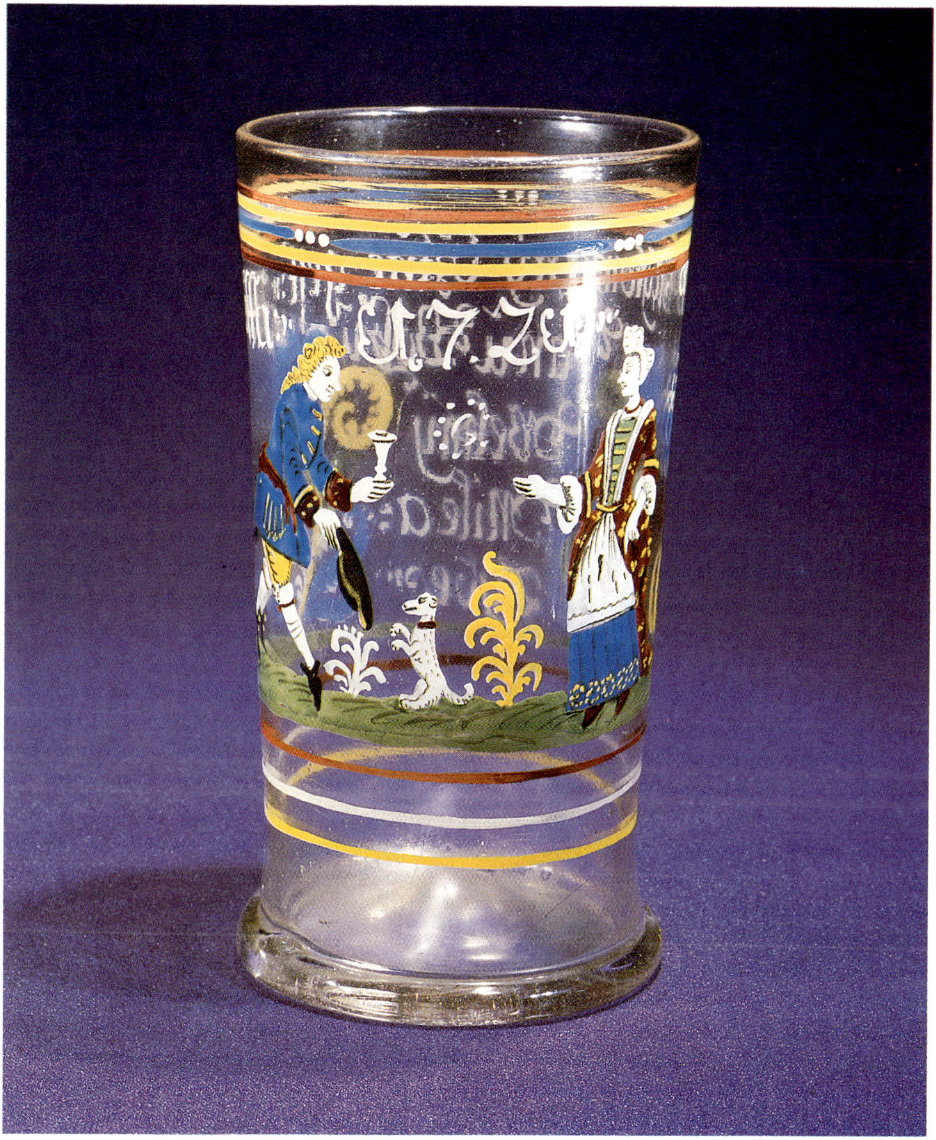

(32)

Hochzeitsbecher, Böhmen, 1721

Farbloses Glas mit aufgeschmolzenem Standring. Die Wandung ist umlaufend mit figuraler und floraler Emailmalerei sowie der alttschechischen Inschrift: „Mylowany sztne geft Letta: panu bohu belmy milea lybe ‚Zetta' 1721" dekoriert. Höhe 12,6 cm.

(33)

Reichsadlerhumpen, Böhmen, 1599

Farbloses Glas mit aufgeschmolzenem und gekniffenem Standring. Die Wandung ist rundum mit dem Reichsadler und 56 Wappen, unterteilt in 14 Vierergruppen (Quaternionen), mit opaken Emailfarben bemalt. Detailbeschreibung der Wappen, siehe Katalog Nr. 27. Oberhalb des Adlers die Inschrift: „Das heilige Römische Reich mit Sampt seinen Gliedern." Rückseitig zwei Ornamentrosetten und Datierung „1599". Höhe 38,5 cm.

Die Beschriftung der Wappen und die Binnenzeichnung des Adlers abgerieben.

Provenienz:

Sammlung William Randolph Hearst

Literatur:

Rainer Rückert, Die Glassammlung des Bayerischen Nationalmuseums München, 1982, Abb. 165

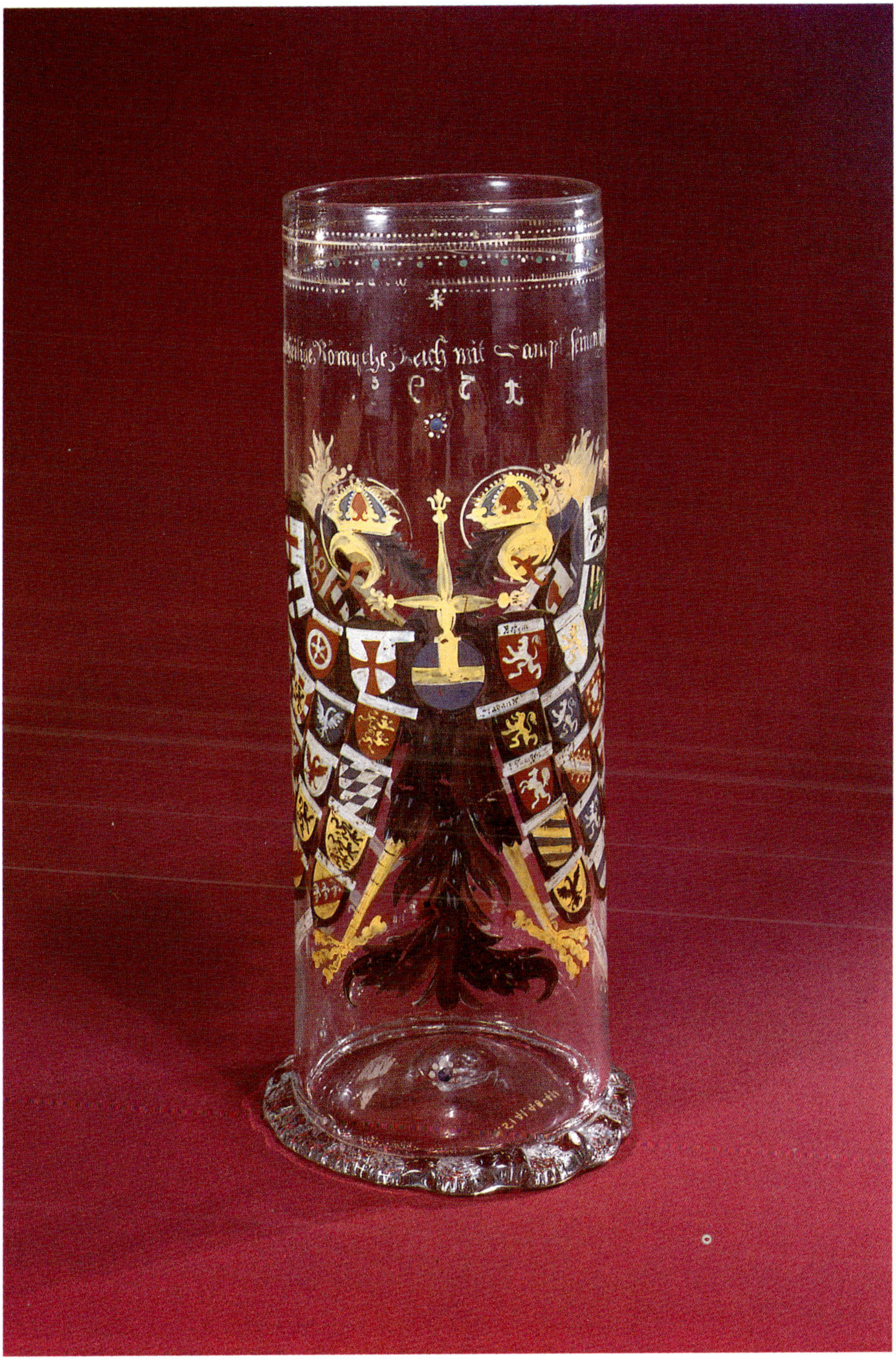

34

Hofkellereihumpen, Sachsen, 1683

Farbloses, leicht grünliches Glas mit aufgeschmolzenem Standring und hoch eingestochenem Boden. Auf der Vorderseite der Wandung Wappen und Initialen „I.G.D.3.H.Z.S.I.C.V.B.C.", (Johann Georg der Dritte Herzog zu Sachsen, Jülich, Cleve und Berg, Churfürst) mit opaken Emailfarben gemalt. Darunter Datierung „1683". Rückseitig fünf Ornamente. Höhe 26,9 cm.

Provenienz:

Sammlung William Randolph Hearst

Literatur:

Brigitte Klesse, Axel von Saldern, 500 Jahre Glaskunst. Sammlung Biemann, 1978, Abb. 314

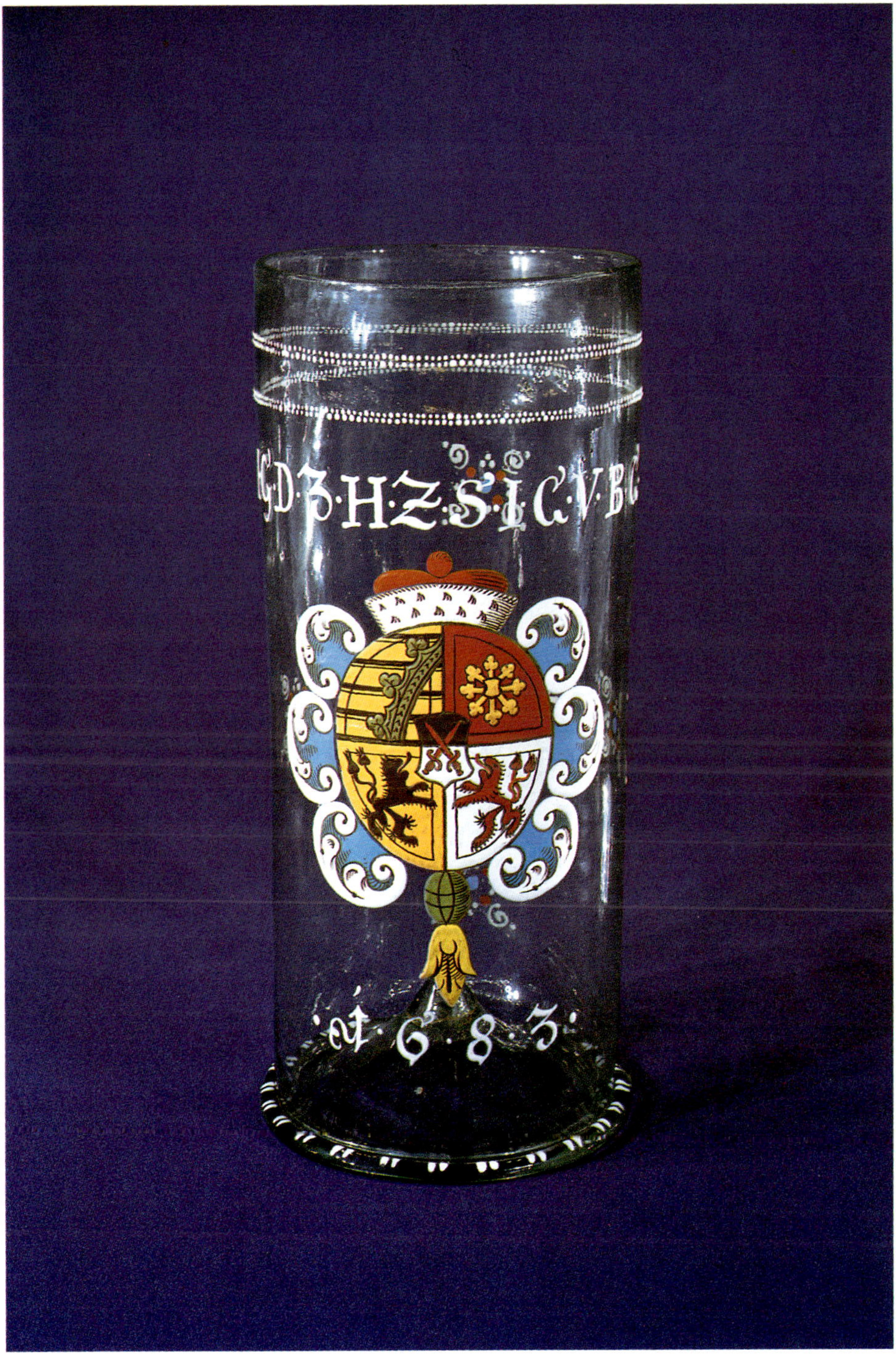
D·Z·H·Z·S·I·C·V·B
1·6·8·3

(35)

Kurfürstenhumpen, Deutschland, 1678

Farbloses Glas mit hohlem aus der Glasblase geformten Standring und hoch eingestochenem Boden. Die Wandung ist umlaufend in opaker Emailmalerei dekoriert. In der oberen Reihe sind die drei geistlichen Kurfürsten von Köln, Mainz und Trier sowie der römische Kaiser deutscher Nation, in der unteren Reihe die vier weltlichen Kurfürsten von Sachsen, Brandenburg, Heidelberg (Pfalz) und Bayern dargestellt. Der Humpen ist monogrammiert und datiert „G.S.1678". Höhe 18,9 cm.

Provenienz:

Sammlung William Randolph Hearst

Literatur:

Rainer Rückert, Die Glassammlung des Bayerischen Nationalmuseums, 1982, Abb. 195

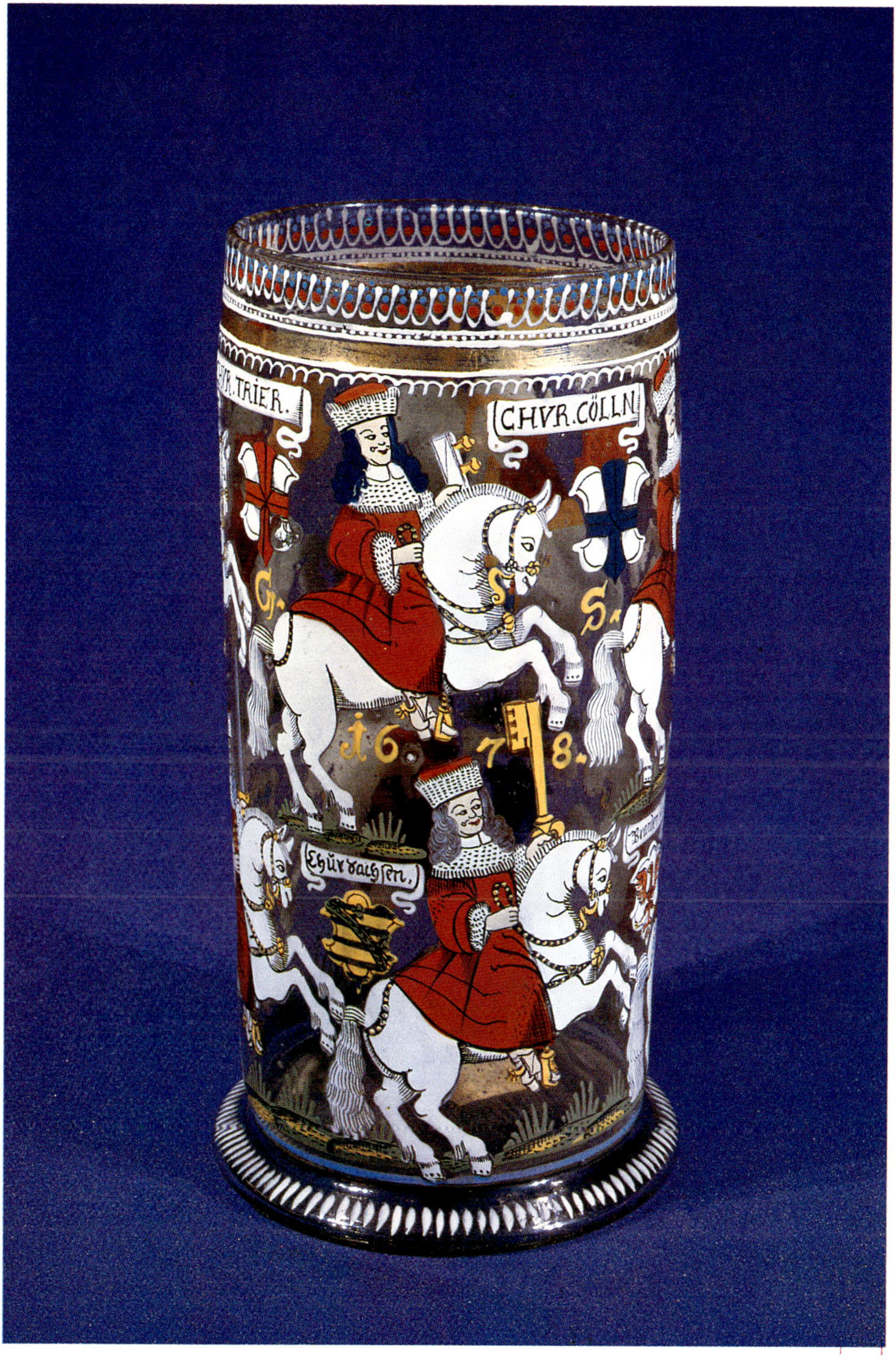
…VR. TRIER.
CHVR.CÖLLN
16 78
Chür Sachsen.

(36)

Zunftglas der Hufschmiede, Franken, 1732

Farbloses Glas mit hoch eingestochenem Boden. Die Wandung ist rundum mit opaken Emailfarben bemalt. Auf der Vorderseite ein Hufschmied mit seinen Werkzeugen und Monogramm „A.J.". Rückseitig stilisierte Blumen und Maiglöckchen. Inschrift: „VIVAT: Daß Ehrbare Handwerk, Der Huffschmiedt thu ich bescheid, das aller unßer Hertz erfreudt. Anno 1732." Höhe 17,3 cm.

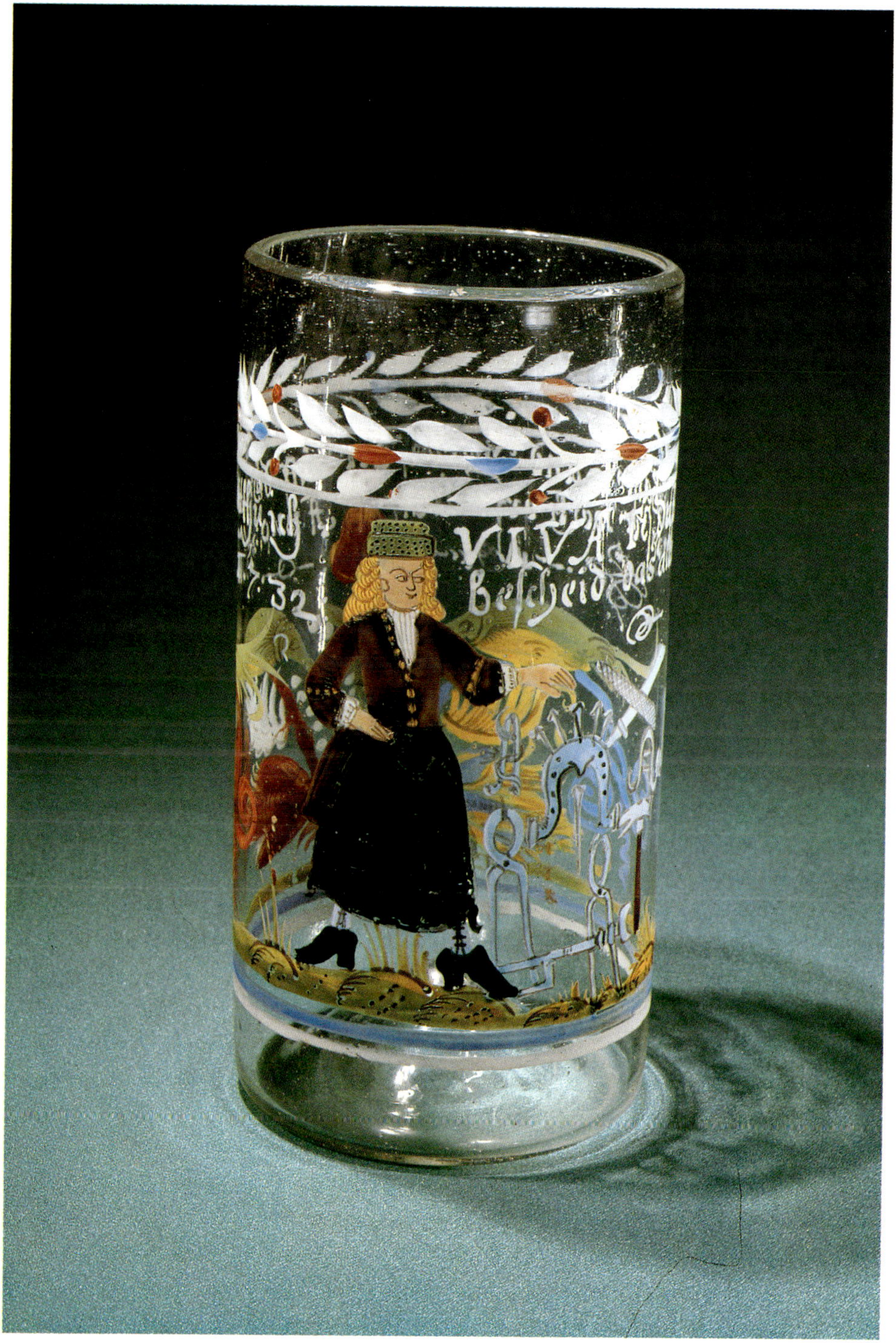
VIVA
Bescheid

(37)

Wappenscheibe, Oberösterreich, 1605

Farbloses, flach gegossenes Glas. Auf die etwas wellige Oberfläche der Glasscheibe das Wappen der Familie „Wolf Strasser zu Gleiss" mit bunten Emailfarben gemalt. Die Binnenzeichnung der Löwen und verschiedene Konturen im Wappen sind vor dem Einbrennen der Farbe radiert worden. Höhe 33,3 cm, Breite 28,5 cm.
Der Rand wurde allseitig mit einer Zange kleiner gezwickt. Linke obere Ecke abgebrochen.

Das Wappen wurde 1575 durch Kaiser Rudolf II. an Daniel Strasser, Bürgermeister in Steyr, verliehen. Dessen Sohn Wolfgang († 1629) war Inhaber der Herrschaft Gleiss. Der gleichnamige Ort liegt südlich von Aschbach zwischen Purgstall und Steyr. (Frdl. Mitteilung Prof. Dr. H. Jäger-Sunstenau)

Literatur:

Siebmacher, Neue Aufl., Bd. IV/4/2, 1919, S. 244, Taf. 109, 110.

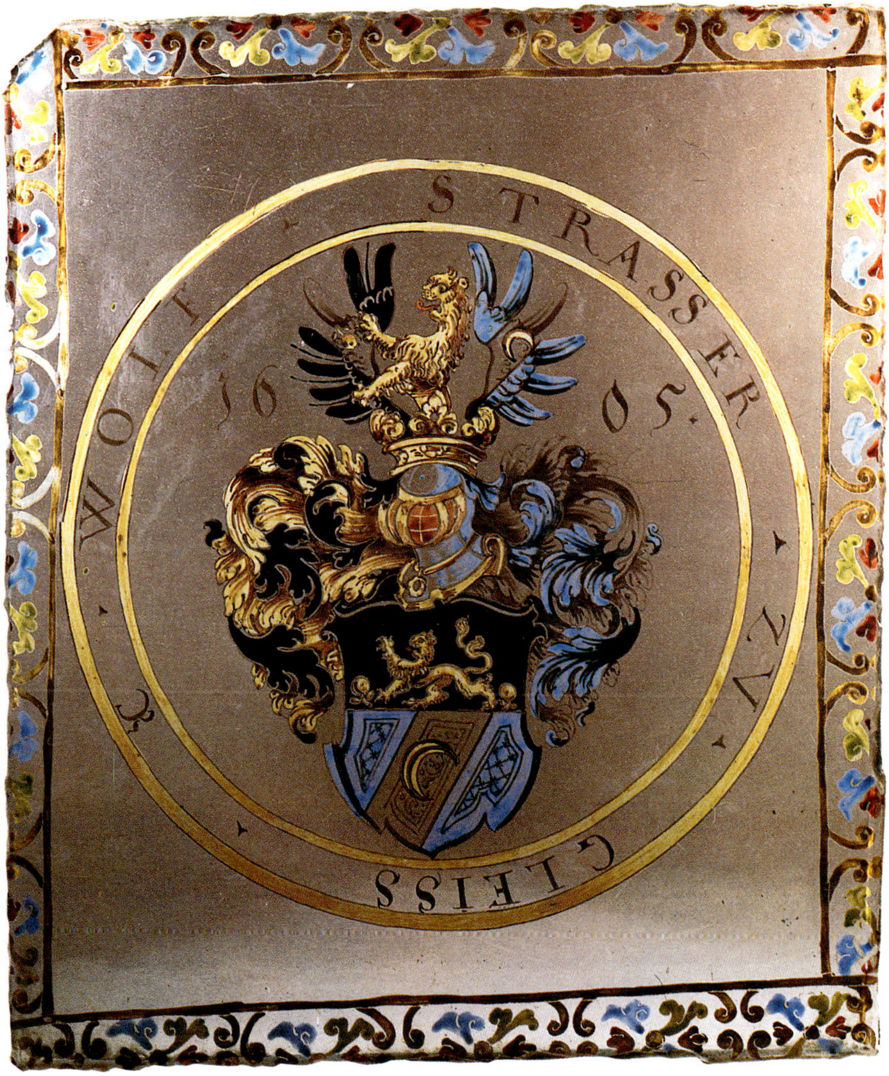
WOLF STRASSER ZV GLEISS
16 05

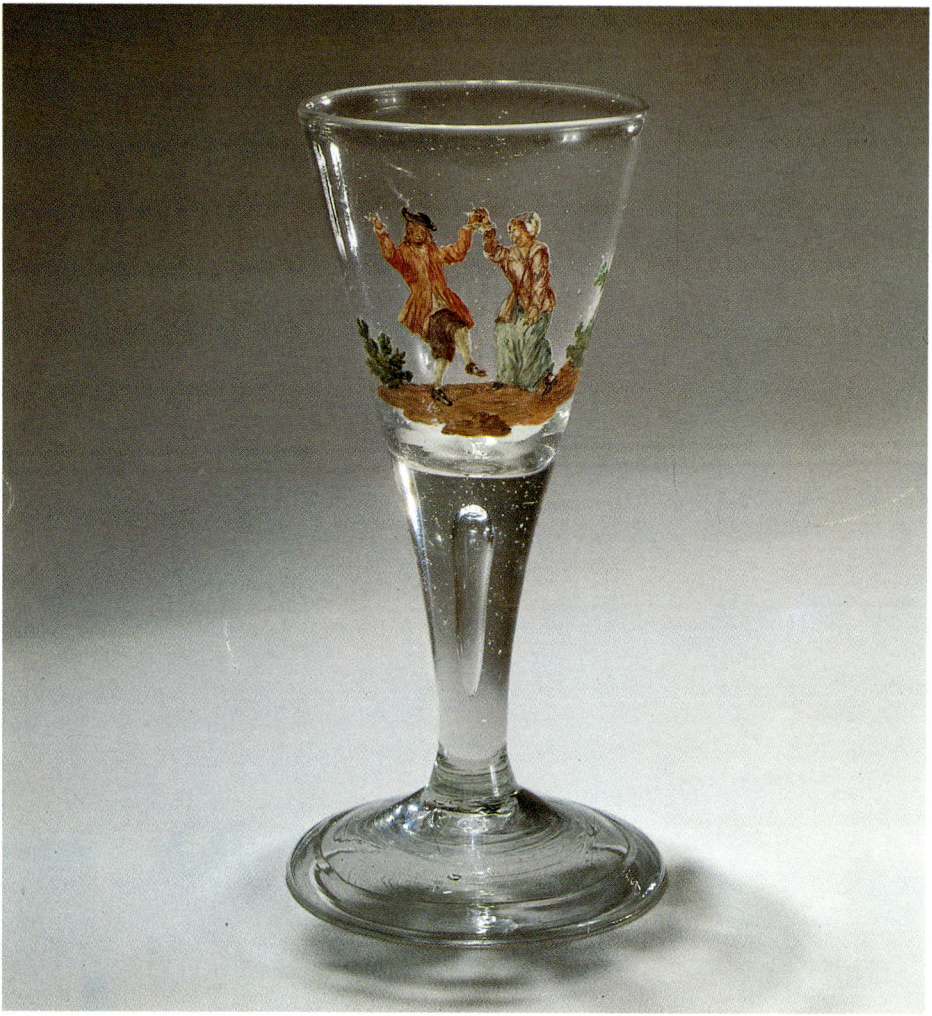

(38)

Kelchglas, Thüringen, 1. Hälfte 18. Jahrhundert

Farbloses Glas mit hohlem nach unten umgeschlagenen Fußwulst. Im Schaft eingestochene Luftblase. Die Kuppa ist auf der Vorderseite mit einem tanzenden Paar in Emailmalerei auf weißer Grundierung dekoriert. Höhe 16,3 cm.

Literatur:

Rainer Rückert, Die Glassammlung des Bayerischen Nationalmuseums München, 1982, Abb. 582 (gleiche Glasform)

Johann Friedrich Meyer (1680—1752 Dresden), Dresdner Hofemailleur, bemalte unter anderem auch Gläser in ähnlicher Technik.

Literatur:

Katalog, Ausstellung Schallaburg 1984, Barock und Klassik, N.F.130

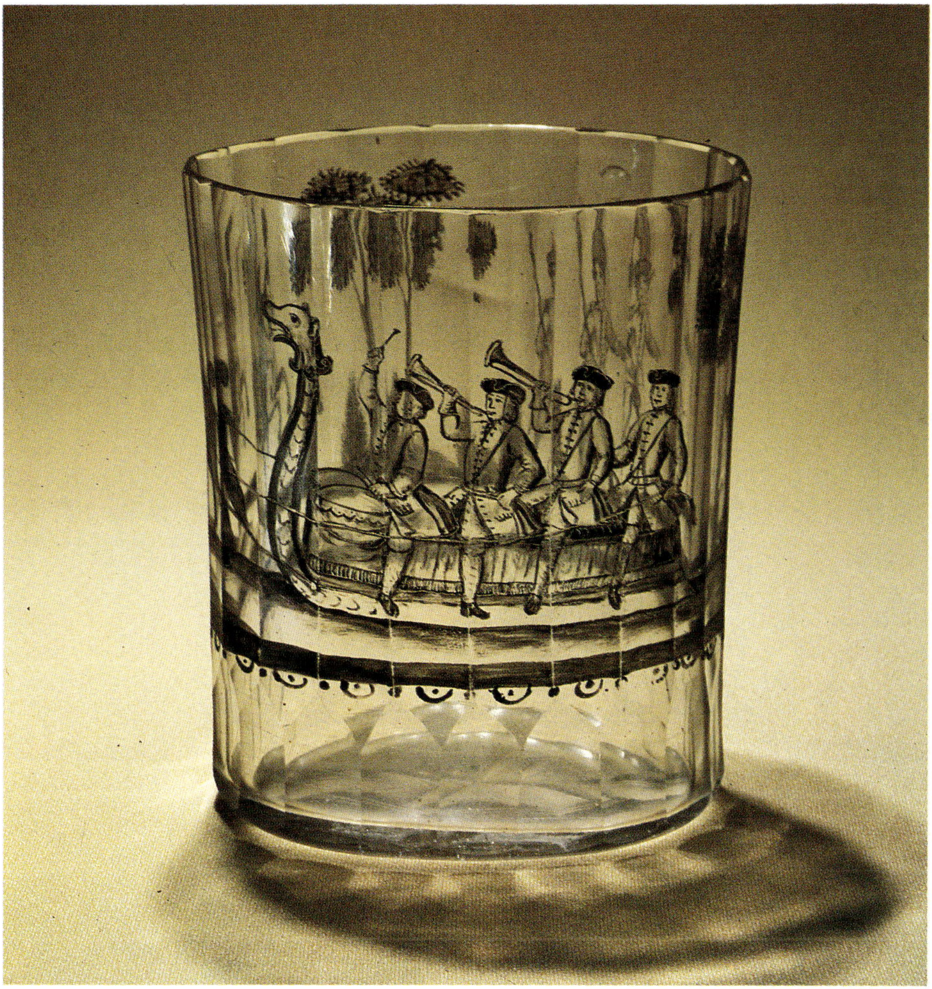

(39)

Becher, Böhmen oder Schlesien, 2. Drittel 18. Jahrhundert

Farbloses Glas, ovale Form. Der Boden mit acht flachen Kugelungen und einem vierstrahligen Stern geschliffen. Die Wandung ist umlaufend facettiert. Ein Schlitten mit Musikanten wird von einem geschmückten Pferd gezogen. Rückseitig ein in die Luft schießender Mann. Die umlaufende Darstellung ist mit Schwarzlot gemalt und teilweise radiert. Höhe 9 cm.

Während des Faschings zählten Umzüge auf Schlitten, die sogenannten „Schlittagen", zu den Vergnügungen der höheren Gesellschaft, wobei auch Musik und Lärm nicht fehlen durften, wie dies auf diesem Glas durch die Musikanten und den Schützen dargestellt wird.

(40)

Becher, Böhmen, Mitte 18. Jahrhundert

Farbloses Glas, achtzehnfach facettiert geschliffen. Auf der Vorderseite ist die Darstellung des Hl. Konrad mit Emailfarben auf weißem Untergrund gemalt. Rückseitig stilisierte Tulpe. Inschrift: „S. Conradus". Höhe 11 cm.

An einer Stelle des Lippenrandes ca. 1 mm große Scharte und nicht herausgebrochene Anschlagstelle.

Der Heilige Konrad, der Einsiedler, starb am 19. 2. 1351. Er entzündete im Jagdfieber ein Feuer, um einen Hirsch aus seinem Versteck zu treiben. Der gesamte Wald brannte ab und ein Unschuldiger wurde vor Gericht gestellt. Als er davon Kenntnis erhielt, stellte er sich freiwillig und wurde nach Wiedergutmachung des Schadens zum Einsiedler.

Literatur:

Erna und Hans Melchers, Das große Buch der Heiligen, S. 113 und 114

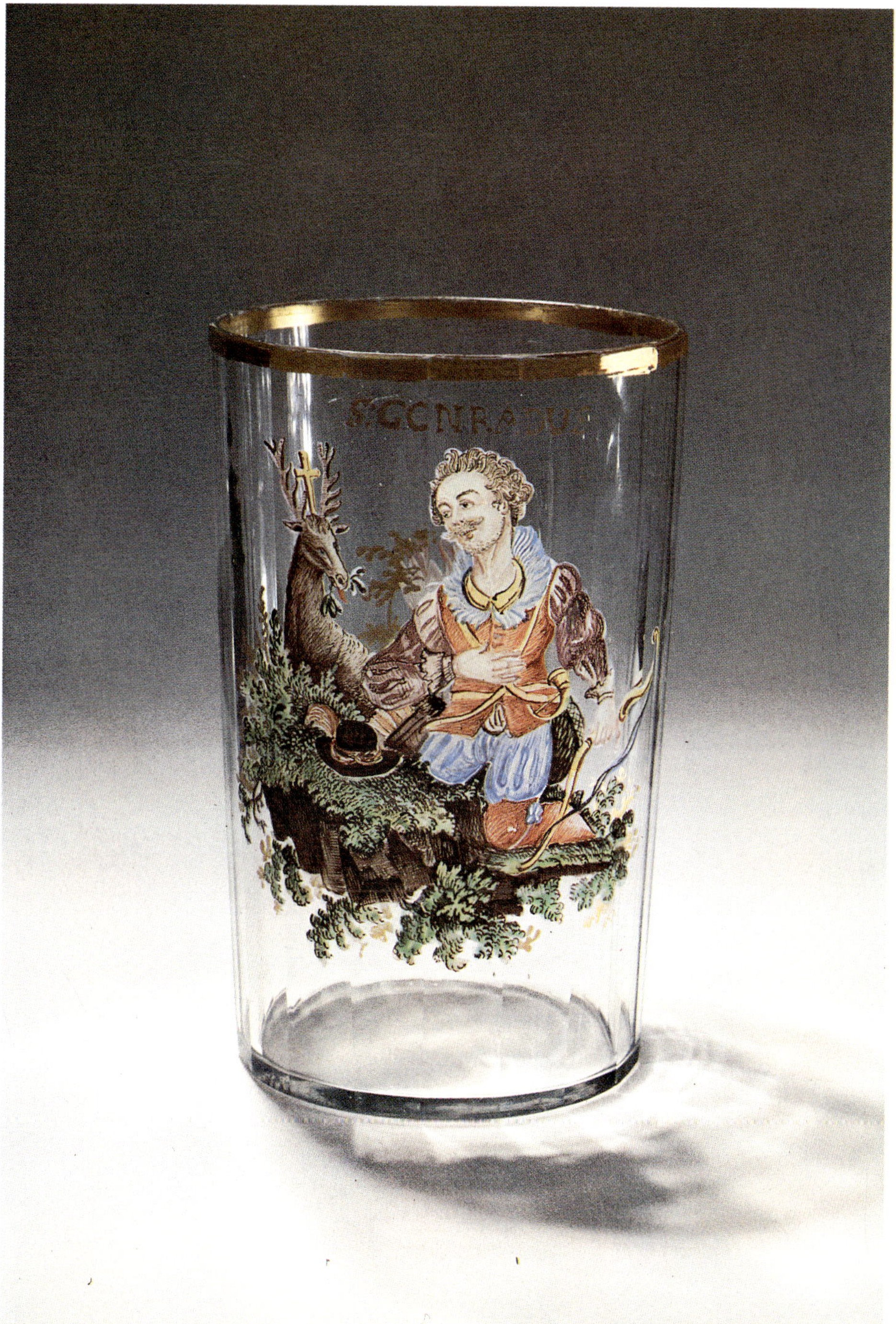

41

Flasche, Böhmen, Mitte 18. Jahrhundert

Milchglas (Beinglas). Auf der Vorderseite die Darstellung einer galanten Szene in Phantasielandschaft mit Emailfarben gemalt. Rückseitig Streublumen und Blumenbouquets.
Höhe 33,5 cm.

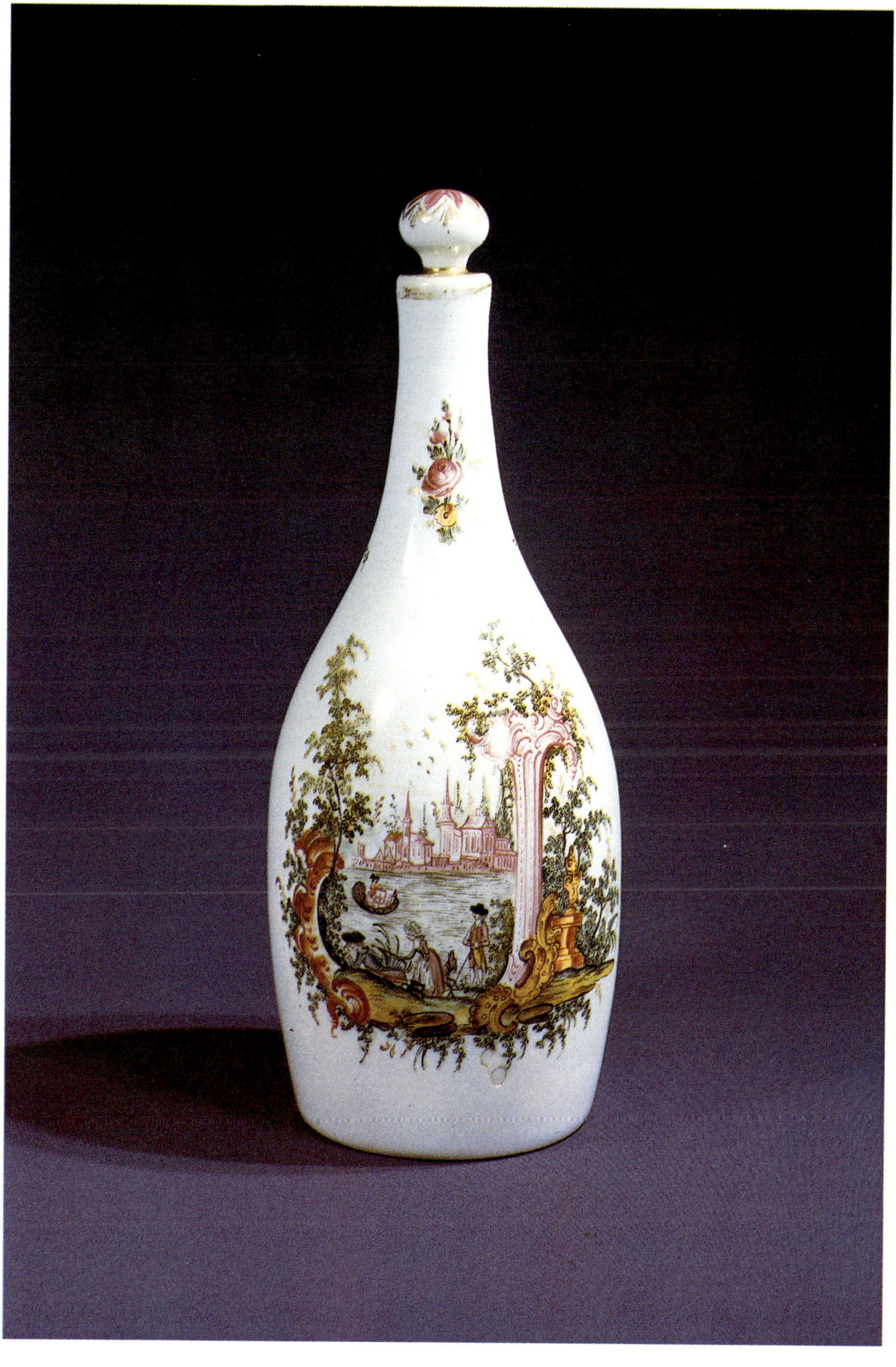

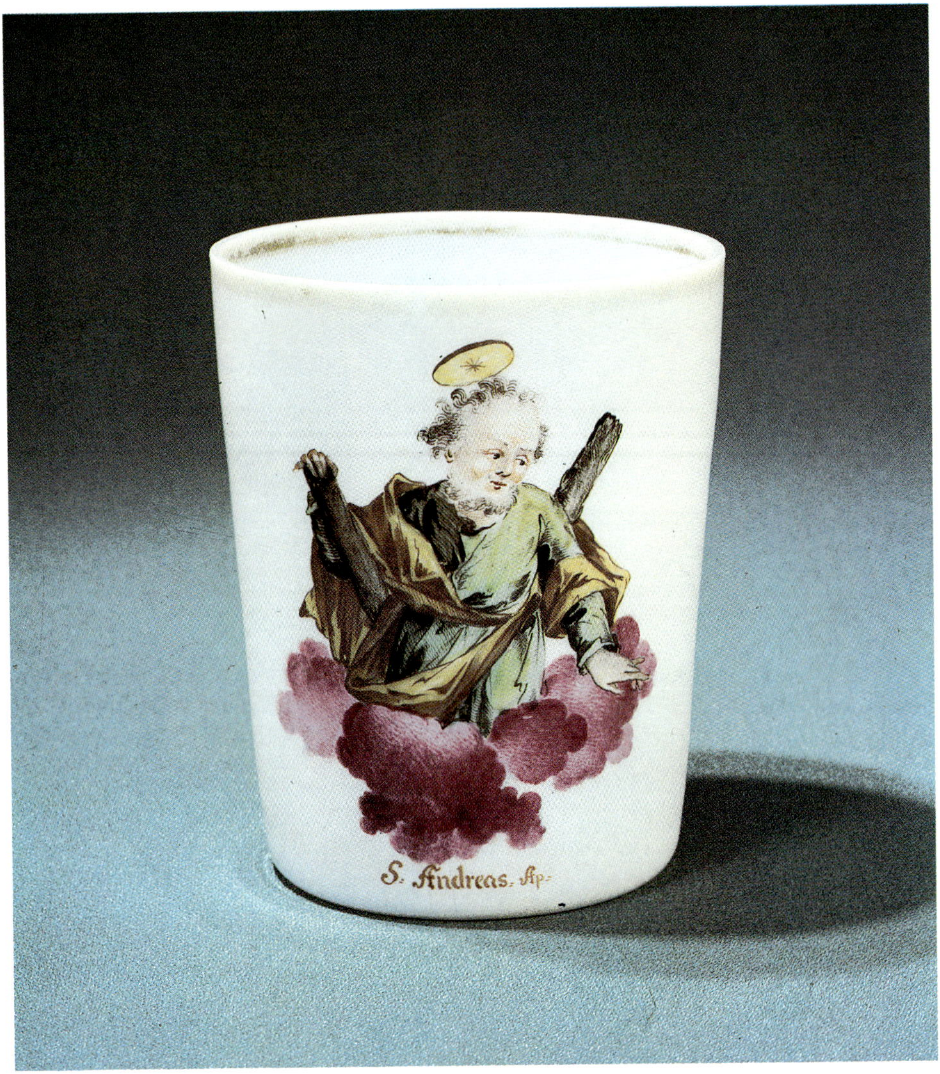

(42)

Becher, Böhmen, Mitte 18. Jahrhundert

Opalisierendes Milchglas (Beinglas). Auf der Vorderseite die Darstellung des Hl. Andreas mit Emailfarben gemalt. Inschrift: „S. Andreas Ap.“. Rückseitig kleiner Blumenstrauß.
Höhe 9,6 cm.

Die Vergoldung des Mundrandes abgerieben, flache Absplitterung am Rand links über dem Kopf.

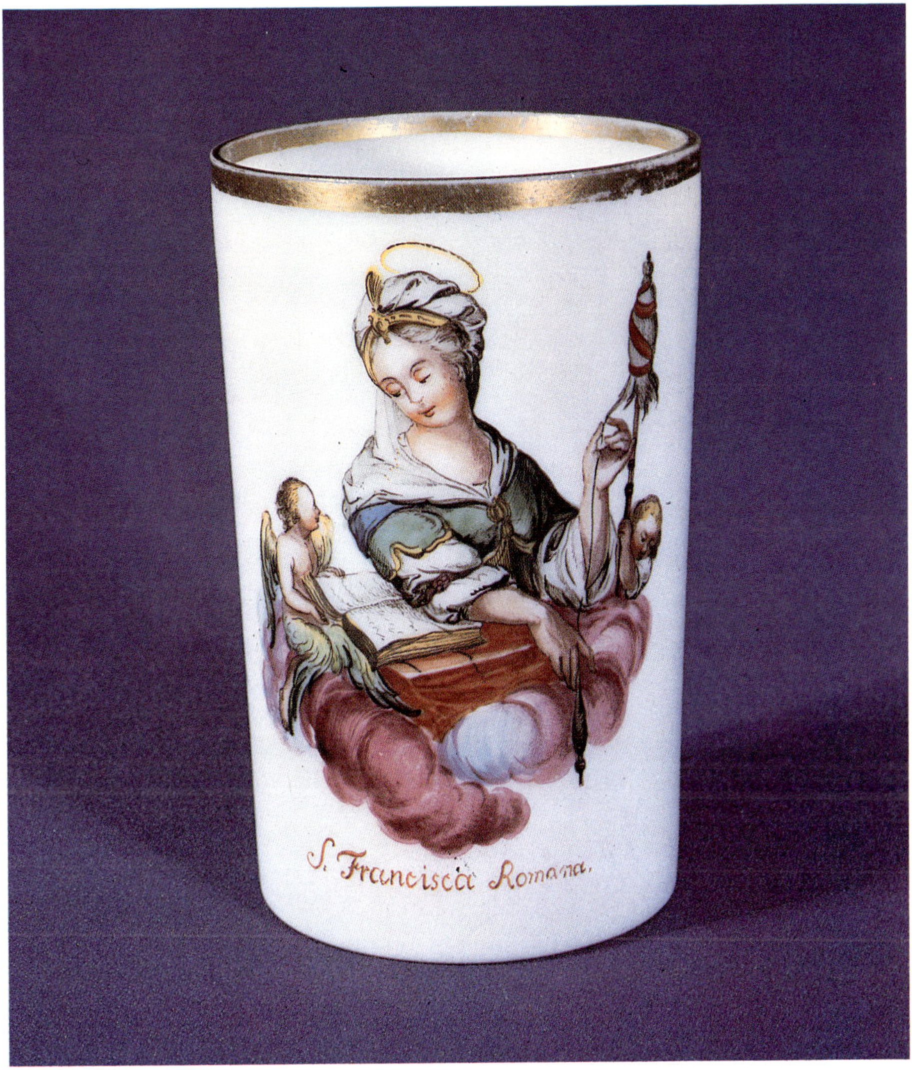

(43)

Becher, Böhmen, Mitte 18. Jahrhundert

Milchglas (Beinglas). Auf der Vorderseite die Darstellung der Hl. Francisca von Rom (Namenstag 9. März) mit Emailfarben gemalt. Inschrift: „S. Francisca Romana". Rückseitig kleiner Blumenstrauß. Höhe 11,5 cm.

Barockes Glas

Als Merkmale des Hohlglases der Barockzeit können, von einigen Ausnahmen abgesehen, Schliff und Schnitt gelten. Zwei Dekorationstechniken, die schon in der Antike und im Altertum bekannt waren und geübt wurden, die aber für einige Jahrhunderte aus der Erinnerung der Glasmacher geschwunden waren, weil das freigeformte Hüttenglas — wie es in Venedig oder nördlich der Alpen als Façon de Venise und als einfaches Waldglas hergestellt wurde — aus Gründen des Materials und der Formgebung nicht geeignet war.
Grundsätzlich ist bei der materialabtragenden Bearbeitung von Hohlglas zwischen Schliff und Schnitt zu unterscheiden. Der Schliff ist überwiegend formgebend und wird mittels größerer Stein-, Holz- und Korkscheiben ausgeführt, während der Schnitt für die Dekoration ornamentaler oder figuraler Art angewendet und mittels ganz kleiner Kupferrädchen ausgeführt wird.
Schliff und Schnitt blieben vom 14. Jahrhundert an, mit dem absoluten Höhepunkt im Italien der Renaissance, auf Gefäße aus Halbedelsteinen und vor allem Bergkristall beschränkt. Wahrscheinlich war es der naturgegebene Mangel am Rohmaterial Bergkristall — man war von Zufallsfunden für die Befriedigung eines steigenden Bedarfes abhängig — der noch in der Renaissance, gefördert durch den in Prag um 1600 residierenden Kaiser Rudolf II., eine neue Entwicklung in der Glasveredelung einleitete. Dieser überaus kunstsinnige und selbst kunsthandwerklich tätige Monarch hatte an seinem Hof eine Anzahl von Edelsteinschneidern versammelt, welche wohl auch gelegentlich den Schnitt in Glas ausführten. 1609 erhielt der Edelsteinschneider Caspar Lehmann vom Kaiser das ausdrückliche Privileg für den Schnitt in Glas und dieser Meister wurde zum Lehrer einer Reihe von hervorragenden Glasschneidern, welche in der Folge Nürnberg zum Zentrum des Glasschnittes machten.
Einen ersten Höhepunkt bringt in Böhmen das Jahr 1683, als es gelungen war, eine Entwicklung erfolgreich abzuschließen und durch den Kreidezusatz im Gemenge, ein Glas neuer Art zu erschmelzen. Dieses sogenannte „böhmische Kristallglas", von besonderer Reinheit und infolge seiner physikalischen Beschaffenheit für Schliff und Schnitt gleich gut geeignet, bleib bis weit in das 18. Jahrhundert führend.
Zahlreiche deutsche Länder, darunter Brandenburg, Sachsen, Thüringen und Hessen-Kassel verfügten über eine eigenständige Glasproduktion die auch in der Lage war, beachtliche Leistungen hervorzubringen. In Potsdam beispielsweise gelang nach 1679 die Wiederentdeckung des Goldrubinglases durch Johann Kunckel und auch in Sachsen experimentierte der aus der Porzellangeschichte bekannte Arkanist Johann Friedrich Böttger, an der Herstellung eines Rubinglasflusses, Abb. 49.
Grundsätzlich kann der Glasschnitt als Hoch- oder Tiefschnitt ausgeführt sein, wobei die Darstellung entweder reliefartig erhaben aus der Fläche ragt oder in diese vertieft graviert ist. Unter der Bezeichnung Blankschnitt sind polierte Partien in der durch den Schnittvorgang matt erscheinenden Darstellung zu verstehen.
Der sprichwörtliche barocke Phantasiereichtum entfaltete sich beim Hohlglas weniger in einer Vielzahl der Formen als in einer Fülle von Dekorvarianten, deren vollständige Aufzählung diesen Rahmen sprengen würde. Formale Ausnahmen besonderer Art

bilden die in die Barockzeit reichenden Nürnberger Hohlbalusterpokale, die ihre Fortsetzung in derberen böhmischen Pokalen mit massiven Schäften finden. Weiters um 1690 die Hochschnittpokale des Friedrich Winter aus dem schlesischen Petersdorf, deren reiche, florale Ornamente formverändernd wirken und jene des Franz Gondelach, die zu Beginn des 18. Jahrhunderts in Kassel entstanden. Gondelach wußte die Schäfte und Deckelknäufe wie Säulenkapitelle zu gestalten und die Kuppawandungen zeigen hochgeschnittene Herrscherportraits und mythologische Szenen in einer, dem besten Steinschnitt gleichenden Qualität.
Die künstlerische Geschichte des Hohlglases ist nicht auch die Geschichte seiner Künstler. Diese sind bei der überwiegenden Anzahl der auf uns gekommenen Gläser unbekannt geblieben. Lediglich durch Stilmerkmale können viele Arbeiten regional und eine geringe Anzahl bestimmten Meistern zugeordnet werden. Natürlich sind von den wenigen signierten Gläsern die Namen einzelner hervorragender Künstler bekanntgeworden, in der Regel wurden aber Pokale oder Bechergläser nicht signiert. Für den genannten Zeitraum sind gerade für Böhmen und das Riesengebirge keine Namen überliefert, für Schlesien ist der bereits erwähnte Friedrich Winter, für Potsdam sein Bruder Martin Winter, Abb. 55, sowie Gottfried Spiller, Abb. 50, Christoph Tille und Elias Rosbach, für Hessen-Kassel Franz und Johann Gondelach, in Frankfurt Johann Benedikt Heß der Ältere und der Jüngere, für Thüringen Georg Ernst Kunckel, Samuel Schwartz und Caspar Creutzburg und für Sachsen Johann Christoph Kießling und Johann Heinrich Heintze zu nennen.
Von etwa 1730 an, dominieren die schlesischen Gläser, welche hauptsächlich in und um Warmbrunn von Christian Gottfried Schneider, Abb. 52, und seinen Mitarbeitern geschaffen wurden. Dem Zeitgeschmack des beginnenden Rokoko entsprechend waren die Pokale, Fußbecher und Nautilusschalen mit reich geschnittenem Rocaillenwerk, Schäfer- und Gesellschaftsszenen, Handelsallegorien und teilweiser Vergoldung dekoriert.
Nach dem Verlust Schlesiens an Preußen gerieten die Veredelungsbetriebe infolge von Handelsbeschränkungen in Schwierigkeiten, welche den wirtschaftlichen Niedergang des schlesischen Glases zur Folge hatten und auch die böhmischen Hütten in Mitleidenschaft zogen. Nutznießer dieser Entwicklung waren vor allem Sachsen, wo auch schon unter August dem Starken eine bedeutende Glasproduktion etabliert war.
Als eine weitere Spitzenleistung böhmischer Glaskunst gelten die sogenannten Zwischengoldgläser, die von etwa 1730 bis 1750 hergestellt wurden. Der Ort wo sie entstanden ist nicht bekannt, doch ist aufgrund der Anzahl der erhaltenen Exemplare auf leistungsfähige Betriebe zu schließen. Das Isergebirge und hier vielleicht der Ort Harrachsdorf liegen im Bereich der Vermutung. Die Herstellung erforderte präzise Glasmacherarbeit. Zwei konische, ineinanderpassende Becherteile, wobei die Außenseite des inneren Becherteiles mit einer in Blattgold radierten Darstellung versehen ist, wurden mit oder auch ohne Zugabe einer harzähnlichen Masse ineinandergeschoben und sodann die am Mundrand befindliche Fuge, zum Schutz gegen den Eintritt von Flüssigkeit, verkittet. In der gleichen Technik wurden auch Schalen, Flakons und Pokale dekoriert, Abb. 45, 47, 56.
Unter den Gläsern der Barockzeit nehmen die sogenannten Schwarzlotgläser eine besondere Stellung ein, da diese von Hausmalern dekoriert in nicht allzu großer

Anzahl hergestellt wurden. In der zweiten Hälfte des 17. Jahrhunderts wurden in Nürnberg von Johann Schaper und Johann Keyl zylindrische Becher auf drei Kugelfüßen mit Callotfiguren und Landschaften bemalt. Einem Mitglied der bekannten Familie Preissler, Daniel oder Ignaz aus Kronstadt in Böhmen, werden jene mit Gold gehöhten Schwarzlotgläser zugeschrieben, welche im zweiten Viertel des 18. Jahrhunderts entstanden sind und vorwiegend die damals so beliebten Chinoiserien sowie Gesellschaftsszenen zeigen.

Das mit polychromer Emailmalerei dekorierte Glas, wie es das 17. Jahrhundert kannte, verlor immer mehr an Bedeutung und hielt sich nur noch im volkstümlichen Bereich, Abb. 38. Um die Mitte des 18. Jahrhunderts tritt für kurze Zeit eine neue Art von polychromer Emailmalerei, sogenannte Watteau-Szenen, Ruinenlandschaften und Heiligenfiguren in Rocaillenrahmen auf schlesischen Gläserformen, Abb. 40, in Erscheinung.

Wolfgang Prager

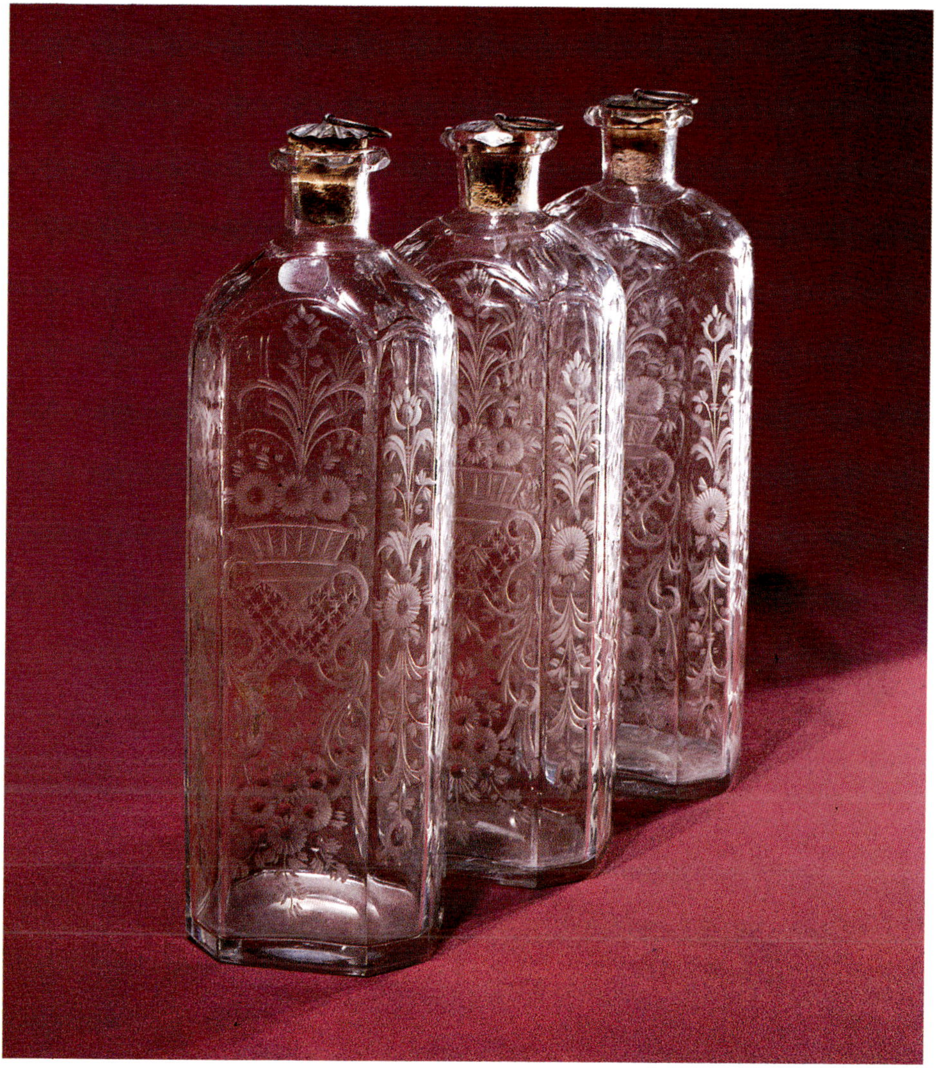

(44)

6 Flaschen, Böhmen, Anfang 18. Jahrhundert

Farbloses Glas, rechteckige Form mit abgeschrägten Ecken. Die Wandung ist umlaufend mit verschiedenen Blüten und Barockornamenten in teilweise geblänktem Tiefschnitt verziert. Die Originalstöpsel sind vorhanden. Höhe 23,5 cm.

Die Flaschen stammen aus einem Reiseservice und wurden meist mit anderen Glasgegenständen in einer Kassette (Flaschenkeller) mitgeführt.

(45)

Zwischengoldpokal, Böhmen, um 1730

Farbloses Glas. Der Fuß ist auf der Unterseite mit einer Schliffrosette verziert und geht in einen achtfach facettierten Balusterschaft über. In die einundzwanzigfach facettierte Kuppa wurde ein Becher eingepaßt, dessen Außenwandung umlaufend mit einer Jagddarstellung (wahrscheinlich nach einer Stichvorlage von Johann Elias Ridinger) in Goldradierung dekoriert ist. Höhe 18,7 cm.

Literatur:

Rainer Rückert, Die Glassammlung des Bayerischen Nationalmuseums, München, 1982, Nr. 765

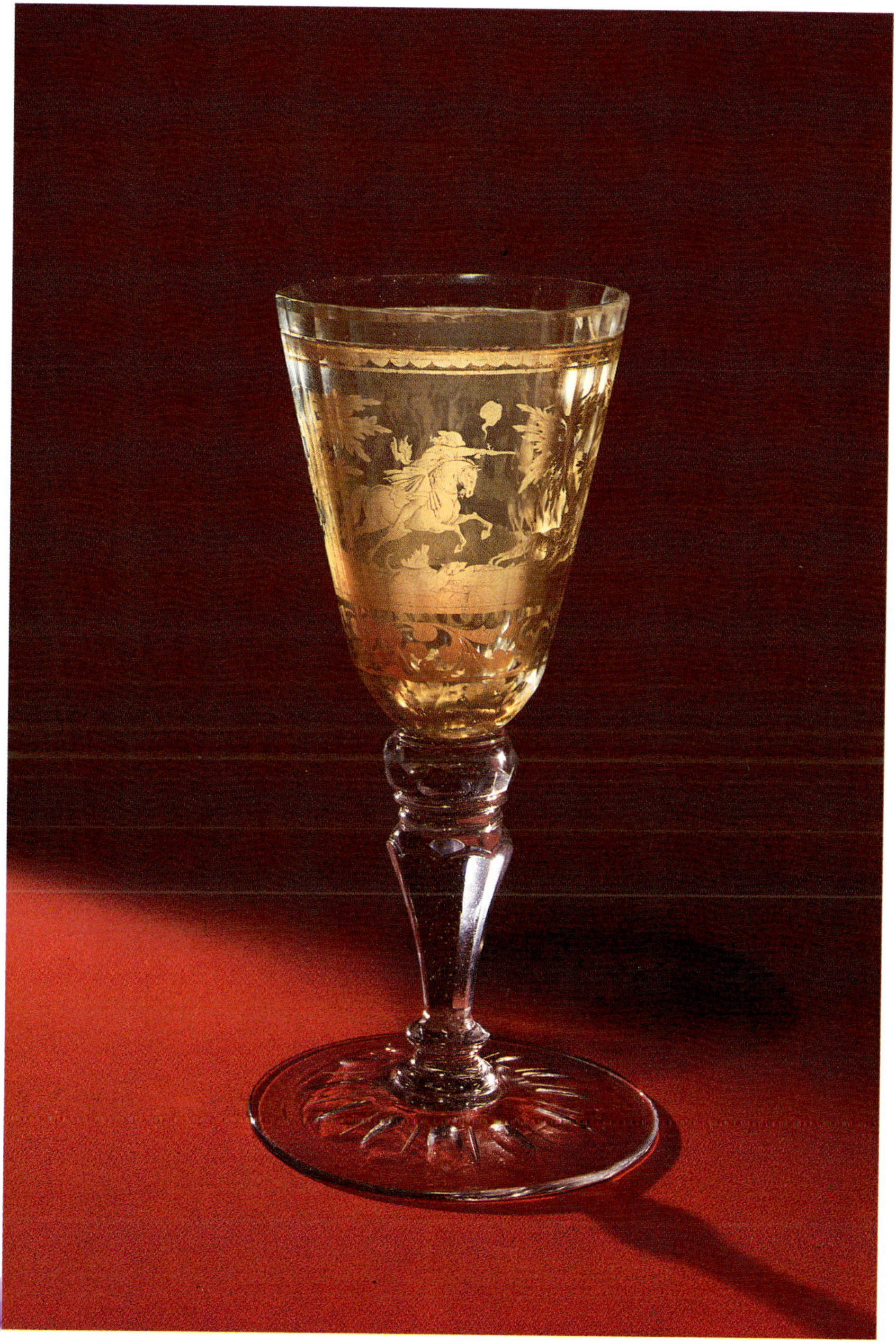

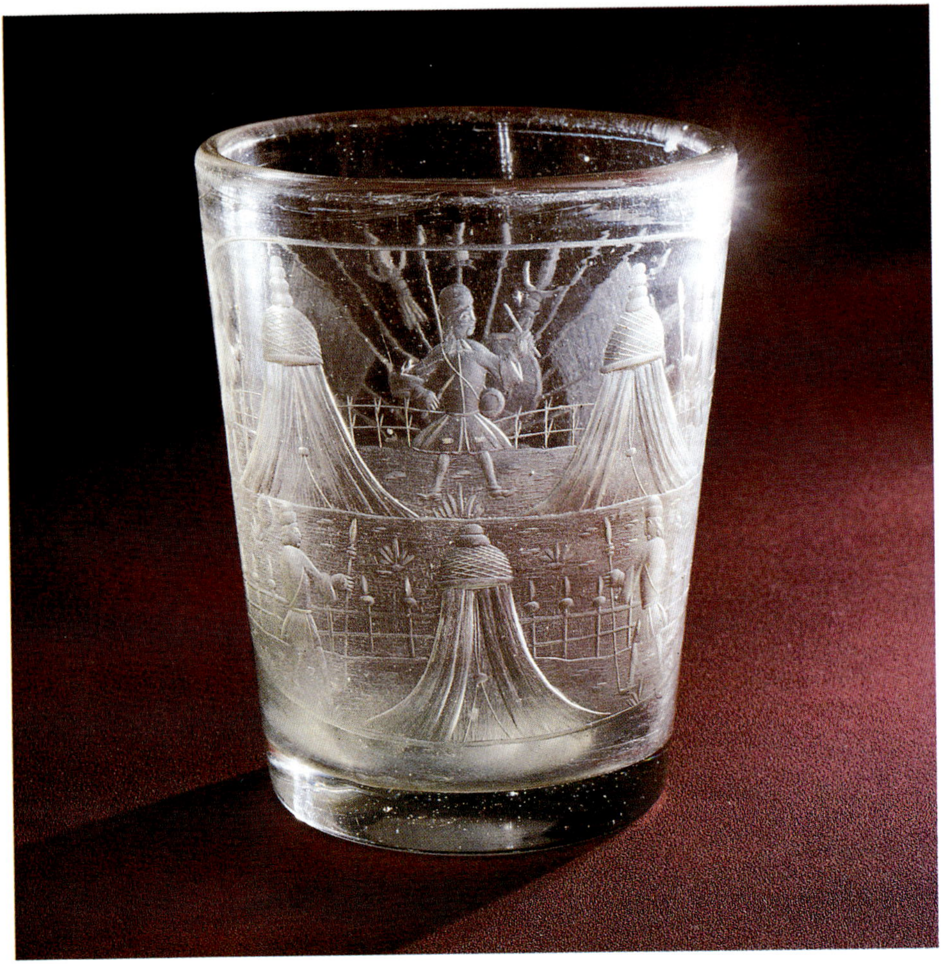

(46)

Becher, Böhmen, Ende 17. Jahrhundert

Farbloses, dickwandiges Glas. Auf der Vorderseite tiefgeschnittene Darstellung eines türkischen Armeelagers. Rückseitig Armaturen (Fahnen, Waffen und Trommeln). Höhe 12,2 cm

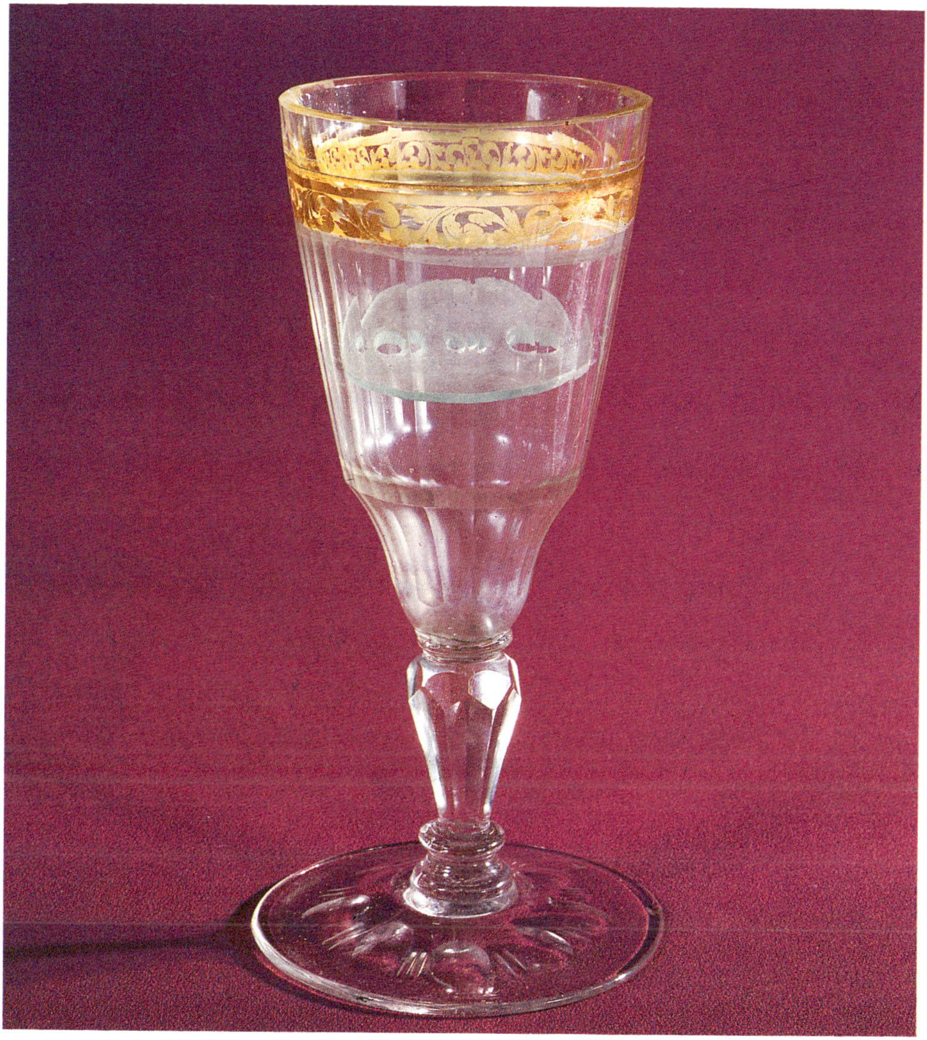

(47)

Zwischengold-Scherzglas, Böhmen, um 1730

Farbloses Glas. Der Fuß ist auf der Unterseite mit einer Schlittrosette verziert und geht in einen siebenfach facettierten Balusterschaft über. In den oberen Bereich der sechzehnfach facettierten Kuppa wurde ein kleiner Becher eingepaßt, dessen Wandung im unteren Bereich mit einer Bordüre in Goldradierung dekoriert ist. In den Boden dieses eingesetzten Bechers und in das darunter befindliche, bewegliche Glasplättchen sind jeweils zwei größere und ein kleineres Loch gebohrt. Höhe 15,2 cm.

Wird dieses Glas mit Flüssigkeit gefüllt, so bleibt das Glasplättchen durch die Adhäsion an der Unterseite des eingesetzten Bechers kleben. Nur wenn die Löcher übereinander zu liegen kommen, ist es möglich daraus zu trinken.

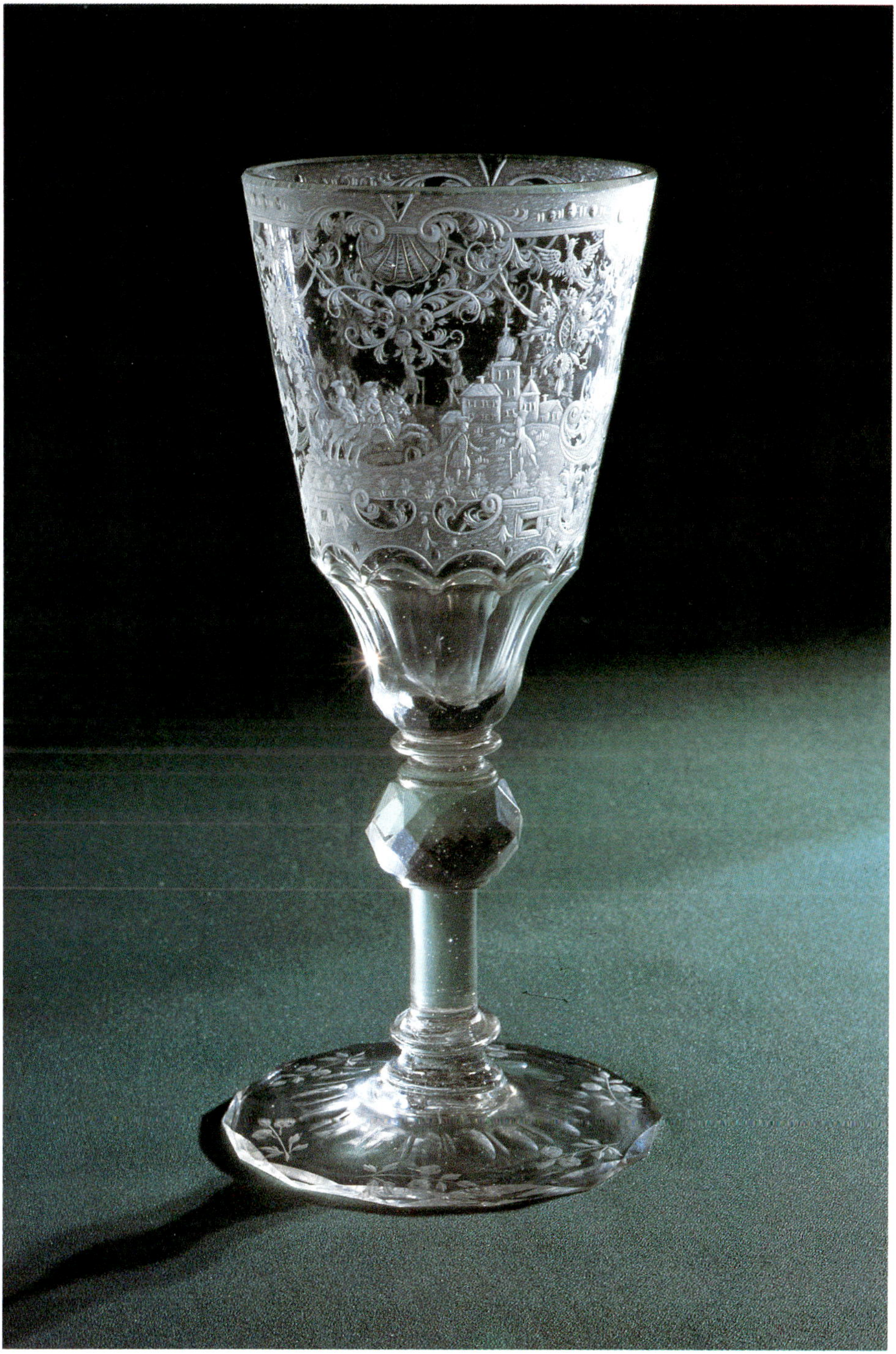

(49)

Pokal, Sachsen, um 1720—40

Goldrubinglas. Der gewölbte Fuß geht in einen massiven, gegliederten Balusterschaft über. Der Mundrand der glockenförmigen Kuppa ist verwärmt (vor der Flamme verschmolzen). Höhe 19,6 cm.

Literatur:

Wolfgang Fetzer, Johann Kunckel, 1977, Abb. 15

Goldrubinglas, ein mit Dukatengold gefärbtes Glas, wurde bereits Ende der siebziger Jahre des 17. Jahrhunderts von Johann Kunckel in Berlin hergestellt. Von ihm wurden die verschiedenen Herstellungsverfahren, die in dem Werk „L'arti vetraria" beschrieben sind, nachvollzogen und anschließend in einem eigenen Werk „Ars Vitraria Experimentalis" (Die vollkommene Glasmacherkunst) in deutscher Sprache niedergeschrieben.

Literatur:

Wolfgang Fetzer, Johann Kunckel, 1977, S. 22f

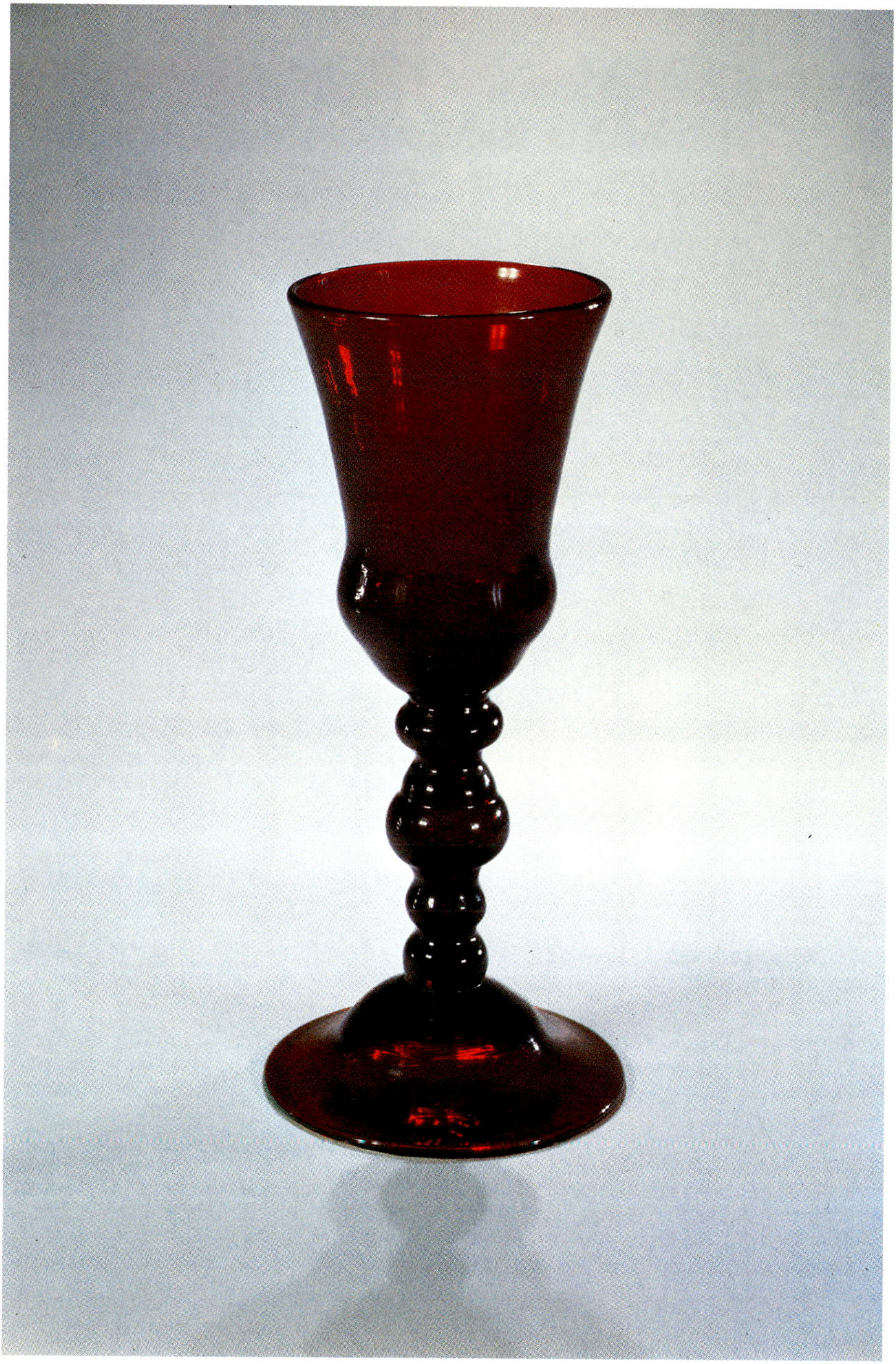

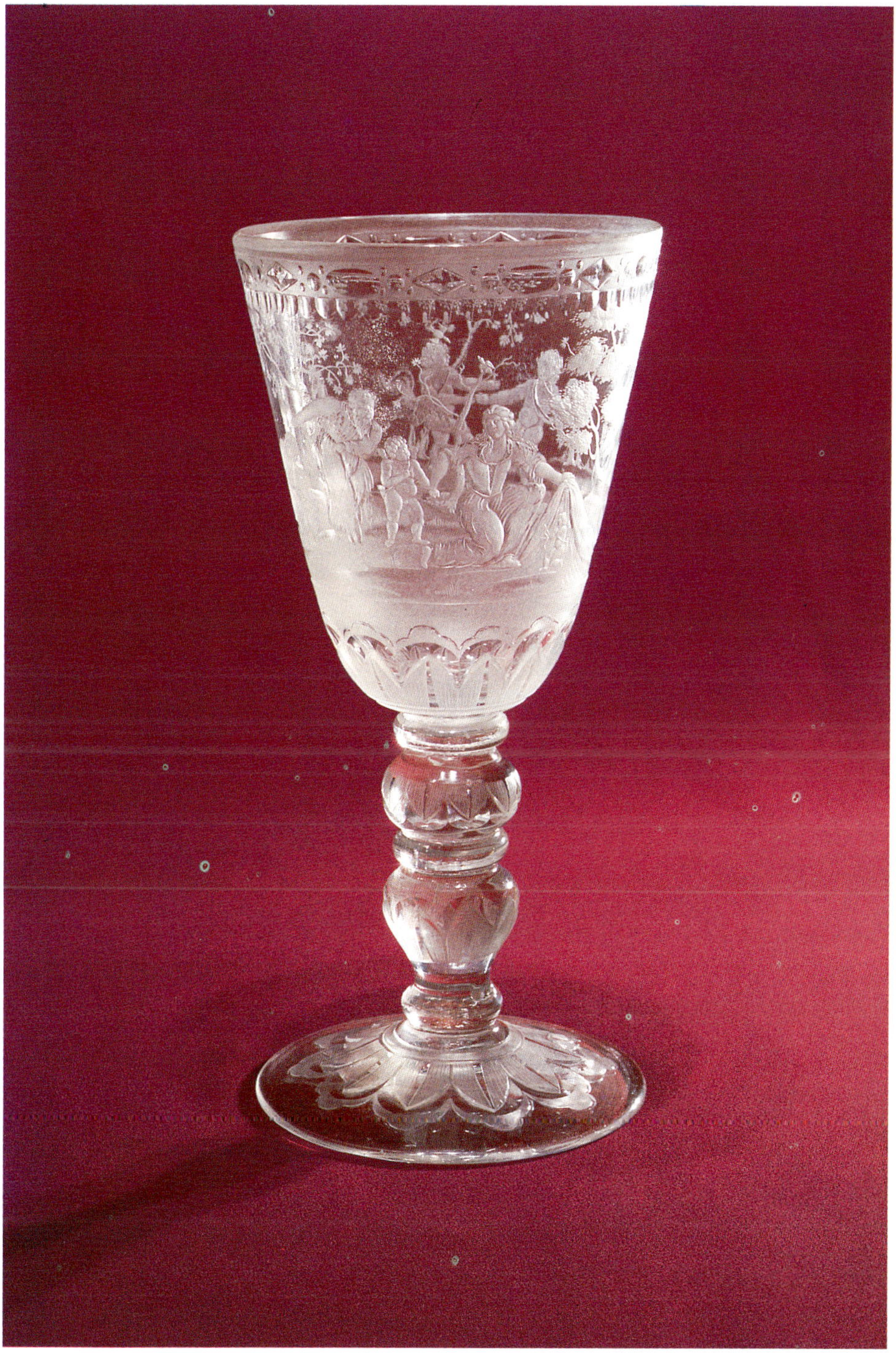

(51)

Pokal, Schwarzwald, um 1720—30

Farbloses, dickwandiges, schwach gelblich schimmerndes Glas. Der ansteigende Fuß ist auf der Oberseite mit einem Kugelschliffkranz und einer gravierten Blumenrankenbordüre verziert. Über dem hohlen Balusterschaft sind im Boden der Kuppa sechs eingestochene Luftblasen um eine Mittelblase kreisförmig angeordnet. Auf der Vorderseite, in einer durch Rocaillen gerahmten Kartusche, teilweise geblänkte Tiefschnittdarstellung eines Abtes, der über dem Wappen der Abtei St. Peter ein Band mit der Inschrift: „In Deo spes mea" (In Gott ist meine Hoffnung) hält. Darunter Monogramm: „GASPE" (Gregorius? Abbas Sancti Petri Ecclesiae). Höhe 22 cm.

Bei der dargestellten Person handelt es sich um einen Abt der Benediktiner-Abtei St. Peter im Schwarzwald nächst Freiburg im Breisgau. (Frdl. Mitteilung Prof. Dr. H. Jäger-Sunstenau).

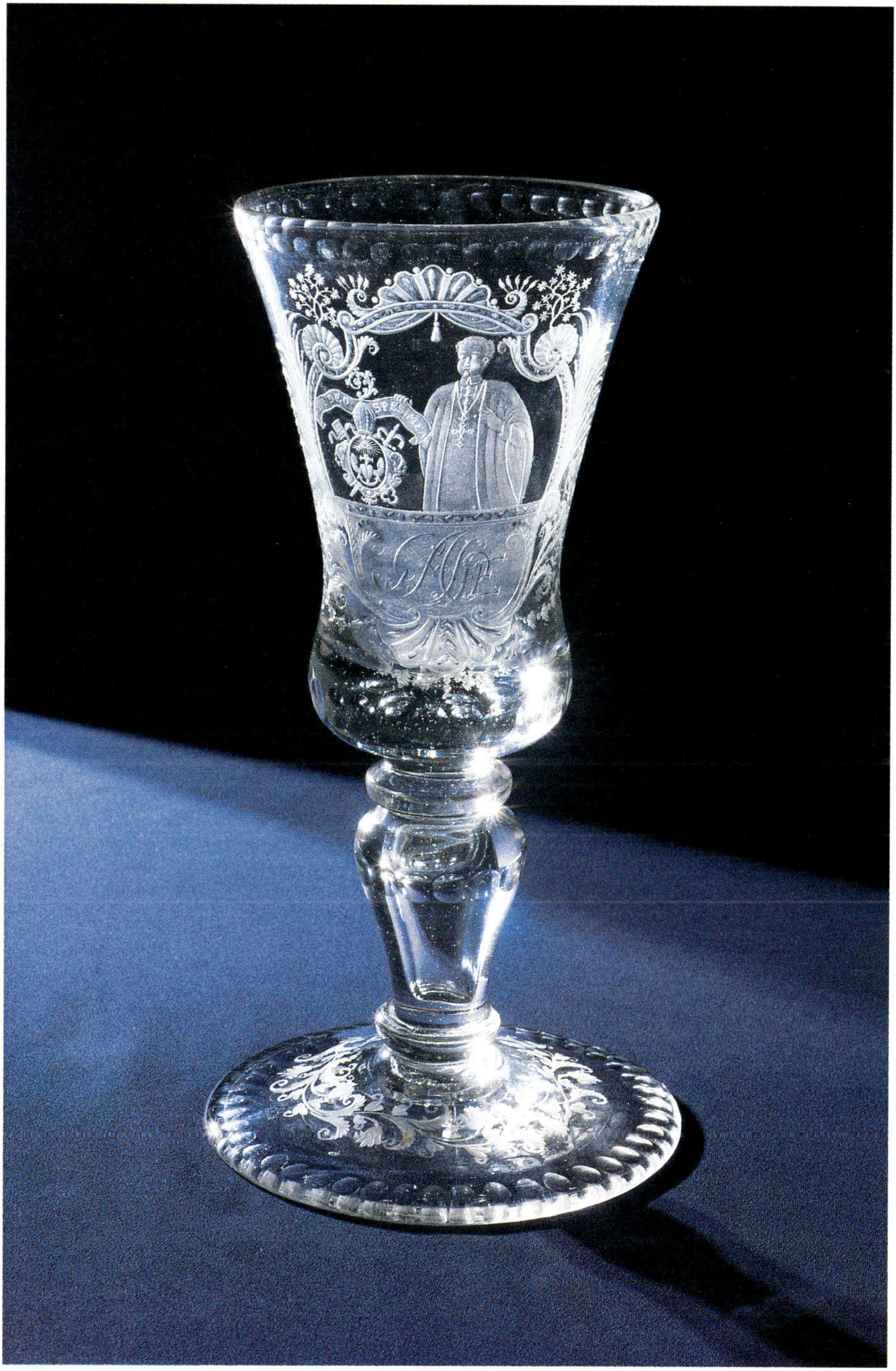

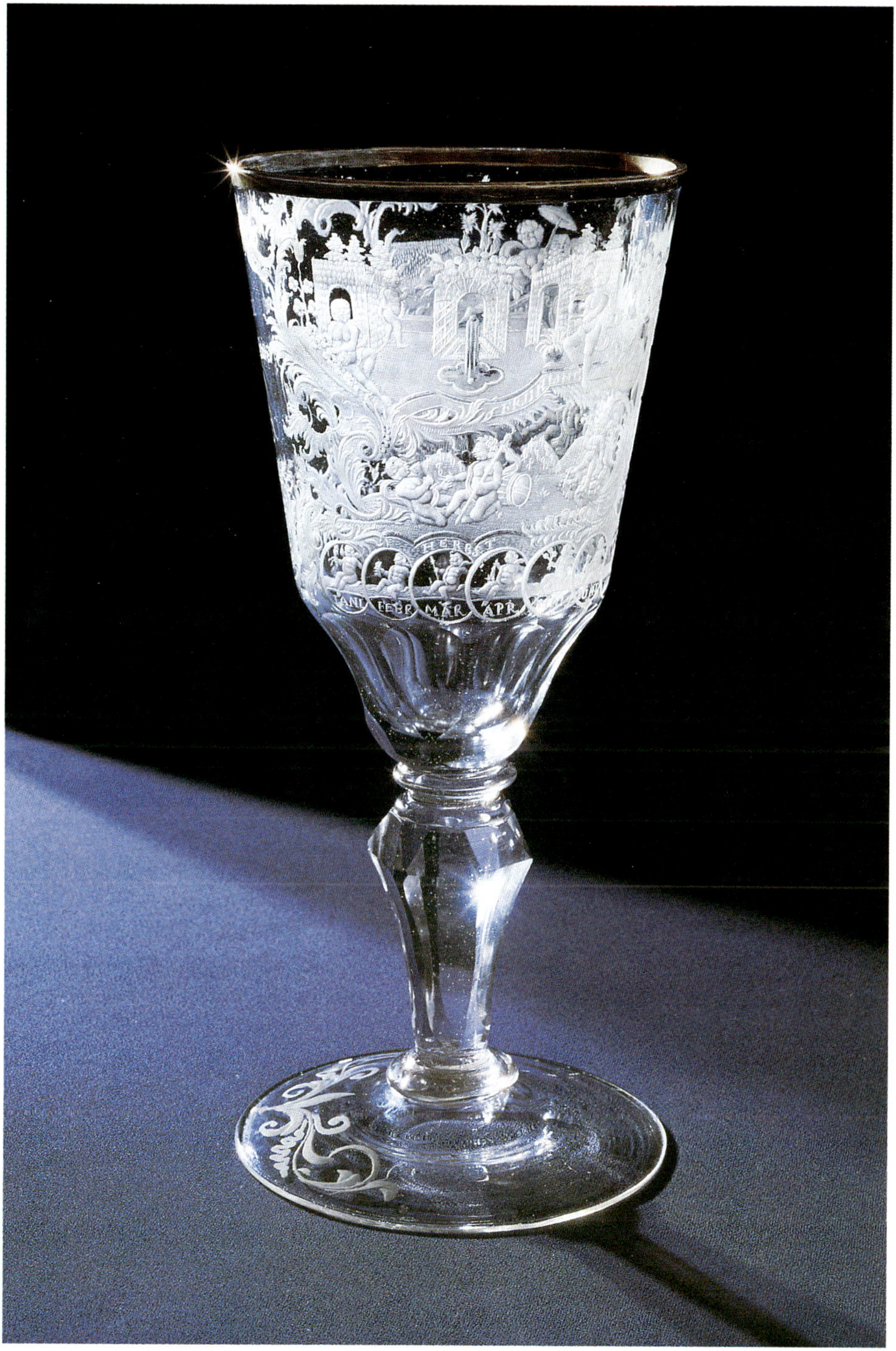
HERBST
FEBR
MAR
APR

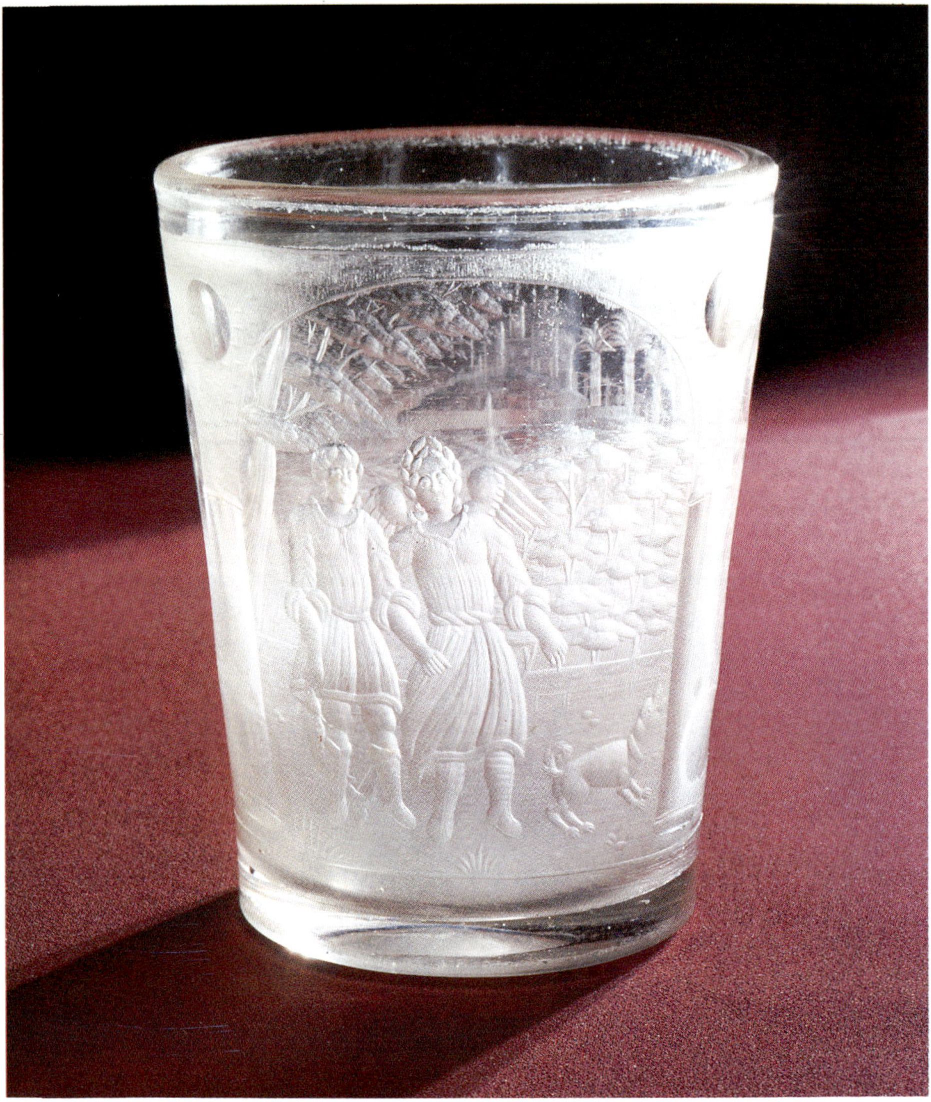

(53)

Becher, Böhmen, Ende 17. Jahrhundert

Farbloses, dickwandiges Glas mit einer Tiefschnittdarstellung aus dem Alten Testament. Auf der Vorderseite Jonas mit dem Fisch, ein Engel und ein Hund, rückseitig ein Schiff mit der Stadt Ninive im Hintergrund. Zwischen den beiden, mit Säulen begrenzten Bildfeldern, polierte Kugelungen. Höhe 12,1 cm.

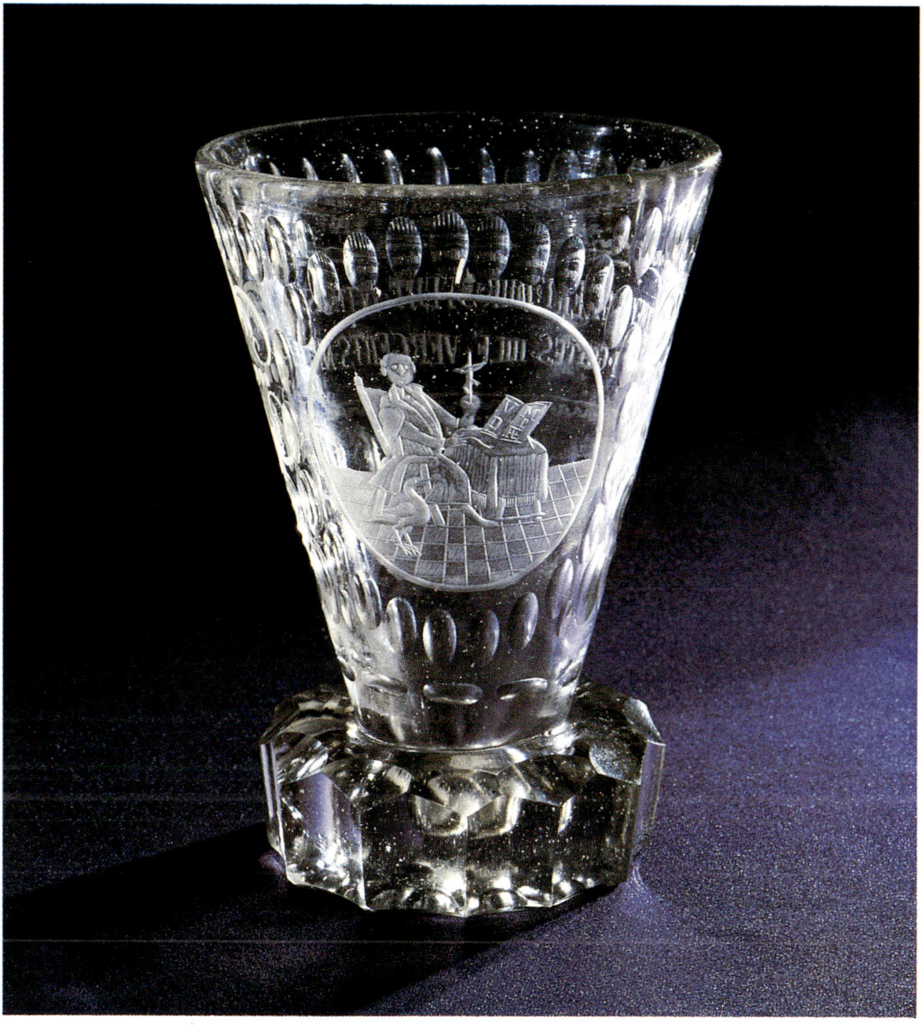

54

Lutherbecher, Brandenburg?, 1717

Farbloses, dickwandiges Glas. Der Boden ist mit einer Mittelkugel und zwei konzentrischen Schliffrosetten verziert. Auf der Vorderseite Tiefschnittdarstellung von Martin Luther an einem Tisch sitzend. Rückseitig die Inschrift: „Zwey hundert Jahr steht Luthers Lehr, durch Gottes Hilf vergehts nicht mehr", in einem von Barockornamenten begrenzten Feld.
Höhe 12,1 cm.

Am 31. 10. 1517 veröffentliche Martin Luther seine 95 Thesen. Dieses Glas ist anläßlich der zweihundertjährigen Wiederkehr dieses Ereignisses entstanden.

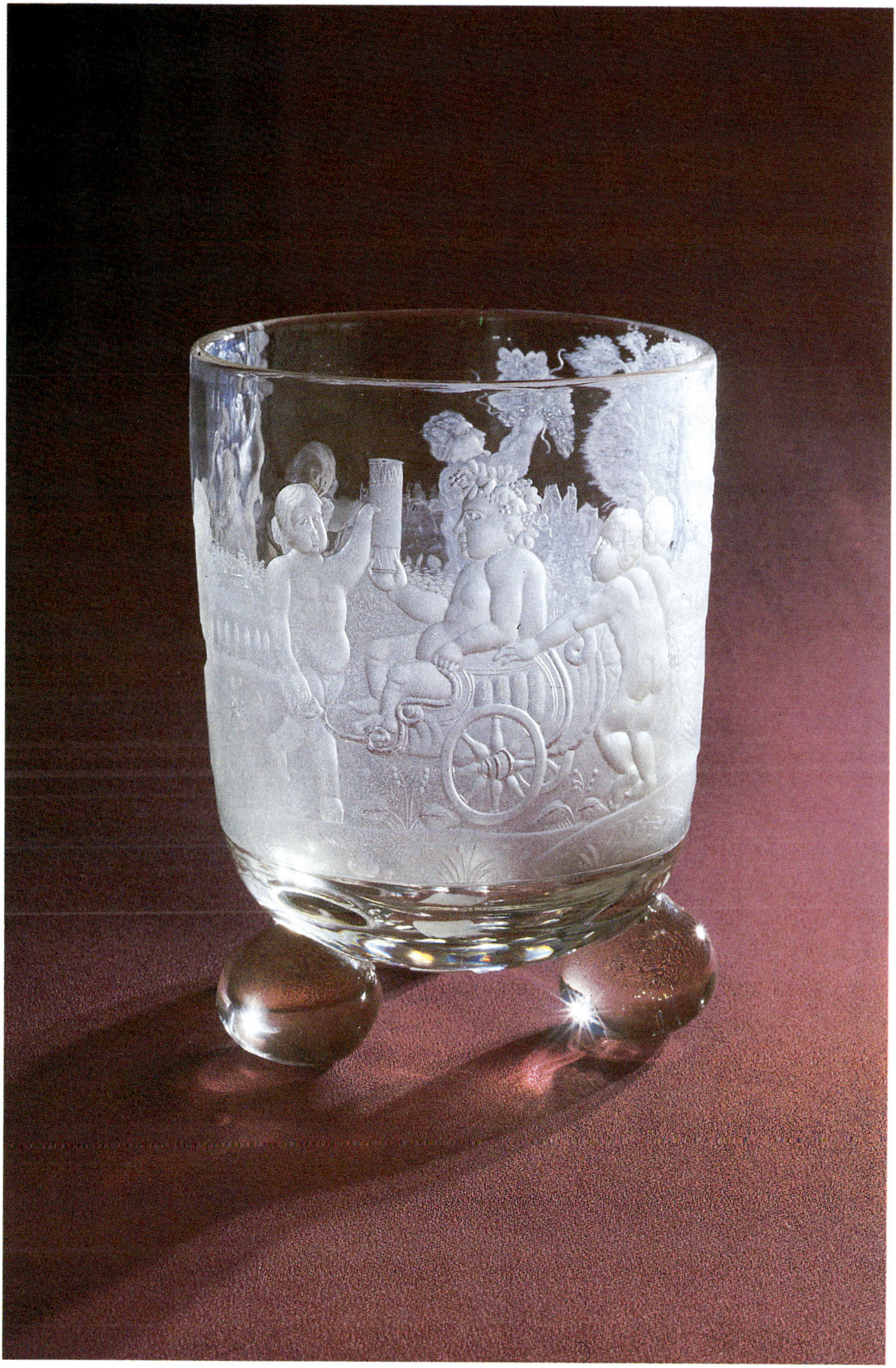

56

Zwischengoldpokal, Böhmen, um 1730

Farbloses Glas. Der ansteigende Fuß ist auf der Oberseite mit acht Schliffeldern verziert und geht in einen achtfach facettierten Balusterschaft über. In die zwanzigfach facettierte Kuppa wurde ein Becher eingepaßt, dessen Außenwandung umlaufend mit den fünf Sinnen in Goldradierung dekoriert ist. Inschrift: „Das Gehör, Der Geschma, Der Geruch, Die Fiele, Das Gesicht." Höhe 21,6 cm.

An einer Stelle des oberen Randes ca. 1,5 cm^2 großer Feuchtigkeitsfleck.

Literatur:

Robert Schmidt, Die Gläser der Sammlung Mühsam, Bd. 1, Nr. 309

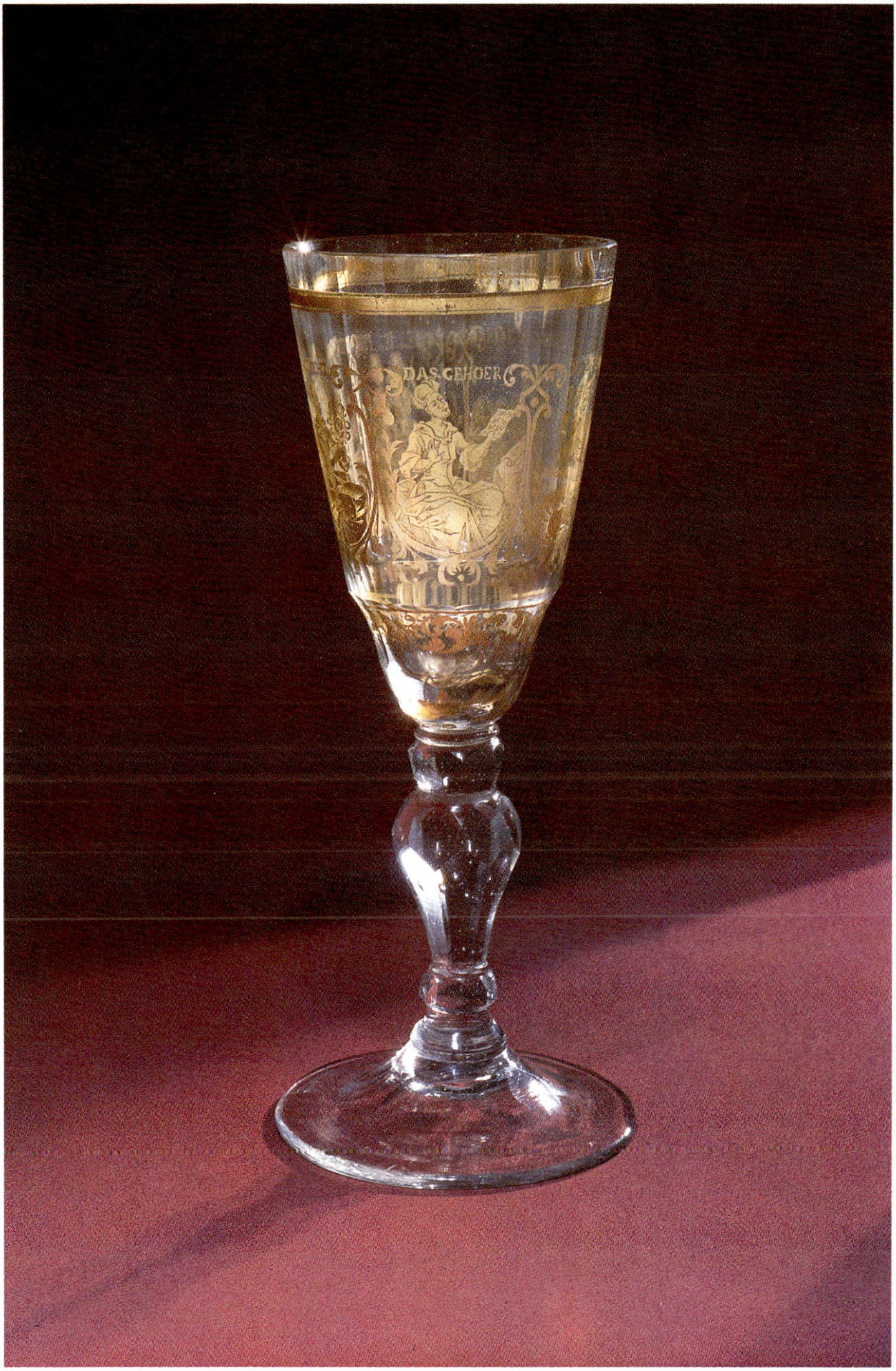
DAS GEHOER

57

Deckelpokal, Potsdam, nach 1713

Farbloses Glas. Sowohl der Pokal wie auch der Deckel sind mit insgesamt acht hochgeschnittenen Spitzblättern und fünf Schliffbordüren dekoriert. Auf der Vorderseite der Kuppa bekröntes Allianzwappen von Preußen und Hannover, in teilweise geblänktem Tiefschnitt dargestellt. Rückseitig das Monogramm „FWR" (Friedrich Wilhelm Rex) flankiert vom preußischen Adler und das Monogramm „SDR" (Sophie Dorothea Regina) mit dem Hannoveraner Pferd. Höhe 47,5 cm.

Provenienz:

Sammlung von Puttkammer, Berlin
Sammlung Helfried Krug, Mühlheim

Literatur:

Brigitte Klesse, Glassammlung Helfried Krug, 1973, Bd. II, S. 44 u. 45, Abb. 56, Nr. 618

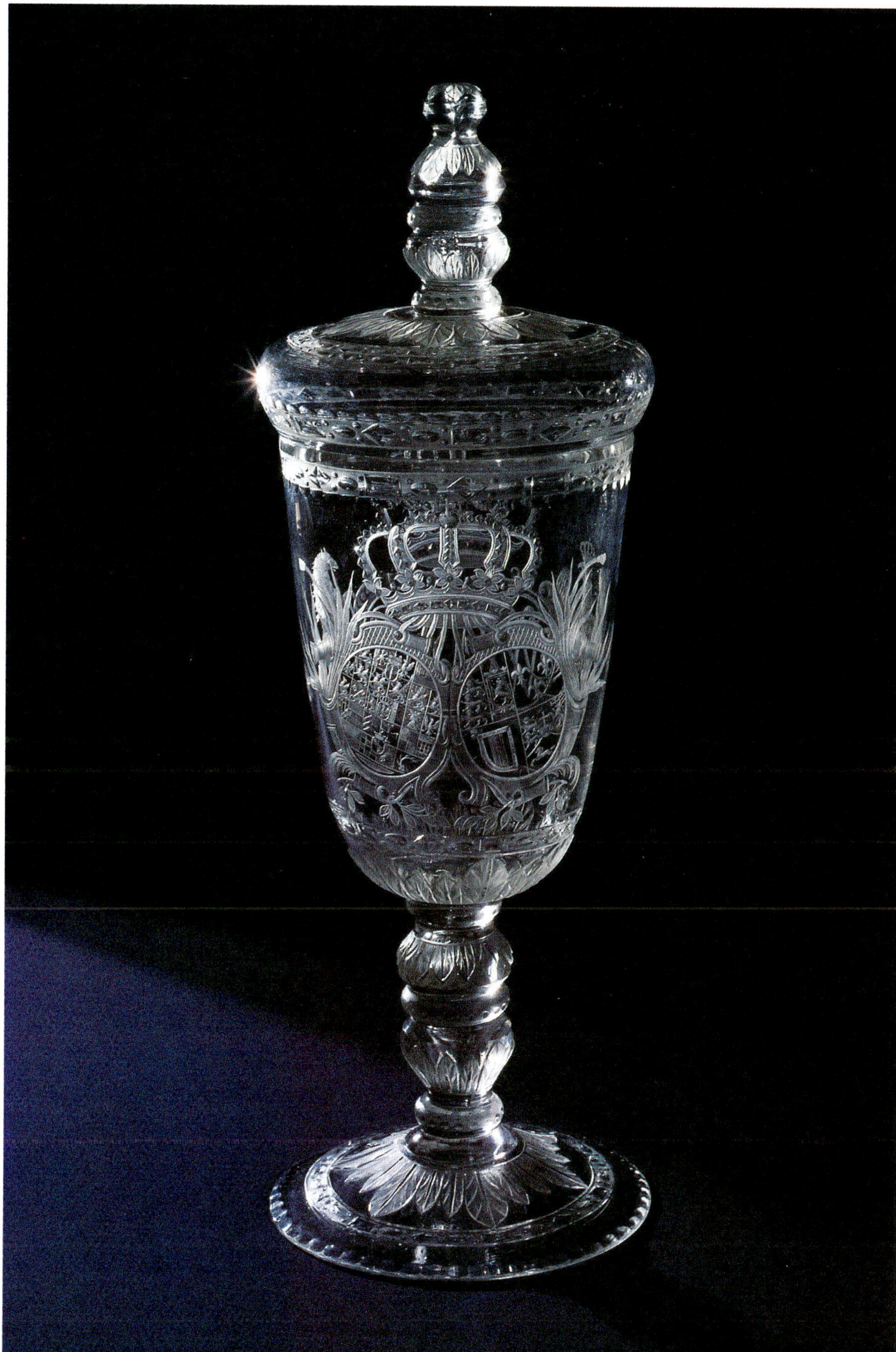

(58)

Pokal mit Flakondeckel, Riesengebirge, um 1735—45

Farbloses Glas. Der flache Fuß ist auf der Unterseite mit einer Schliffrosette und oben mit gravierten Barockornamenten verziert. Die achteckige Kuppa ist umlaufend mit verschiedenen Rocaillen, zwei Vögeln, je einer lorbeergerahmten Männer- und Frauenbüste sowie einem Hirsch und einer Hirschkuh in teilweise geblänktem Tiefschnitt dekoriert. Auf der Vorderseite eine sitzende Frau, vor ihr ein kniender Mann mit der Inschrift: „Sinet und schweiget." Der Flakondeckel ist oben graviert und hat auf der Unterseite ein Loch. Die durchgehende, einschraubbare Röhre und der extra schraubbare Knauf sind exakt eingepaßt. Höhe 23,2 cm.

1,5 cm langer Sprung im Gewinde der Röhre.

Literatur:

Robert Schmidt, Die Gläser der Sammlung Mühsam, Bd. 1, Nr. 126.

In der Barockzeit war es gebräuchlich, manche Weine zu würzen. Zu diesem Zwecke entwickelten die Glasmacher den sogenannten Flakondeckel. In die Bodenfläche des Deckels wurde ein Loch gebohrt. Die einschraubbare konische Glasröhre hat seitlich zwei kleine Öffnungen. Beim Füllen des Deckels muß vorerst das untere Loch zugehalten werden, anschließend wird die Röhre in den gefüllten Deckel und zuletzt der Knauf in die Röhre geschraubt. Durch leichtes Herausdrehen des Knaufes tropft die Würze in den Wein.

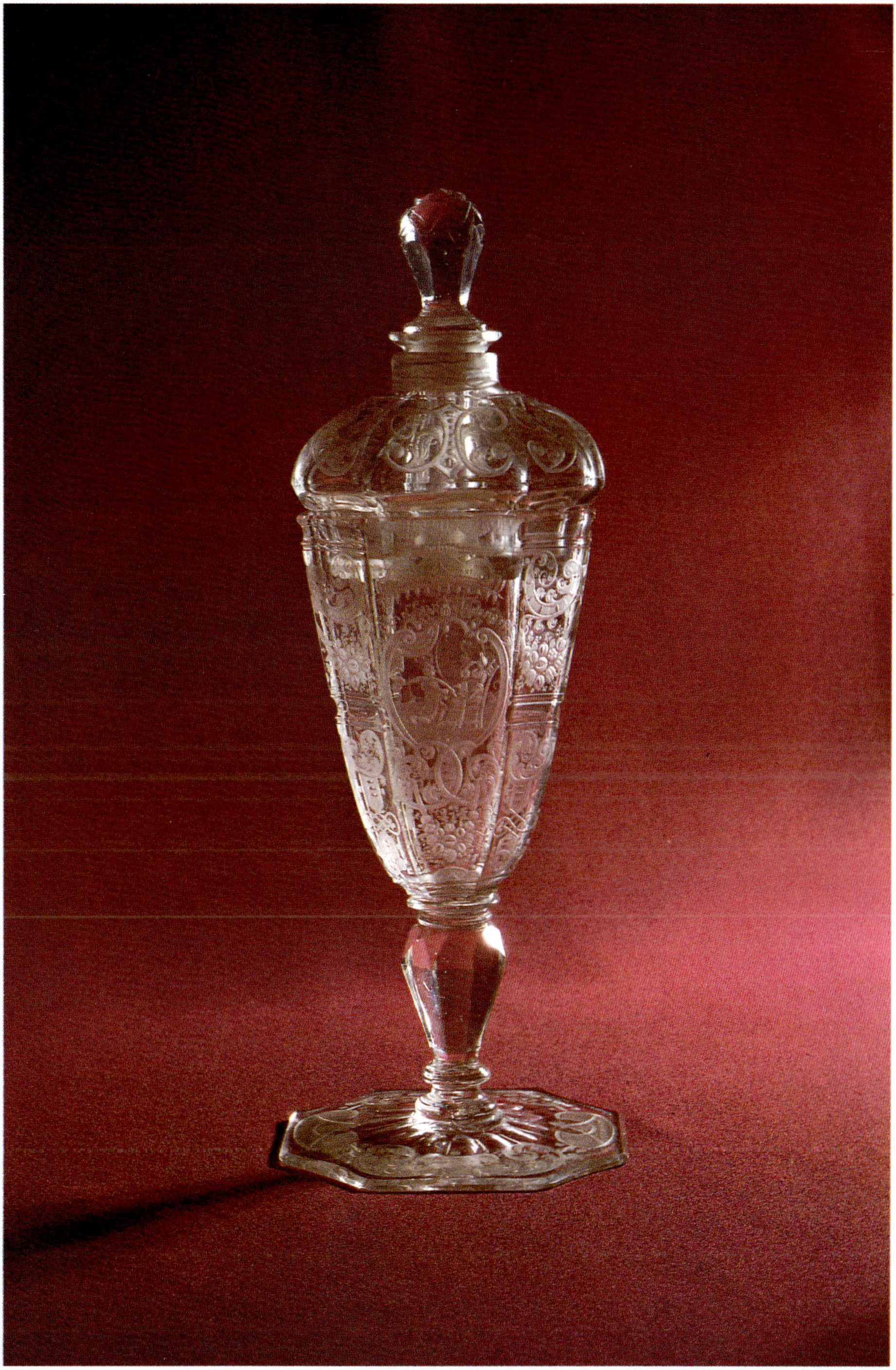

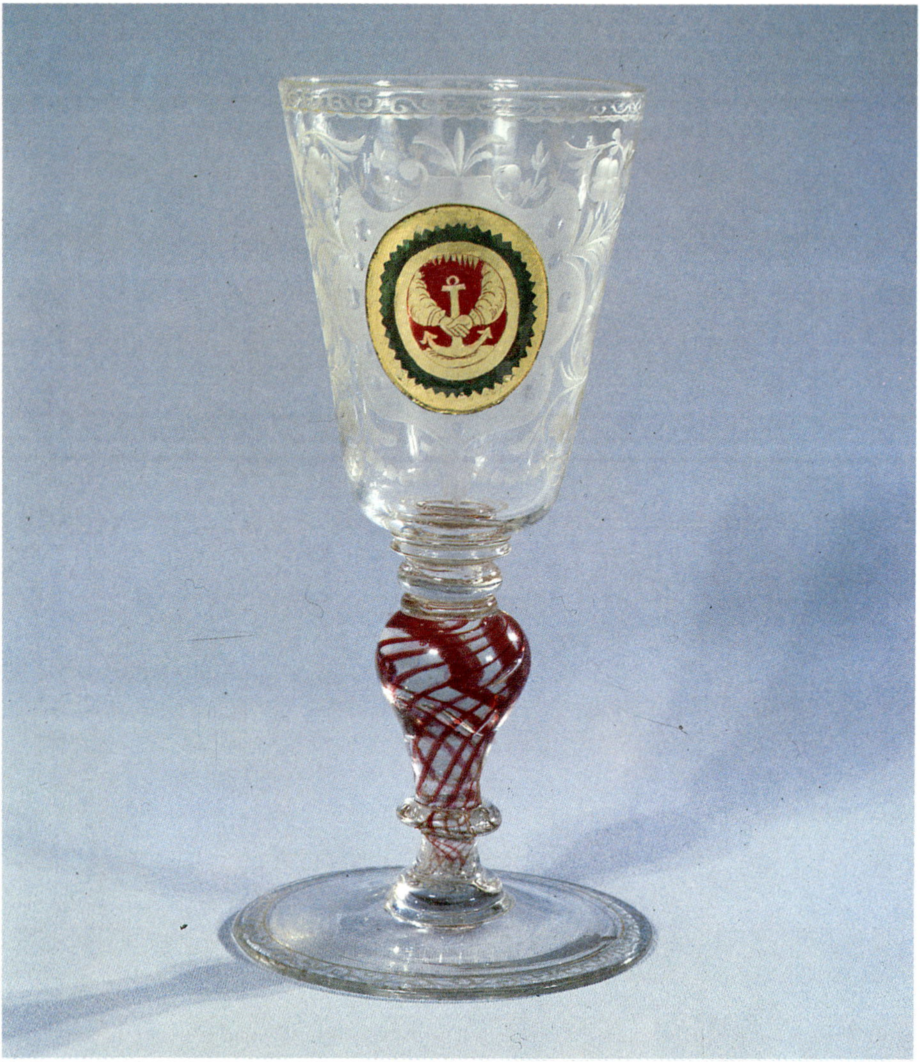

(59)

Pokal, Böhmen, um 1730

Farbloses Glas. Der Mundrand und die Oberseite des Fußes sind mit je einer Bordüre in gerutschter (sehr flacher) Gravur verziert. Der Balusterschaft mit eingeschmolzenem roten Glasfaden. Die Kuppa ist umlaufend mit Ornamenten, Blumen und Früchten graviert. Auf der Vorderseite ein aufgelegtes Medaillon in Zwischengoldtechnik mit radiertem Freundschafts-symbol vor rotem und grünem Grund. Auf der Innenseite kleines, flammendes Herz in Silber radiert. Höhe 16,5 cm.

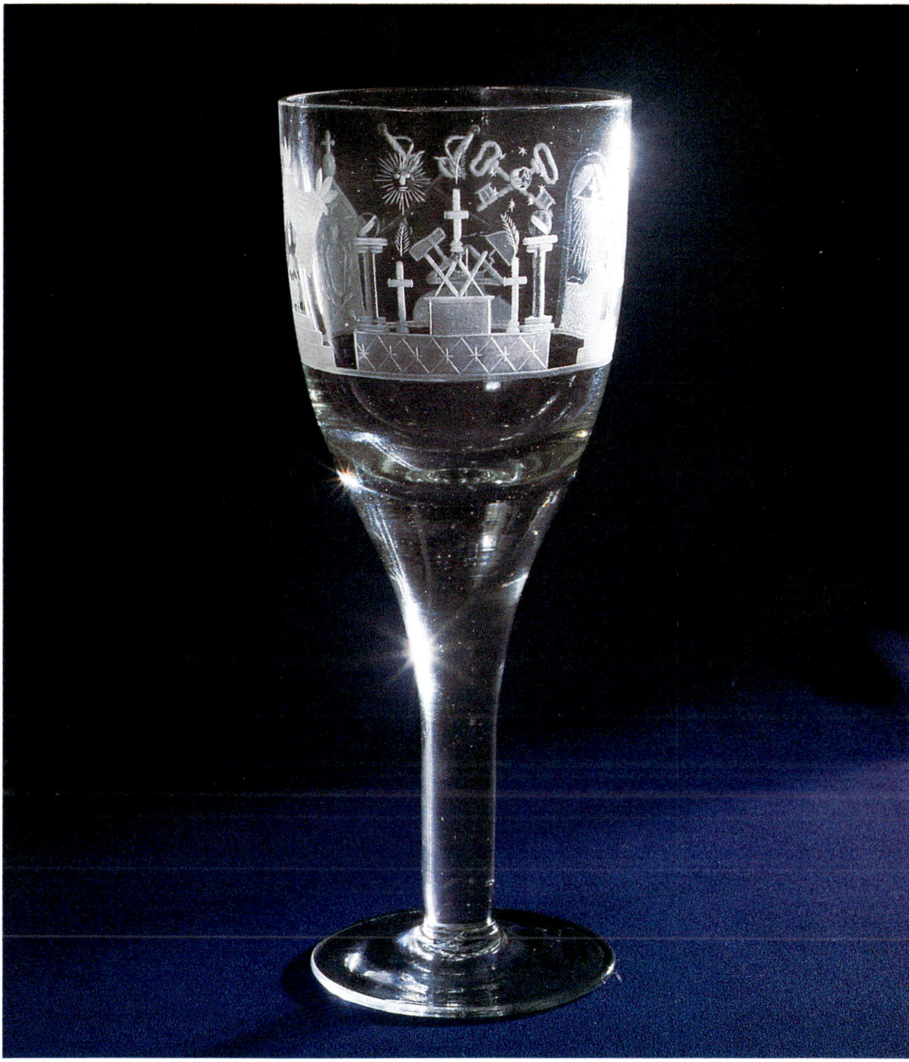

60

Freimaurer-Pokal, Niederlande?, Ende 18. Jahrhundert

Farbloses, leicht gelblich schimmerndes Glas mit flachem Fuß und massivem Schaft. Die Kuppa ist umlaufend mit verschiedenen Freimaurersymbolen graviert. Höhe 20,5 cm.

Literatur:

Jens Oberheide, Logengläser.

(61)

Kelchglas, Niederlande, um 1790—95
Diamantpunktierung: David Wolff zugeschrieben.

Farbloses Glas mit eingestochenen Luftblasen im unteren Baluster des Schaftes. Auf der Vorderseite der Kuppa diamantpunktierte Darstellung von „Hansie in de Kelder". Höhe 18,7 cm.

Literatur:

Robert Schmidt, Die Gläser der Sammlung Mühsam, Bd. I, Nr. 53

War eine Holländerin guter Hoffnung, so sollten aus Aberglaube weder sie noch andere Personen darüber sprechen. Dadurch bürgerte sich der Sinnspruch „Hansie in de Kelder" als Umschreibung des bevorstehenden freudigen Ereignisses ein.

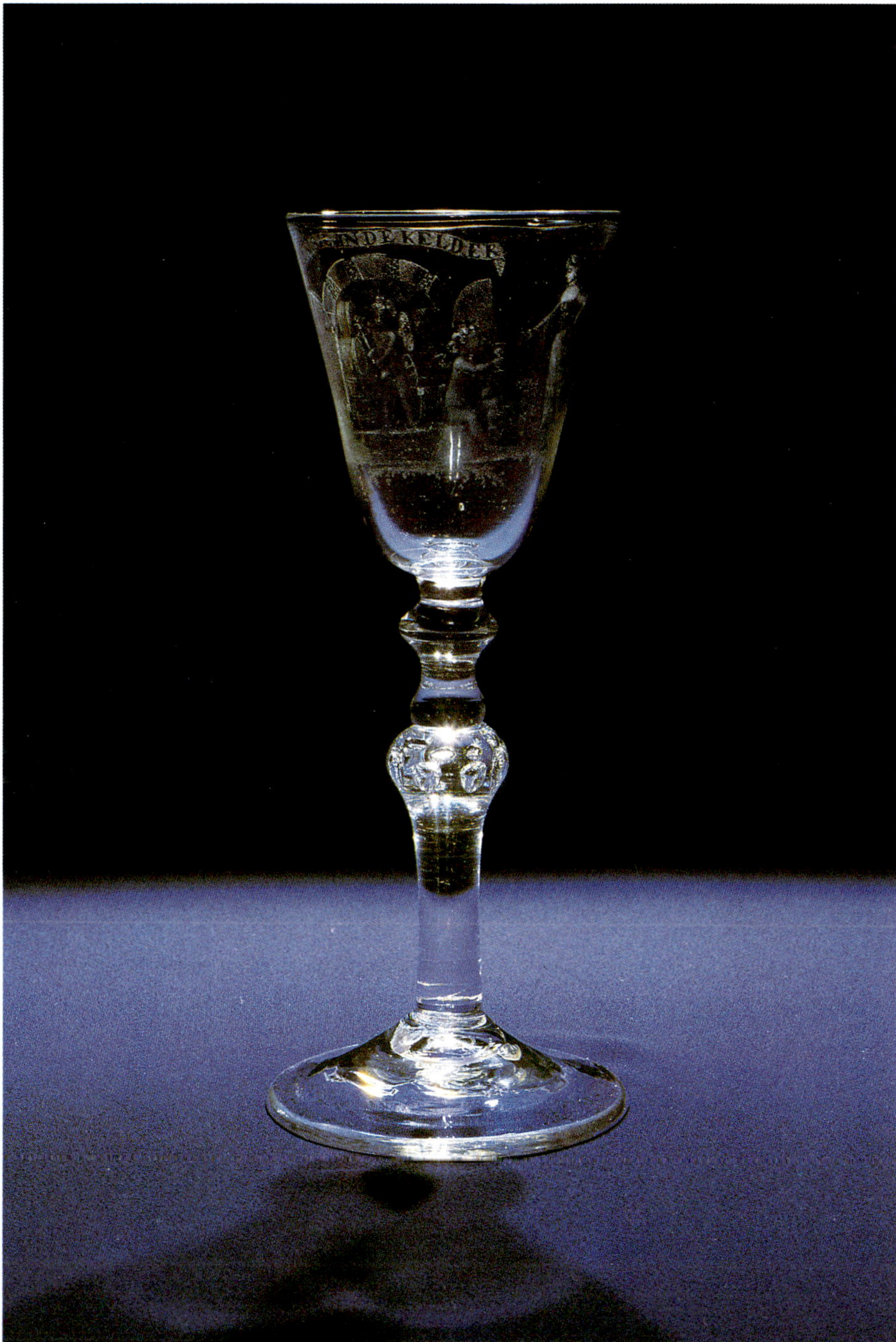

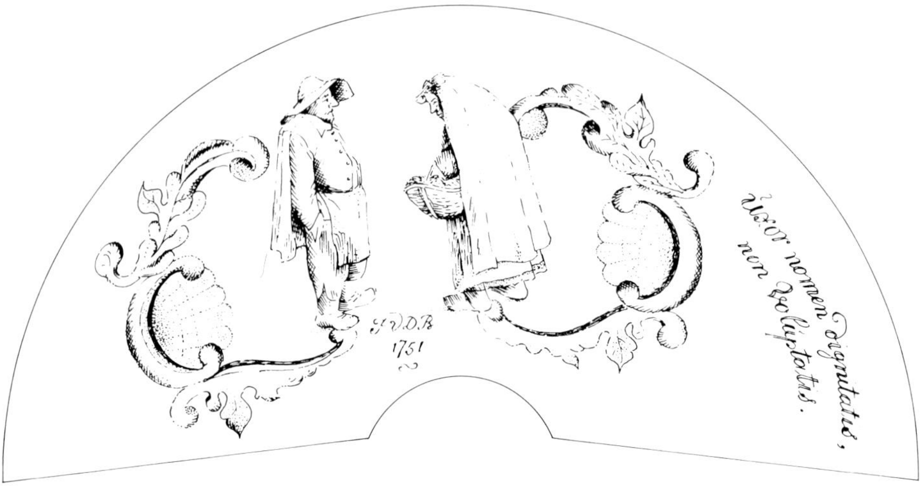

62

Kelchglas, Niederlande, 1751
Diamantriß: P.V.D.B.?

Farbloses, dünnwandiges Glas mit eingestochener Luftblase im Schaft. Die Kuppa ist auf der Vorderseite mit einem Paar in Zeittracht, begrenzt von Barockornamenten, in Diamantriß dekoriert. Auf der Rückseite die diamantgerissene Inschrift: „Uxor nomen dignitatis non voluptatis." Signiert: „P.V.D.B. 1751" zwischen den Füßen der zwei Personen.
Höhe 16,5 cm.

Trotz gründlicher Sichtung der einschlägigen Literatur war es nicht möglich, die Signatur einem Künstler zuzuordnen.

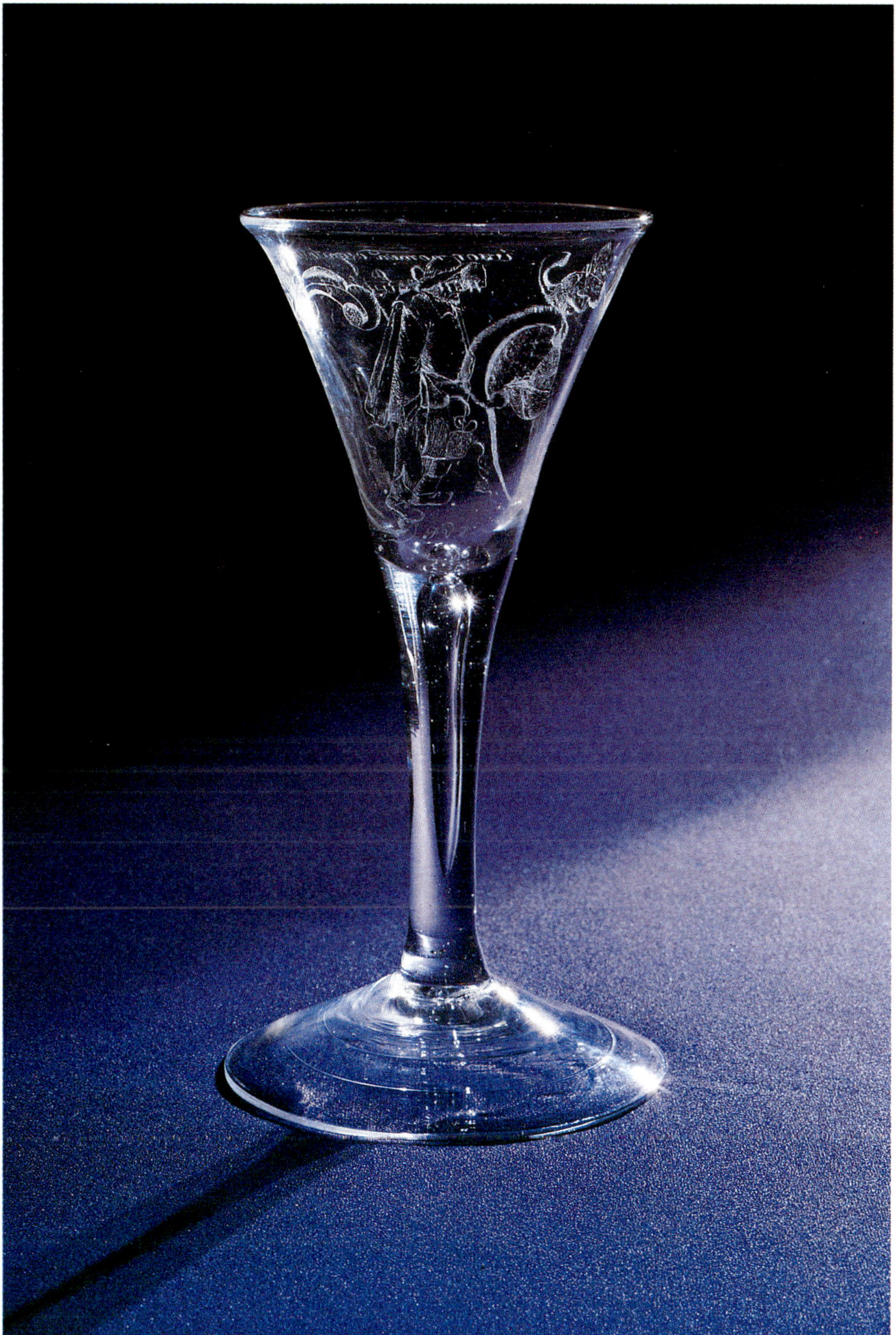

(63)

Hausaltar, Mariazell, Steiermark, Österreich, Ende 18. Jahrhundert
Nachbildung des Mariazeller Gnadenaltars

Der Aufbau dieses Hausaltars besteht bis auf drei Holzleisten an der Rückseite ausschließlich aus verschiedenartig zusammengeschmolzenen Glasteilen. Als Grundlage dienten vorgefertigte bunte Glasperlen, Stäbe, Plättchen, Spiegel und in der Hütte geformte Glaswolken sowie die geblasene Kuppel, welche den oberen Abschluß bildet. Der Altartisch sowie die acht tragenden Säulen sind aus ca. 1 mm dicken Glasstäben, welche an ihren Enden mit den anschließenden Glasteilen verschmolzen wurden.
Die vielfältigen Verzierungen wie Blumen, Leuchter, Flammen, Rocaillen und Kapitelle sind vor der Lampe geformt und aufgeschmolzen. Lediglich die dreizehn Engelsköpfe, die sieben Putti, die Muttergottes mit dem Kind, Christus auf der Tabernakeltüre, der Heilige Geist sowie die zwei großen Engel wurden aus Wachs bossiert. Die Kleidung und die Flügel der Engel sind teilweise bemalt und mit buntem Glasstaub verziert. Höhe 62 cm, Breite 44 cm, Tiefe 17 cm.

Der Erhaltungszustand ist, abgesehen von ganz wenigen Absplitterungen, makellos. Die Goldfarbe auf der Kleidung der zwei großen Engel und auf den Strahlen zu beiden Seiten der Muttergottes stammt aus späterer Zeit.

Der genaue Entstehungsort dieses Altars konnte bis jetzt nicht bestimmt werden. Es ist anzunehmen, daß es sich um die Bestellung eines Wallfahrers oder um eine Klosterarbeit handelt. Die verschiedenen bunten Glasteile und vorgefertigten unterschiedlichen Stäbe stammen mit großer Wahrscheinlichkeit aus einem böhmischen Glaszentrum. Dieser Altar stellt einen einzigartigen, musealen Gegenstand von großem kulturhistorischen Wert dar.

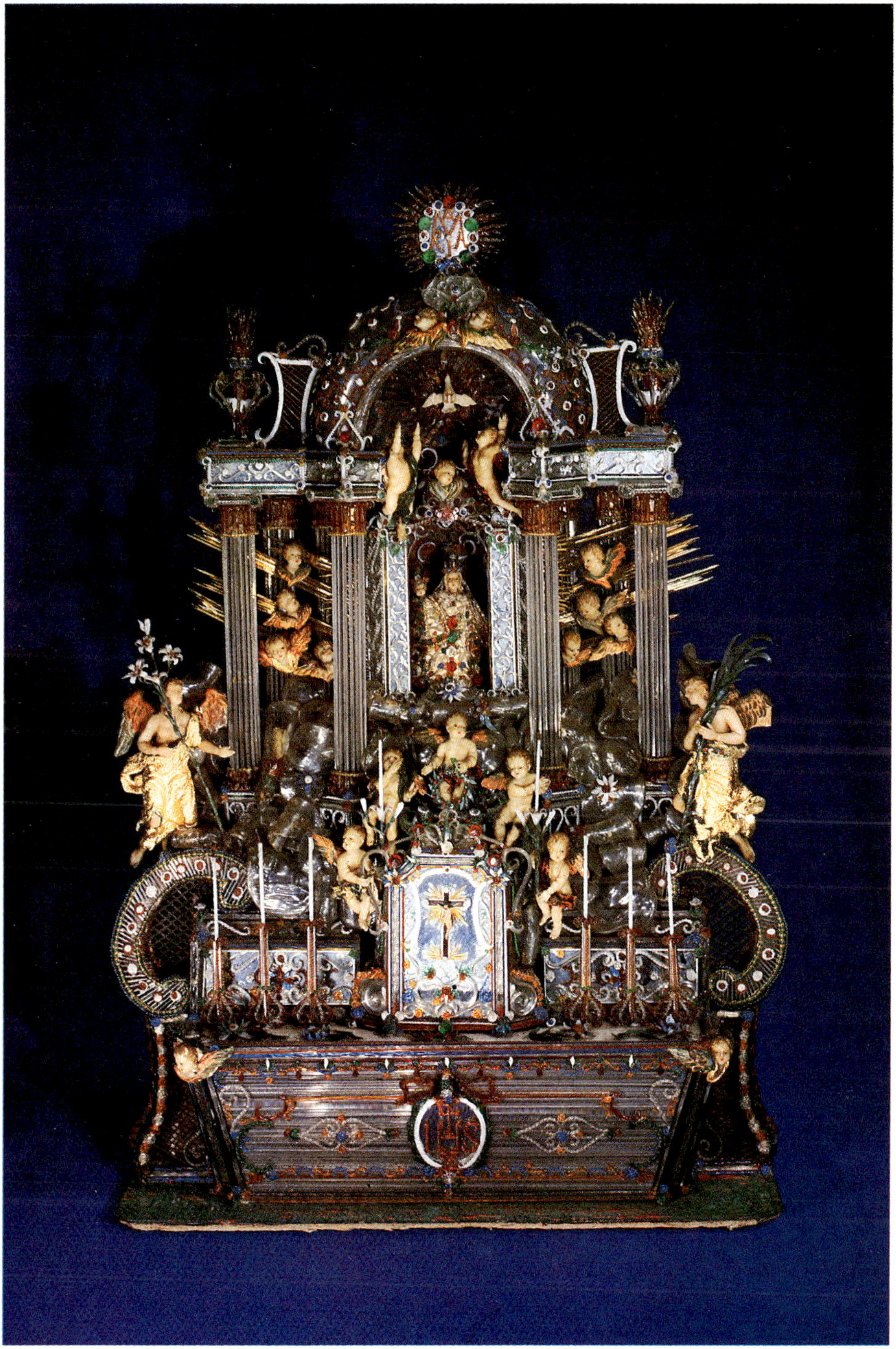

Johann Joseph Mildner 1765—1808

Die Gläser des Johann Joseph Mildner, als deren hervorragendste Merkmale, in qualitätvoller Zwischengoldtechnik dekorierte und exakt in die Wandung vertieft eingepaßte Medaillons, aufgesetzte Mund- und Fußreifen sowie eingesetzte Bodenmedaillons gelten, können zum Kostbarsten gezählt werden, was in der Glaskunst je geschaffen wurde. Dies vor allem, weil dafür keine unmittelbaren Vorbilder und auch keine Nachfolger festzustellen sind. Entgegen der üblichen Praxis auf dem Gebiet der Hohlglasdekoration sind die Arbeiten Mildners in der Mehrzahl charakteristisch signiert und datiert, sodaß keinerlei Zweifel im Hinblick auf seine Urheberschaft bestehen.
Er gestaltet mit dem Ornamentrepertoire seiner Zeit, versteht dieses aber so variantenreich einzusetzen, daß jedes einzelne seiner Gläser oder Services den Rang eines Unikates für sich in Anspruch nehmen darf. Seine künstlerischen Möglichkeiten sind allerdings nicht mit der Gold- bzw. Silberradierung auf farbigem Lackgrund erschöpft. Auch polychrom auf Pergamentblättchen gemalte Porträtminiaturen, farbige Blumenranken auf Goldgrund sowie der Mode der damaligen Zeit entsprechende Silhouettenbildnisse begegnen uns in variantenreichen Kombinationen mit der erwähnten Zwischengoldtechnik als Dekorelemente zwischen dem Gefäßkörper und den applizierten Teilen. Schliffornamente aus Kugeln, Oliven oder Rhomben und einfache, matt geschnittene Stecknadelkopfblümchen sowie ab dem Jahre 1797 Blumenfestons und Vergißmeinnichtblütenranken in meisterhaftem Diamantriß bilden den Schmuck auf dem Gefäßkörper bzw. werden geschickt zur Rahmung und visuellen Integration der eingefügten Teile verwendet.
Die Skala seiner Motive reicht von Heiligendarstellungen bis zu Genreszenen, Porträts und Silhouetten, umfaßt Blumen-, Landschafts- und Architekturdarstellungen sowie Wappen, Embleme, Monogramme und kalligraphisch aufgefaßte Namenszüge. Signaturen, Widmungsinschriften, Sinnsprüche und Freundschaftsgedichte, meist in Kurrent-Kursivschrift auf rot hinterlegtem Silbergrund, sind auf den nach innen sichtbaren Seiten der eingefügten Medaillons angebracht. Ebenso können auch die entsprechenden Seiten der aufgesetzten Mund- und Fußreifen und der Bodenmedaillons ähnliche Inschriften tragen.

Der Künstler stammt aus Nordböhmen, einer Gegend mit alter Glasmacher- und auch Glasmalertradition. Er wurde in Kaltenberg (Studena) im Bezirk Rochlitz an der Iser (Dolni Rokytnice), zur gräflich Harrach'schen Herrschaft Starkenbach (Jilemnice) gehörig, als Sohn des Glasschleifers Franz Xaver Mildner am 22. September 1765 geboren. Schlechte wirtschaftliche Verhältnisse, als Spätfolge des Siebenjährigen Krieges, veranlaßten die Familie, nach Verkauf ihres Hauses, sich im Jahre 1779 im niederösterreichischen Waldviertel, in Gutenbrunn bei Martinsberg im Bezirk Zwettl, niederzulassen. Gutenbrunn befand sich zu dieser Zeit im Besitz des Joseph Weber Edlen von Fürnberg, eines pensionierten Infanterie-Obristen, der dort und in den umliegenden Herrschaften vielfältige wirtschaftliche Interessen verfolgte und vor allem den Holzreichtum des Weinsberger Waldes, in Form von Brennholzlieferungen für die Reichshaupt- und Residenzstadt Wien in großem Stil nützte.
Franz Xaver Mildner, Johann Joseph und nach und nach auch die Söhne Franz (geb. 1767) und Johann (geb. 1778) waren als Glasschleifer für Fürnberg bis zu dessen wirtschaftlichem Zusammenbruch im Jahre 1795 tätig. Johann Joseph war weniger mit der handwerklichen Tätigkeit des Glasschliffs, als mit der künstlerischen Gestaltung und Ausführung der so vorbereiteten Gläser befaßt. Eine Tatsache, die durch Matrikeneintragungen belegt ist, worin er als Glasschleifer aber auch als Glasmaler und Glaskünstler bezeichnet wird.
Nach Fürnberg gelangte Gutenbrunn in den Besitz der k.k. Familienherrschaft, und in den von ihm erbauten Schlössern Gutenbrunn und Luberegg an der Donau nahm dann Kaiser Franz I. zeitweilig Aufenthalt. Gutenbrunn war keinesfalls jene weltabgeschieden liegende Ortschaft wie noch vor einigen Jahrzehnten angenommen, obwohl der Personenkreis für welchen Mildner arbeitete doch eher auf die lokale Prominenz beschränkt blieb. Jedenfalls lassen sich keine Gläser nachweisen, die zeitgeschichtlich bedeutenden Persönlichkeiten gewidmet wurden und wie solche aus kaiserlichen Aufträgen hätten entstehen können. Gläser mit Kaiser-Porträts oder solchen von Erzherzoginnen datieren größtenteils aus der Fürnberg-Ära und dienten vermutlich Geschenkzwecken. Fürnberg hatte in der Hauptsache für seine Haushaltungen und ihm nahestehende Personen sowie für Geschäftsfreunde arbeiten lassen. Nach dem derzeitigen Wissensstand lassen sich aus Mildners über zwanzig Jahre währender Tätigkeit mehr als 440 Arbeiten nachweisen, worunter sich allerdings auch eine Anzahl zugrunde gegangener Gläser befindet.
Johann Joseph Mildner vermählte sich am 22. Mai 1804 mit Theresia Freynstädter aus Schönbach und starb kinderlos am 11. Februar 1808 in Gutenbrunn. Als Todesursache nennt die Matrikeneintragung eine Lungenentzündung. Im Protokoll der Verlassenschaftsabhandlung nach Johann Joseph Mildner werden keine nachgelassenen Glasbestände — wie beispielsweise bei der gleichen Gelegenheit nach Franz Xaver Mildner — angeführt. Die archivalische Auflistung seiner datierten Arbeiten weist für 1808 keine und für 1807 nur zwei Arbeiten aus, was die Annahme eines, durch längere Krankheit bedingten, Arbeitsausfalles nahelegt.

Wolfgang Prager

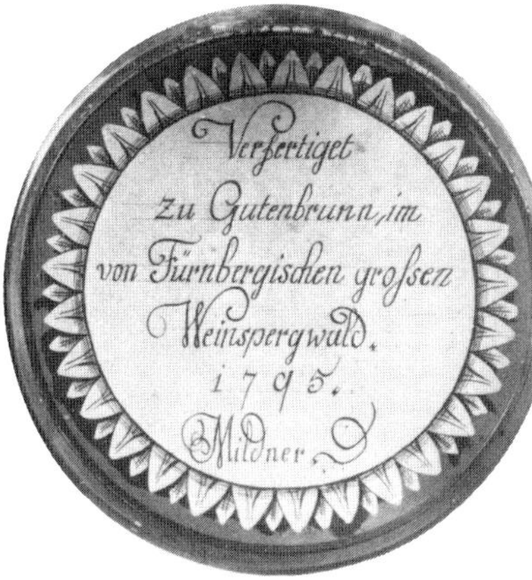

Während signierte Arbeiten von Johann Joseph Mildner auch für die Zeit vor 1787 angenommen werden, sind datierte Arbeiten erst ab dem 20. Juli 1787 bekannt. Bis 1795 verwendete er ausschließlich die sogenannte „große Fürnberg-Signatur" (Abb. oben). Ab dem Jahre 1796 als nach dem wirtschaftlichen Zusammenbruch Fürnbergs im Dezember 1795 Gutenbrunn mit dem Weinsberger Wald an die k.k. Familienherrschaft gelangte, bezeichnete er seine Arbeiten bis 1799 mit der, den neuen Besitzverhältnissen entsprechenden Signatur (Abb. unten). In der Folge ist bis zu seinem Ableben im Jahre 1808 nur mehr die sogenannte kleine Signatur „Mildner fec: à Gutenbrunn" festzustellen. Diese kleine Signatur wurde von ihm auch mehrfach im Jahre 1795, wahrscheinlich in der Zeit des Besitzwechsels, verwendet.

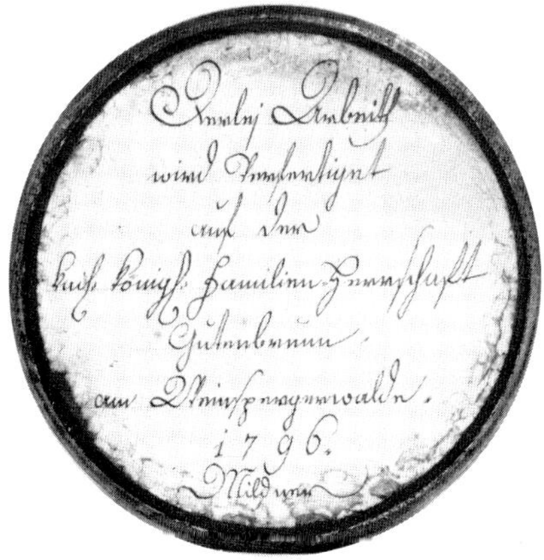

Die Abbildungen wurden vom Mildner-Archiv (W. Prager, Wien) zur Verfügung gestellt.

Eine archivmäßige Erfassung der Arbeiten des Johann Joseph Mildner wird vom Autor dieses Beitrages seit Jahren verfolgt. Mitteilungen betreffend Gläser und biographische Fakten werden freundlicherweise von der Glasgalerie Michael Kovacek, Wien, zur Weiterleitung an den Autor entgegengenommen.

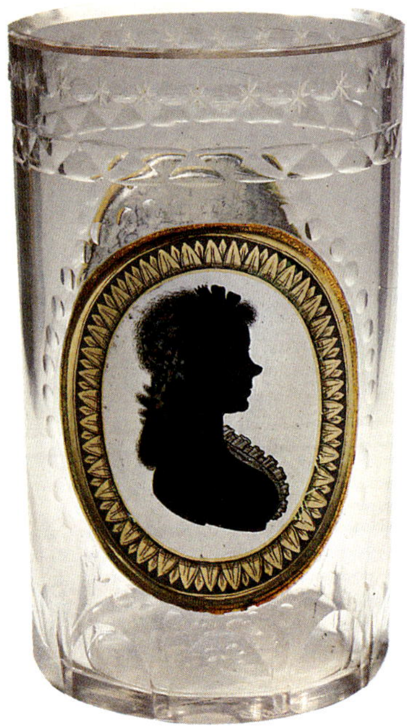

Rückseite

64

Becher, Johann Joseph Mildner, Gutenbrunn, Österreich, 1796

Farbloses Glas. Im flachen Boden kleine Kugelschliffrosette. Die Wandung ist oben, unten und rund um die Einsatzmedaillons mit verschiedenen Schliffornamenten dekoriert. In die zwei ovalen, ausgeschliffenen Vertiefungen der Wandung wurde je ein genau passendes Glasmedaillon eingesetzt. Die Vertiefungen wurden mit Blattsilber, die Innenseiten der Einsatzmedaillons mit Blattsilber und Blattgold belegt und — die Inschriften bzw. die von einem Spitzblattkranz umgebenen Silhouettenportraits einer Dame und eines Herrn — radiert. Der grüne Lack unter den Spitzblattkränzen und der schwarze Lack wurden zwischen den Metallfolien vor dem Einkleben aufgebracht. Auf der Rückseite des Einsatzmedaillons mit dem Herrenportrait die Inschrift: „Ein jeder, der den Becher lerd, aufs Wohl der edlen Seelen, dem soll das Unglück dieser Erd, sein bieders Herz nie quälen." in Kurrent-Kursive. Auf der Rückseite des Einsatzmedaillons mit dem Damenportrait die Inschrift: „Der Trieb des Danckes, und der Liebe, ist bey unß beden gränzenlos, weil Ihre Güte, diese Triebe unß in unsere Herzen gos." und Signatur: „Mildner fec: à Gutenbrunn 1796" in Kurrent-Kursive. Höhe 11,5 cm.

Provenienz:

Sammlung Dr. Albert Figdor, Wien

Literatur:

Katalog, Ausstellung von Gläsern, Österr. Museum für Kunst und Industrie, Wien 1922, Nr. 45
Gustav E. Pazaurek, Gläser der Empire- und Biedermeierzeit, 1923, S. 329

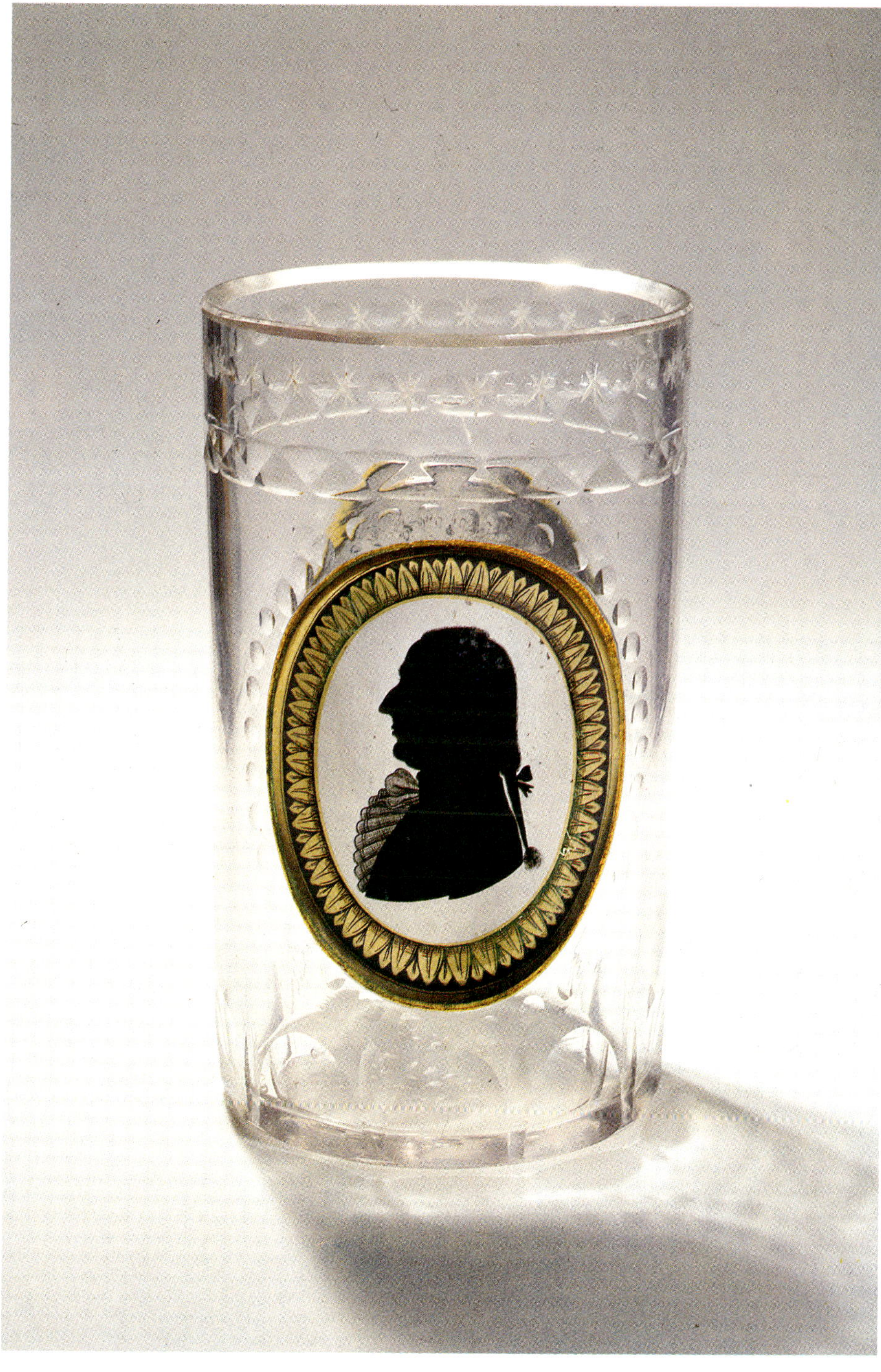

65

Krug, Johann Joseph Mildner, Gutenbrunn, Österreich, 1788

Farbloses Glas. Im flachen Boden geschliffene Mittelkugelung mit Olivfacettenkranz. Die Wandung ist umlaufend mit verschiedenen Schliffornamenten dekoriert. In die runde, ausgeschliffene Vertiefung der Wandung ist ein genau passendes Glasmedaillon eingesetzt. Die Vertiefung wurde mit Blattsilber, die Innenseite des Einsatzmedaillons mit Blattgold belegt und die Signatur bzw. das von einem Blattkranz umgebene, ligierte Monogramm „GJH" radiert. Der rote Lack wurde zwischen den beiden Metallfolien vor dem Einkleben aufgebracht. Auf der Rückseite des Einsatzmedaillons die Signatur: „Verfertiget zu Gutenbrunn im Fürnbergischen grossen Weinspergwald. Von Mildner 1788" in Antiqua-Kursive. Höhe 16,5 cm.

Durch Feuchtigkeitseinwirkung ist die Gold- und Silberfolie stellenweise kraqueliert.

Provenienz:

Sammlung Reg.-Rat Dr. Heinrich Reimann, Wien

Literatur:

Katalog, Glückselig, Wien, 9./11.12.1930, Nr. 428 m. Abb.
Katalog, 457. Ka. Dorotheum, Wien, 4./6.12.1939, Slg. Reimann, Nr. 269, Abb. Tafel 26

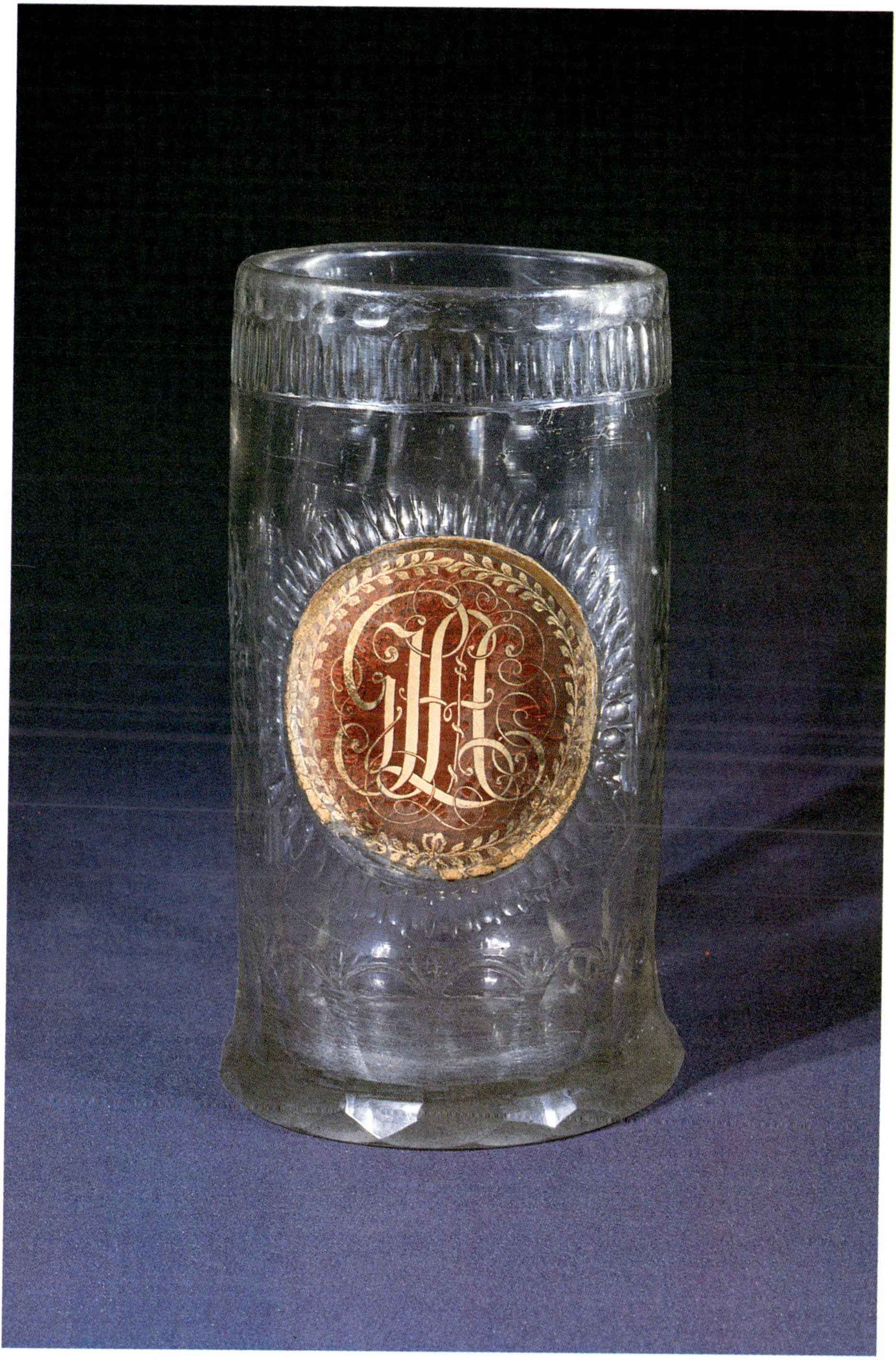

66

Becher, Johann Joseph Mildner, Gutenbrunn, Österreich, 1802

Farbloses Glas. Im flachen Boden geschliffene Mittelkugelung mit Olivfacettenkranz. Die Wandung ist an der Basis umlaufend mit einem Olivfacettenfries dekoriert. In die ovale, ausgeschliffene Vertiefung der Wandung ist ein genau passendes Glasmedaillon eingesetzt. Die Vertiefung wurde mit Blattsilber, die Innenseite des Einsatzmedaillons mit Blattgold belegt und die Inschrift bzw. die Darstellung der Hl. Barbara radiert. Der rote Lack wurde zwischen den beiden Metallfolien vor dem Einkleben aufgebracht. Der doppelwandige Mundrand wurde in gleicher Art hergestellt und zeigt außen eine umlaufende Blattbordüre mit dem Monogramm „BK" und auf der goldenen Rückseite die Inschrift: „Mein Wunsch an jedes Tages Morgen sei dir o Freundin! nicht verborgen: Er ist nichts anders, als: das du lebst froh, in ungestörter Ruh." in Kurrent-Kursive. Auf der Rückseite des Einsatzmedaillons die Inschrift: „Wahre Freundschaft macht Vergnügen, und viel Freuden in der Welt: Wer sie sucht, der findet Freud, findet Trost in allen Leiden, Weil sie uns stets aufrecht hält." in Kurrent-Kursive und Signatur: „Mildner fec: à Gutenbrunn 1802." in Antiqua-Kursive. Höhe 10,2 cm.

Durch Feuchtigkeitseinwirkung ist der rote Lack an einer Stelle des Mundrandes (etwa 2 cm) ein wenig verblaßt.

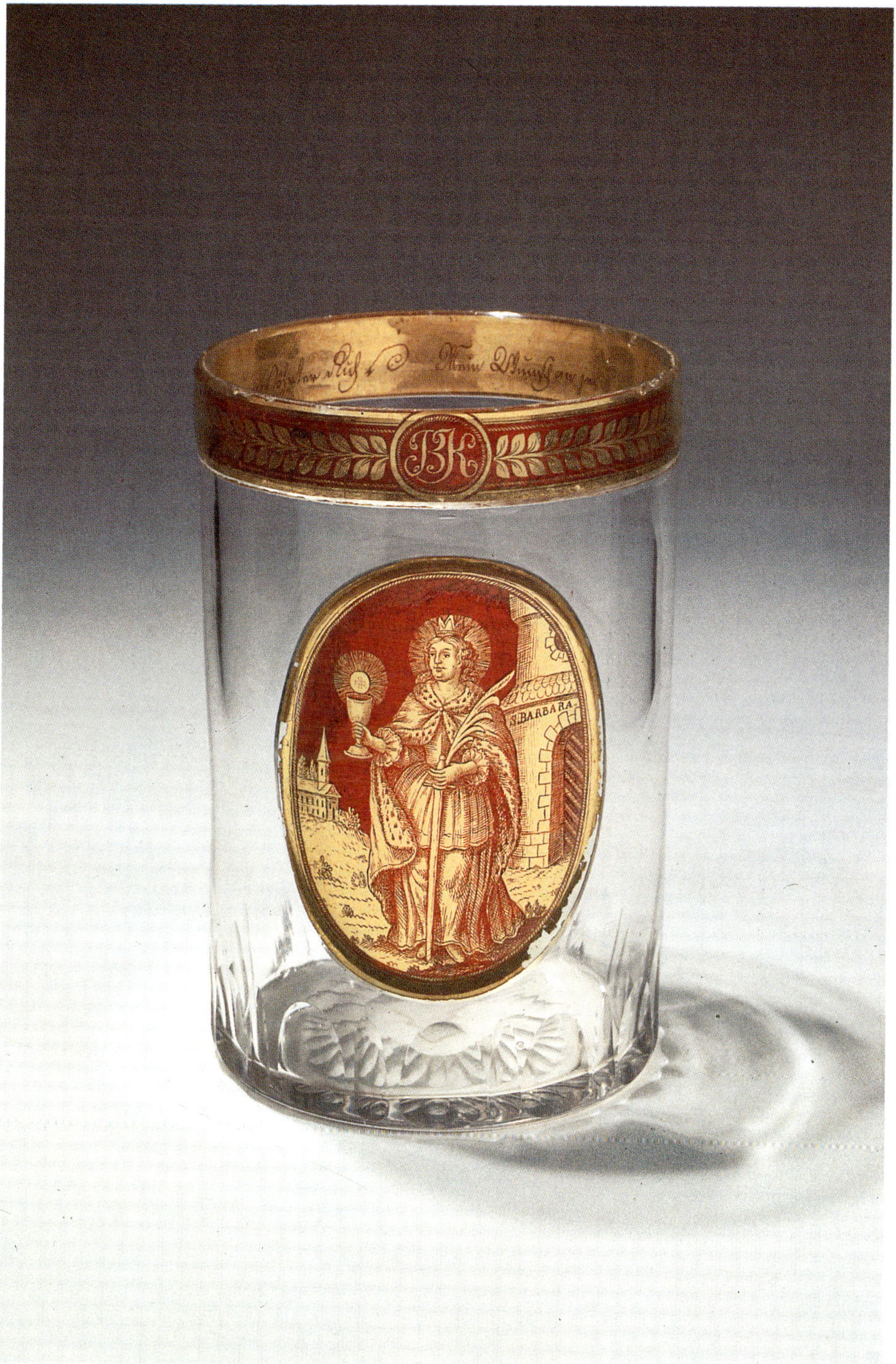
S.BARBARA

67

Becher, Johann Joseph Mildner, Gutenbrunn, Österreich, 1801

Farbloses Glas. Im flachen Boden geschliffene Mittelkugelung mit Olivfacettenkranz. Die Wandung ist oben und unten umlaufend mit einem Olivfacettenfries und unter dem Lippenrand zusätzlich mit gravierten Blümchen dekoriert. In die ovale, ausgeschliffene Vertiefung der Wandung ist ein genau passendes Glasmedaillon eingesetzt. Die Vertiefung wurde mit Blattsilber, die Innenseite des Einsatzmedaillons mit Blattgold belegt und die Inschrift bzw. das von einem Blattkranz umgebene, ligierte Monogramm „CD" radiert. Der rote Lack wurde zwischen den beiden Metallfolien vor dem Einkleben aufgebracht. Auf der Rückseite des Einsatzmedaillons die Inschrift: „Lebensfreude ohne Sorgen/werde dir an jedem Morgen/jeden Abend schliess in Ruh/deine beiden Augen zu", und Signatur: „Mildner fec: 1801" in Kurrent-Kursive. Höhe 10,8 cm.

Durch Feuchtigkeitseinwirkung ist die Silberfolie am Rand stellenweise ein wenig kraqueliert.

Provenienz:

Sammlung Viktor Schick, Paris
Sammlung Edgar Korner, New York

Literatur:

Gustav E. Pazaurek, Gläser der Empire- und Biedermeierzeit, 1923, S. 335

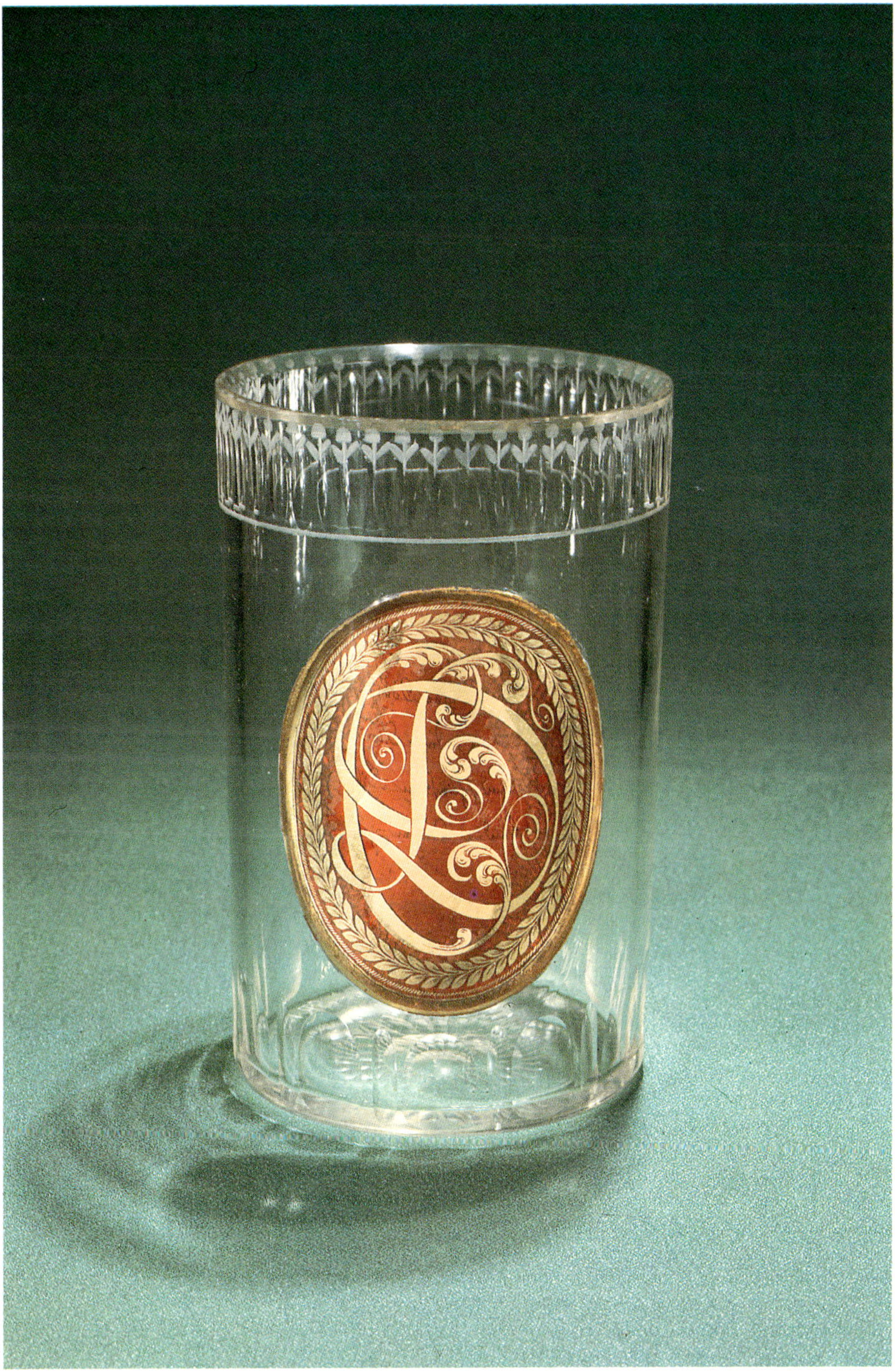

(68)

Becher, Johann Joseph Mildner, Gutenbrunn, Österreich, 1792

Farbloses Glas. Glatter Boden. Die Wandung ist mit einem Olivfacettenfries um das Einsatzmedaillon in Blankschliff dekoriert. In die ovale, ausgeschliffene Vertiefung der Wandung ist ein genau passendes Glasmedaillon eingesetzt. Die Vertiefung wurde mit Blattsilber, die Innenseite des Einsatzmedaillons mit Blattgold belegt und die Signatur bzw. das von einem Eichenblattkranz umgebene, ligierte Monogramm „JvR" radiert. Der schwarze und rote Lack wurde zwischen den beiden Metallfolien vor dem Einkleben aufgebracht. Der doppelwandige Mund- und Bodenrand wurde in gleicher Art hergestellt. Auf der Rückseite des Einsatzmedaillons die Signatur: „Verfertiget zu Gutenbrunn, im Fürnbergischen grossen Weinspergwald. 1792. Von Mildner" in Antiqua-Kursive. Höhe 10,9 cm.

Der fehlende äußere Glasreifen des Bodenrandes und der dazwischen liegende Dekor sowie die Vergoldung wurden unter Beachtung größtmöglicher Originaltreue ergänzt.

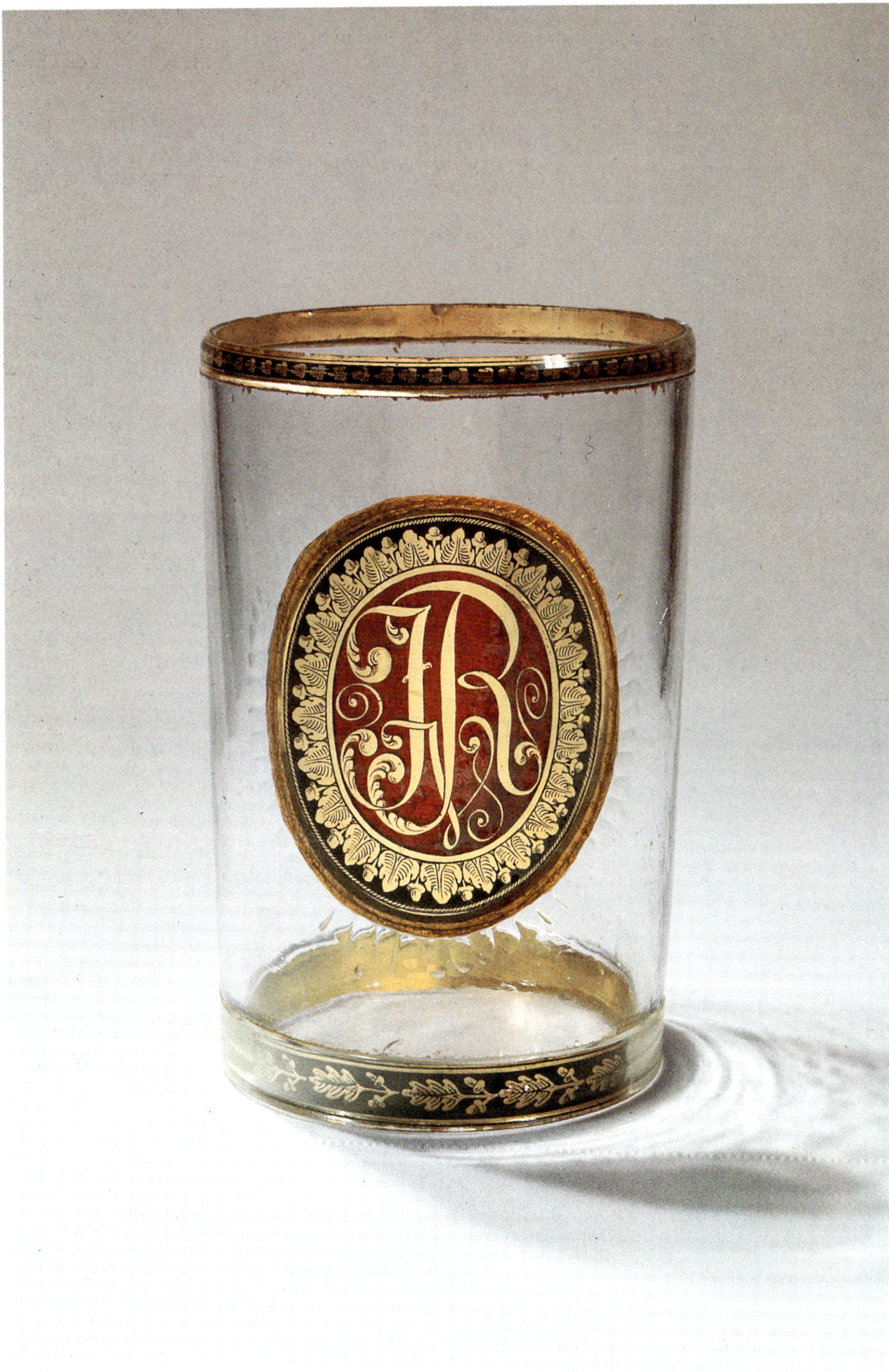

69

Pokal, Johann Sigismund Menzel, Warmbrunn, Schlesien, um 1800

Farbloses Glas. Der quadratische, unterseitig hohl geschliffene Fuß geht in einen achtfach facettierten Schaft über. Die Kuppa ist im unteren Teil wabenförmig geschliffen und auf der Vorderseite rund um das Einsatzmedaillon mit einer gravierten Kartusche dekoriert. In die ovale, geschliffene Vertiefung der Wandung ist ein genau passendes Glasmedaillon eingesetzt. Die Vertiefung und die Innenseite des Einsatzmedaillons wurden mit Blattgold belegt und in letzteres das Silhouettenportrait Friedrich Wilhelm III. (König von Preußen 1797—1840) radiert. Der schwarze Lack wurde zwischen den beiden Metallfolien vor dem Einkleben aufgebracht. Unter dem mattierten Lippenrand ein vergoldeter Kugelfries. Höhe 15,8 cm.

Literatur:

Gustav E. Pazaurek, Gläser der Empire- und Biedermeierzeit, 1923, Abb. 277

Johann Sigismund Menzel war im schlesischen Kurort Warmbrunn von etwa 1784 bis zu seinem Tod im Jahre 1810 tätig. Er schuf in der Technik ähnliche Gläser wie J. J. Mildner im österreichischen Gutenbrunn. Einziges Motiv seiner Einsatzmedaillons sind schwarze Silhouettenportraits vor Goldgrund, vorwiegend von Personen des preußischen Königshofes und aus Kreisen der höheren Gesellschaft. Der spezifische Schliff- und Schnittdekor in Verbindung mit den charakteristischen Einsatzmedaillons sichern auch seinen Arbeiten den Anspruch unverwechselbarer Originalität.

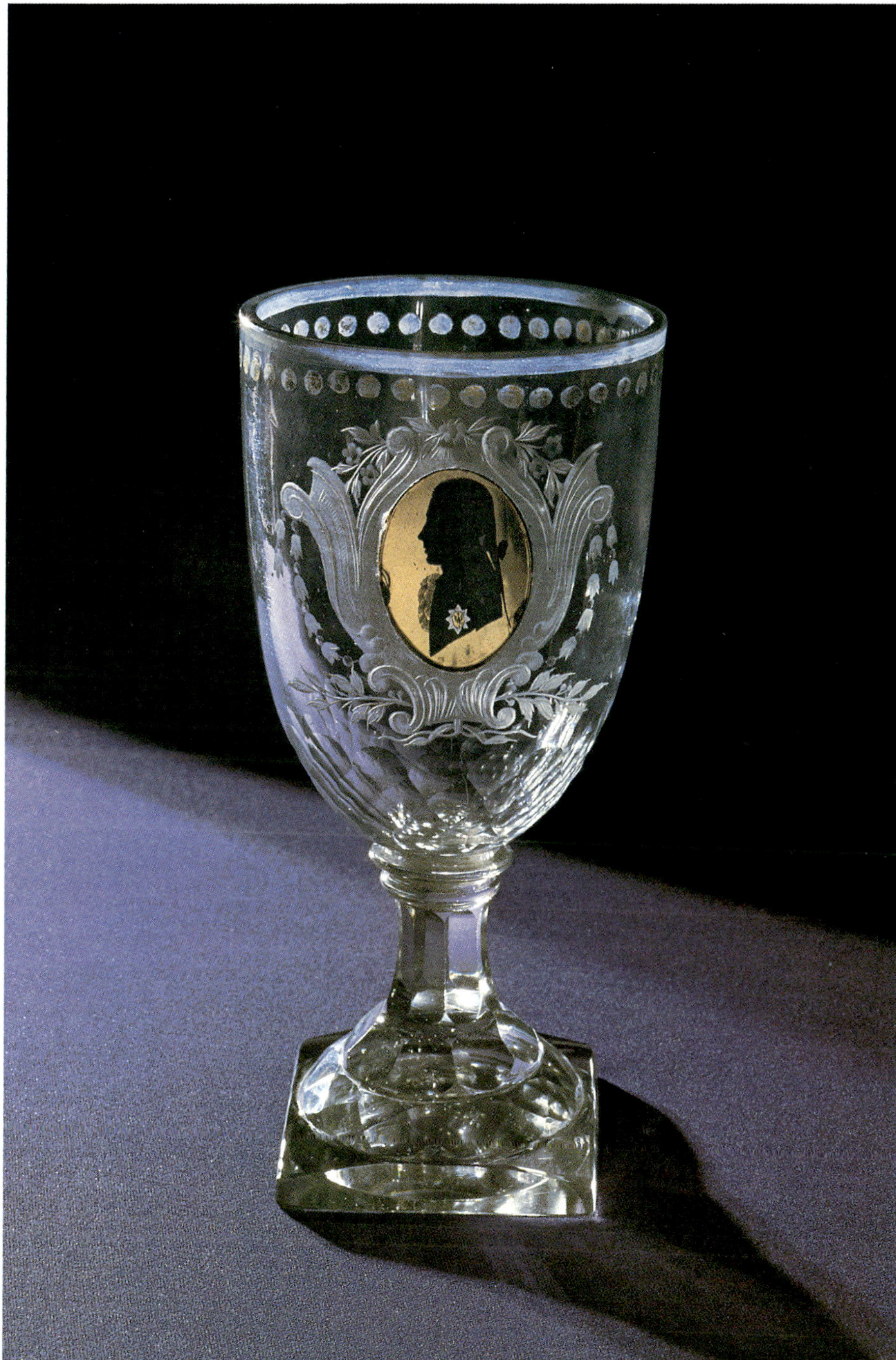

Mohn-, Kothgasser- und andere Gläser mit Transparentmalerei

Im Jahre 1806 schickte der Porzellanmaler Samuel Mohn (1762—1815) aus Neubrandenburg in Mecklenburg einen von ihm dekorierten Glaspokal an Königin Luise von Preußen, mit der Anmerkung: „eine Erstlingsarbeit von der verlohren gewesenen und von mir wieder erfundenen Wappenmalerei... so gut wie es bei der kurzen Übung möglich ist". Der Empirekelch auf quadratischem Fuß trug das mecklenburgische Wappen und in einem silbergelben Medaillon die einfache Geburtstagswidmung „Zum 10ten Maerz 1806". Dieser ist zwar nicht das erste mit Transparentfarben bemalte Glas — schon 1803 malte Johann Georg Bühler im württembergischen Urach, Wappen in Transparentfarben und Silbergelb auf Hohlgläser — aber mit Sicherheit Mohns erste Arbeit in dieser Technik. 1807 gründete Mohn eine „kleine Fabrik" in Leipzig und empfahl seinem Gönner, dem Herzog von Mecklenburg-Schwerin, seine „Trinkgläser von allen Sorten mit Landschaften, Allegorien, Decorationen und Musik nebst Text", die er, wie er selbst zugab, bemalen ließ. Mohns Signatur auf vielen Transparentmalereigläsern ist also keine Künstlersignatur, sondern eher eine Werkstattbezeichnung, was die oft recht unterschiedliche Qualität der Malerei auf Mohngläsern erklärt.
In einer Zeitungsannonce vom 5. Oktober 1811 offerierte Mohn 18 Stadtansichten mit Eichenlaubbordüre, „mit den lebhaftesten Farben der Natur möglichst getreu... gemalt", zu Preisen zwischen 6 und 12 Talern. Mit bunter Blumenbordüre waren die Gläser um 2 bis 4 Taler teurer. Nach dem Tod der beim Volk sehr beliebt gewesenen Königin Luise am 19. Juli 1810, entstanden in Mohns Leipziger Werkstatt die sogenannten Luisengläser mit der Autogrammunterschrift der Königin in verschiedenen Ausführungen, Abb. 70.
Gottlob Mohn (1789—1825), der in der väterlichen Werkstatt mitgearbeitet hatte, verließ 1811 Dresden, wohin die Familie 1809 übersiedelt war. Er ging nach Wien, wo er studieren wollte und sich lohnendere Aufträge erhoffte. Gottlob Mohn malte in Wien nicht nur Gläser nach dem Vorbild seines Vaters sondern erhielt auch Aufträge vom österreichischen Hof, für die Bemalung von Fenstern in Schloß Laxenburg und dem Jagdzimmer im Schloß Brandhof bei Mariazell. Ob Mohn in Wien eine Werkstätte betrieb, in der auch andere Maler für ihn Gläser dekorierten, ist nicht bekannt. Stellt man jedoch Vergleiche zwischen verschiedenen mit G. Mohn signierten Arbeiten an, lassen sich unterschiedliche Handschriften erkennen, Abb. 33, 34.
Obwohl eine Verbindung zwischen Mohn und Kothgasser bis zum heutigen Tage nicht belegt werden konnte, ist mit Sicherheit anzunehmen, daß der „Golddessinmaler an der Wiener Porzellanmanufaktur Anton Kothgasser" durch die bemalten Gläser seines Berufskollegen inspiriert wurde. Zu den ersten nachweisbaren Transparentmalereigläsern Anton Kothgassers gehören zweifellos zwei zylindrische Becher, die Ereignisse des Jahres 1813 festhalten: Die Darstellung der „Völker Schlacht bey Leipzig am 18ten und 19ten Oct. 1813" (Wadsworth Atheneum, Hartford, USA) und „Abschid des oesterreichischen Lanwehrmans 1813" (Historisches Museum der Stadt Wien). Beide Becher sind „A. K" monogrammiert. Auch der Becher mit der Ansicht von Schloß

Schönbrunn gehört in diese frühe Gruppe von Kothgassergläsern, Abb. 79. Auffallend ist, daß bei fast allen zylindrischen Gläsern das Bildfeld von einer strich-punktierten Linie eingefaßt ist.
Es steht heute außer Zweifel, daß an der großen Zahl von „Kothgassergläsern“ neben Kothgasser selbst auch der aus Wittingau in Südböhmen 1815 nach Wien zugewanderte Josef Havliczek sowie mehrere Maler der Wiener Porzellanmanufaktur beteiligt waren, z. B. Jakob Schuhfried, der vorwiegend Ansichtengläser bemalt hat, Abb. 76.
Auch hier wurde nicht immer der gesamte Dekor von ein und demselben Maler ausgeführt. Die Arbeitsteilung bezog sich einerseits auf die Transparentfarbenmalerei und andererseits auf den Golddekor samt Beschriftung. Eigenhändige Arbeiten sind nur schwer von den sogenannten „Werkstattgläsern“ zu trennen. Lediglich bei dem Glas mit der Allegorie, Abb. 84, war es möglich, auf Grund von stilistischen Vergleichen mit gesicherten Arbeiten — Deckelpokal und Laterna Magica-Bildchen, beide im Österreichischen Museum für angewandte Kunst in Wien — diesen Becher dem Oeuvre Kothgassers zuzuordnen.
Im Gegensatz zu den Mohngläsern gibt es nur sehr wenige datierte Kothgassergläser, wie z. B. den zylindrischen Bescher mit dem Abschied des Landwehrmannes oder Neujahrs-Wunschgläser mit den Jahreszahlen 1821 und 1823 in Blütenschrift. Dennoch ist eine zeitliche Einordnung der Gläser möglich. Die frühesten Arbeiten entstanden ausschließlich auf glatten, zylindrischen Bechern. Um 1814 kam der Ranftbecher mit dem charakteristischen geschlägelten Fußwulst auf, meist noch ohne Schliffstern im Boden, wie der mit dem Triumphbogen bei Baden bemalte Becher, Abb. 82, zeigt. Ein weiteres, datierbares Glas, ebenfalls ein Ranftbecher ohne Bodenstern ist rückseitig mit einer gravierten Inschrift versehen „Erinnerung an J. H. J. 1817“, Abb. 75. Ranftbecher mit Spielkarten tragen Jahreszahlen von 1821 bis 1829. Wichtige Hinweise auf die Entstehungszeit bestimmter Motive liefern die erhalten gebliebenen „Einschreibbüchlein“ aus den Jahren 1815 bis 1822 sowie die Arbeitshefte „Hablischek“ und „Schuhfried“ von 1820 bis 1830. Gläser mit der sogenannten „Spitalberg-Signatur“ sind vor 1821 entstanden, denn in diesem Jahr zog Kothgasser aus dem Haus „Sankt Anna“ in der Karlsgasse (bis 1787 „Am spanischen Spitalberg“, heute Boltzmanngasse) in das Haus „Zu den drei goldenen Sternen“ in der Währinger Gasse (heute Währingerstraße).
An Hand von zwei Gläsern die Kothgasser 1834 und 1839 an das Nationalfabriksproduktenkabinett (heute technisches Museum in Wien) einsandte und dem Glas mit der allegorischen Darstellung, bezogen auf den Tod Franz I., Kaiser von Österreich, im Jahre 1835, Abb. 80, kann man den stilistischen Wandel der dreißiger Jahre erkennen. Die Malerei ist in vielen Fällen nicht mehr transparent, sondern auf weißem Grund, für manche Arbeiten wurden etwas größere Becher herangezogen und vereinzelt sind die Gläser zusätzlich mit Schliffmustern dekoriert.
Aus J. N. Wildauers Adressen-Buch von Wien für das Jahr 1838, in dem „Kothgasser“, wie er sich inzwischen schrieb, als einziger Glasmaler angeführt ist, erfahren wir etwas über sein Fertigungsprogramm: „... die feinste Malerei und Vergoldung auf den Trinkgläsern mit den sinnreichsten Emblemen, Devisen, etc., entweder nach eigener Idee oder nach selbstbeliebiger Angabe, auch beschäftigt er sich mit der Malerei von

Kirchenfenstern und Apotheker-Signaturen usw." Dieselbe Eintragung findet man noch im Adressen-Buch von 1847, vier Jahre vor seinem Tod. Da aus dieser Zeit keine datierten Arbeiten bekannt sind, läßt sich derzeit über die Glasform und die Bemalung von Gläsern aus den vierziger Jahren keine Aussage machen.
Außer in Wien, das durch das Wirken Gottlob Mohns und Anton Kothgassers zum Zentrum der Transparentmalerei geworden war, entstanden Transparentmalereigläser auch an anderen Orten, so in Berlin und in Haida in Nordböhmen. Mit „Das Marmor-Palais am Heiligen See bei Potzdam" ist eine „C. v. S. 1824" bezeichnete Glasscheibe betitelt, die von dem ehemaligen Mohn-Mitarbeiter Carl von Scheidt stammt. Nach Nagler (Künstlerlexikon, Bd. 15, 1845) hat er um 1826 in Berlin „historische Bilder, Landschaften und Wappen auf Glas mit eingebrannten transparenten Farben gemalt."
Um diese Zeit muß auch der Becher mit der Ansicht des von Friedrich Schinkel neu erbauten „Alten Museums" in Berlin entstanden sein, Abb. 74. Carl von Scheidt scheint sich auch vorübergehend in Wien bei Gottlob Mohn aufgehalten zu haben, worauf ein 1816 datierter Becher mit dem Stephansdom (ehemals königlicher Besitz, Berlin) und das „C. v. S. Mohn pinx 1816" bezeichnete Glas mit dem Panorama von Dresden aus der ehemaligen Sammlung Anton Graf Auersperg, Wien, hindeuten.
Seine Spur läßt sich später auch nach Nordböhmen verfolgen, nach Haida und in die Glasmalereiwerkstatt Friedrich Egermanns. Man kann heute mit ziemlicher Sicherheit sagen, daß bei Egermann die Transparentmalerei nach Wiener Vorbild bis in die vierziger Jahre gepflegt wurde. 1831 zeigte Egermann auf der Prager Ausstellung zwei Schliffbecher mit den transparentgemalten Portraits Franz I. und seiner letzten Gemahlin, der bayerischen Prinzessin Karoline Auguste. 1917 wurden sie im alten Egermann-Haus in Haida gekauft und gelangten 1939 aus der Sammlung V. Schick in das Prager Kunstgewerbemuseum. Aus der gleichen Quelle hatte schon 1905 Gustav Pazaurek eine Schale mit reicher transparentgemalter Blumenbordüre erworben, deren alter Papieraufkleber die Aufschrift „Atelier Egerman gem. Ant. Bendel, Zeit 1825" trägt (im Prager Kunstgewerbemuseum). Solche und verwandte Malereien wurden also bei Egermann ausgeführt, auch noch Ende der dreißiger und Anfang der vierziger Jahre, als die farblosen Schliffbecher mit sogenannten Transparentfigürchen entstanden.
Hierzu gehören die auch in der nordböhmischen Porzellanmalerei nachweisbaren chinesischen Gaukler, Volkstypen und Exoten, Schmetterlinge und Insekten, Abb. 130, 131, 132, 133. Viele dieser Arbeiten dürften in Egermanns Atelier gemalt worden sein, unter anderem von Anton Ambros Egermann (ein voll signierter Deckelpokal mit figürlicher Transparentmalerei befindet sich in einer Wiener Privatsammlung). Es muß jedoch eine offene Frage bleiben, ob Carl von Scheidt bei Egermann gearbeitet hat oder ob er sich von dessen Transparentfigürchen nur anregen ließ. Jedenfalls tragen drei solcher Gläser mit Chinesenfiguren — zwei Becher und ein Flakon (Corning Museum of Glass, ehemals Sammlung Krug und deutscher Kunsthandel) — seine Signatur „C. v. S.".

Walter Spiegl
Michael Kovacek

70

Becher, Samuel Mohn, Dresden, 1810—15

Farbloses Glas. Auf der Vorderseite ein bekrönter, mit farblosem Email mattierter und von schwarzer Linie eingerahmter Schild mit der Inschrift: „Luise Königin von Preußen, Höchst eigene Züge. geb. den 10. März 1776. Ihrem Volke entrißen am 19. Juli 1810". Links vom Bildfeld im unteren Teil der Wandung eine in Schwarzlot gemalte Fliege. Unter dem verschmolzenen Mundrand, umlaufend eine Bordüre aus Rosen und Vergißmeinnicht mit transparenten Emailfarben gemalt. Signiert: „S. Mohn fec" in schwarzer Lateinschrift, rechts unter dem Schild. Unterseite des Bodens mit Hefteisenansatz. Höhe 9,7 cm.

Kartonetui aus der Zeit, mit rotem Papier beklebt und goldgeprägt. Höhe 11,2 cm.

Literatur:

Gustav E. Pazaurek, Gläser der Empire- und Biedermeierzeit, 1923, Abb. 140 und 141

Königin Luise von Preußen wurde von ihren Untertanen sehr verehrt und starb, erst 34jährig, überraschend am 19. Juli 1810. Aus diesem Anlaß bemalte Samuel Mohn zum Andenken an die beliebte Königin eine Reihe von Gläsern mit ähnlichen Darstellungen.

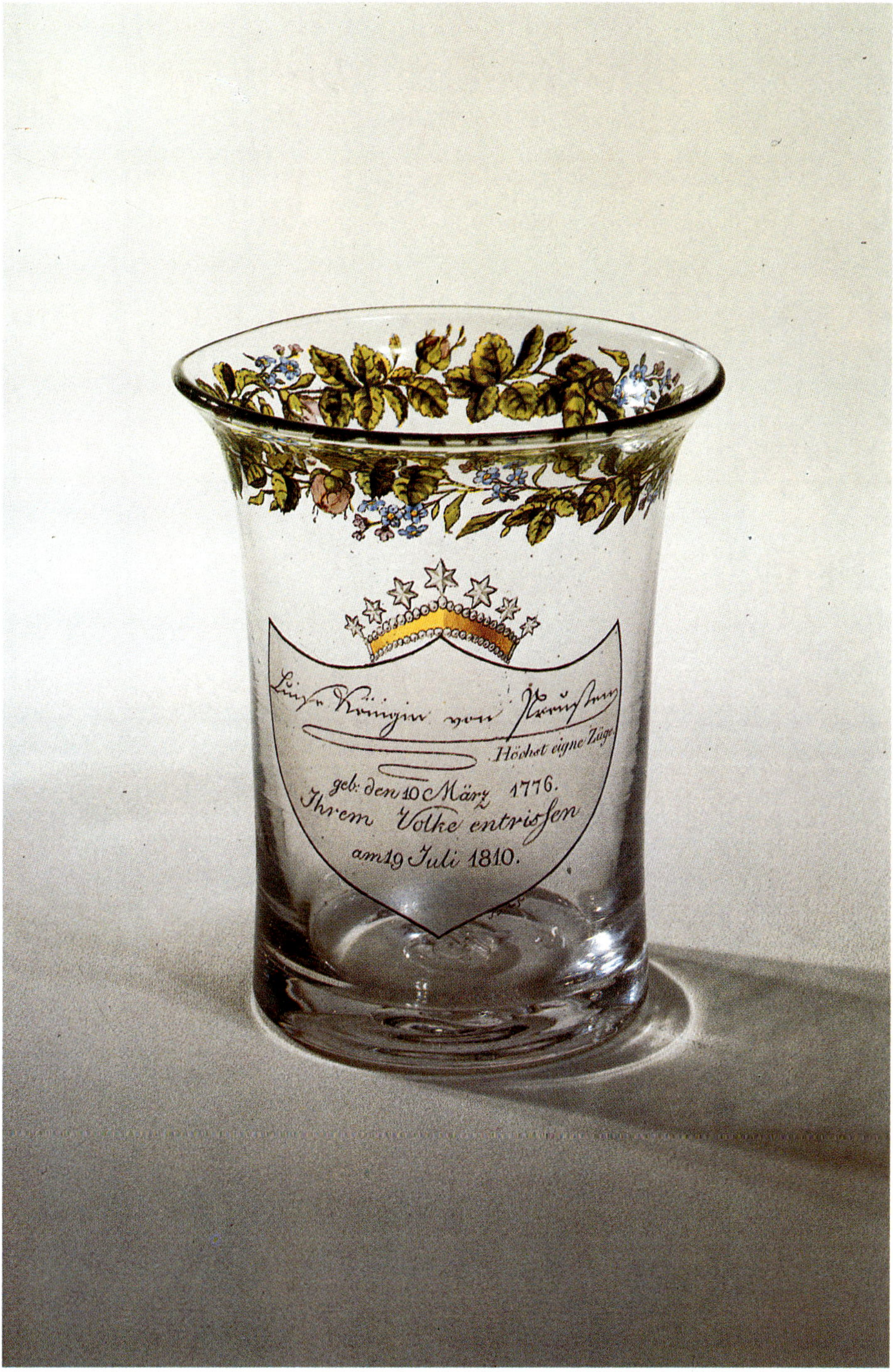
Höchst eigne Züge
geb: den 10 März 1776.
Ihrem Volke entrissen
am 19 Juli 1810.

(71)

Becher, Gottlob Mohn, Dresden oder Wien, um 1810—1815

Farbloses Glas, Boden leicht korkav geschliffen. Auf der Wandung zwei gegenüberliegende quadratische Felder mit farblosem Email mattiert. Auf einem Feld ein turtelndes Taubenpaar in einem Baum, auf dem anderen Amor mit Pfeil und Bogen mit transparenter Sepiafarbe gemalt. Über die beiden Felder wurde im Umdruckverfahren ein feinmaschiges Gitter und als letzter Arbeitsgang eine schwarze Umrahmung mit radierten Ecken aufgebracht. Verbunden sind die Felder mit transparent gemalten Blumengehängen. Unterhalb des versilberten Lippenrandes ist umlaufend eine Efeurankenbordüre gemalt. Signiert: „G. Mohn fec." mit schwarzer Lateinschrift, rechts unter dem Bildfeld mit dem Amor. Höhe 10 cm.

Möglicherweise hat Gottlob Mohn dieses Glas bereits in Wien gemalt, da vor allem das liebliche Thema an vergleichbare Sujets auf Wiener Porzellangegenständen und auf Gläsern der Werkstätte Anton Kothgassers erinnert. Die Glasform hingegen ist typisch für die Erzeugnisse aus der Werkstätte des Samuel Mohn in Dresden.

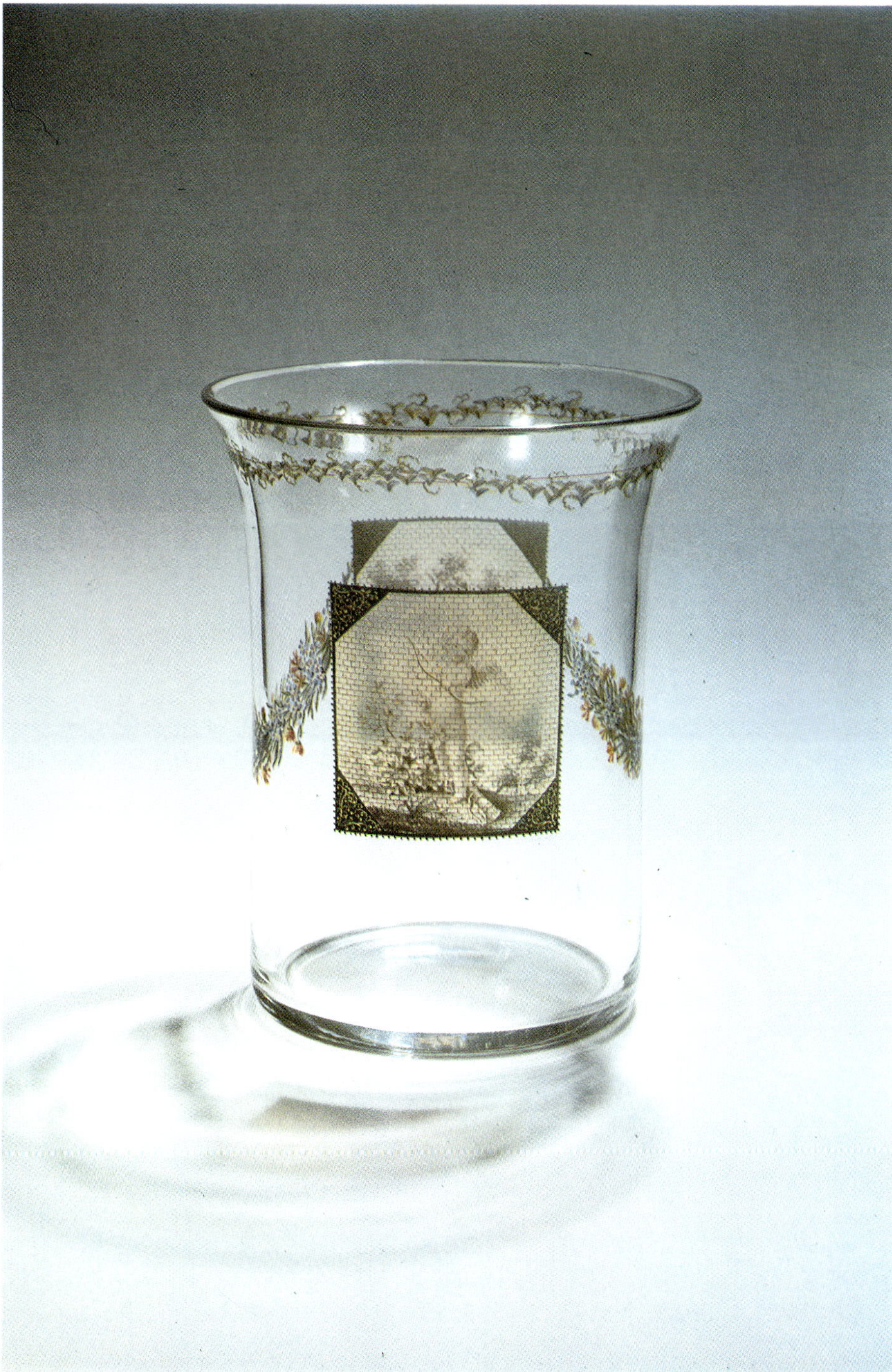

72

Becher, Gottlob Mohn, Wien 1813

Farbloses Glas. Boden flach geschliffen. Eine gelb gebeizte Umrahmung begrenzt das Bildfeld. Die Ansicht der Hofburg und des heutigen Volksgartens im Vordergrund ist mit transparenten Emailfarben gemalt. Darunter Goldinschrift: „Die k.u.k. Hofburg in Wien.“ Die Vergißmeinnichtbordüre unter dem gelb gebeizten Mundrand ist ebenfalls mit transparenten Emailfarben gemalt. Signiert: „G. Mohn fec. 1813“, mit Lateinschrift in Gold rechts unter dem Bildfeld. Höhe 10,7 cm.

Literatur:

Pazaurek/Philippovich, Gläser der Empire- und Biedermeierzeit, 1976, Abb. 142, gleiche Glasform

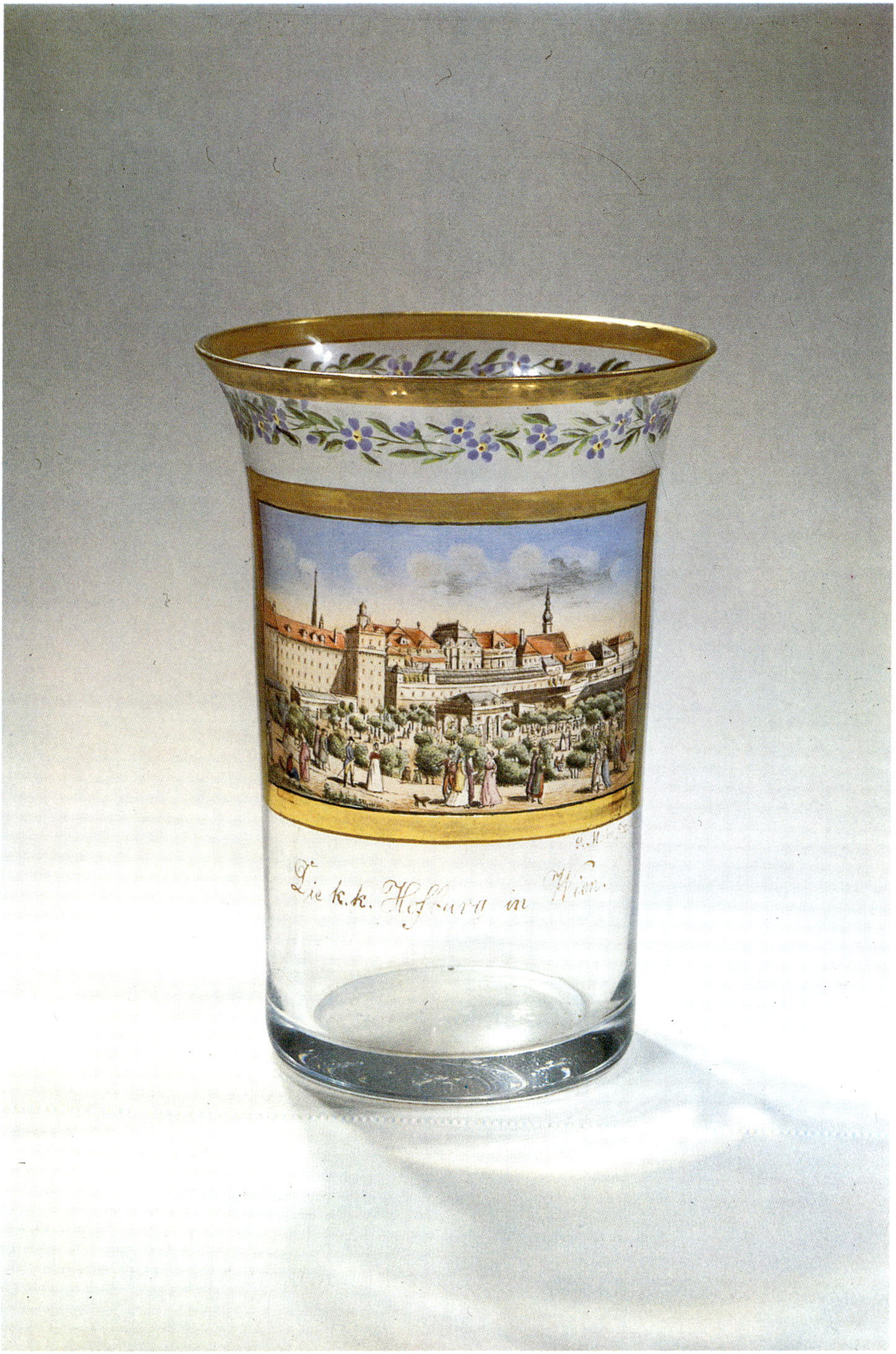
Die k.k. Hofburg in Wien.

(73)

Becher, Gottlob Mohn, Wien, 1814

Farbloses Glas. Boden flach geschliffen. Das Bildfeld eingefaßt durch zwei schwarze Linien, wurde mit farblosem Email mattiert. Die Ansicht des Wiener Stephansdomes mit reicher Figurenstaffage und angrenzenden Häusern ist mit transparenten Emailfarben gemalt. Darunter die Inschrift: „Die Stephanskirche in Wien." Der Mundrand ist außen gelb gebeizt und mit Silberornamenten dekoriert. Die obere, nach innen facettierte Kante ist versilbert. Signiert: „G. Mohn. 1814. Wien", mit schwarzer Lateinschrift rechts unter dem Bildfeld. Höhe 9,4 cm.

Literatur:

Walter Spiegl, Kothgasser, Mohn und die Wiener Porzellanmanufaktur, Weltkunst, 1983, S. 710, Abb. 16. Das idente Glas
Gustav E. Pazaurek, Gläser der Empire- und Biedermeierzeit, 1923, Abb. 159, gleicher Typus mit anderer Ansicht

Gottlob Mohn übersiedelte 1811 von Dresden nach Wien und arbeitete hier bis zu seinem Tod im Jahre 1825. Obwohl er mit Anton Kothgasser teilweise eng zusammenarbeitete, lassen sich die von ihm bemalten Gläser vor allem durch die fast immer vorhandene Signatur eindeutig von den Arbeiten der Werkstätte Anton Kothgassers unterscheiden.

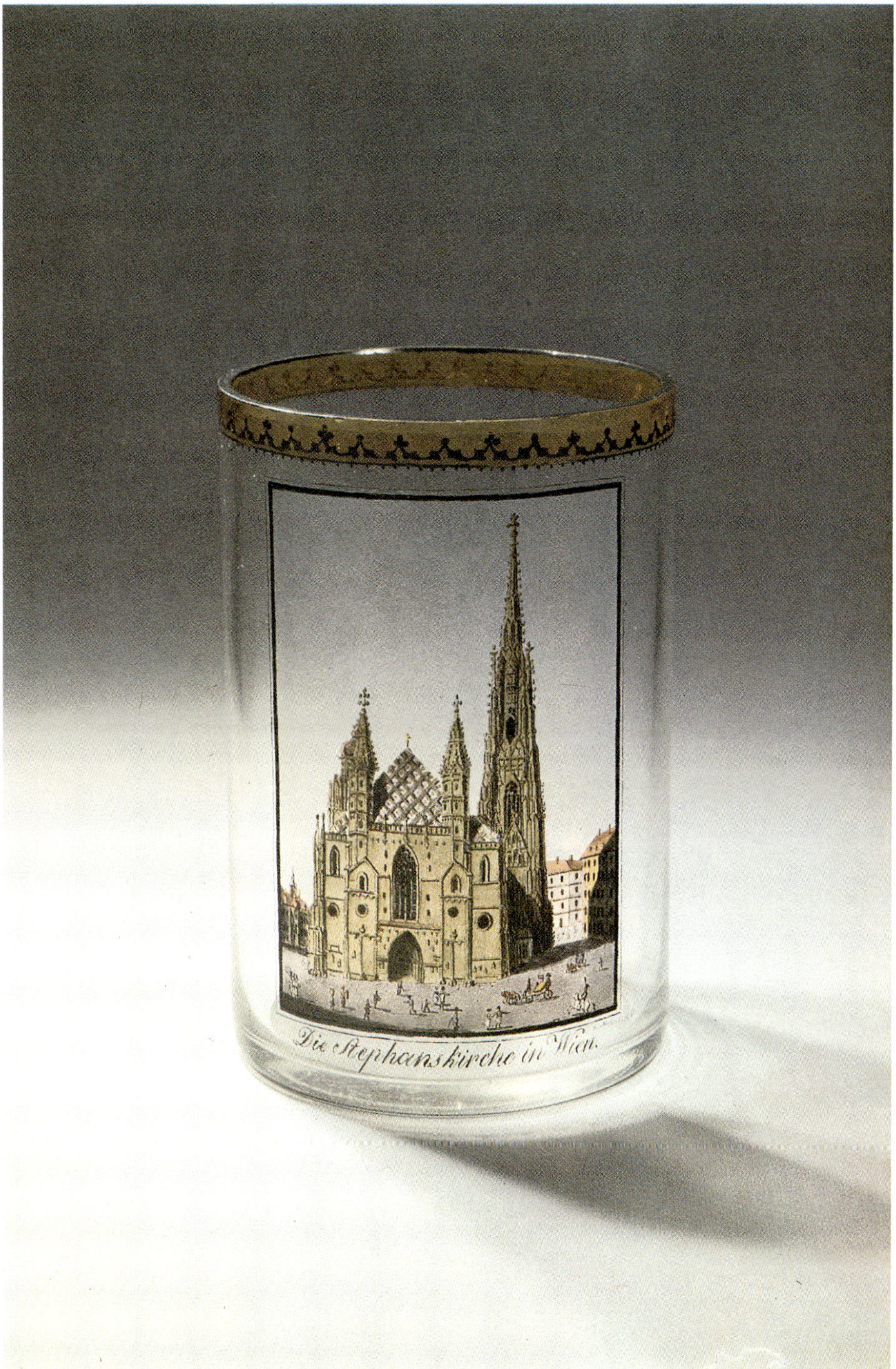
Die Stephanskirche in Wien.

(74)

Becher, Werkstätte Carl von Scheidt, Berlin, um 1825

Farbloses Glas, Boden flach geschliffen. Das große Bildfeld eingerahmt von je einer goldenen und schwarzen Linie zeigt das neue Museum in Berlin. Die Ansicht ist mit transparenten Emailfarben gemalt. Darunter die Goldinschrift: „Das neue Museum." Höhe 10,1 cm.

Carl von Scheidt war von etwa 1812—1816 bei Samuel Mohn in Dresden tätig. Anschließend arbeitete er zusammen mit Gottlob Mohn in Wien. Um 1825 ist er als Glas- und Porzellanmaler in Berlin nachweisbar (Gessert, Geschichte der Glasmalerei, S. 279).
Der Entwurf für den Neubau des „Alten Museums" von Karl Friedrich Schinkel stammt aus dem Jahr 1822. Schon 1825 wurde der Bau auf Stahlstichen dargestellt, obwohl die Bauarbeiten erst 1828 abgeschlossen waren. (Hans Reuther, Die Museumsinsel in Berlin, 1977, S. 30 und Abb. 52). Es ist anzunehmen, daß einer dieser Stiche Carl von Scheidt als Vorlage diente.

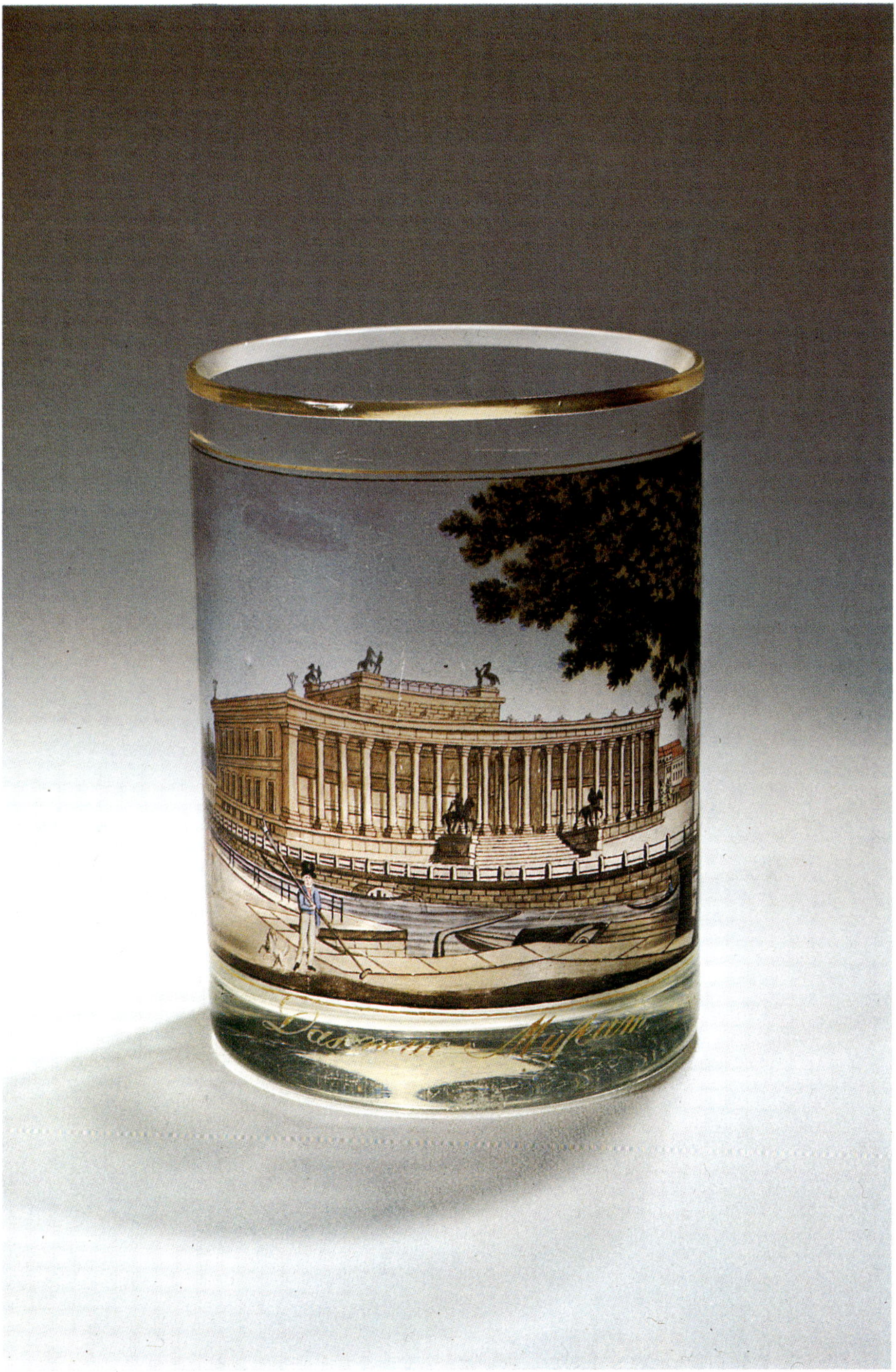

(75)

Ranftbecher, Werkstätte Anton Kothgasser, Wien, 1817

Farbloses Glas. Boden mit leicht konkav geschliffener Kugelung. Das ovale Bildfeld, umrahmt durch eine mit Gold gemalte Ewigkeitsschlange zeigt eine Landschaft im Mondenschein mit Bäumen und zwei turtelnden Tauben in transparenter Sepiamalerei. Darüber die Goldinschrift: „Inséparable“ (Unzertrennlich). Rückseitig graviert: „Erinnerung an J:H:J 1817.“ Höhe 10,5 cm.

Kartonetui aus der Zeit, mit marmoriertem Papier beklebt. Auf dem Deckel Reste eines Siegels. Höhe 12,3 cm.

Die rückseitig gravierte Jahreszahl 1817, welche eindeutig aus der Zeit stammt, der fehlende, bei späteren Gläsern übliche, geschliffene Bodenstern und die Sepiamalerei deuten auf ein sehr frühes Exemplar (wahrscheinlich vor 1817 bemalt) aus der Werkstätte Anton Kothgassers.

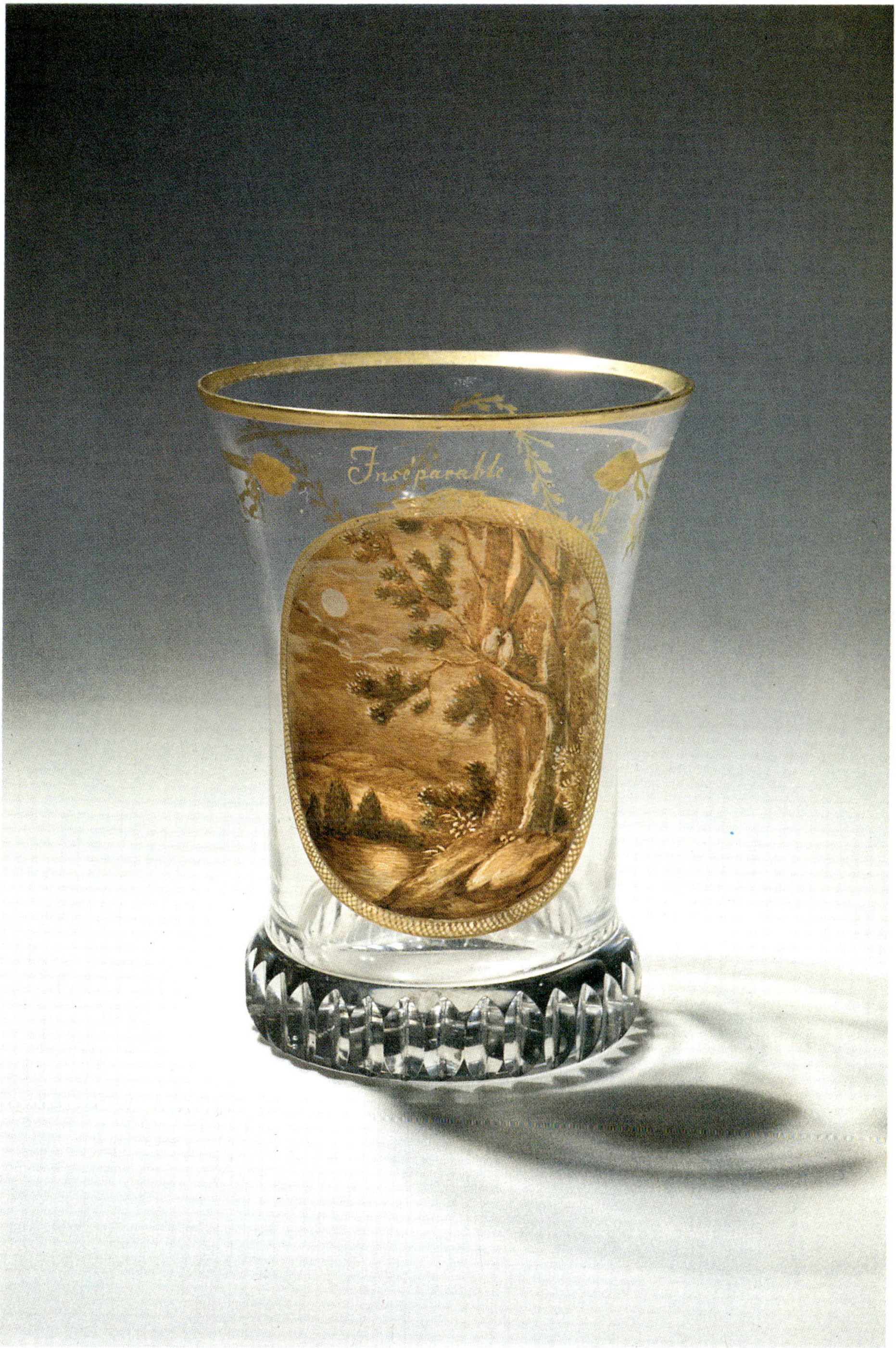
Inséparable

(76)

Ranftbecher, Werkstätte Anton Kothgasser, Wien, um 1825—30

Farbloses Glas. Boden mit zwölfstrahlig geschliffenem, gelb gebeiztem Stern. Die Wandung ist außen und innen vergoldet. Das weiß grundierte Bildfeld, umrahmt von einer Goldblättchenbordüre auf gelb gebeiztem Grund, zeigt die mit bunten Emailfarben gemalte Ansicht des Mailänder Domes. Darunter Inschrift: „FACCIATA DEL DUOMO DI MILANO" (Ansicht des Domes zu Mailand). Höhe 12 cm.

Literatur:

Rudolf von Strasser, Die Einschreibebüchlein des Wiener Glas- und Porzellanmalers Anton Kothgasser, Abb. 50 und S. 229

Die Ansicht auf dem abgebildeten Glas ist mit großer Sicherheit von Jakob Schuhfried gemalt. Jakob Schuhfried (1798—1857) war Maler an der Wiener Porzellanmanufaktur und wohnte einige Zeit im gleichen Haus wie Kothgasser. Aus der Zeit zwischen 1825 und 1828 ist das Abrechnungsbuch über die von Schuhfried gemalten Gläser erhalten. Auf Seite 3 vom Oktober 1825 findet sich die Eintragung: „3 Gläser mit der Domkirche von Mayland auf weißem Grund."

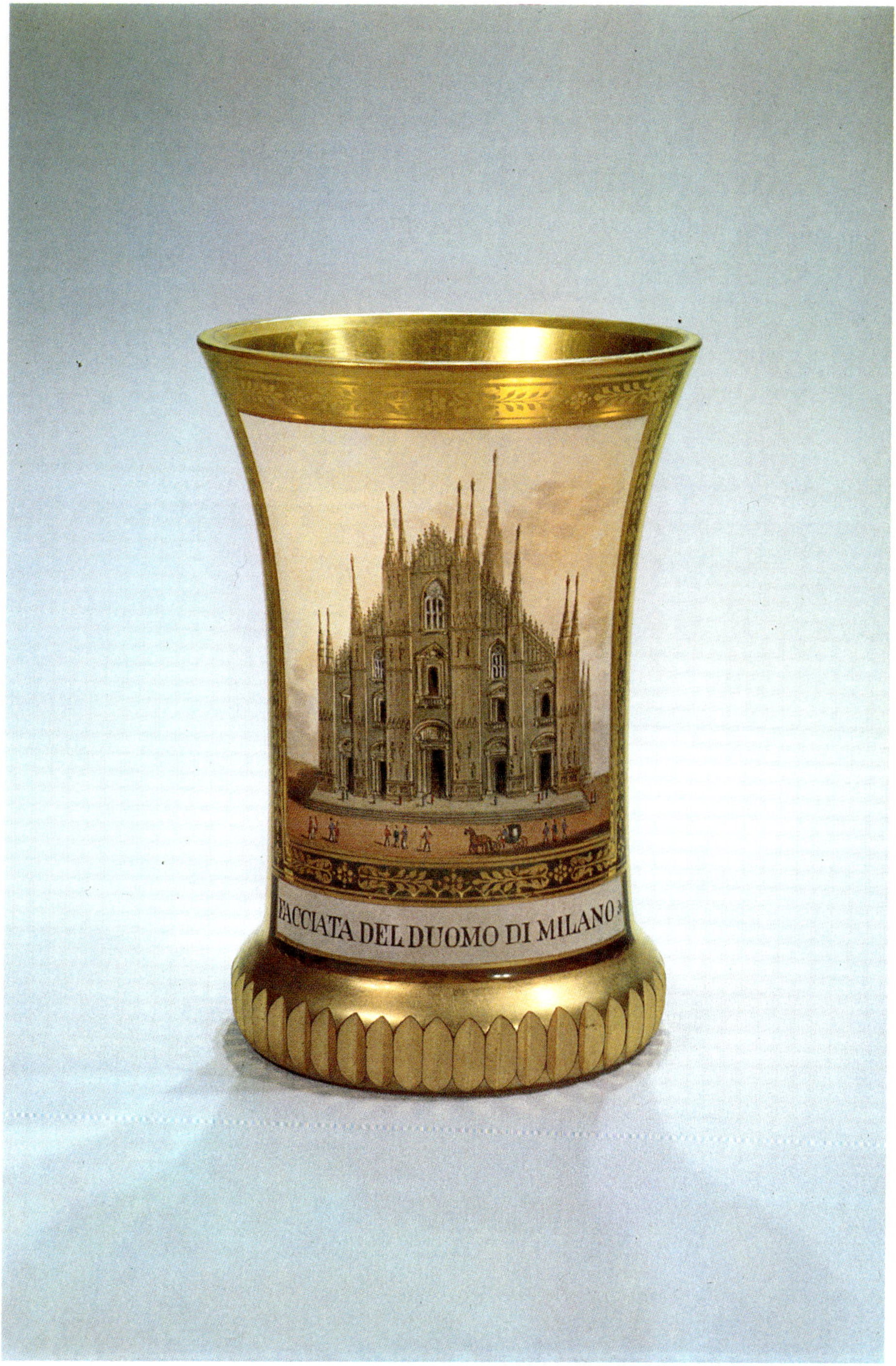
FACCIATA DEL DUOMO DI MILANO

(77)

Ranftbecher, Werkstätte Anton Kothgasser, Wien, um 1825—30

Farbloses Glas. Boden mit sechzehnstrahlig geschliffenem, gelb gebeiztem Stern. Über weiß grundierter Wandung rote Bemalung mit ausgesparten geometrischen Ornamenten und farbig gehöhten Blumen. Höhe 11,1 cm.

Dieser Dekor ist bisher auf Gläsern der Werkstätte Anton Kothgassers unbekannt. Hingegen zeigen verschiedene Porzellangegenstände der Wiener Manufaktur ähnliche Muster, die bei dem beschriebenen Glas Pate gestanden sind.

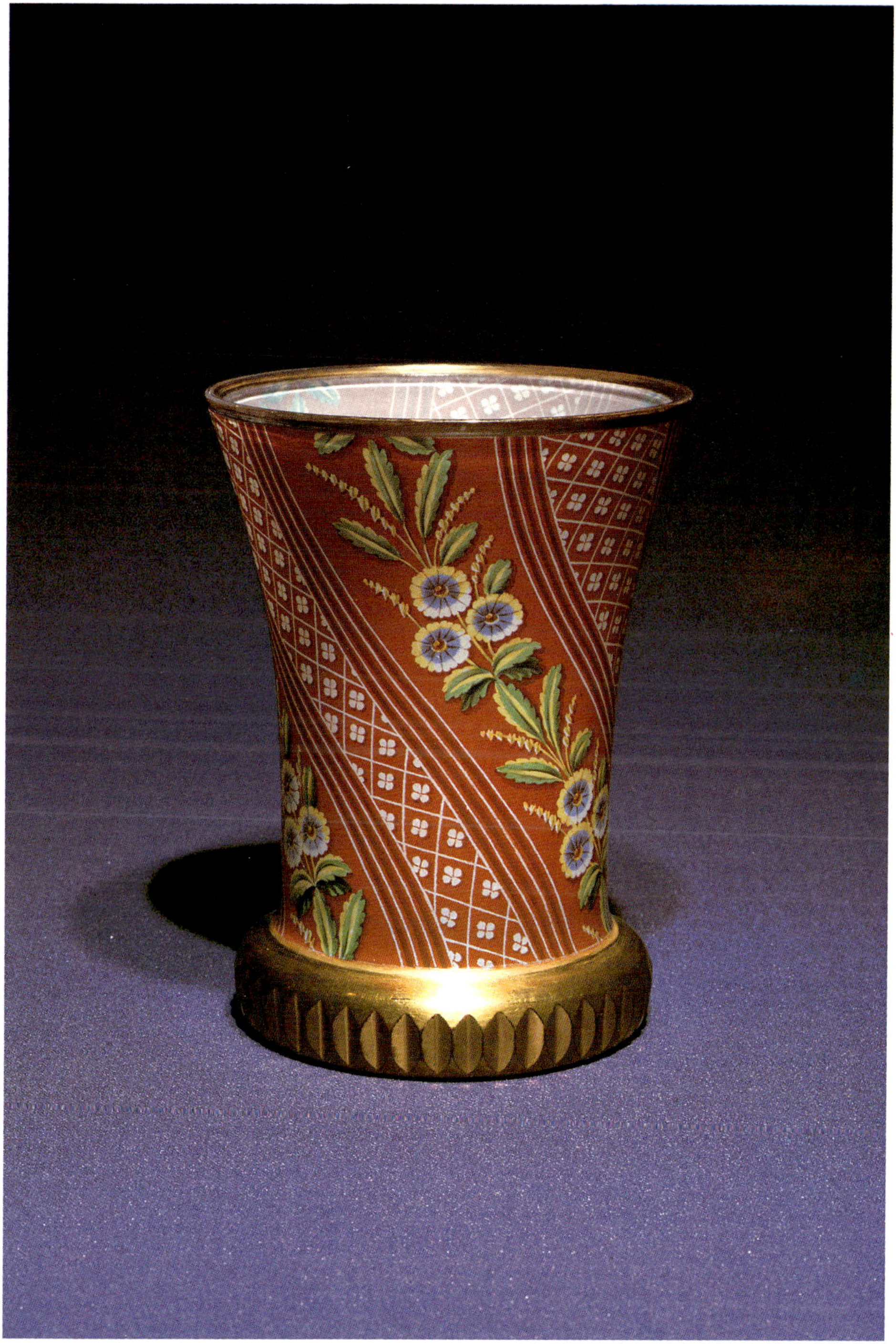

(78)

Ranftbecher, Werkstätte Anton Kothgasser, Wien, um 1820—25

Farbloses Glas mit sechzehnstrahlig geschliffenem und gelb gebeiztem Bodenstern. Eine gelb gebeizte Umrahmung mit Goldblättchenmalerei begrenzt das Bildfeld. Das dargestellte Blumenmädchen in Landschaft stehend, ist mit transparenten Emailfarben gemalt. Darunter Goldinschrift: „Blumen soll auf allen Wegen, Dir des Himels Güte streuen, Und der Vorsicht reicher Segen, Jeden Morgen dich erfreuen." Rückseitig unterhalb des Mundrandes gelb gebeiztes Band mit Efeuranke in Goldmalerei. Höhe 10,8 cm.

Literatur:

Gustav E. Pazaurek, Gläser der Empire- und Biedermeierzeit, 1923, Abb. 188, 189, 190, 191
Walter Spiegl, Kothgasser, Mohn und die Wiener Porzellanmanufaktur, Weltkunst 1983, S. 1242, Abb. 71, 72, 73

„Das Blumenmädchen" war ein sehr beliebtes Motiv in der Werkstätte Anton Kothgassers. Als Vorlagen dienten Glückwunschkarten der Biedermeierzeit, welche auf Kothgassergläsern in abgewandelter Form anzutreffen sind.

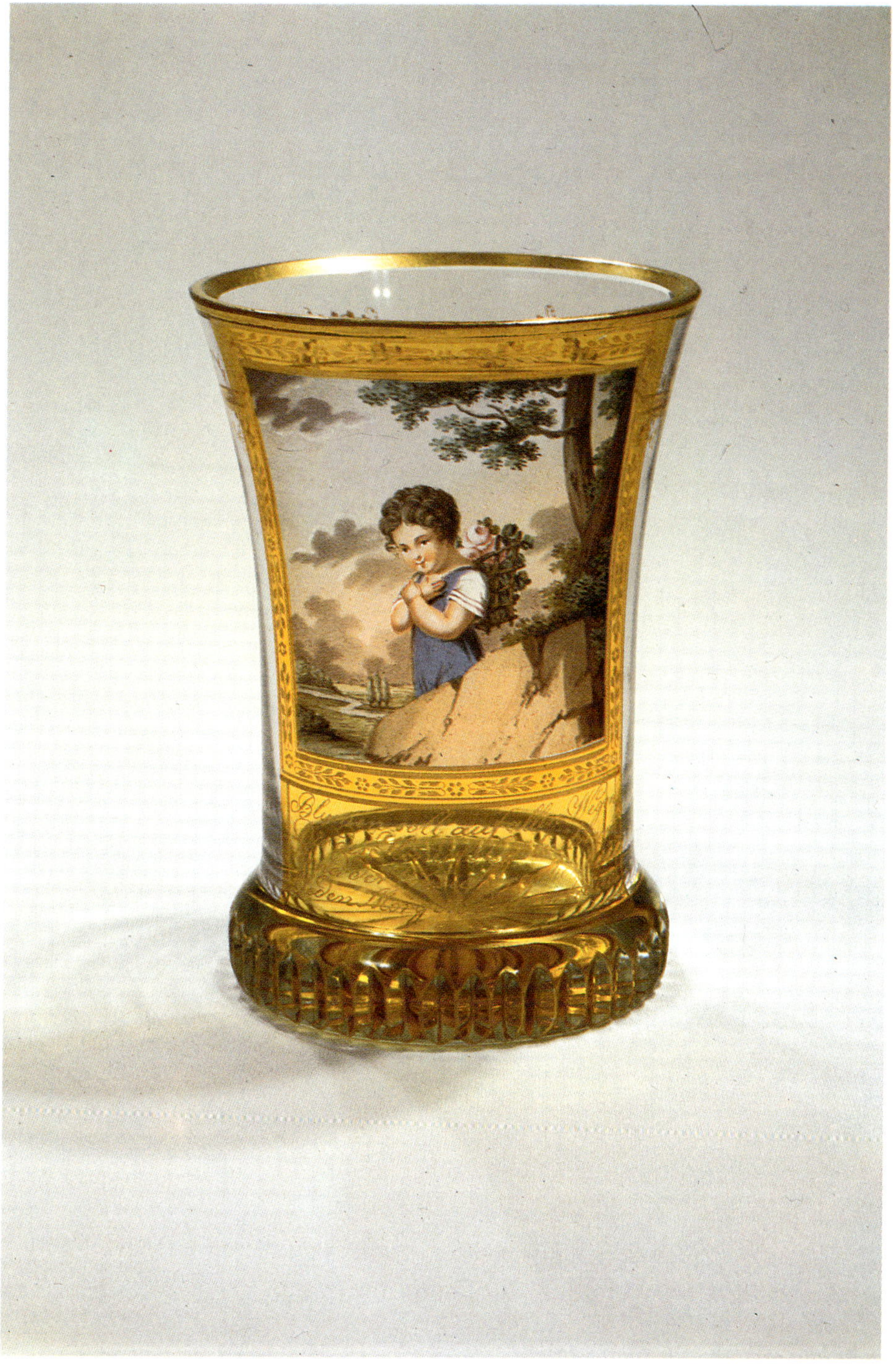

(79)

Becher, Werkstätte Anton Kothgasser, Wien, um 1815

Farbloses Glas. Boden flach geschliffen. Eine gelb gebeizte Umrahmung mit strich-punktierter roter Linie begrenzt das Bildfeld. Die Ansicht von Schloß Schönbrunn ist mit transparenten Emailfarben gemalt. Darunter Goldinschrift auf mattiertem Grund: „Entree au Chateau de Schoenbrunn“ (Eingang des Schlosses Schönbrunn). Signiert: A.K. mit Versalbuchstaben in farbloser Emailfarbe, rückseitig auf der Rundung oberhalb des Bodens. Höhe 9,8 cm.

Literatur:

Pazaurek/Philippovich, Gläser der Empire- und Biedermeierzeit, Abb. 187, Gleiche Glasform und Bordüre
Schütz/Ziegler, Die Wiener Ansichten, S. 113

Carl Schütz 1745—1800 zeichnete 1783 diese Ansicht von Schloß Schönbrunn. Die nach diesem Original angefertigten Kupferstiche dienten im frühen 19. Jahrhundert als Vorlage für Vedutenmaler sowohl in der Wiener Porzellanmanufaktur wie auch in der Werkstätte Anton Kothgassers. Die gemalte Ansicht auf diesem Glas mit mehr als 30 Staffagefiguren, 3 Pferdefuhrwerken, 4 Reitern und einem Hund zählt zu den besten Arbeiten der Werkstätte Anton Kothgassers.

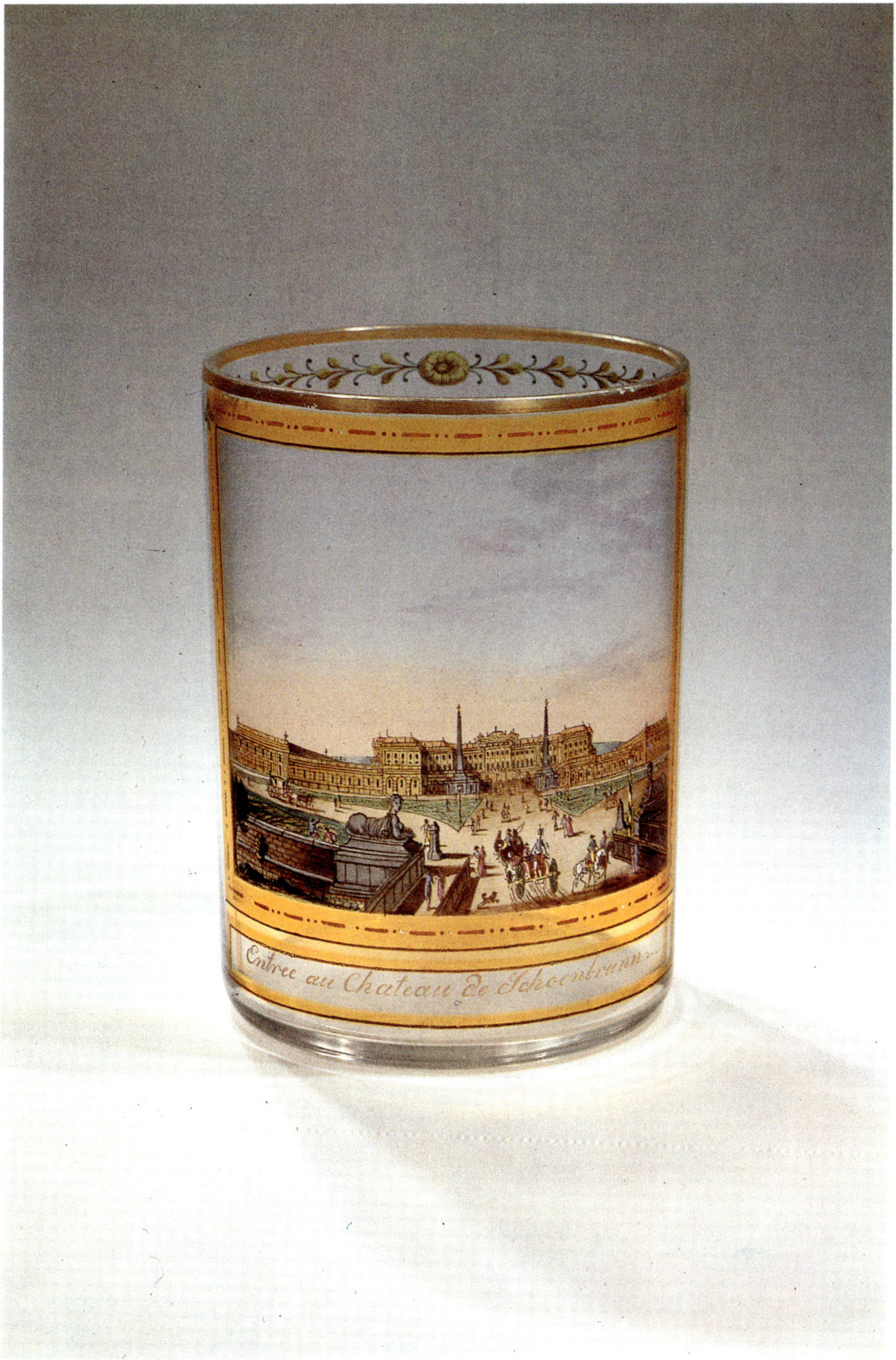
Entree au Chateau de Schoenbrunn...

(80)

Ranftbecher, Werkstätte Anton Kothgasser, Wien, 1835

Farbloses Glas mit sechzehnstrahlig geschliffenem und gelb gebeiztem Bodenstern. Das weiß grundierte Bildfeld, umrahmt von einer Goldblättchenbordüre auf gelb gebeiztem Grund, zeigt eine mit bunten Emailfarben gemalte allegorische Darstellung bezogen auf den Tod „Franz I. Kaiser von Österreich" im Jahre 1835. Darunter Inschrift: „Immorior Fideliter" (Ewige Treue). Höhe 11,1 cm.

Provenienz:

Gläsersammlung Anton Graf Auersperg, Auktionshaus Glückselig, Wien 26./28. 11. 1929, Nr. 416

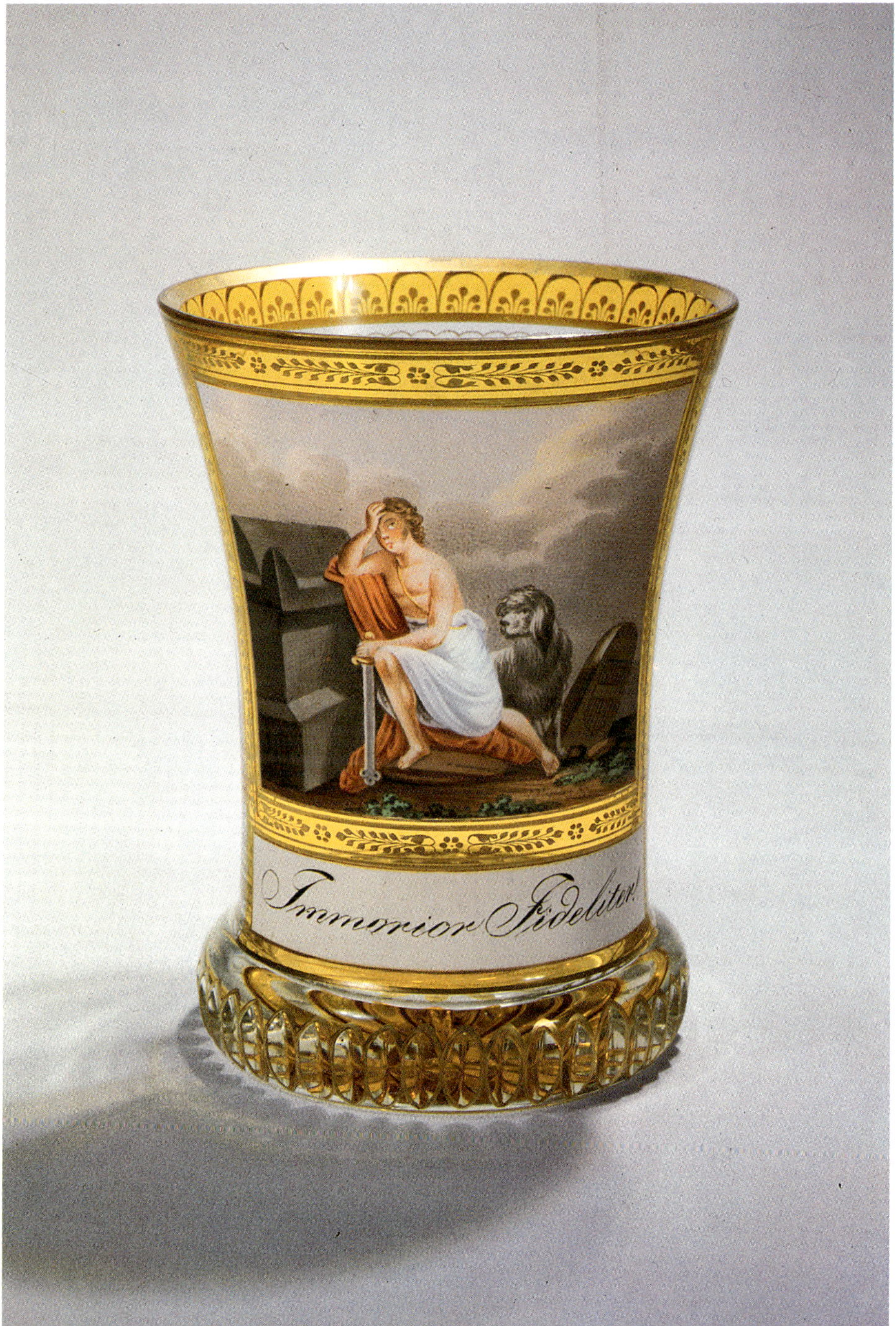
Immerior Fideliter!

(81)

Ranftbecher, Werkstätte Anton Kothgasser, Wien, um 1820/25

Farbloses Glas, mit sechzehnstrahlig geschliffenem und gelb gebeiztem Bodenstern. Die Wandung ist im oberen Teil umlaufend mit farblosem Email mattiert. Darauf wurde in kalligraphischer Blumenschrift aus Rosen und Vergißmeinnicht der Name „Theresia" mit transparenten Emailfarben gemalt. Das matte Schriftband ist von zwei Goldblättchenbordüren auf gelb gebeiztem Grund eingefaßt. Höhe 11 cm.

Literatur:

Walter Spiegl, Kothgassr, Mohn und die Wiener Porzellanmanufaktur, Weltkunst, 1983, S. 712, Abb. 21, 24 und 25
Walter Spiegl, Biedermeiergläser, S. 153

Gläser mit Namen, Monogrammen und Jahreszahlen in Blumenschrift erfreuten sich in der Biedermeierzeit als Geschenke zu den verschiedensten Anlässen großer Beliebtheit. Hauptsächlich wurden die Buchstaben und Ziffern aus roten Rosen und blauen Vergißmeinnichtblüten in Verbindung mit Blättern gebildet.

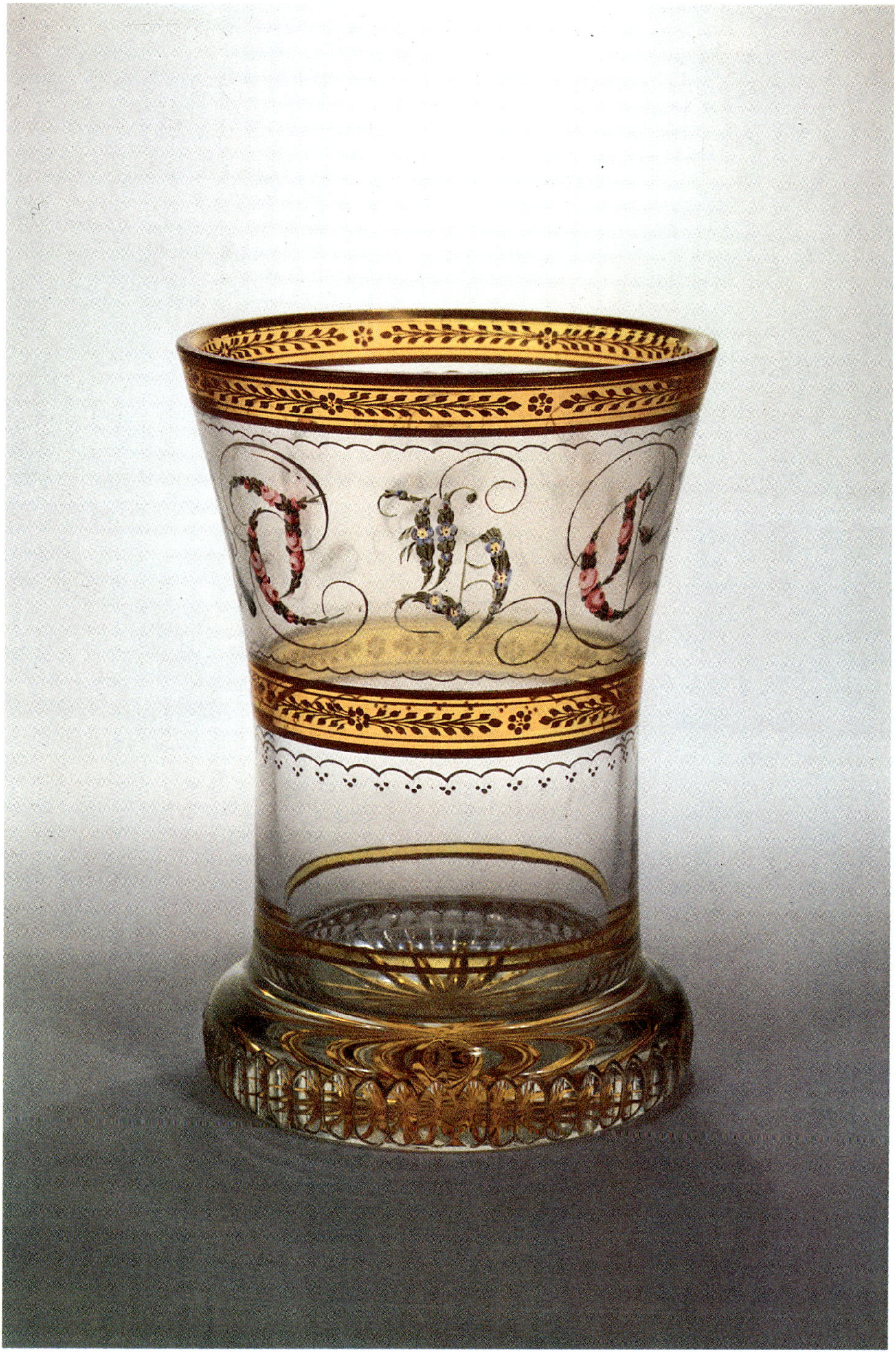

(82)

Ranftbecher, Werkstätte Anton Kothgasser, Wien, um 1814—15

Farbloses Glas, Boden mit leicht konkav geschliffener Kugelung. Eine gelb gebeizte Umrahmung mit Goldblättchenmalerei begrenzt das Bildfeld. Die Ansicht zeigt einen mit transparenten Emailfarben gemalten Triumphbogen, der zu Ehren Kaiser Franz I. anläßlich des Sieges über Napoleon in der Völkerschlacht bei Leipzig erbaut wurde. Inschrift auf der Triumphpforte: „Dem Retter Europens F.I. MDCCCXIV." Inschrift unter dem Bild: „Ansicht der Triumphpforte bey Baden auf dem Wege nach St. Helena." Signiert: A.K. mit roten Versalbuchstaben, rückseitig auf der unteren Rundung des Ranftes. Höhe 11,3 cm.

Baden bei Wien war sowohl damals wie auch heute eine beliebte Kurstadt, 25 km von Wien entfernt. Westlich von Baden liegt das Helenental, an dessen Beginn dieser Triumphbogen einmal stand. Die Entstehungszeit dieses Glases läßt sich mit großer Sicherheit für die Jahre 1814 oder 1815 festlegen. Zu dieser Zeit tagte der Wiener Kongreß, und aus gegebenem Anlaß wurden in der Werkstätte Anton Kothgassers einige Gläser mit gleicher Ansicht bemalt, um sie den vielen ausländischen Gästen zum Kauf anzubieten. Ein weiteres Glas mit gleicher Ansicht, jedoch das Schriftband oberhalb des Bildfeldes, befindet sich in einer Privatsammlung.

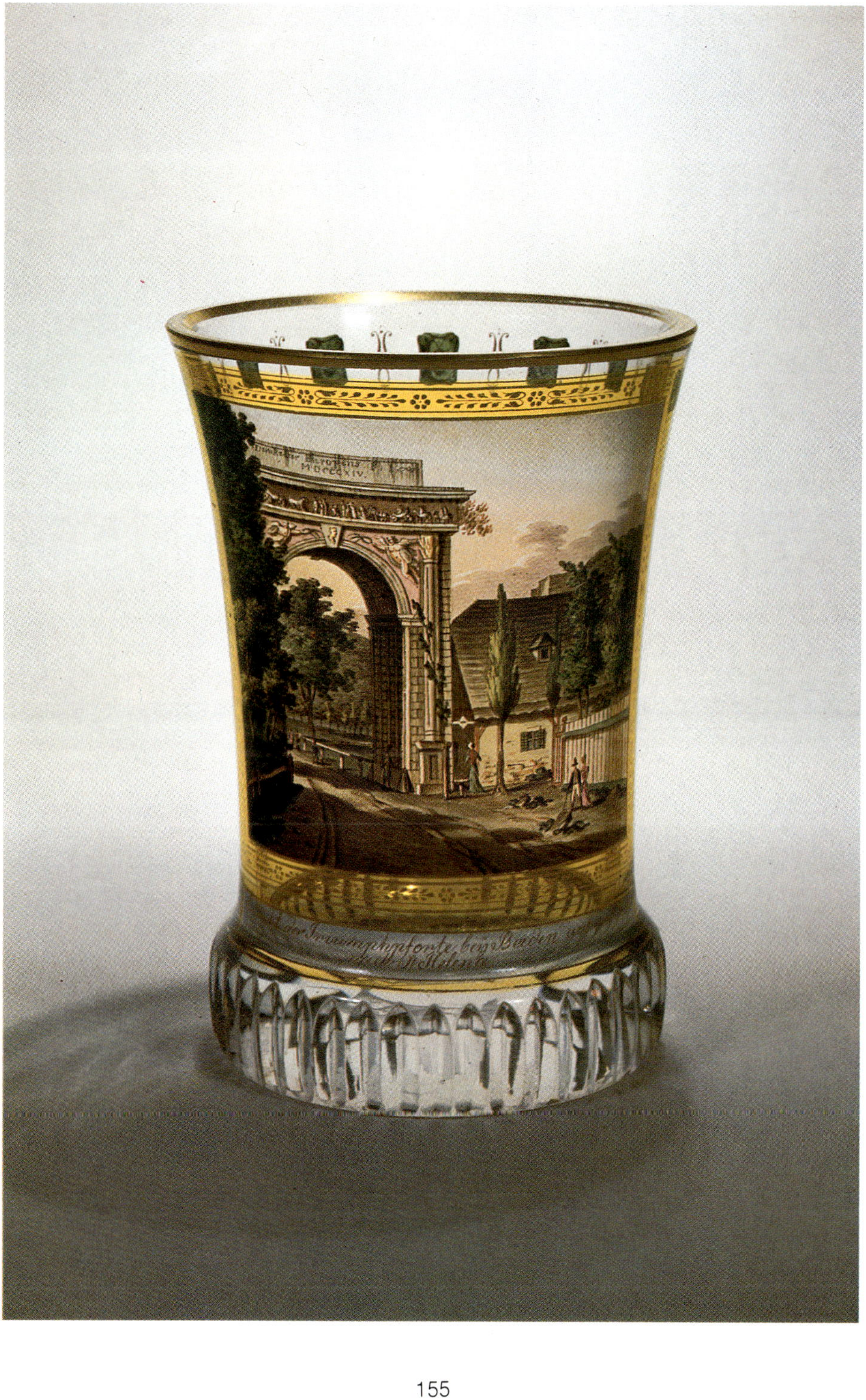

(83)

Ranftbecher, Werkstätte Anton Kothgasser, Wien, um 1820

Farbloses Glas, Boden mit leicht konkav geschliffener Kugelung. Auf der Vorderseite zwei turtelnde Tauben mit transparenter Sepiafarbe gemalt. Darunter in einem gelb gebeizten Feld die Goldinschrift: „Unzertrennlich." Höhe 11 cm.

Dieses Glas gehört in die Gruppe der sogenannten „Taubengläser" aus der Werkstätte Anton Kothgassers. Diese Gläser dienten durch die dargestellte Liebessymbolik häufig als Verlobungs- oder Hochzeitsgeschenk.

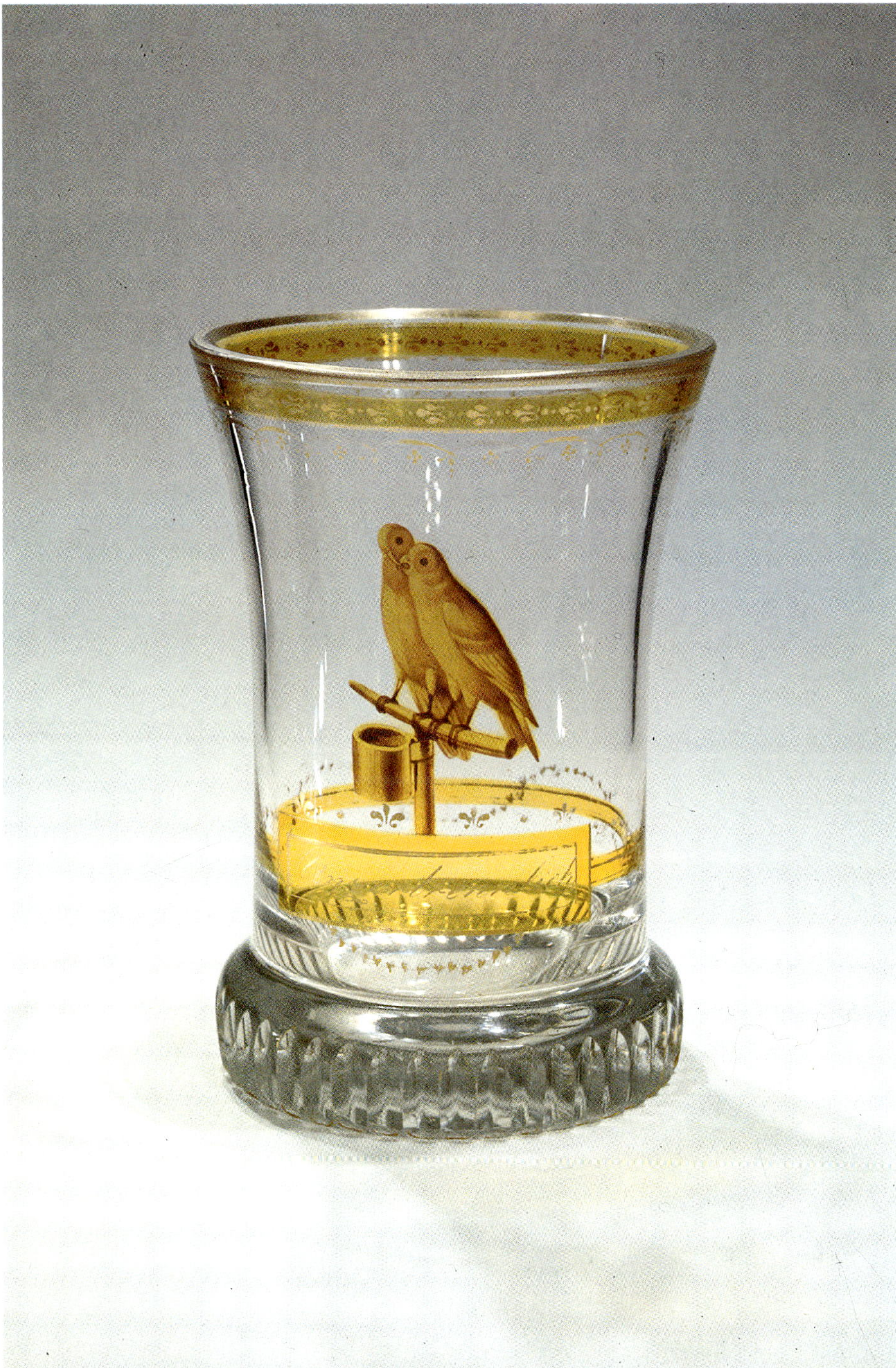

84

Ranftbecher, Anton Kothgasser, Wien, um 1830

Farbloses Glas mit zwölfstrahlig geschliffenem, rot, gelb und blau bemaltem Bodenstern. Der Ranft und der untere Teil der Wandung sind innen und außen vergoldet. Das umlaufende, weiß grundierte Bildfeld zeigt eine mit bunten Emailfarben gemalte allegorische Darstellung in romantischer Landschaft. Die drei Frauen stellen von links nach rechts die Gerechtigkeit, die Beharrlichkeit und die Tugend dar. Darunter Goldinschrift: „La vertu digne la justice et la Constance." (Die Tugend würdigt die Gerechtigkeit und die Beharrlichkeit.) Höhe 10,9 cm.

Literatur:

Pazaurek/Philippovich, Gläser der Empire- und Biedermeierzeit, 1976, Abb. 178
Gustav E. Pazaurek, Gläser der Empire- und Biedermeierzeit, 1923, Abb. 185

Auf Grund stilistischer Vergleiche mit dem doppelt signierten Laterna Magica-Bildchen und dem Huldigungspokal (beide im Österr. Museum für angewandte Kunst in Wien) ist für dieses Glas die Urheberschaft Anton Kothgassers nachweisbar.

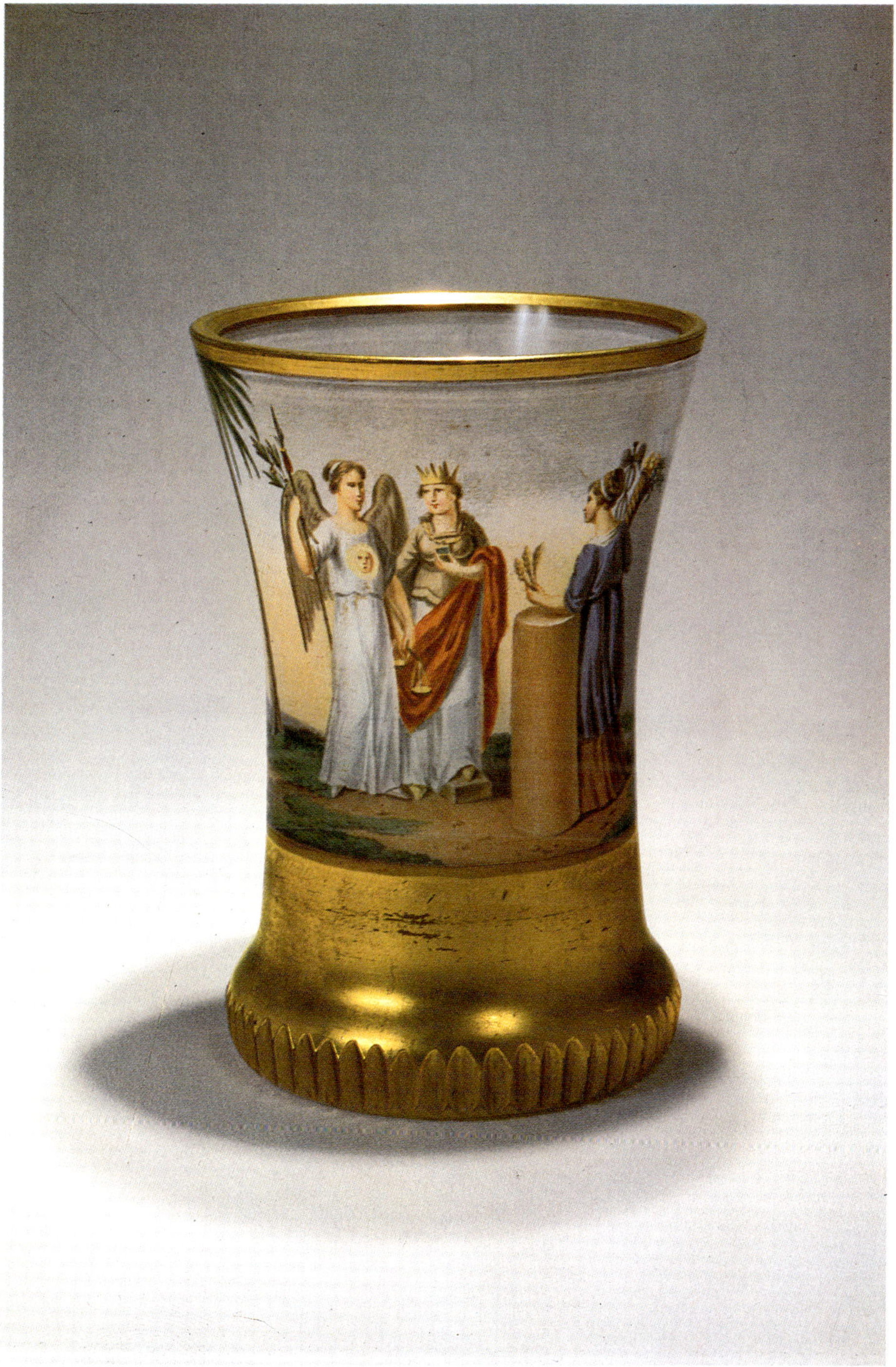

(85)

Becher, Werkstätte Anton Kothgasser, Wien, um 1815—25

Farbloses Glas mit sechzehnstrahlig geschliffenem und gelb gebeiztem Bodenstern. Das ovale Bildfeld, umrahmt durch eine mit Goldlinien auf gelb gebeiztem Grund gemalte Ewigkeitsschlange, wurde mit farblosem Email mattiert. In ihrem Maul hält die Schlange einen herabhängenden Vergißmeinnichtstrauß. Darunter die Goldinschrift: „Meine Bitte." Signiert: A.K. mit Versalbuchstaben in farbloser Emailfarbe rückseitig auf der Rundung oberhalb des Bodens. Höhe 10,7 cm.

Literatur:

Walter Spiegl, Kothgasser, Mohn und die Wiener Porzellanmanufaktur, Weltkunst 1983, S. 714, Abb. 29
Pazaurek/Philippovich, Gläser der Empire- und Biedermeierzeit, 1976, Farbtafel IX

Die Blumengläser im Oeuvre der Werkstätte Anton Kothgassers spiegeln durch ihre Vielfalt und Lieblichkeit die Zeit des Biedermeiers sehr gut wider. Ob nun richtige Blumenstilleben oder nur einzelne Streublümchen mit meist verschlüsselter Bedeutung dargestellt sind, erfreuten sich diese Gläser einer besonderen Beliebtheit als Geschenke.

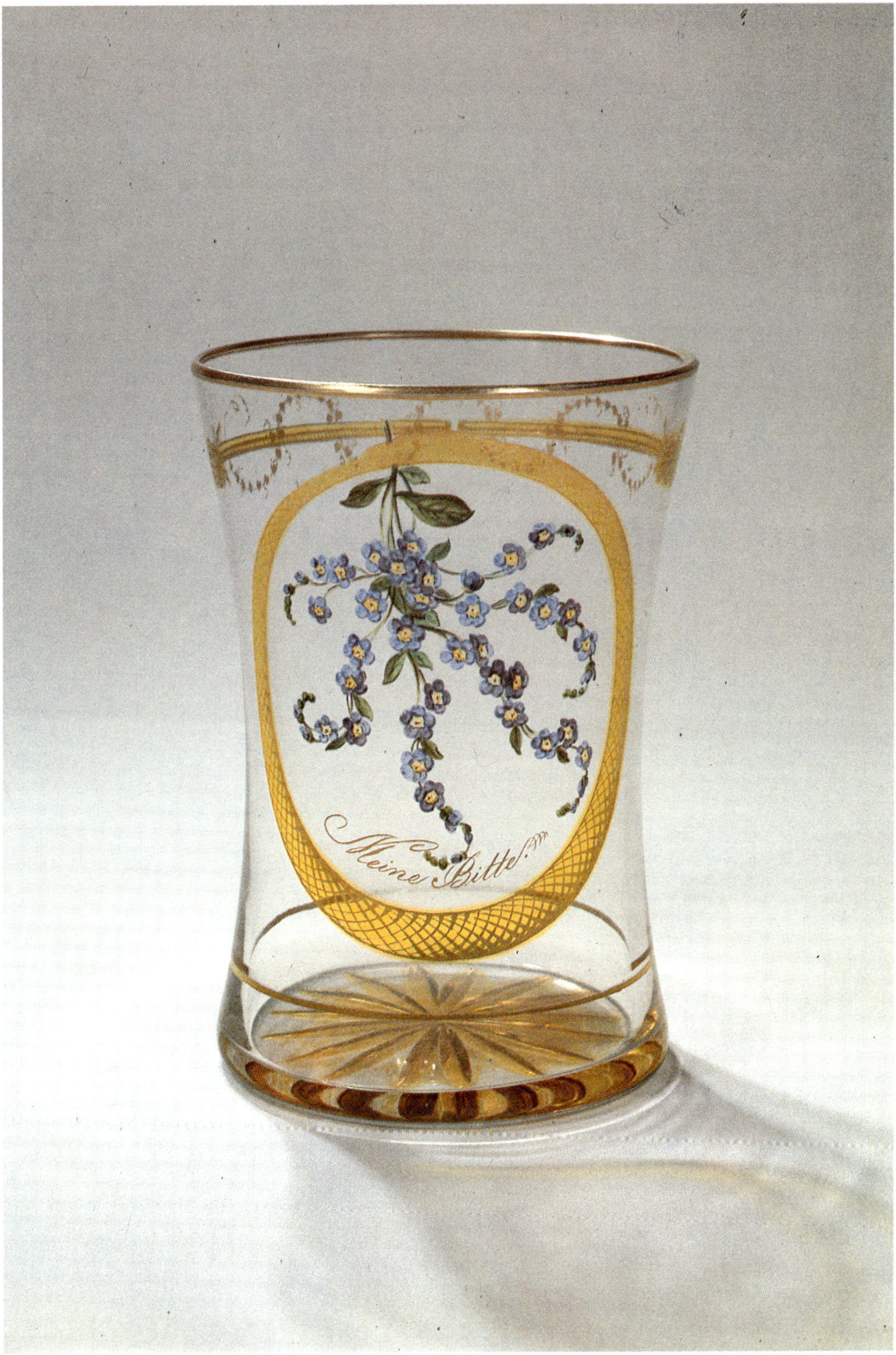
Meine Bitte.

(86)

Ranftbecher, Werkstätte Anton Kothgasser, Wien, um 1820—25

Farbloses Glas mit sechzehnstrahlig geschliffenem und gelb gebeiztem Bodenstern. Die Wandung ist durch gelb gebeizte Streifen in 18 Rhomben- und 12 Dreiecksfelder unterteilt. In den Rhombenfeldern sind 18 verschiedene Phantasievögel mit transparenten Emailfarben gemalt. Die darüberliegenden dünnen Goldlinien sollen das Gitter eines Käfigs darstellen. Höhe 10,8 cm.

Provenienz:

Glassammlung Archivdirektor Dr. Günther Deneke-Wernigerode, Auktion Lepke, Berlin, 2./3. 12. 1930, Nr. 437

Auch bei einem anderen Sujet, „Amoretten im Gefängnis", wird sowohl auf Kothgassergläsern (Pazaurek 1923, Abb. 193) wie auf Porzellangegenständen der Wiener Manufaktur (Museum für angewandte Kunst, Wien) der Käfig durch Goldlinien dargestellt.

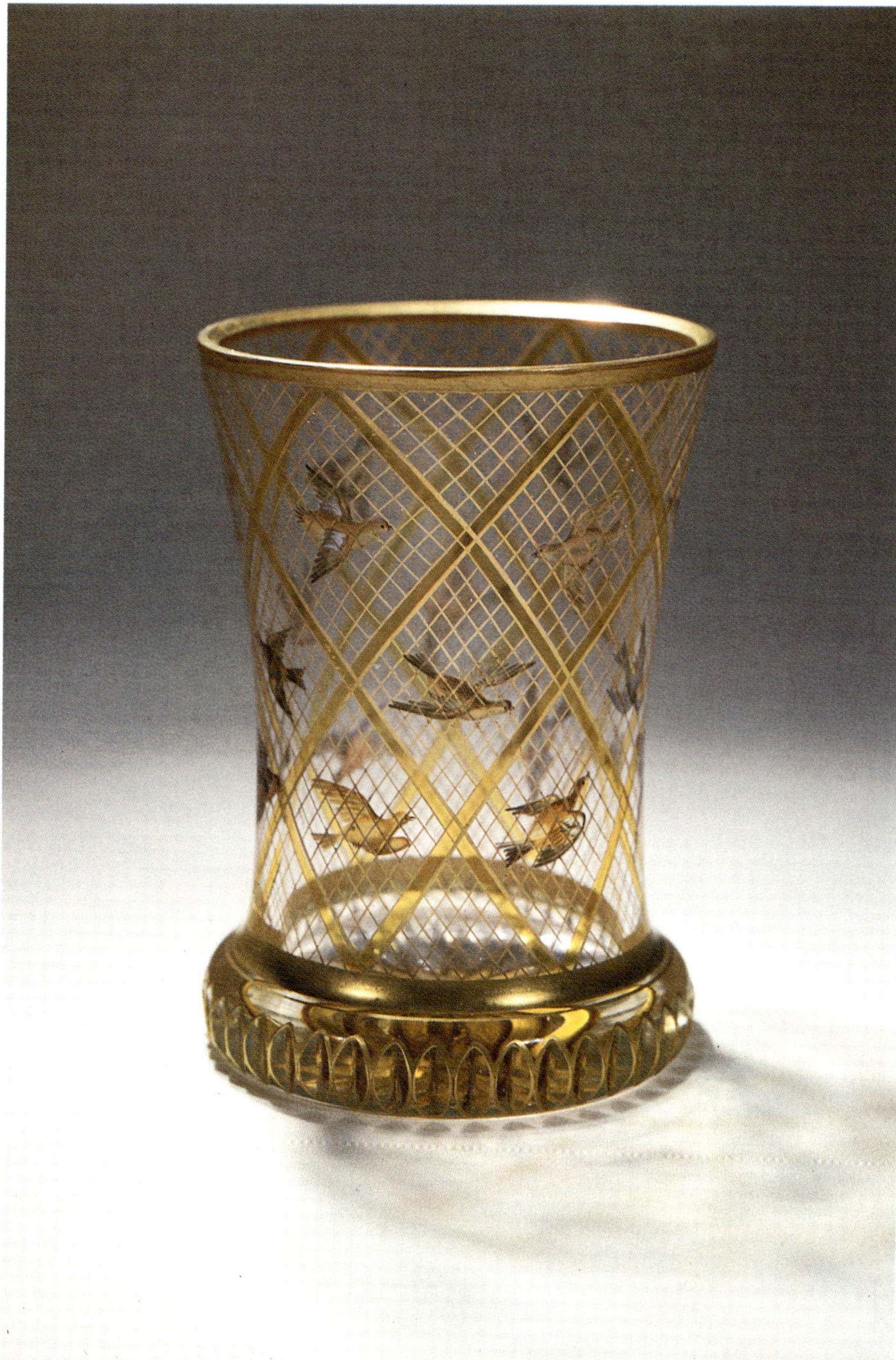

87

Ranftbecher, Werkstätte Anton Kothgasser, Wien, um 1820

Farbloses Glas, Boden mit leicht konkav geschliffener Kugelung. Eine gelb gebeizte Umrahmung mit Goldblättchenmalerei begrenzt das Bildfeld. Die dargestellte Allegorie der Hoffnung ist mit transparenten Emailfarben gemalt. Darunter die Inschrift: „L'espérance" (Die Hoffnung). Signiert: A.C. mit schwarzen Versalbuchstaben, rückseitig auf der unteren Rundung des Ranftes. Höhe 10,6 cm.

Die aufgehende Sonne, der Anker im Vordergrund und das ankommende Schiff symbolisieren die Hoffnung in bildlicher Sprache.

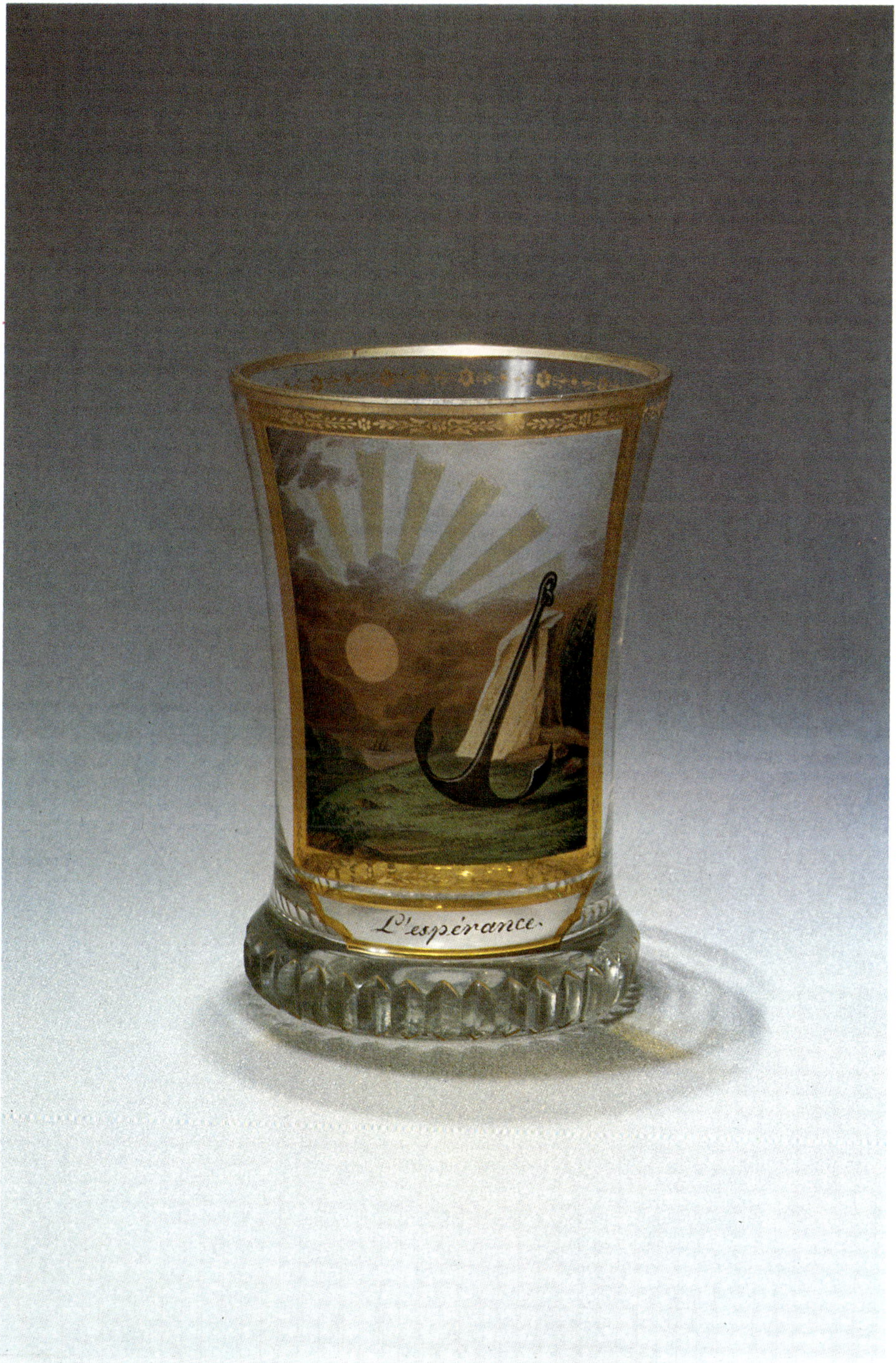
L'espérance.

(88)

Ranftbecher, Werkstätte Anton Kothgasser, Wien, um 1820—30

Farbloses Glas mit sechzehnstrahlig geschliffenem und vergoldetem Bodenstern. Die Wandung ist im unteren Teil umlaufend mit zwölf gleichen Blattmotiven und unterhalb des Mundrandes mit einer Kettenbordüre graviert. Die Außenseite des Bechers ist vergoldet, die Innenseite versilbert. Höhe 11,2 cm.

Die Innenseite ist vor allem im unteren Bereich stark abgerieben.

Literatur:

Walter Spiegl, Kothgasser, Mohn und die Wiener Porzellanmanufaktur, Weltkunst, 1983, S. 1246, Abb. 87

Die Rohlinge, das sind die unbemalten Gläser mit Schliffverzierungen wie Schlägelungen am Ranft und dem Bodenstern, wurden in Böhmen hergestellt und nach Wien geliefert. Dieses Glas wurde in Anlehnung an gemalte Muster graviert und anschließend wahrscheinlich in der Werkstätte Anton Kothgassers mit Gold und Silber dekoriert.

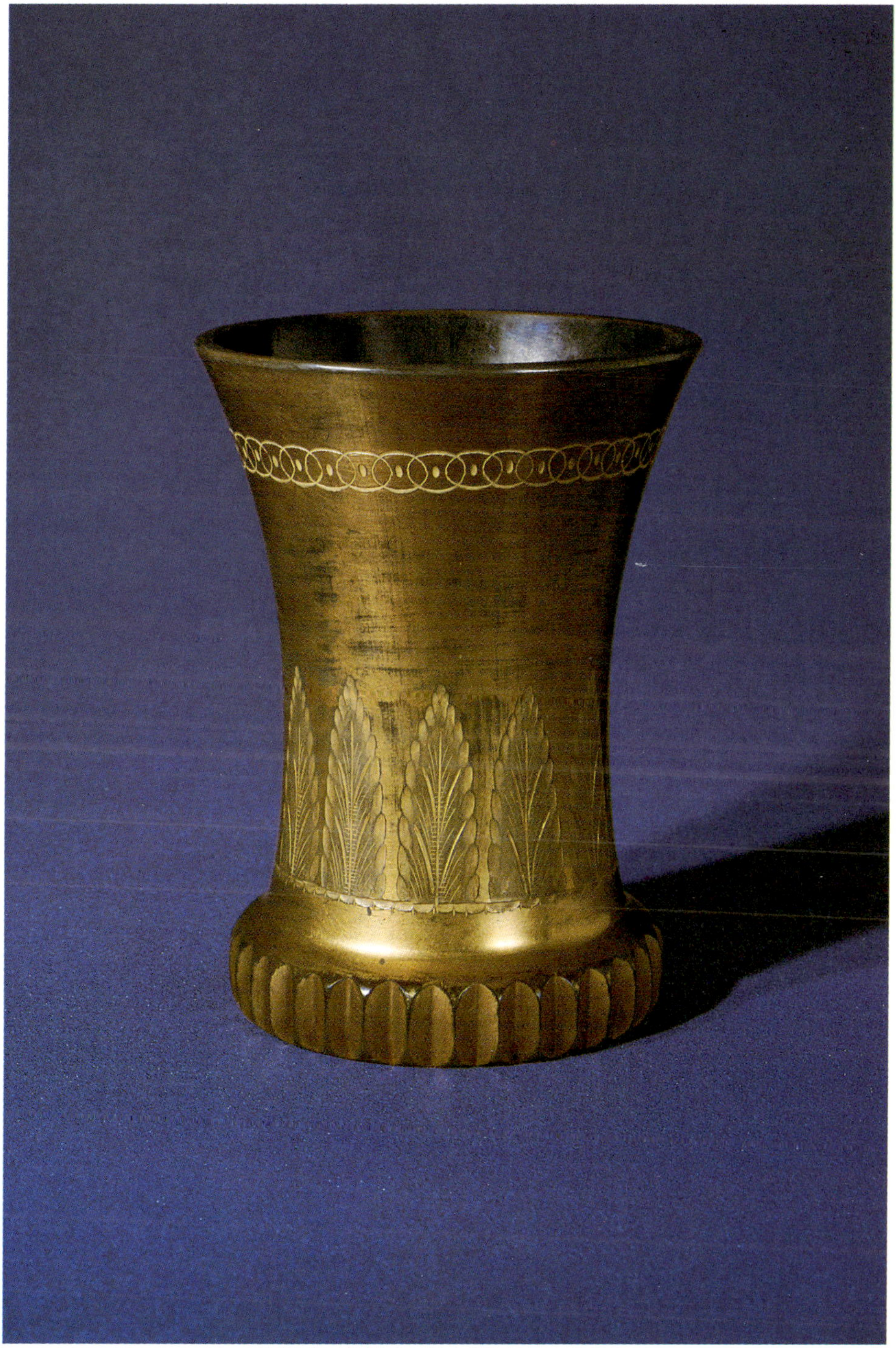

Der Glasschnitt im 19. Jahrhundert

Der Glasschnitt der Biedermeierzeit, der bis weit in die zweite Hälfte des 19. Jahrhunderts hinein ausstrahlte und in Meisterleistungen z. B. von Karl Pietsch für J. u. L. Lobmeyr seine reifste künstlerische Vollendung fand, Abb. 206, entstand aus bescheidenen Anfängen. Zwei voneinander zunächst unabhängige Entwicklungen lassen sich erkennen.

Die kunstgeschichtlich bedeutendere nahm ihren Ausgang im Riesengebirge, die andere bildete sich in den traditionellen Glasveredelungszentren Nordböhmens, insbesondere in Steinschönau, Meistersdorf und den umliegenden Gemeinden aus.

Aber auch an anderen Orten entstanden meist durch zugewanderte Glasschneider bedeutende Gravuren. So im niederösterreichischen Waldviertel, wo Johann Lenk in Harmanschlag, Abb. 90, und Franz Gottstein in Gutenbrunn tätig waren. Das gleiche gilt auch für den Glasschneider Hieronymus Hackel, der in Cilli, einem Ort in der Südsteiermark — damals noch zu Österreich gehörig — sehr fein gravierte Gläser anfertigte, Abb. 93.

In den Kurorten Franzensbad und Karlsbad arbeiteten vor allem während der Badesaison viele begabte Glasgraveure. Zu ihnen zählt der in Karlsbad ansässig gewesene Anton Heinrich Pfeiffer (1801—1866), der neben den üblichen Badegläsern vor allem bei Sakral- und Jagdmotiven bedeutende Leistungen vollbrachte, Abb. 111.

Im Riesengebirge, vor allem im schlesischen Teil, war der künstlerische Glasschnitt mit dem Tod Christian Gottfried Schneiders (1710—1773) praktisch zum Erliegen gekommen. Die Blüte des Barockglases hatte aus Gründen des Geschmackswandels und geänderter politischer Verhältnisse — Verlust Schlesiens nach dem Ende des Siebenjährigen Krieges, wodurch die Handelsbeziehungen mit Österreich unterbrochen wurden — ein jähes Ende gefunden. Nachfrage und Aufträge blieben aus. Die begabtesten unter den Glasschneidern wandten sich der Kunst des Edelsteinschnittes zu und schnitten zumeist Wappen in Siegel- und Ringsteine. Diesem Kreis von Kunsthandwerkern entstammen Franz Pohl d. Ä. (1764—1834) und sein Bruder Johann Pohl (1769—1850), Abb. 92, welche zu den ersten zählten, die zu Beginn des 19. Jahrhunderts den Glasschnitt im Riesengebirge neu begründeten. Etwas früher anzusetzen sind Arbeiten von Franz Anton Riedl (1786—1844), Abb. 100, Hüttenmeister auf Neuwiese im Isergebirge, der vorwiegend allegorische Darstellungen verfertigte. Ein von ihm geschnittener Hochzeitsbecher stammt aus dem Jahre 1809.

Dieser Gruppe von Gläsern mit allegorischen Figuren lassen sich zeitlich und stilistisch noch viele andere von anonymer Herkunft zuordnen. Von wenigen Ausnahmen abgesehen, wirken die flach geschnittenen, figürlichen Darstellungen schlicht und in der Ausführung etwas unbeholfen, aber fast immer ist das ornamentale Beiwerk, z. B. Bordüren und Blütengehänge unter dem Lippenrand, von einer minutiösen Feinheit. Es sieht auf den ersten Blick so aus, als wären hier zwei unterschiedlich begabte Graveure am Werk gewesen. Bedenkt man jedoch, daß Steinschneider in der Regel nur in der Ausführung feiner Ornamente oder heraldischer Motive auf kleinem Raum geübt waren, nicht aber im Figurenschnitt in größeren Dimensionen, wird dieser scheinbare Stilbruch verständlich.

Feine Gravuren zeichnen auch die sogenannten Kuglergraveurarbeiten aus. Es sind dies jene dickwandigen Becher mit hochgeschliffenen, geometrischen Ornamenten, um die meist zarte florale Gravuren komponiert sind, Abb. 89. Diese bilden gemeinsam mit den Hochschliffeldern eine so harmonische Einheit, daß Gustav E. Pazaurek zu dem Schluß kam, Kuglerarbeit und Gravur müßten von einer Hand stammen. Wahrscheinlicher ist jedoch, daß hier zwei Kunsthandwerker, ein Kugler und ein Graveur, in enger Zusammenarbeit nach einer vorgegebenen Zeichnung tätig gewesen sind. Auffällig auch bei diesen Gläsern ist der enge Bezug zur Bergkristallschleiferei und zum Steinschnitt.

Die in der Folge entstandenen Schnittgläser zeigen die Umsetzung der Prinzipien feiner Ornamentgravur, auch im figürlichen Genre, das nun zunehmend eleganter und im tieferen, modellierenden Schnitt ausgeführt wurde. Eine neue Generation junger Glasschneider war herangewachsen, die bei erfahrenen Steinschneidern gelernt hatten, wie z. B. Dominik Biemann (1800—1857), der bedeutendste Glasschneider der Biedermeierzeit. Biemann erhielt seine Ausbildung auf der Kunstakademie in Prag. Die naturgetreuen Portraitgravuren, sowohl auf Gläsern, wie auch auf Glasmedaillons wurden von keinem anderen Graveur seiner Zeit erreicht. In gleicher Weise sind die Pferdedarstellungen und kleinen Figuren, mit einzigartiger Exaktheit ausgeführt, Abb. 91.

Im Raume Steinschönau—Meistersdorf lassen sich frühe Schnittgläser mit allegorischen Motiven um 1800 nachweisen, die einem gewissen Görner zugeschrieben werden, wohl dem Vater jenes Johann Görner (geb. 1828), der in späterer Zeit sehr gute figurale Gravuren ausführte, Abb. 107.

Schon in den zwanziger und verstärkt in den dreißiger Jahren mußte das Riesengebirge seine führende Rolle beim Glasschnitt an Steinschönau, Meistersdorf und einige andere Orte abgeben. Lediglich Gablonz konnte seine Bedeutung als eine Stadt der Glasschneidekunst dank der Arbeiten des sehr fleißigen Anton Simm (1799—1873) behaupten. Obwohl bis jetzt keine signierten Arbeiten bekannt sind, lassen sich seine Gravuren verhältnismäßig leicht zuordnen. Aus dem Nachlaß sind sowohl seine Vorlagen und Zeichnungen als auch das Rechnungsbuch der Jahre 1837—47 erhalten. Zu seinen beliebtesten Darstellungen zählen neben symbolischen Motiven, Abb. 99, vor allem sakrale Themen, Abb. 95, und Szenen aus Schillers Balladen, Abb. 97.

In Meistersdorf waren es Mitglieder der Familie Pelikan, die auf dem Gebiet des Glasschnitts Hervorragendes leisteten. Aus ihrem Kreis ging August Böhm (1812—1890) hervor, der neben bewegten Jagddarstellungen, Abb. 110, turbulente historische Schlachtenbilder, mit vielen Figuren auf engstem Raum meisterhaft gravierte.

Karl Pfohl (1826—1894) ist wohl einer der namentlich bekanntesten Glasschneider der Biedermeierzeit. In seinem Geburtsort Steinschönau absolvierte er die Lehre, übersiedelte 1858 nach Paris und kam erst 1872 in seinen Heimatort zurück. Pfohl arbeitete sowohl im Tief- wie auch im Reliefhochschnitt und vollbrachte wahre Meisterleistungen. Leider gibt es auch von ihm sehr wenig signierte Arbeiten, sodaß die Zuschreibungen fast nur auf Grund von besonderen Qualitätskriterien, nicht aber nach eindeutigen stilistischen Merkmalen erfolgen können, Abb. 108, 109.

Aber erst durch die Einführung und Verbreitung der Überfanggläser war es den Glasschneidern möglich, die gravierten Darstellungen durch verschiedene Farben, meist blau oder rot noch besser zur Geltung kommen zu lassen. Fast alle diese geschnittenen Überfanggläser haben auf der Rückseite eine Rosette aus Verkleinerungslinsen, die nicht nur dem Dekor diente, sondern für den Lichteinfall sorgte, den der Graveur bei der Ausführung des Glasschnitts benötigte. Zunächst wurde die Gravur auf Überfanggläsern in der traditionellen Technik des Tiefschnitts ausgeführt. Erst gegen Ende der vierziger Jahre ging man dazu über, mit dem Schneiderädchen die Überfangschichten rund um die Darstellung abzutragen (Hochschnitt), wodurch eine Gravur von malerischer Wirkung in toniger Abstufung entstand, Abb. 116. Die meisterliche Beherrschung dieser ungemein schwierigen Technik gelang am besten dem schon erwähnten Karl Pfohl und dem aus Prag stammenden, für Steigerwald in München arbeitenden Franz Paul Zach (1821—1881), Abb. 115.

Neben diesen genannten Glasschneidern arbeiteten sowohl in Böhmen wie auch in anderen Gebieten noch etliche begabte Graveure. Gustav Pazaurek führt in seinem Buch Gläser der Empire- und Biedermeierzeit auch viele Namen an, doch ist es aus Gründen fehlender Signaturen nur schwer möglich, auch sehr gut gravierte Gläser bestimmten Meistern zuzuordnen.

Durch stilistische Vergleiche der in dieser Veröffentlichung gezeigten Abdrücke mit anderen Gravuren kann versucht werden, das eine oder andere Glas zumindest einer gleichen Hand zuzuweisen.

Walter Spiegl
Michael Kovacek

89

Kuglergraveur-Hochzeitsglas, Bayerischer Wald oder Nordböhmen, 1822

Farbloses Glas mit verschiedenen Hoch- und Tiefschliffmustern sowie Gravur dekoriert. Im ersten Medaillon des Deckels das Wappen des Königshauses von Bayern in der Figuration von 1806—1835, im zweiten Medaillon der Buchstabe „A" mit Krone, für Prinzessin Amalia von Bayern (1801—1877) und im dritten Medaillon zwei sich reichende Hände mit Ewigkeitsschlange und Krone als Allegorie auf die Hochzeit von Prinzessin Amalia mit Johann König von Sachsen am 21. 11. 1822. (Frdl. Mitteilung Prof. Dr. H. Jäger-Sunstenau.) Auf der Wandung drei Medaillons mit der Inschrift: „Frohsinn" „verlängert" „das Leben". Die drei blanken Kugelungen des Deckels sind jeweils von einem Lorbeerzweig, einem Palmenblatt und zwei Maiglöckchenrispen umgeben. Die Kugelungen des Glases sind von einem Rosen- und Vergißmeinnichtzweig bekrönt. Höhe 18,1 cm.

Die ungewöhnliche, der Kuppaform entsprechende Gestaltung des Deckels zeigt, daß dieser ebenfalls als Trinkgefäß bei der Hochzeit verwendet wurde.
Kuglergraveurarbeiten zählen zu den ausgefallensten Glasgegenständen der Biedermeierzeit. Diese Gläser wurden von ein- und derselben Person, dem „Kuglergraveur", sowohl mit Schliffornamenten als auch mit Gravur verziert. Bei dem Entwurf der Schliffmuster nahm der Handwerker auf die nachfolgende Dekoration mittels des Schneidrades Rücksicht. Im Gegensatz dazu wurden alle anderen Gläser mit Gravur und Schliff (Kugelung) von jeweils verschiedenen Handwerkern dekoriert.

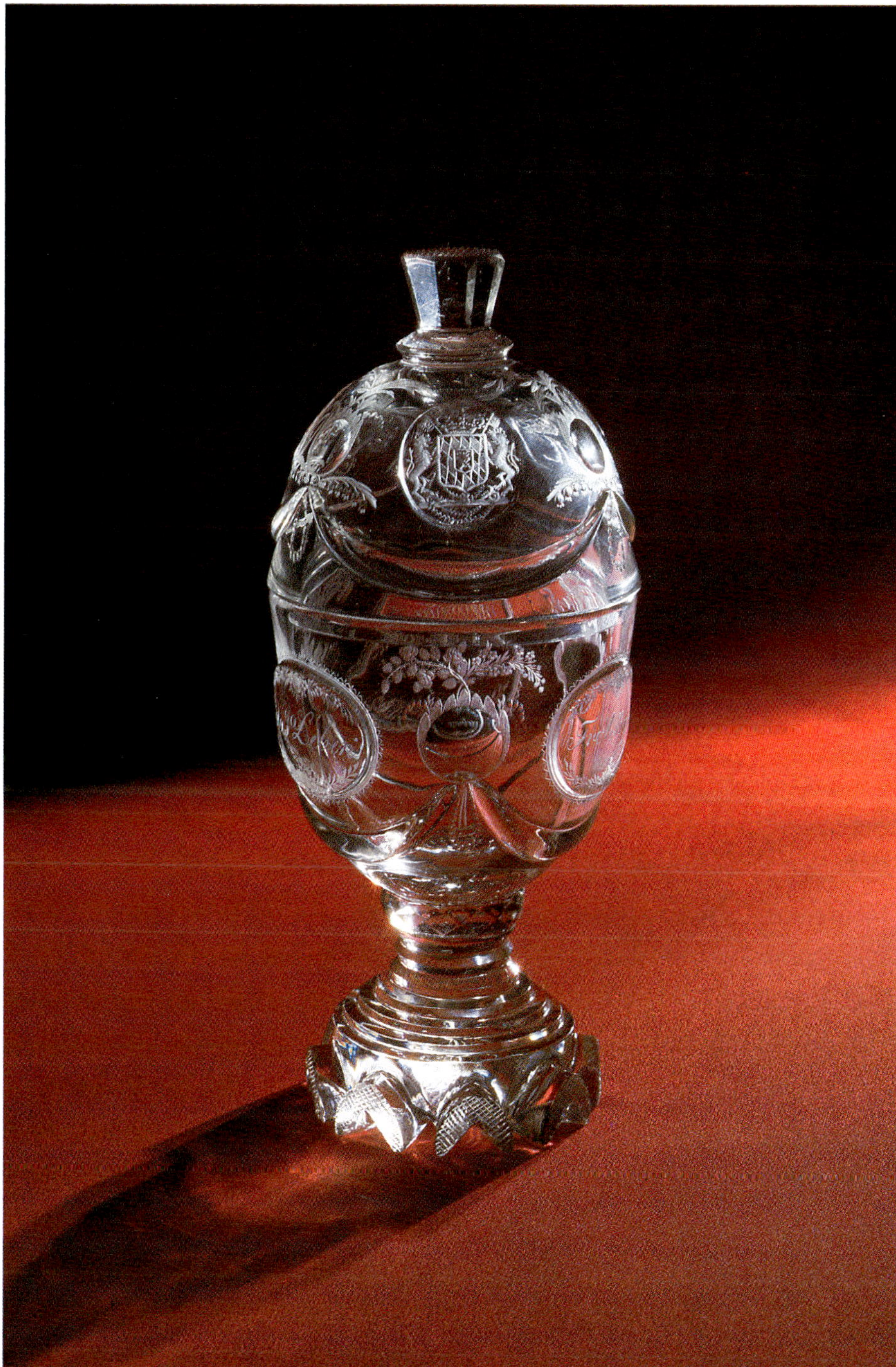

(90)

Becher, Herrmanschlag (Harmanschlag), Waldviertel, Österreich, 1835—40
Glasschnitt: Johann Lenk

Farbloses Glas. Die im unteren Teil mehr als 1 cm dicke Wandung wurde im oberen Bereich umlaufend um etwa 6 mm dünner geschliffen und mit verschiedenen Mustern graviert. Auf dem dicken, sockelförmigen Unterteil arbeitete der Glasschneider neun blattähnliche Ornamente heraus, welche in der Mitte der Standfläche zusammenlaufen. Betrachtet man den Bodenschliff von oben, erscheint dieser als Spitzbogengewölbe. Höhe 10,3 cm.

Johann Lenk, der als Glasschneider in Harmanschlag nachweisbar ist, arbeitete auch für die Glashütte Josef Zich in Schwarzau. Zwei von ihm mit Schliff und Hochschnitt dekorierte Becher verwahrt das Technische Museum in Wien. Der mit diesem Glas formmäßig identische Becher trägt eine originale Klebeetikette mit der Aufschrift: „Herrmanschlag, Waldviertel, 1837."

Literatur:

Arnold Busson, Die Waldviertler Glashütten in Joachimsthal und Schwarzau in der 1. Hälfte des 19. Jahrhunderts, Weltkunst, 1978, Nr. 10, S. 1144 f.

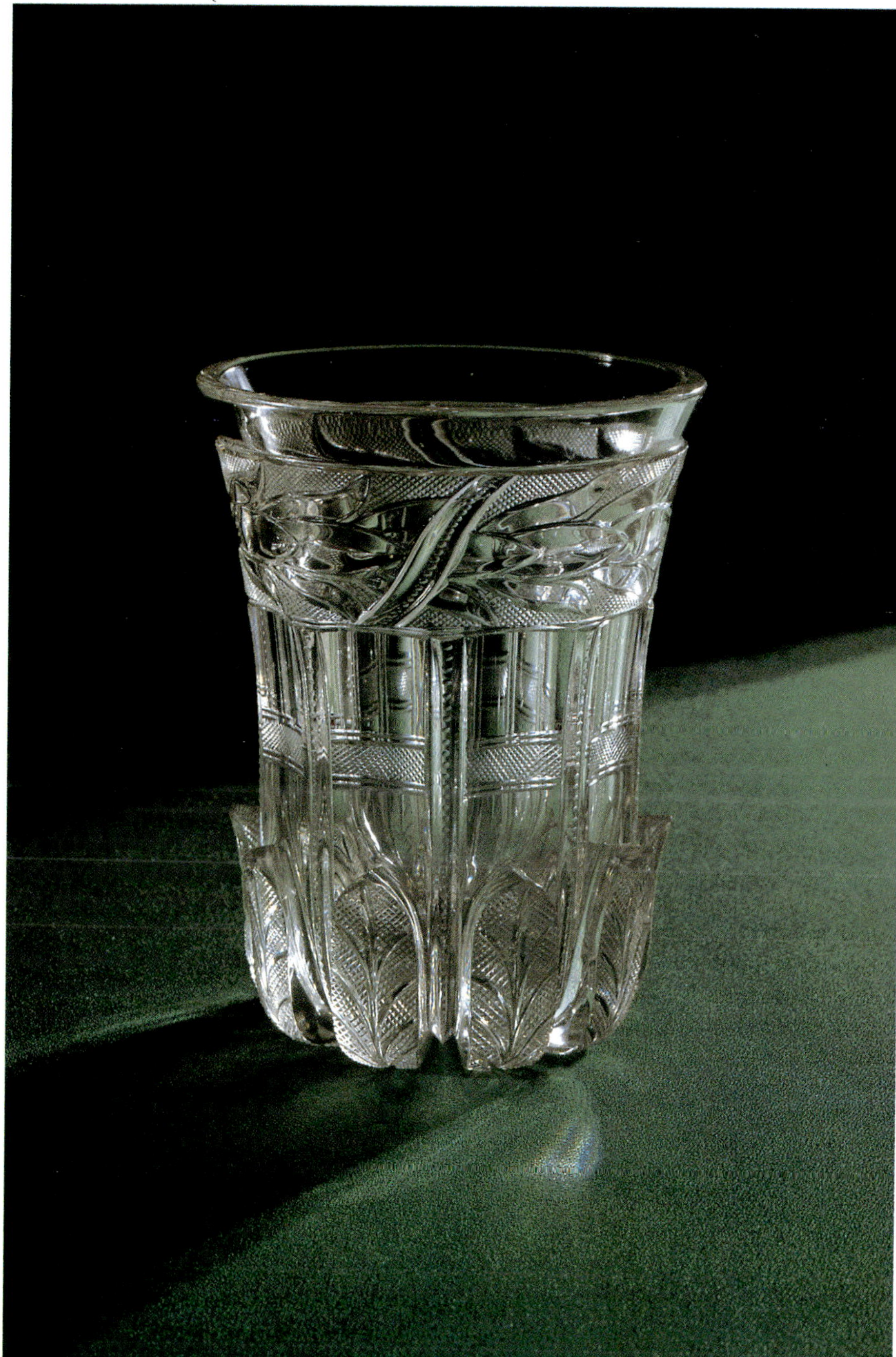

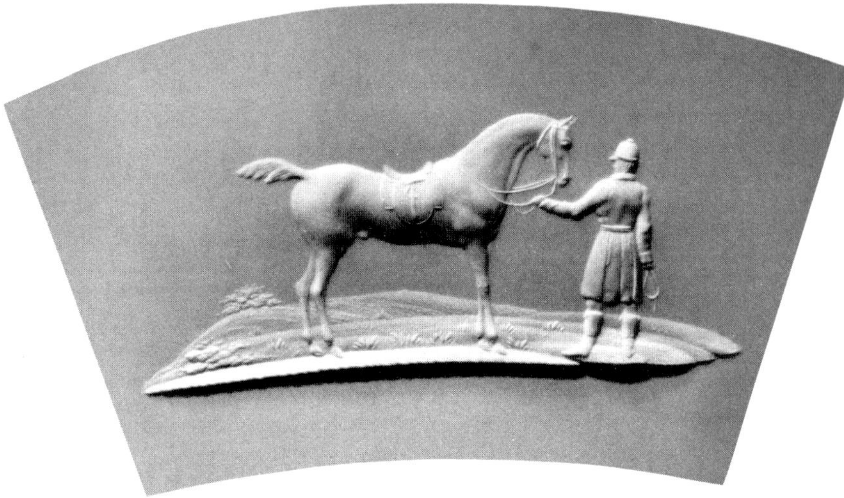

(91)

Sockelbecher, Böhmen, um 1830—40
Glasschnitt: Dominik Biemann, Neuwelt 1800—1857 Franzensbad

Farbloses Glas mit reich geschliffenem Sockel. Auf der Vorderseite ein Pferd mit Reiter in Tiefschnitt dargestellt. Höhe 11,6 cm.

Literatur:

Pazaurek/Philippovich, Gläser der Empire- und Biedermeierzeit, 1976, Abb. 101 und 101 a.
Walter Spiegl, Glas des Historismus, 1980, Abb. 100

Dominik Biemann war der bedeutendste Graveur der Biedermeierzeit. Die künstlerische Ausbildung erhielt er auf der Kunstakademie in Prag. Seine naturgetreuen Porträtgravuren auf Bechern und Glasscheiben sowie minutiös geschnittenen Jagd- und Pferdedarstellungen sind von keinem seiner Zeitgenossen erreicht worden. In Franzensbad, dem Nobelkurort der österreichisch-ungarischen Monarchie, betrieb er während der Badesaison einen eigenen Laden. Könige und Fürsten ließen sich von ihm in Glas porträtieren. Im Zenit seines Erfolges konnte er es sich sogar leisten, nur mit drei unverkäuflichen Glasgegenständen auf der Industrieausstellung in Prag vertreten zu sein.

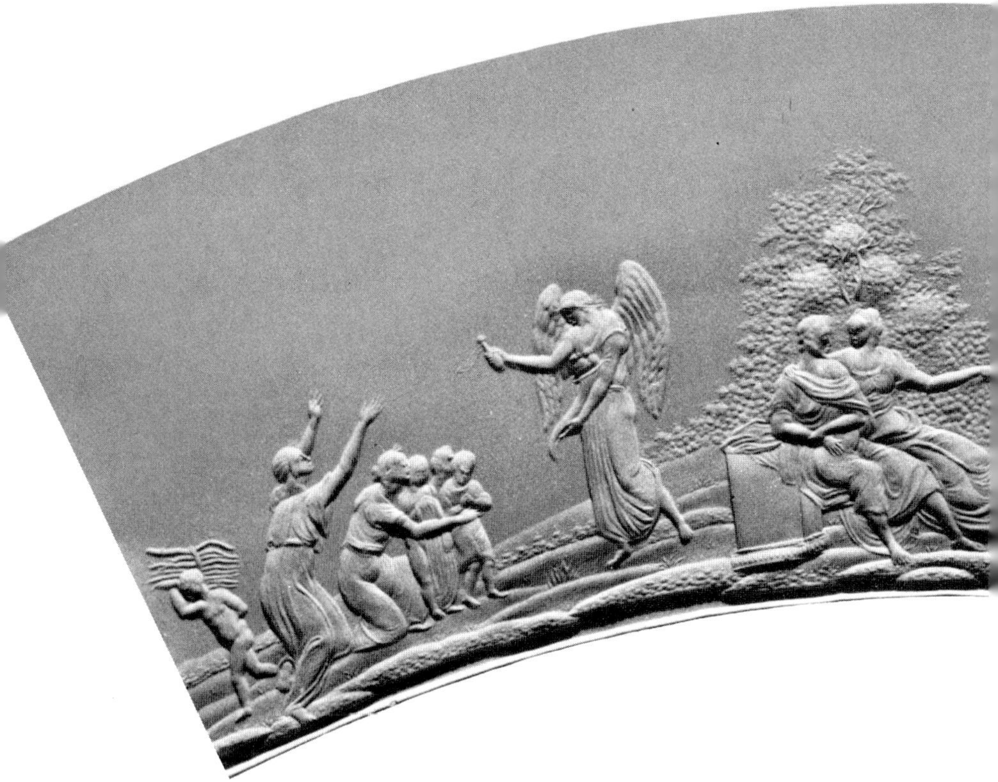

2)

›ckelpokal, Harrach'sche Hütte, Neuwelt, Böhmen, 1832
ıasschnitt: Johann Pohl, 1769—1850, zugeschrieben

ɾbloses Glas. Die Unterseite des Fußes, der untere Teil der Wandung und der Deckel sind t verschiedenen Schliffmustern reich verziert. Die Kuppa ist umlaufend mit vierzehn guren und dem Wappen der Fürsten zu Salm-Reifferscheidt auf einem Monument graviert. ›n Mittelpunkt der Darstellung bildet ein älteres Paar in antiker Kleidung. Ihnen nähert sich ı junges Paar, dem ein Putto mit Schrifttafel vorangeht. Inschrift: „Eintracht Liebe Dank." ıter dem jungen Paar deutet Merkur, der Gott der Kaufleute, auf eine Pyramide mit der ıreszahl 1832. Zu seinen Füßen, auf Warenballen sitzend, eine weibliche Figur. Der tiken Darstellung gegenüberliegend, auf der rechten Seite der Pyramide eine Schar ıder und kniende Frauen. Vor ihnen ein Engel in der linken ein Füllhorn mit Geldsäcken, in r ausgestreckten rechten Hand eine Arzneiflasche. Die christliche Symbolfigur des Engels l die Nächstenliebe und Mildtätigkeit des gefeierten Paares ausdrücken. Höhe 40 cm.

› Darstellung nimmt Bezug auf eine Schenkung von Hugo Fürst und Altgraf zu Salm-Reif-scheidt. Herr der Herrschaften Raitz und Blansko in Mähren. (1776—1836) an seinen

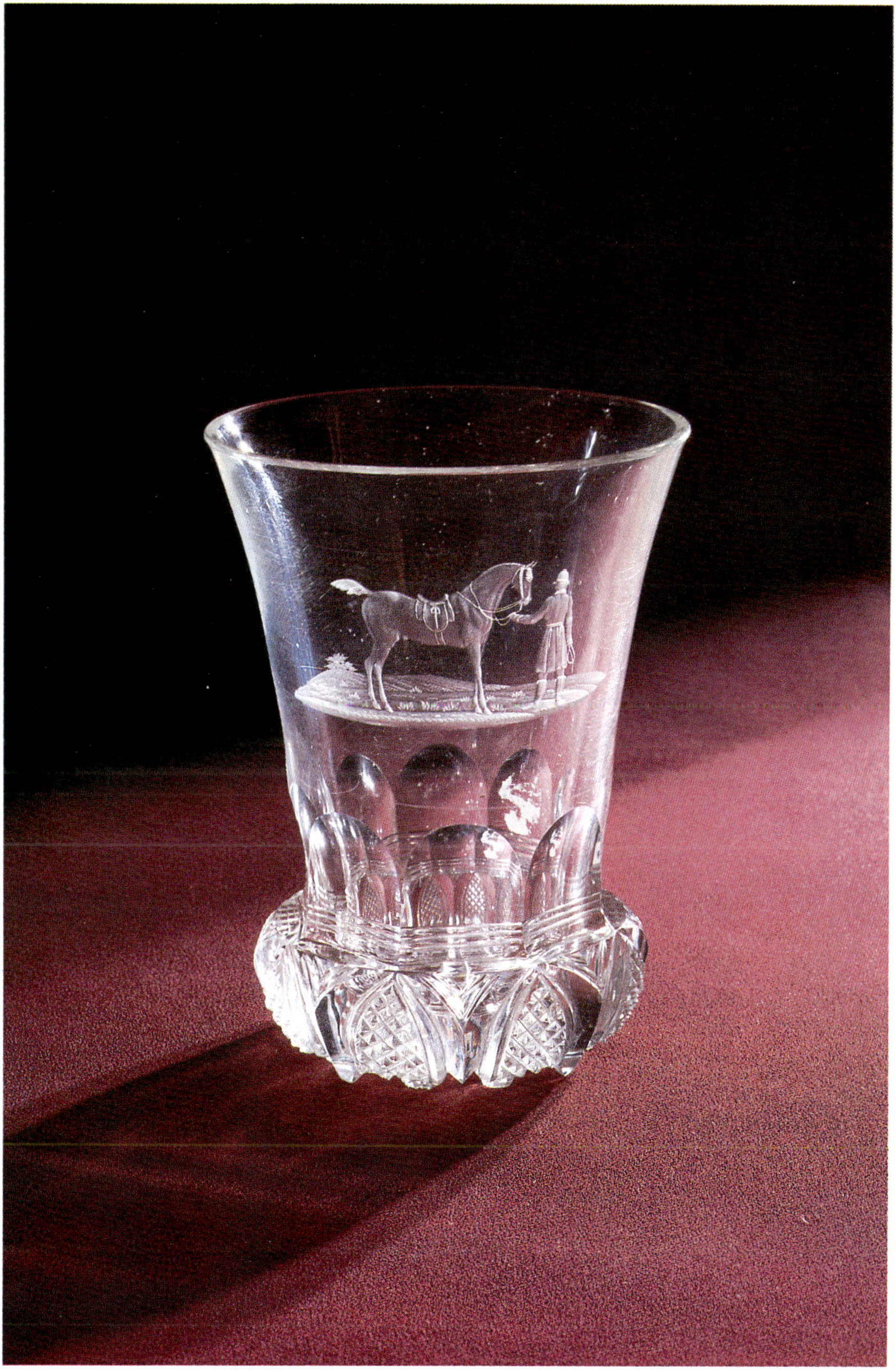

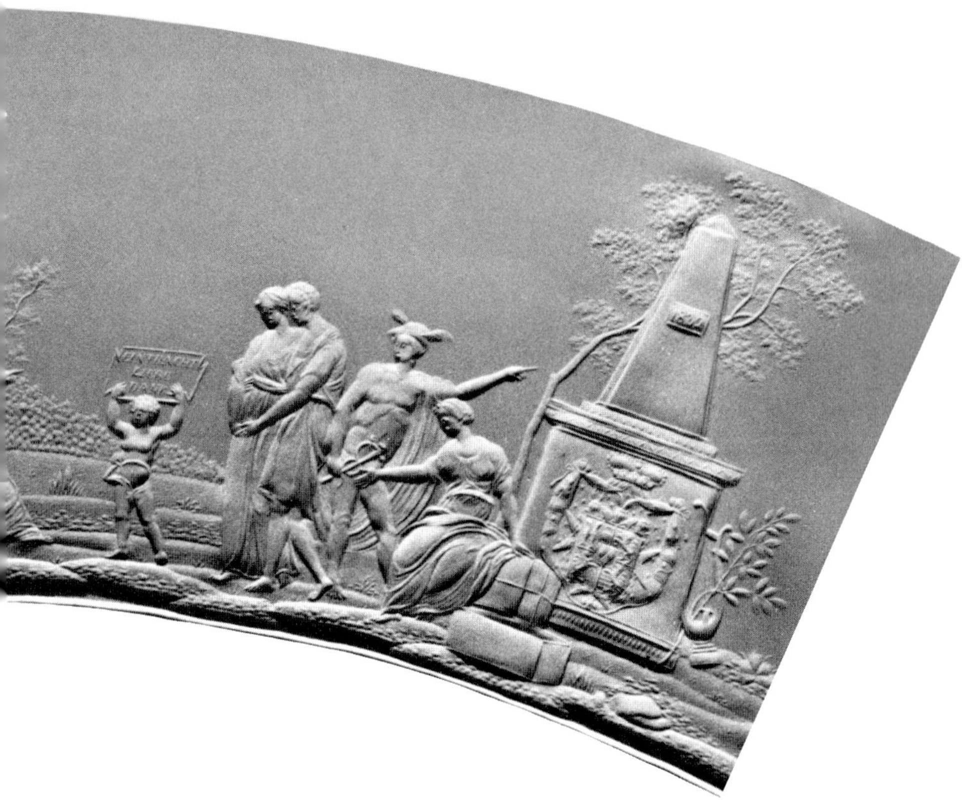

Sohn Hugo, seit 1836 Fürst zu Salm-Reifferscheidt (1803—1888). Die Symbolkraft der dargestellten Szene erlaubt die Annahme, daß der Pokal aus Anlaß der Übergabe der Herrschaft in Auftrag gegeben wurde. (Frdl. Mitteilung Prof. Dr. H. Jäger-Sunstenau)

Der Schöpfer dieser figurenreichen, bewegten Szene gehört mit Sicherheit zu dem Kreis von Graveuren, die vorwiegend den Steinschnitt ausgeführt haben. Zu diesen wird auch Johann Pohl aus Harrachsdorf (1769—1850) gezählt. Eine seiner gesicherten Arbeiten ist ein Glasplättchen mit der Darstellung der „Hygiea" (Pazaurek-Philippovich, Abb. 84). Das minutiös geschnittene Wappen und die im Stile des Gemmenschnittes ausgeführten Figuren auf diesem Pokal lassen Johann Pohls Urheberschaft vertretbar erscheinen. Johann Pohl hat wahrscheinlich nur wenige, aber bedeutende Schnittarbeiten ausgeführt. Sein hauptsächliches Aufgabengebiet von 1796 bis zu seinem Tode war die Leitung der Harrach'schen Hütte.

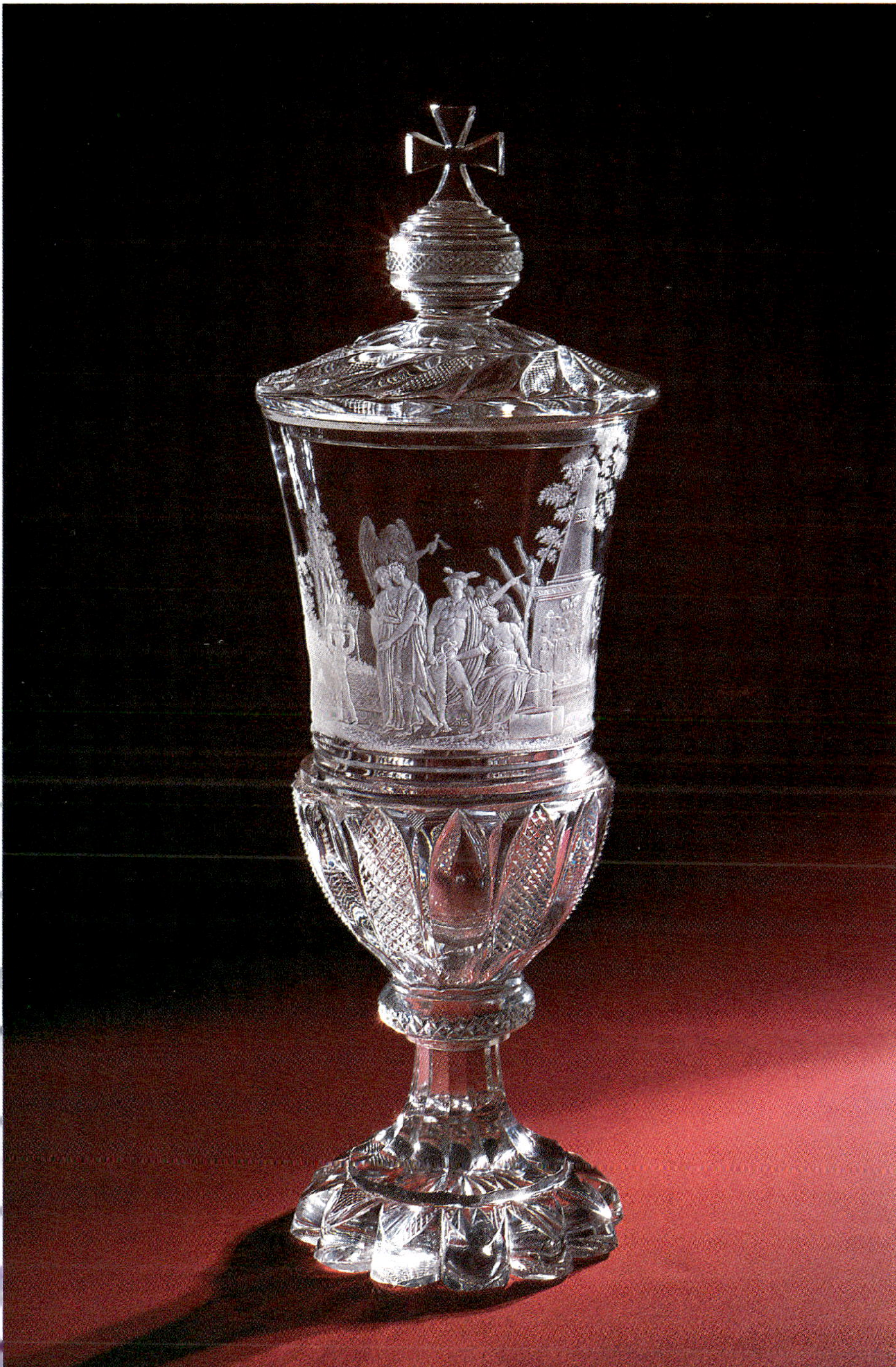

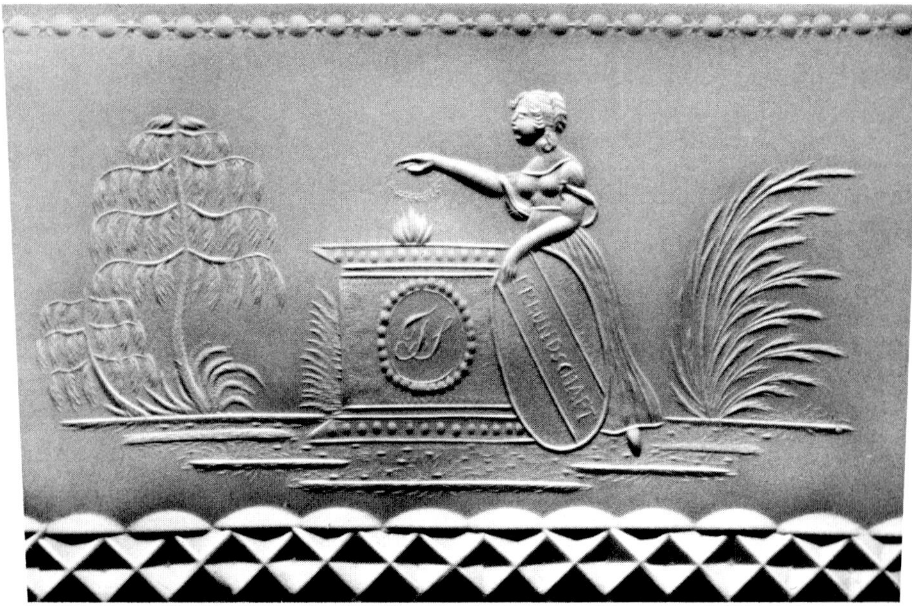

93

Becher, Cilli, damals Steiermark, Österreich, heute Jugoslawien, um 1820—30
Glasschnitt: Hieronymus Hackel, 1784—1844, zugeschrieben

Farbloses Glas. Die Vorderseite ist mit einem Freundschaftssymbol graviert. Weibliche Figur neben einem Altar mit Monogramm „IS" und Schild mit Aufschrift: „Freundschaft."
Höhe 9,7 cm.

Literatur:

Pazaurek/Philippovich, Die Gläser der Empire- und Biedermeierzeit, 1976, Abb. 115 und 116.
Walter Spiegl, Biedermeier-Gläser, 1981, Abb. 87, 88 und 89

Erst seit der Auffindung eines voll signierten Glases ist es möglich geworden, eine ganze Gruppe von gleichartig geformten und gravierten Gläsern Hieronymus Hackel zuzuschreiben. Es überrascht, daß in einem Gebiet (damals südliche Steiermark, heute Slowenien), wo es keine große Glastradition gab, ein so exzellenter Graveur arbeitete. Die typischen Merkmale seiner Gläser sind die punktierten Sonnenstrahlen oder Heiligenscheine, die punktierten, matten Flächen (z. B. bei Figuren und Altären) sowie der besondere Faltenwurf, die Blattschraffuren bei verschiedenen Bäumen und geblänkte Steinchen in der Bodenstruktur.

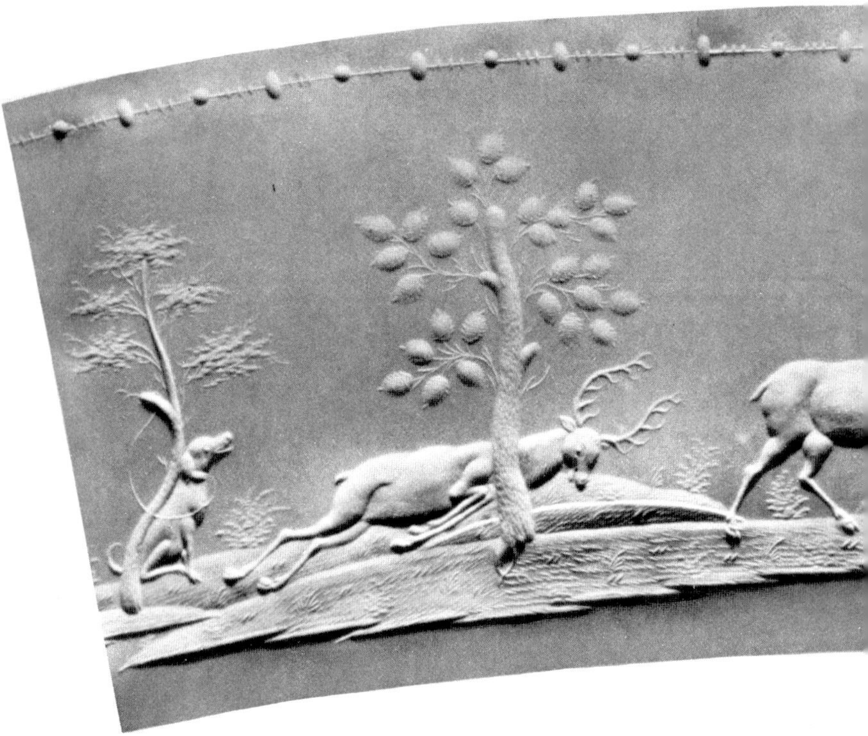

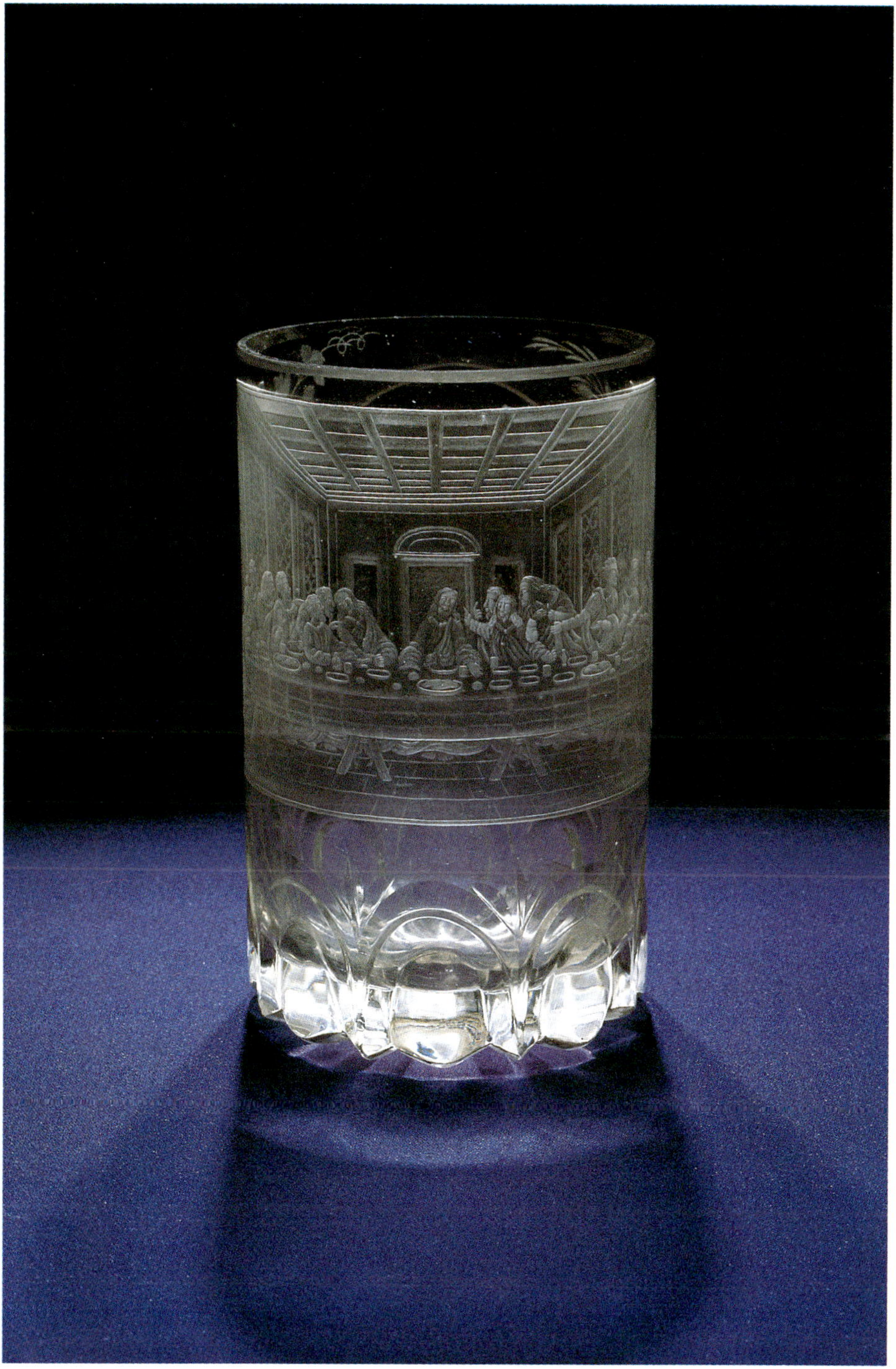

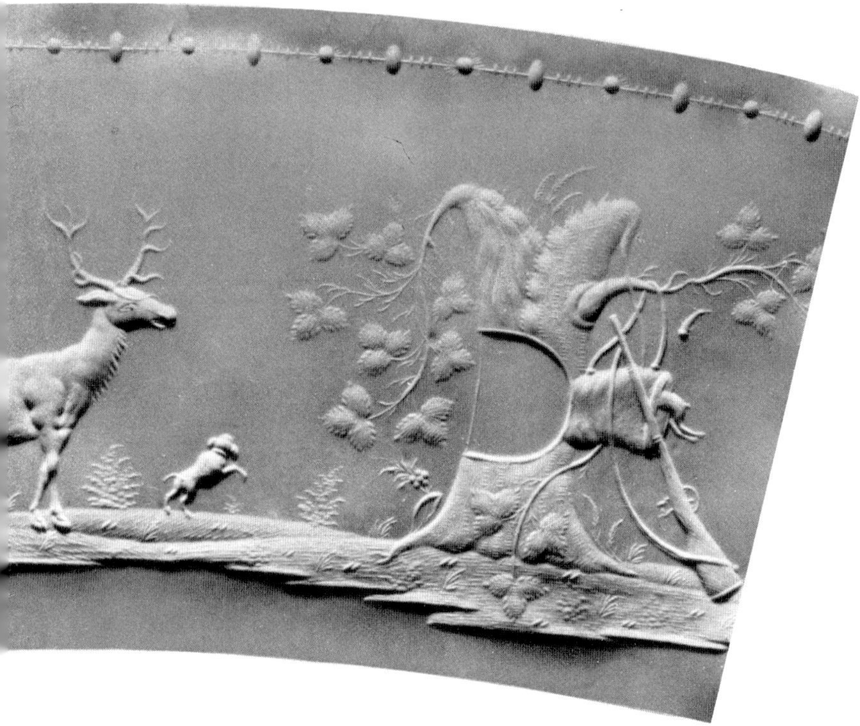

(96)

Becher, Böhmen, 1. Viertel 19. Jahrhundert

Farbloses Glas mit zwölfstrahlig geschliffenem Bodenstern. Die Wandung ist umlaufend mit einer Jagddarstellung in märchenhaft anmutender Landschaft graviert. Vor dem schreitenden Hirsch ein springender Hund. An einem Ast des ungewöhnlich dargestellten Baumes lehnt das Gewehr und hängen Pulverhorn und Jagdtasche mit einem erlegten Hasen. Das polierte Feld in der Mitte des Stammes war für eine Widmung vorgesehen. Ein sitzender Hund, der einen erlegten Hirsch bewacht, ist an einen Baum gebunden. Höhe 12,5 cm.

Literatur:

Walter Spiegl, Biedermeier-Gläser, 1981, Abb. 52

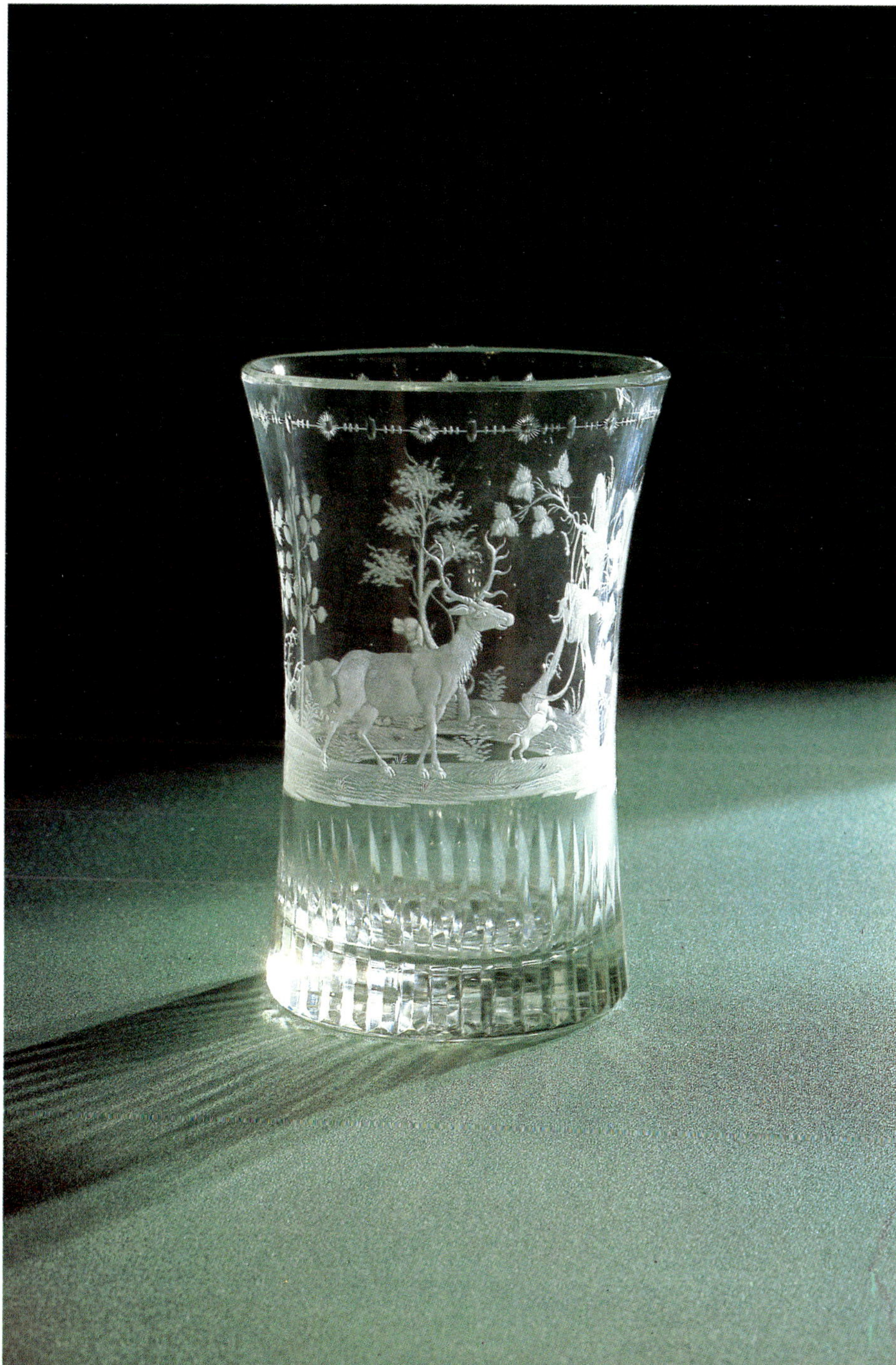

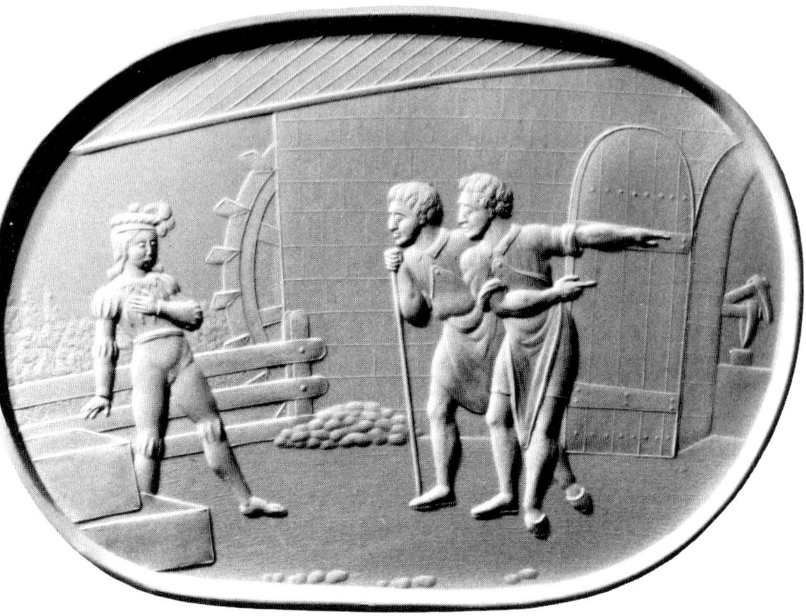

(97)

Becher, Gablonz, Isergebirge, Böhmen, um 1835—45
Glasschnitt: Anton Simm, 1799—1873

Farbloses Glas. Die gesamte Wandung ist mit verschiedenen Schliffornamenten reich verziert. Die unbearbeitet gebliebenen Flächen mit gekreuztem Schraffurschliff dekoriert. Auf der Vorderseite ovales Bildfeld mit der Tiefschnittdarstellung der Szene „Fridolins Ankunft bei der Eisenhütte und die beiden Knechte, die an seiner Stelle Robert in den Feuerofen geworfen haben“ aus Friedrich Schillers Ballade „Der Gang nach dem Eisenhammer“ Höhe 14 cm.

Literatur:

Gustav E. Pazaurek, Die Gläser der Empire und Biedermeierzeit, 1923, S. 75—87

Vom Glasschneider Anton Simm sind zwar keine signierten Arbeiten bekannt, doch dank der Sichtung des reichhaltigen Nachlasses durch G. E. Pazaurek ist es möglich, die bedeutenden Gläser seines Oeuvres zu bestimmen. Bei dem hier beschriebenen Becher stimmen alle wichtigen Merkmale mit den von Pazaurek beschriebenen Details überein.

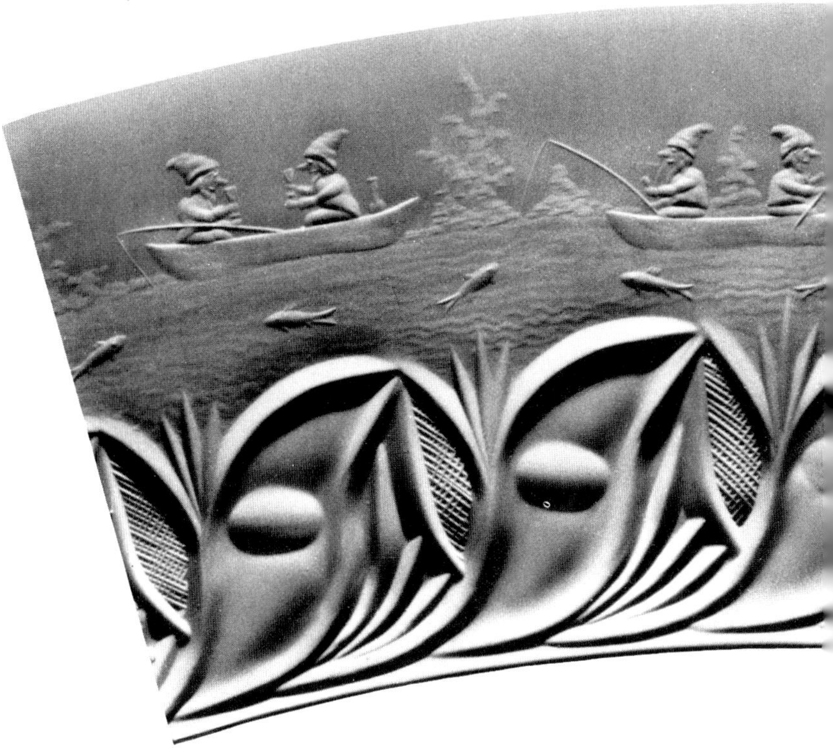

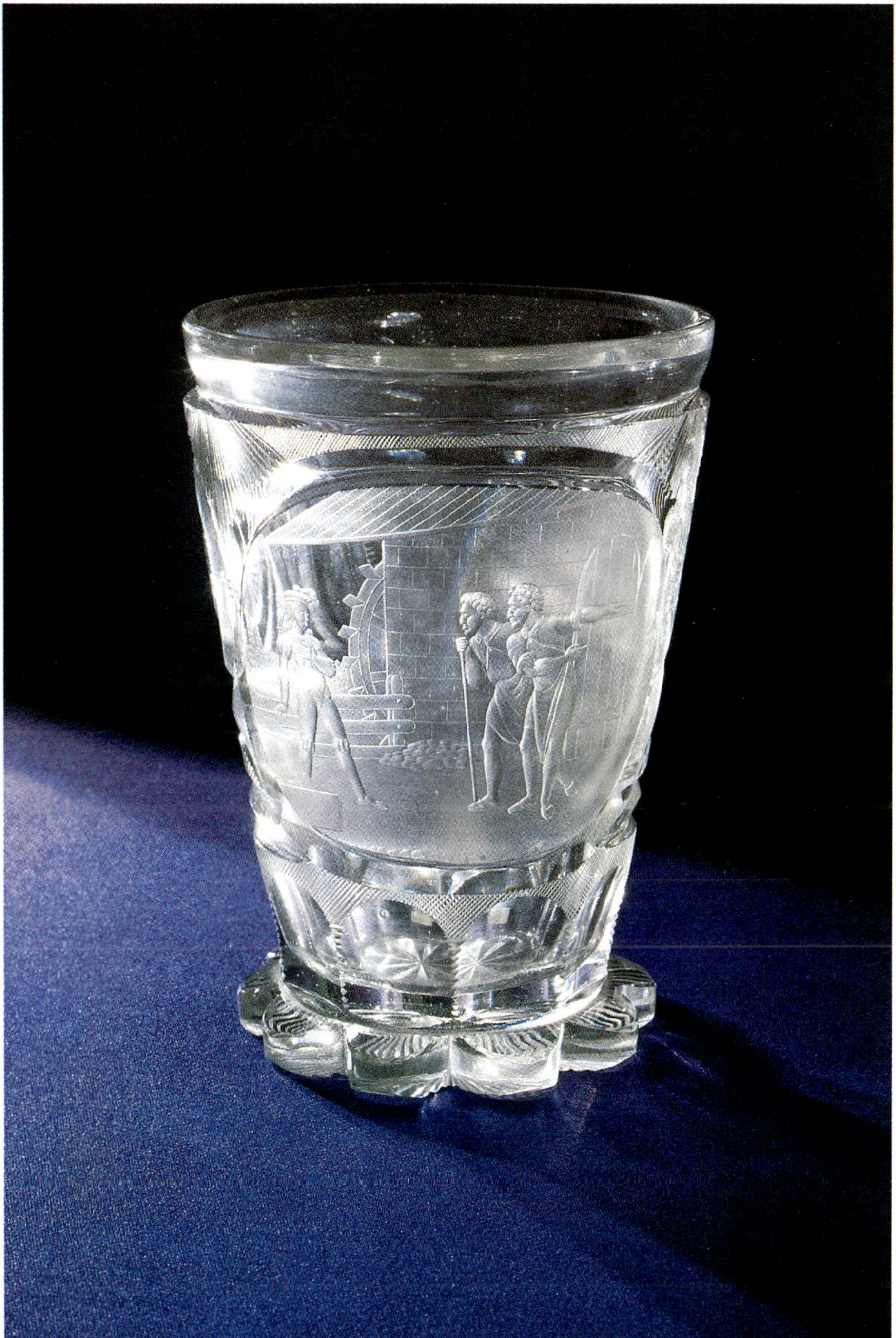

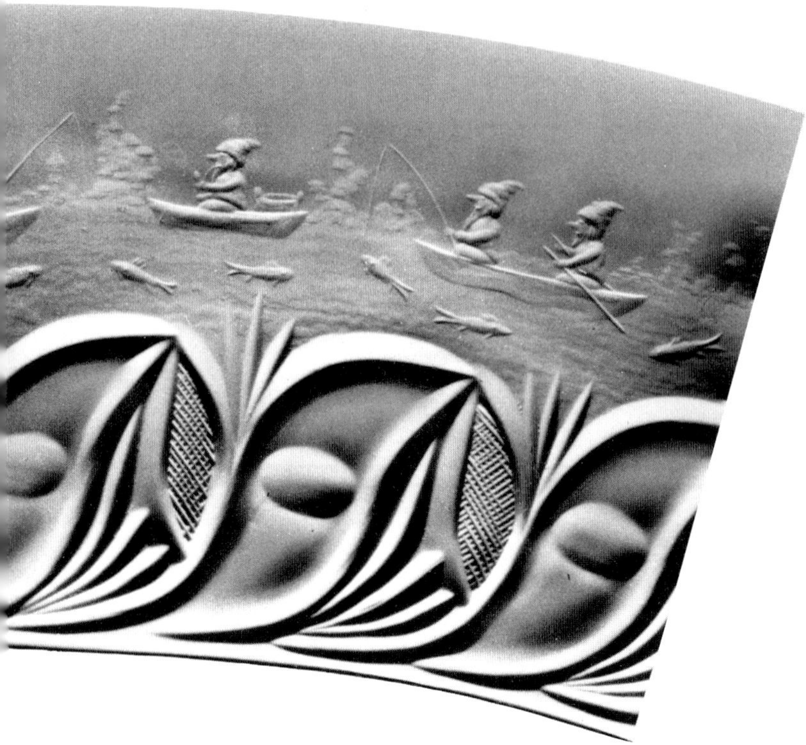

(98)

Scherz- oder Kinderglas, Böhmen, 2. Viertel 19. Jahrhundert

Farbloses Glas mit doppelwandiger Kuppa. Die innere, nicht bis zum Boden reichende Wandung wurde im heißen Zustand eingestülpt. Die untere Hälfte der äußeren Wandung ist geschliffen und im oberen Teil sind umlaufend vier Boote mit sieben fischenden Zwergen graviert. Ein Loch in der Unterseite des Bodens ermöglicht das Einfüllen von bunten Flüssigkeiten. Höhe 11 cm.

Für die Verwendung dieses Glases können zwei Möglichkeiten angenommen werden. War es ein Kindertrinkglas, so wollte man den Kindern schwimmende Boote vorgaukeln, um das Trinken einer nicht beliebten Flüssigkeit schmackhafter zu machen, oder der Becher erfüllte den Zweck eines Scherzglases. Der Tisch war gedeckt, die Gläser gefüllt, doch der Gaumen blieb trocken. Ersteres erscheint plausibler, da bei Scherzgläsern für Erwachsene meist „andere" Darstellungen beliebt waren.

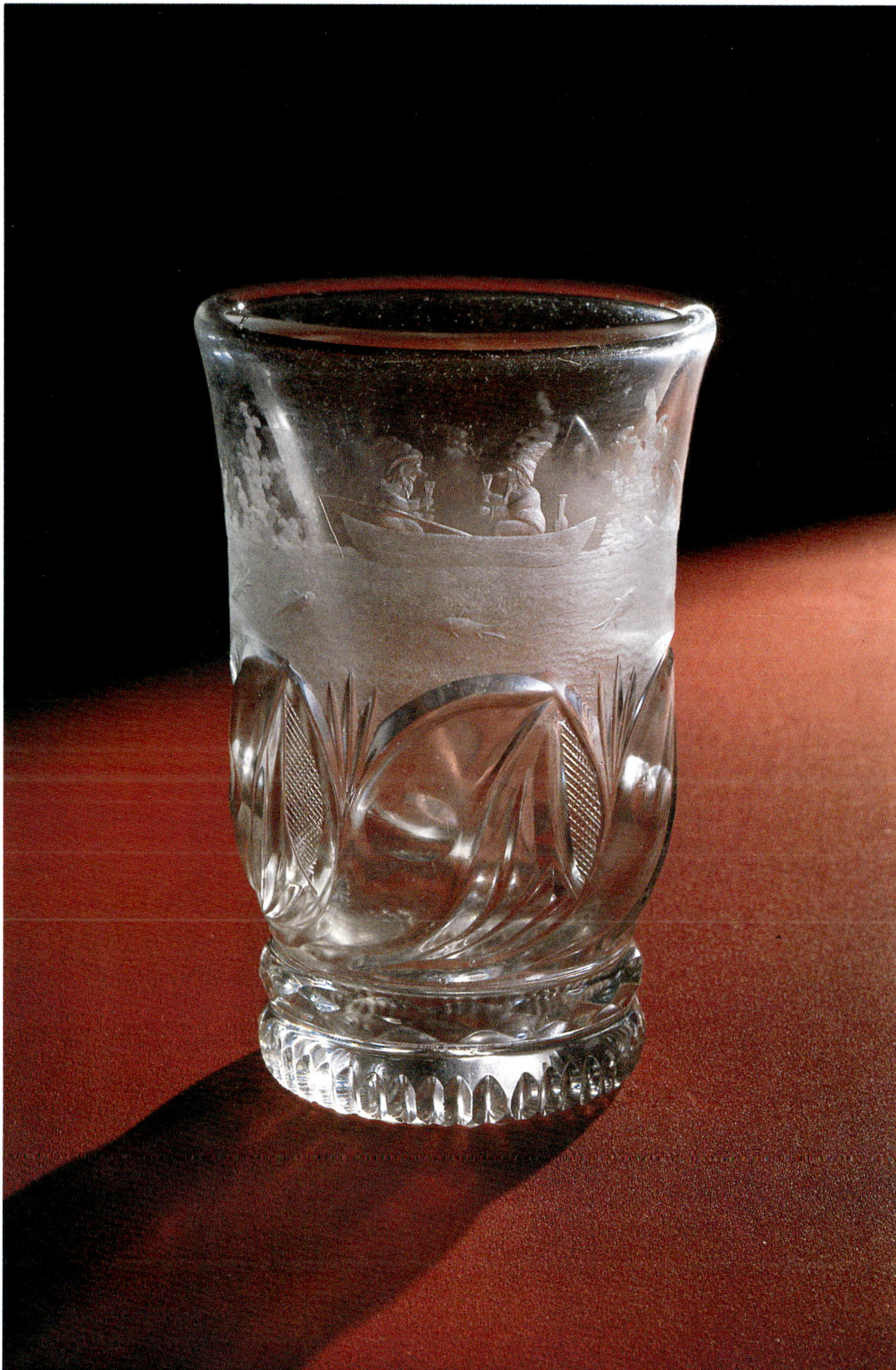

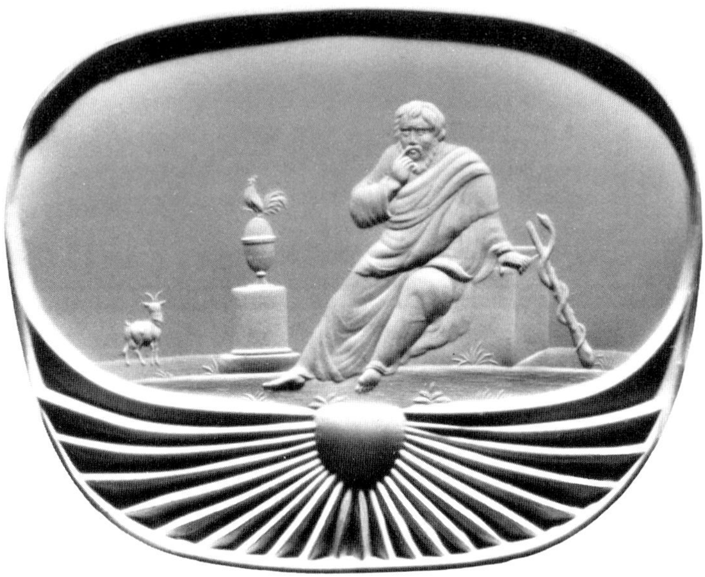

(99)

Pokal, Gablonz, Isergebirge, Böhmen um 1835—45
Glasschnitt: Anton Simm, 1799—1873

Farbloses Glas. Reich geschliffener Fuß mit eingestochener Luftblase. Die Kuppa ist rückseitig mit verschiedenen Ornamenten und feinem Schraffurschliff verziert. Auf der Vorderseite Bildfeld mit der Tiefschnittdarstellung des Äskulap. Höhe 18,5 cm.

Die genau gleiche Behandlung des Bodens, links und rechts zu Füßen des Äskulap, sowie die Exaktheit der Gravur erlauben die gleiche Zuschreibung wie bei Kat.-Nr. 97.
Äskulap, der griechische Gott der Heilkunst, Sohn des Apoll und der Koronis, wird auf diesem Glas mit seinem Symbol dem Stab und der Schlange sowie einem Hahn als Symbol für die Wachsamkeit des Arztes dargestellt. Ob die Ziege eine symbolische Bedeutung hat, konnte nicht geklärt werden.

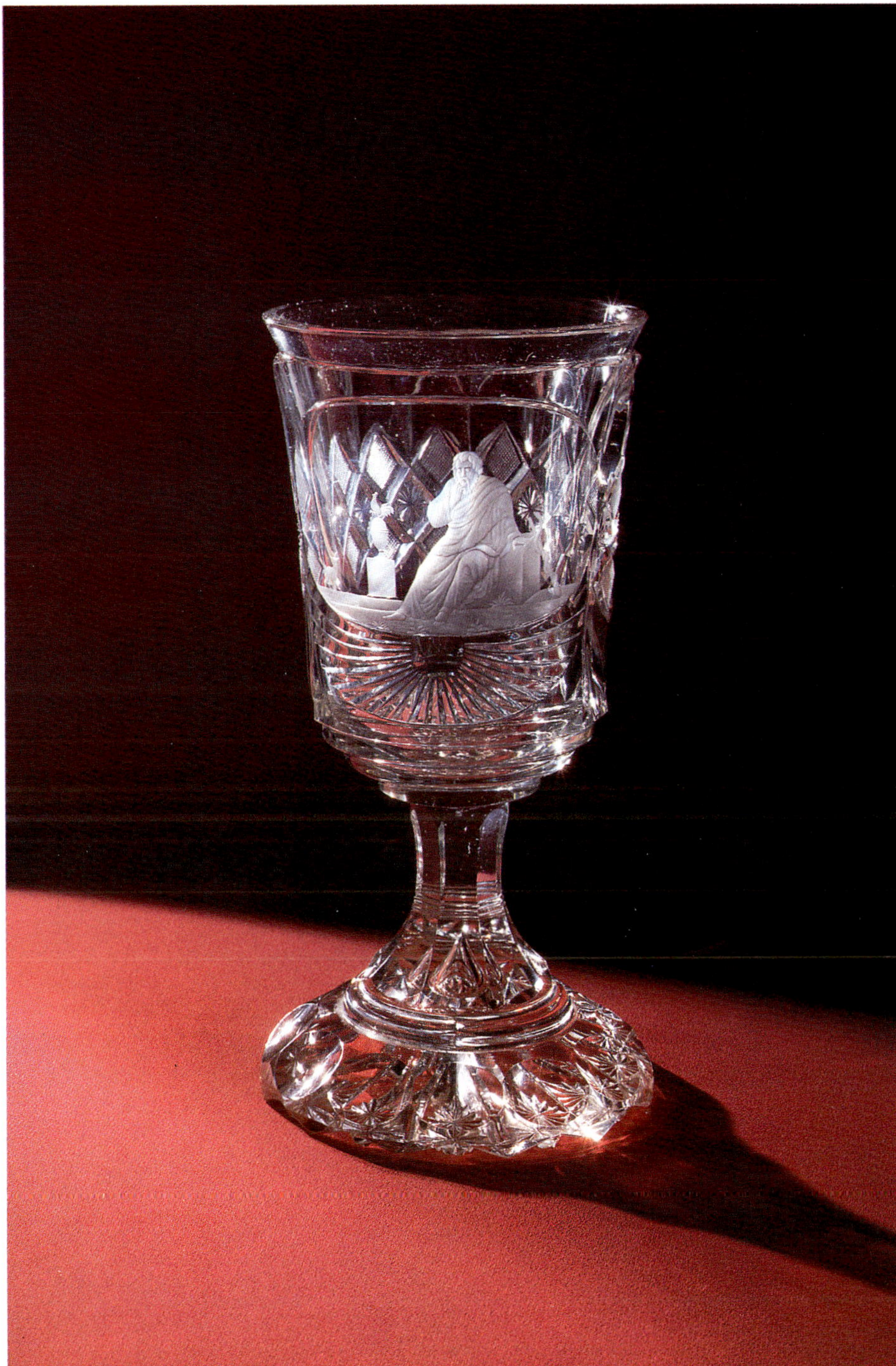

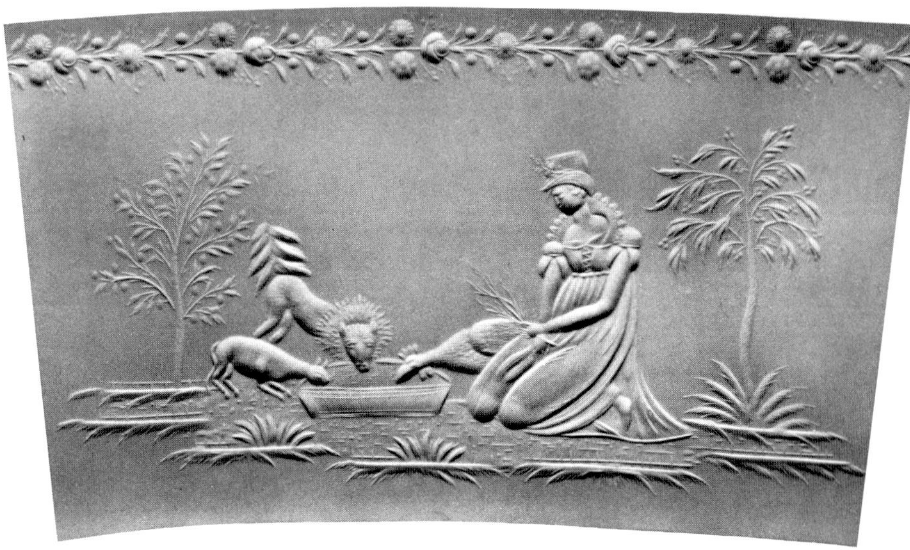

(100)

Becher, Isergebirge, 1. Viertel 19. Jahrhundert
Glasschnitt: Umkreis Franz Anton Riedl, 1786—1844

Farbloses Glas. Auf der Vorderseite symbolische? Tiefschnittdarstellung. Eine Dame in Zeittracht kniet vor einem Futterkorb mit Hase, Löwe und Hahn. Höhe 9,1 cm.

Literatur:

Pazaurek/Philippovich, Gläser der Empire- und Biedermeierzeit, 1976, Abb. 58

Franz Anton Riedl stammte aus der für die Glaserzeugung und Veredelung im Isergebirge bedeutenden Familie Riedl. Bis auf den 1809 datierten Hochzeitsbecher im Gablonzer Museum ist keine eigenhändige Arbeit nachweisbar. Die in der Literatur angeführten Zuschreibungen beruhen auf stilistischen Vergleichen.

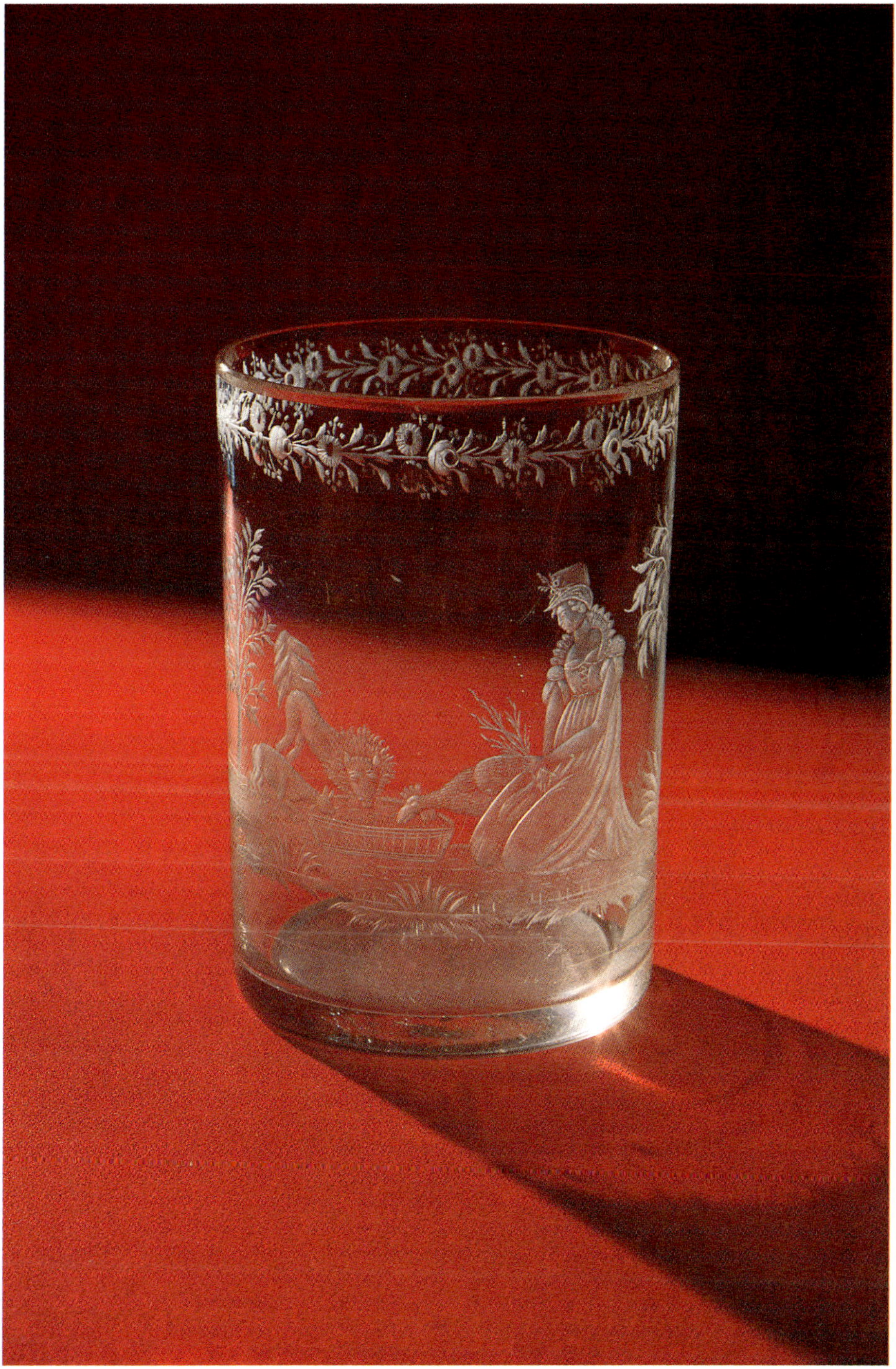

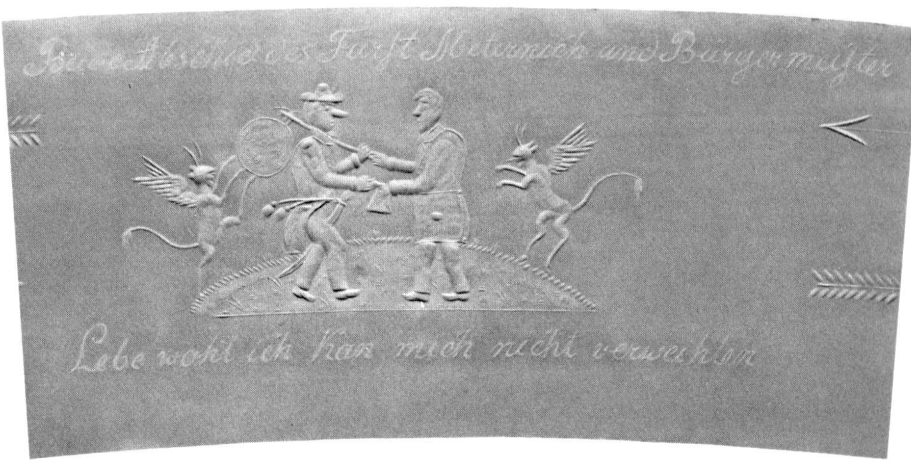

(101)

Becher, Österreich, 1848

Farbloses Glas. Auf der Vorderseite gravierte Karikatur des Fürsten Metternich bei der Verabschiedung von Wiens Bürgermeister Ignaz Czapka, anläßlich seiner Flucht aus Wien im Mai 1848. Inschrift: „Bei de Abschid des Fürst Meternich und Bürgermeister. Lebe wohl ich kan mich nicht verweihlen". Höhe 12,9 cm.

Am 13. März 1848, nach den ersten Zusammenstößen des Revolutionsjahres, flüchtete der Staatskanzler Fürst Metternich nach England. Wiens Bürgermeister Ignaz Czapka von Wienstetten demissionierte am 15. März und verließ tags darauf ebenfalls fluchtartig die Stadt. Nach Abschaffung der Zensur erfreuten sich Karikaturen zu diesem oder ähnlichen Themen großer Beliebtheit. Auf Gläsern allerdings sind solche Darstellungen sehr selten anzutreffen.

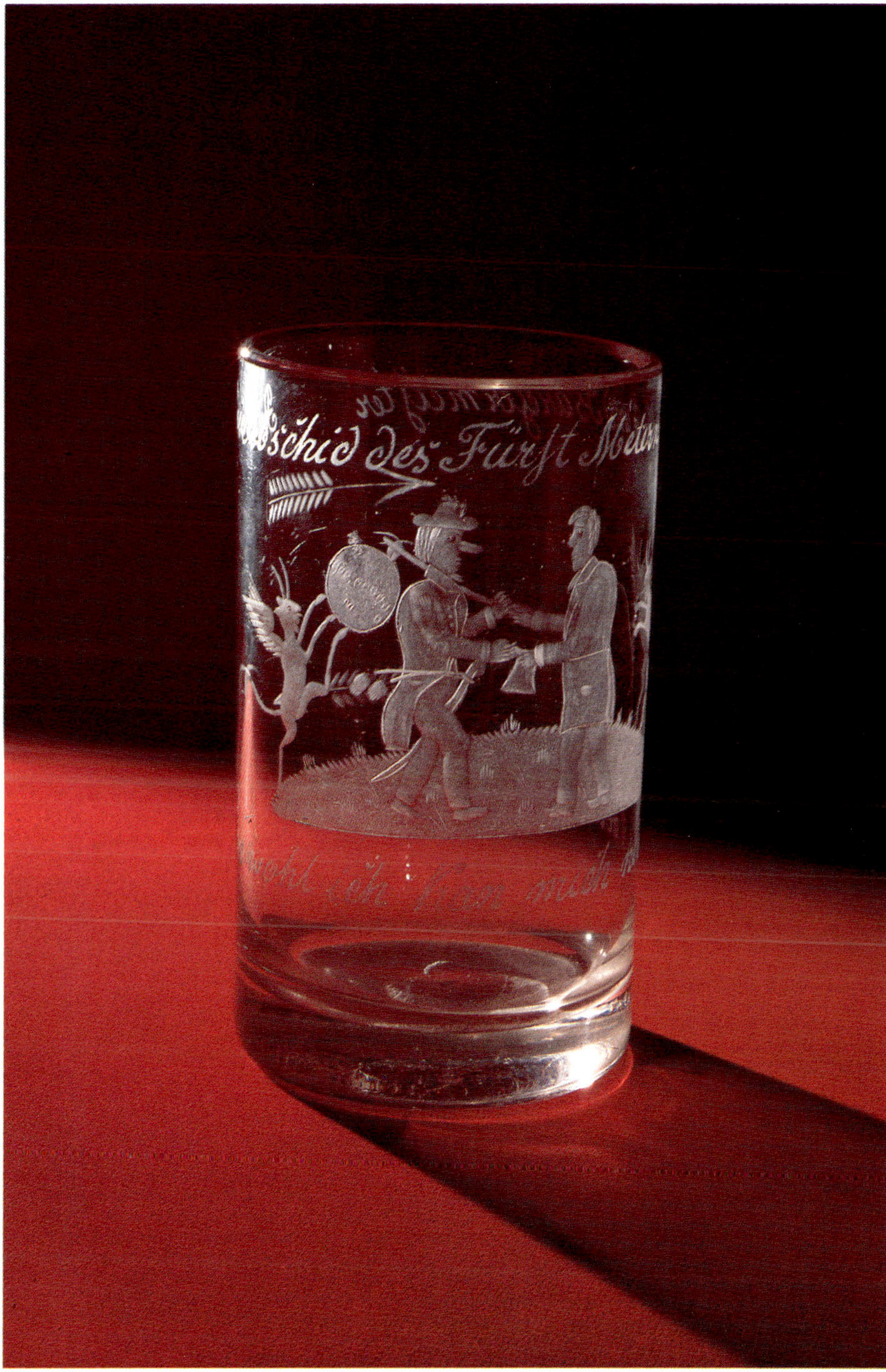

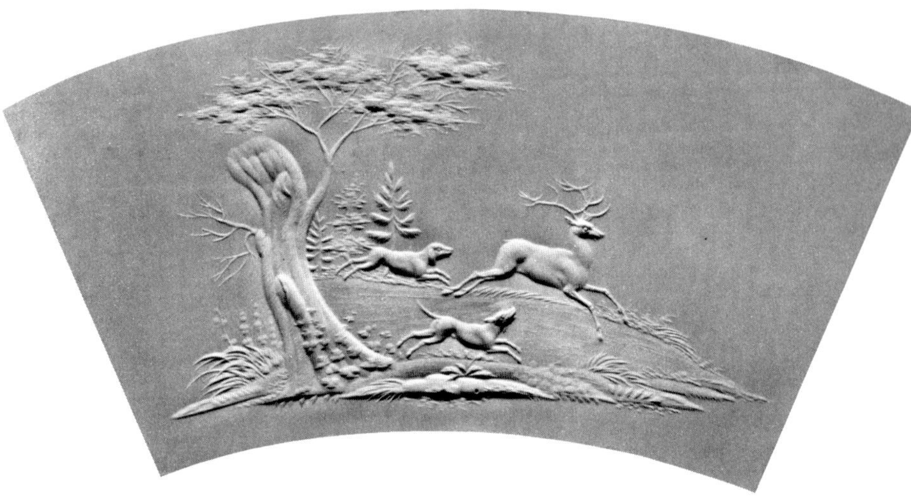

(102)

Sockelbecher, Böhmen, um 1830—40

Farbloses Glas mit reich geschliffener Standfläche. Die Wandung ist auf der Vorderseite mit einer Jagddarstellung in Tiefschnitt dekoriert. Höhe 11,3 cm.

Gravierte Jagddarstellungen zählten in der Biedermeierzeit zu den beliebtesten Motiven. Obwohl diesen Schnitt ein sehr guter Graveur ausführte, wird eine Zuschreibung an einen bestimmten Meister erst dann möglich sein, wenn durch gezielte Forschung die „Handschriften" verschiedener Graveure bestimmt wurden.

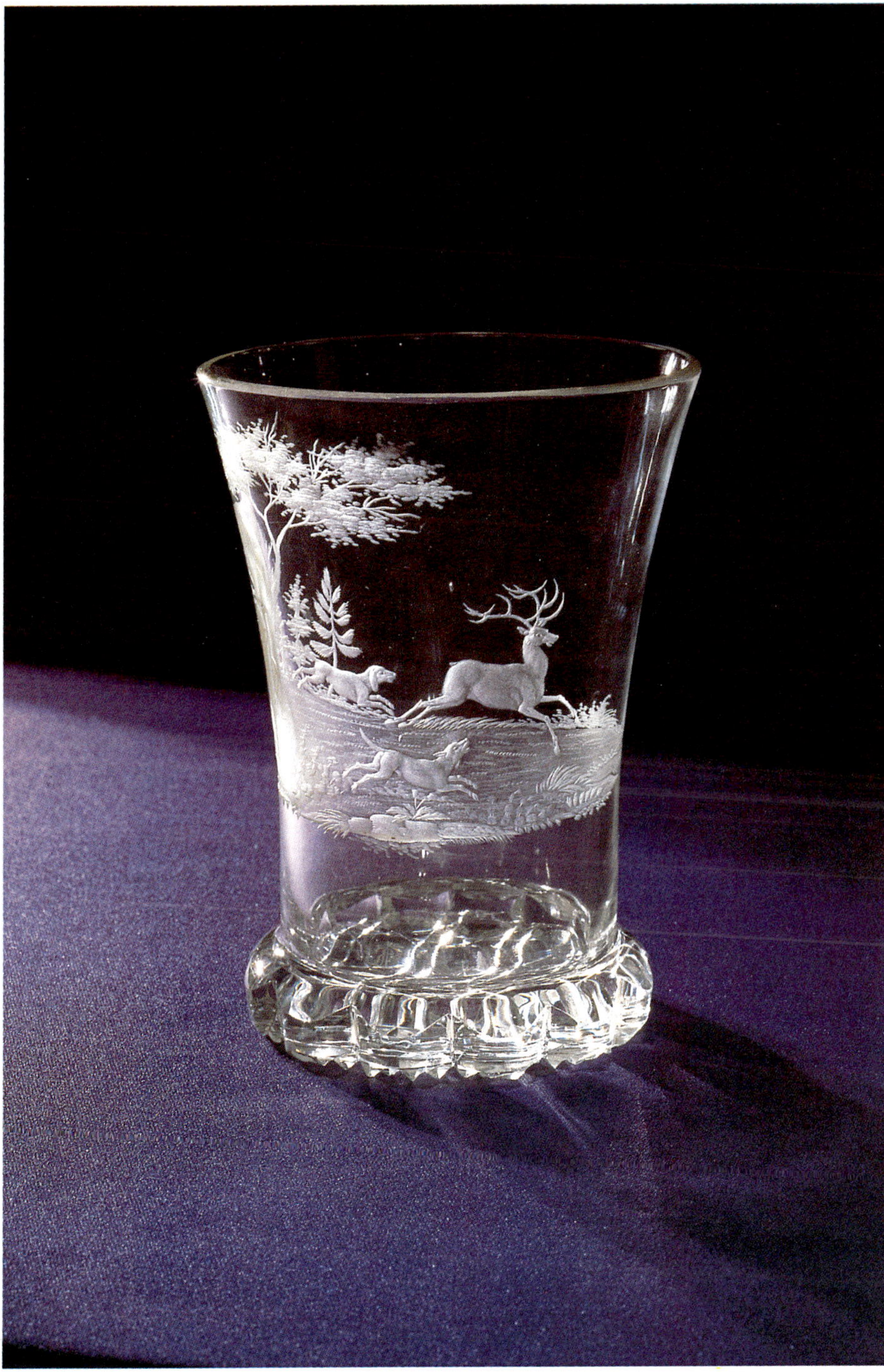

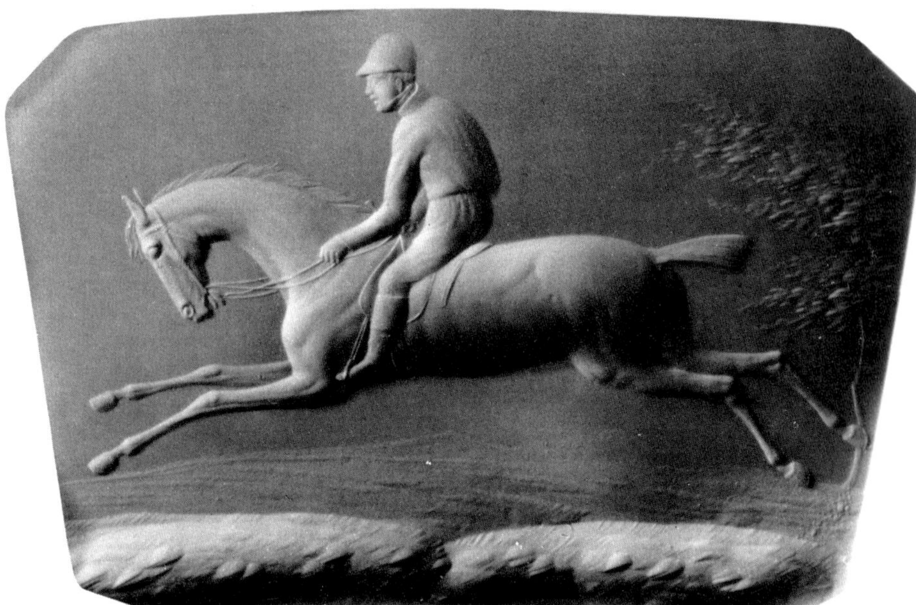

(103)

Fußbecher, Böhmen, Mitte 19. Jahrhundert

Farbloses Glas, achtfach facettierter Fuß und Kuppa. Auf der Vorderseite hochgeschliffenes Bildfeld mit der Darstellung eines springenden Pferdes mit Reiter. Rückseitig eine Verkleinerungslinse. Höhe 17,4 cm.

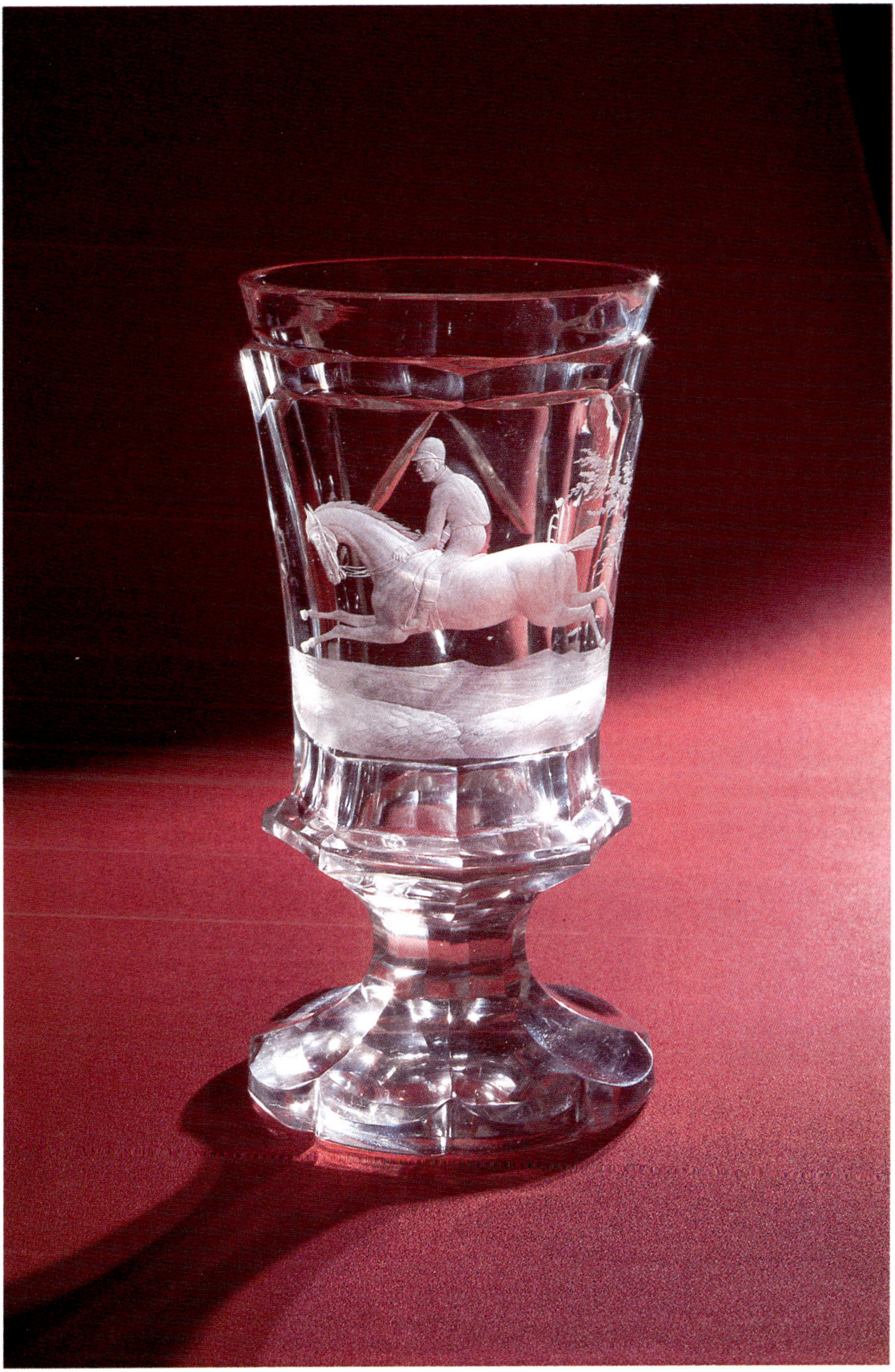

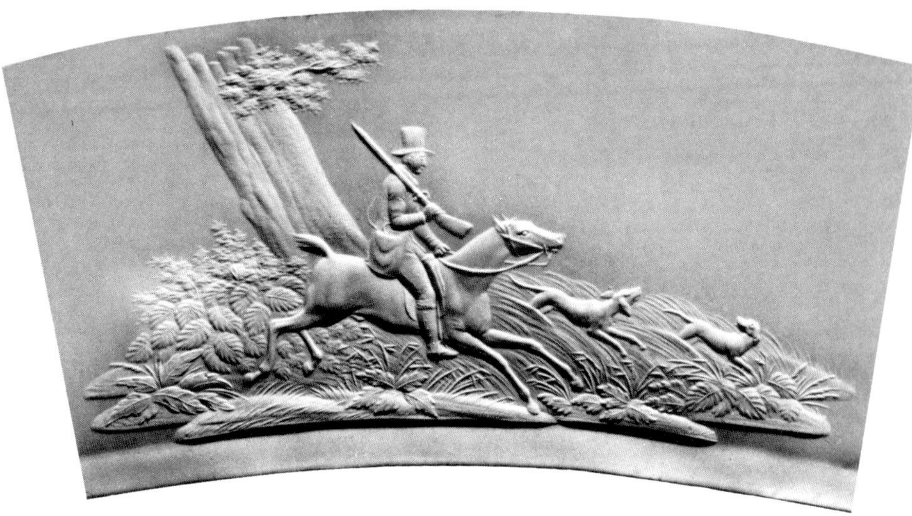

(104)

Fußbecher, Böhmen, um 1830—40

Farbloses Glas mit reich geschliffener Standfläche und achtfach facettiertem Schaft. Die Wandung ist auf der Vorderseite mit einer Parforcejagd in Tiefschnitt dekoriert. Höhe 14,8 cm.

Gravierte Jagddarstellungen zählten in der Biedermeierzeit zu den beliebtesten Motiven. Obwohl diesen Schnitt ein sehr guter Graveur ausführte, wird eine Zuschreibung an einen bestimmten Meister erst dann möglich sein, wenn durch gezielte Forschung die „Handschriften" verschiedener Graveure bestimmt wurden.

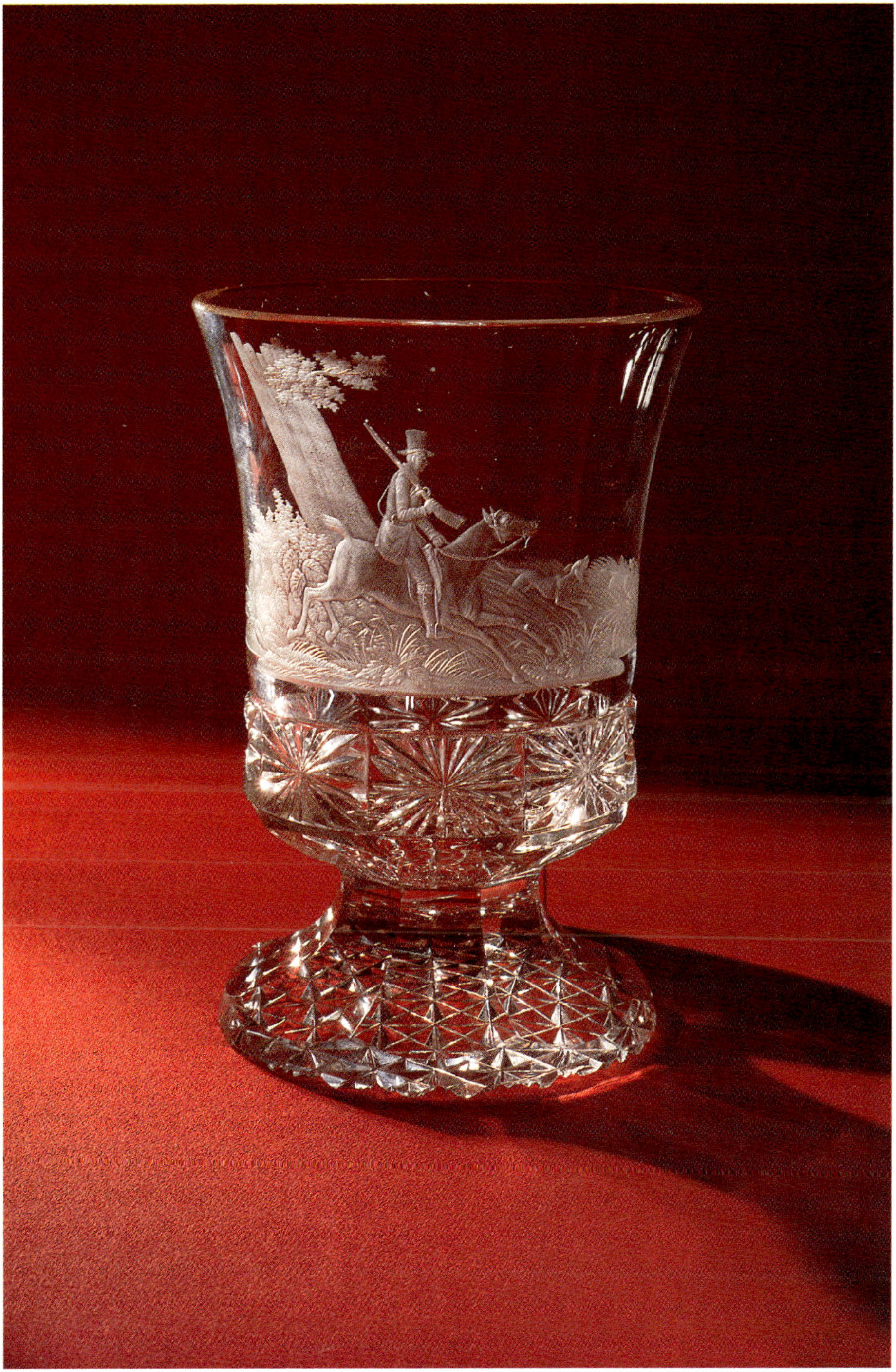

105

Becher, Charpentier, Paris, 1. Viertel 19. Jahrhundert

Farbloses, gelb schimmerndes Glas. Der untere Teil der Wandung geschliffen, der obere Teil umlaufend mit Monogramm „A.C.", Ornamenten und Blumen, einer Phantasielandschaft und einem Hochzeitssymbol graviert. Höhe 8,5 cm.

Die Werkstätte Charpentiers befand sich in Paris und wurde nach seinem Tod im Jahre 1816 von der Witwe weitergeführt. Besondere Kennzeichen seiner Gläser sind die sehr zarten, im Gegensatz zu den böhmischen Arbeiten nie tief in die Wandung geschnittenen Darstellungen.

106

Becher, Charpentier, Paris, 1. Viertel 19. Jahrhundert

Farbloses Glas. Der untere Teil der Wandung geschliffen, der obere Teil umlaufend mit Blumen, Früchten und dem bekrönten Monogramm „S.A." graviert. Höhe 8,5 cm.

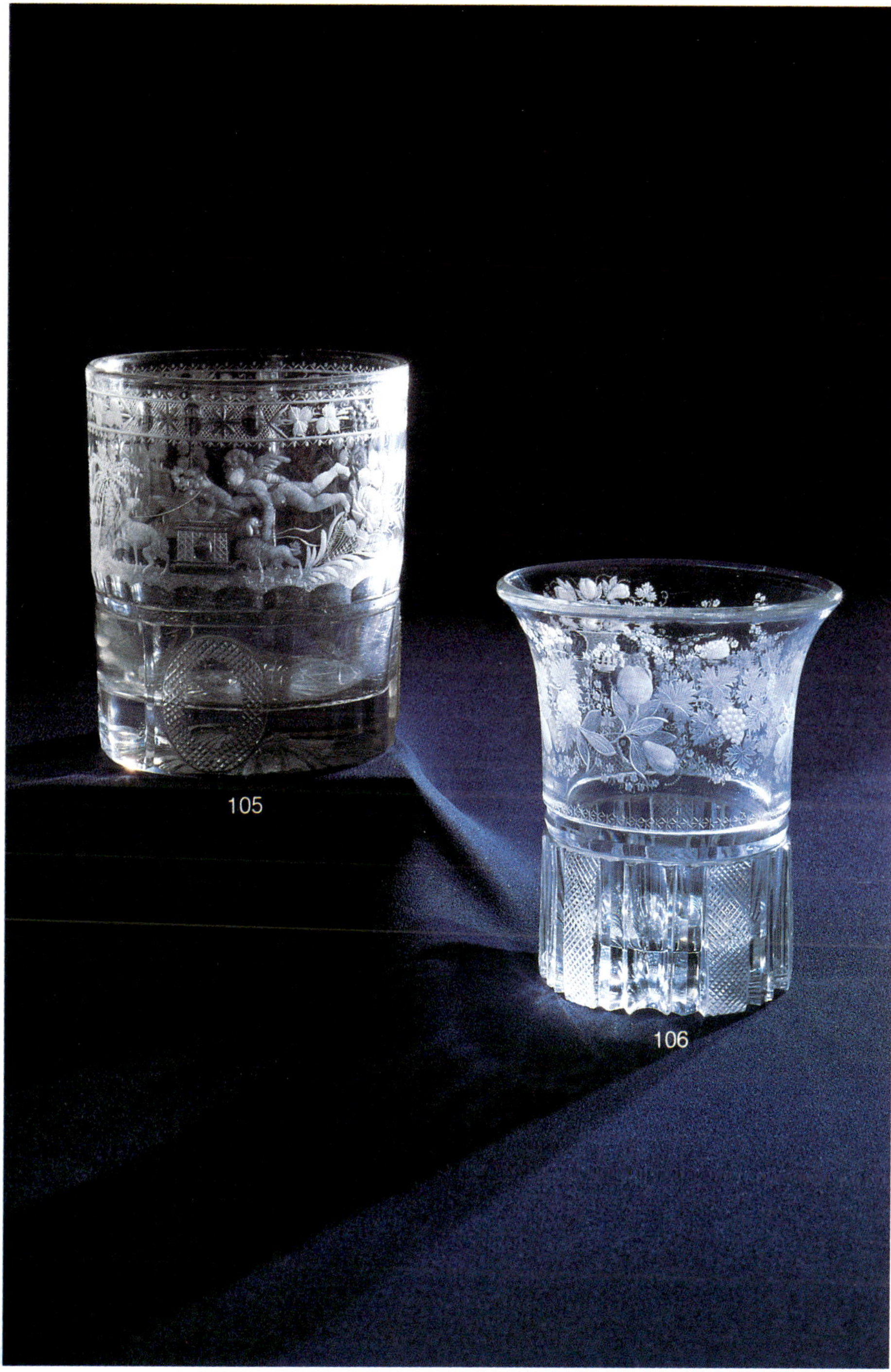
105
106

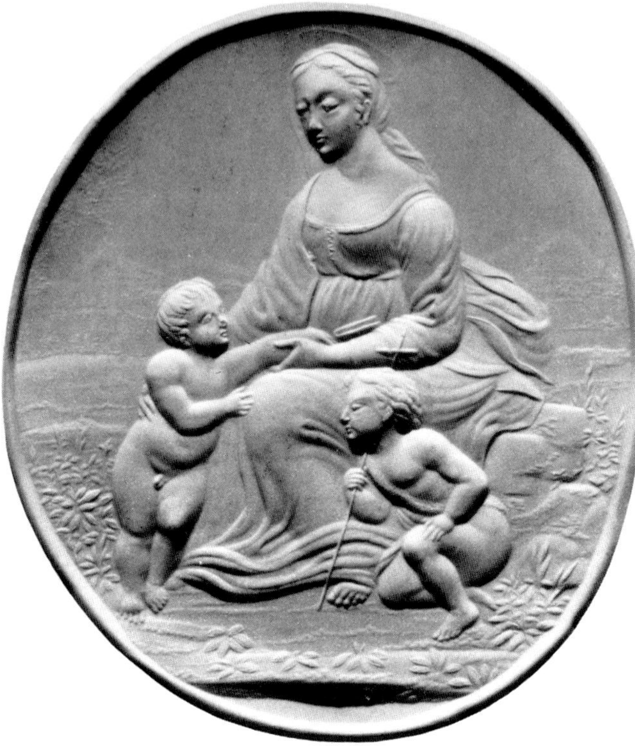

(107)

Pokal, Blottendorf, Böhmen, 1840—50
Glasschnitt: Johann Görner oder ????? Görner

Farbloses Glas, die Kuppa innen mit Goldrubin überfangen. Der reich geschliffene Fuß geht in einen siebenfach facettiert geschliffenen Schaft über. Auf der Vorderseite in einem hochgeschliffenen Medaillon die Tiefschnittdarstellung der „Madonna von Raphael". Signiert: „Görner" rechts unten, knapp außerhalb des Medaillons. Höhe 26,2 cm.

Provenienz:

Sammlung Prof. Sallac, Prag
Sammlung Helfried Krug, Mühlheim

Literatur:

Gustav E. Pazaurek, Gläser der Empire- und Biedermeierzeit, 1923, Abb. 53

Signierte Arbeiten von Glasgraveuren sind sehr selten. Trotz der Signatur ist nicht feststellbar, welcher der beiden gleichnamigen Graveure diese Arbeit ausführte.

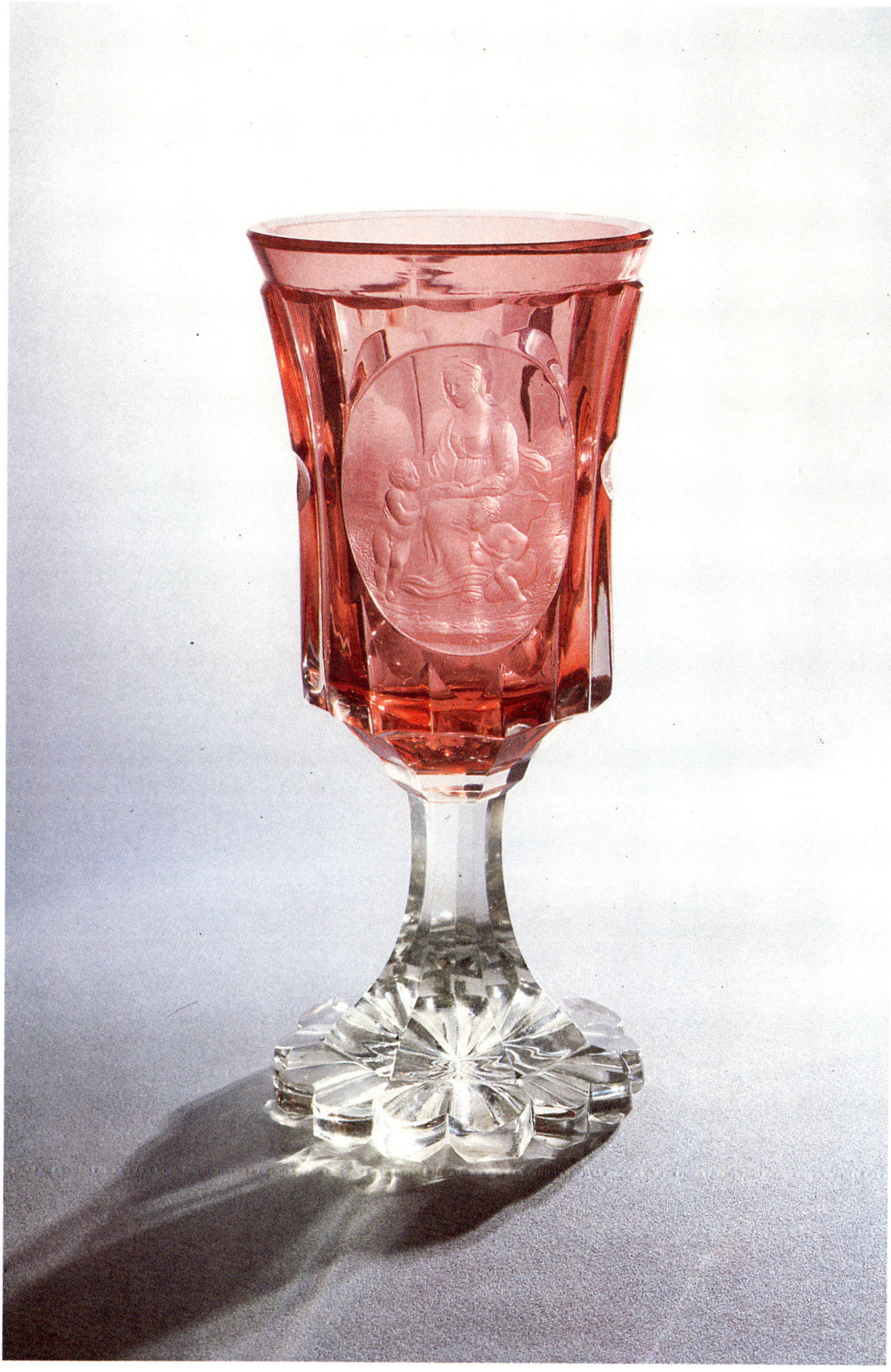

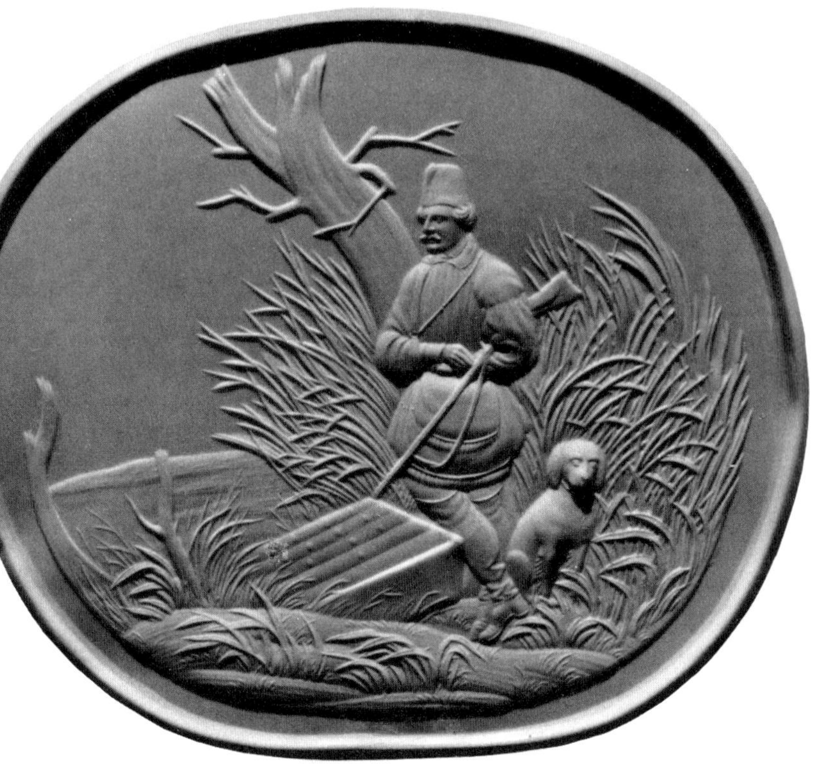

(108)

Sockelbecher, Böhmen, Mitte 19. Jahrhundert
Glasschnitt: Karl Pfohl, 1826—1894?

Farbloses Glas mit Kupferrubinüberfang. Die Bodenfläche reich geschliffen. Auf der Vorderseite in einem ovalen Bildfeld ein Jäger mit Hund, an einem Baum lehnend, in Tiefschnitt dargestellt. Rückseitig sieben Verkleinerungslinsen. Höhe 12,7 cm.

Der Vergleich mit Kat.-Nr. 109 erlaubt die Annahme, daß beide Gläser von ein und derselben Hand geschnitten wurden. Die Faltenbildung bei den Beinkleidern und vor allem die Gesichter, unter der 10fachen Lupe betrachtet, bestätigen diesen Eindruck.

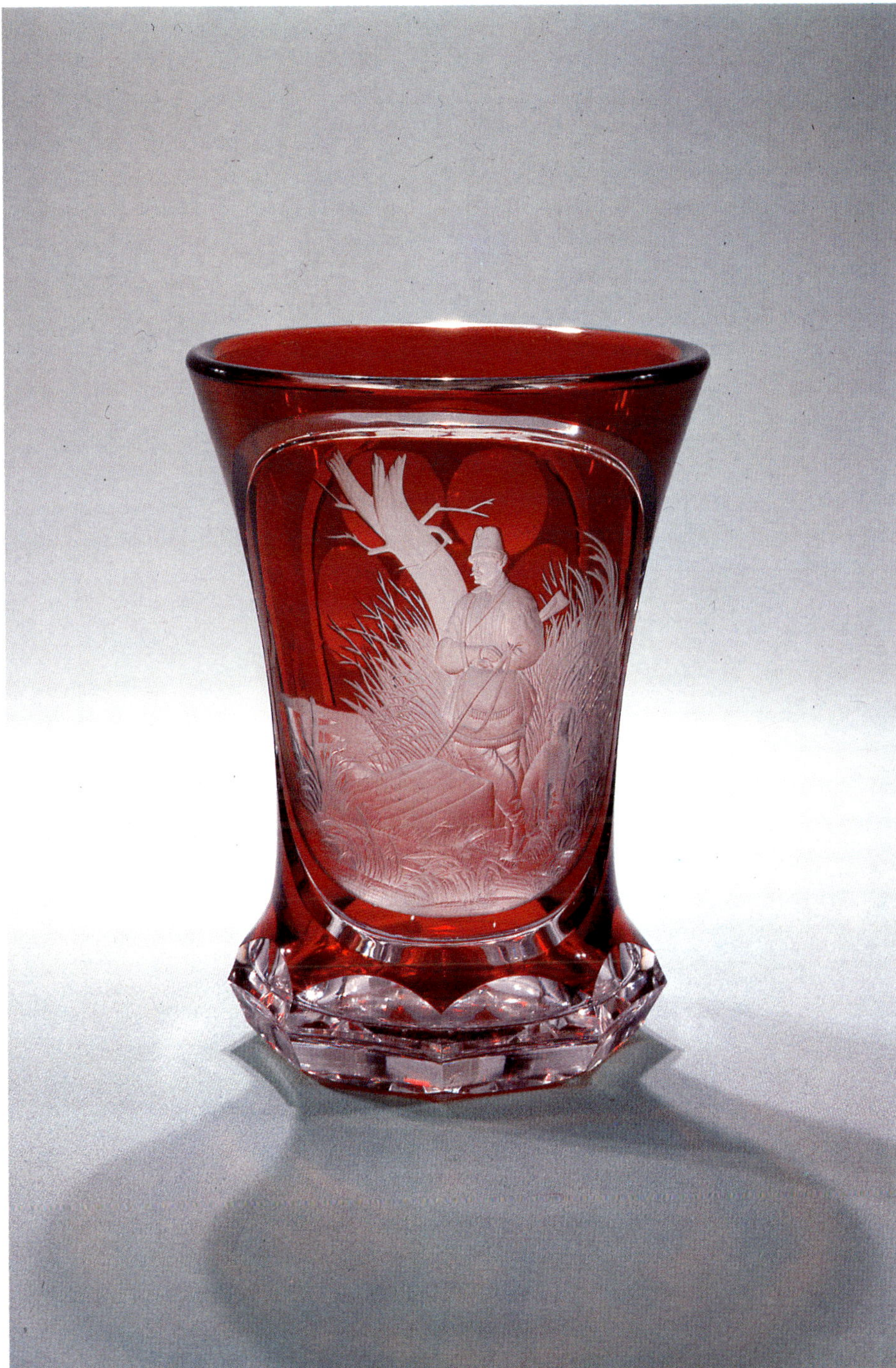

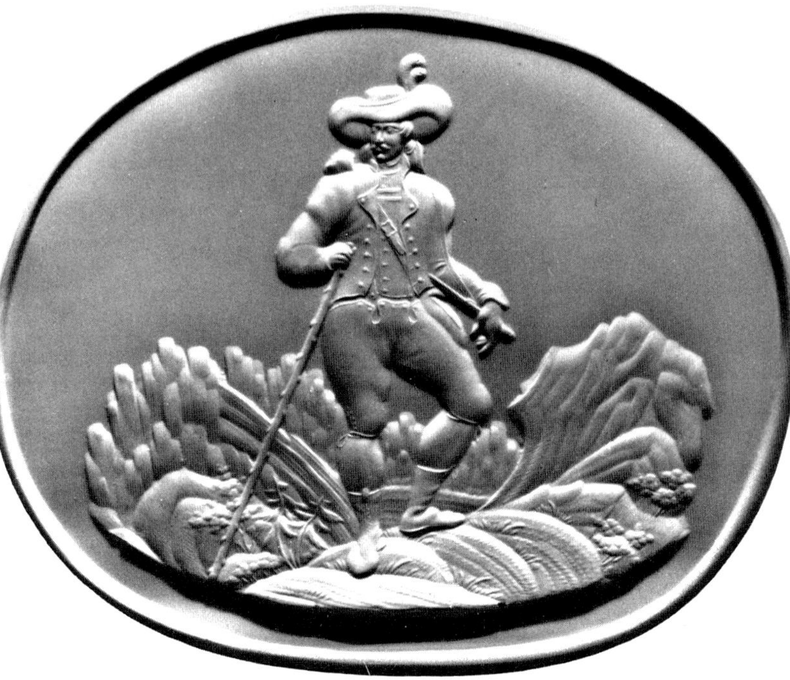

(109)

Sockelbecher, Böhmen, Mitte 19. Jahrhundert
Glasschnitt: Karl Pfohl, 1826—1894?

Farbloses Glas mit Kupferrubinüberfang. Die Bodenfläche reich geschliffen. Auf der Vorderseite in einem ovalen Bildfeld Erzherzog Johann (Bruder Kaiser Franz I. von Österreich) als Jäger in Gebirgslandschaft in Tiefschnitt dargestellt. Rückseitig sieben Verkleinerungslinsen. Höhe 12,4 cm.

Das abgebildete Glas zählt zu einer Gruppe von ähnlichen Bechern, die stets blau oder rot überfangen sind. Die gravierten Darstellungen reichen von Porträts berühmter Persönlichkeiten, wie Kaiser Franz Josef, Kaiserin Elisabeth, Feldmarschall Radetzky und andere über ganzfigürliche Darstellungen bis zu den verschiedensten Pferde- und Jagdmotiven. Leider ist es bis zum heutigen Tage nur vereinzelt möglich, die verschiedenen „Handschriften" der Glasgraveure eindeutig zu unterscheiden, da vielfach die gleichen Vorlagen Verwendung fanden. Die in Frage kommenden Glasschneider sind zwar namentlich bekannt, wie z. B. Karl Pfohl, August Böhm und Emanuel Hoffmann, jedoch gibt es fast keine signierten Arbeiten.

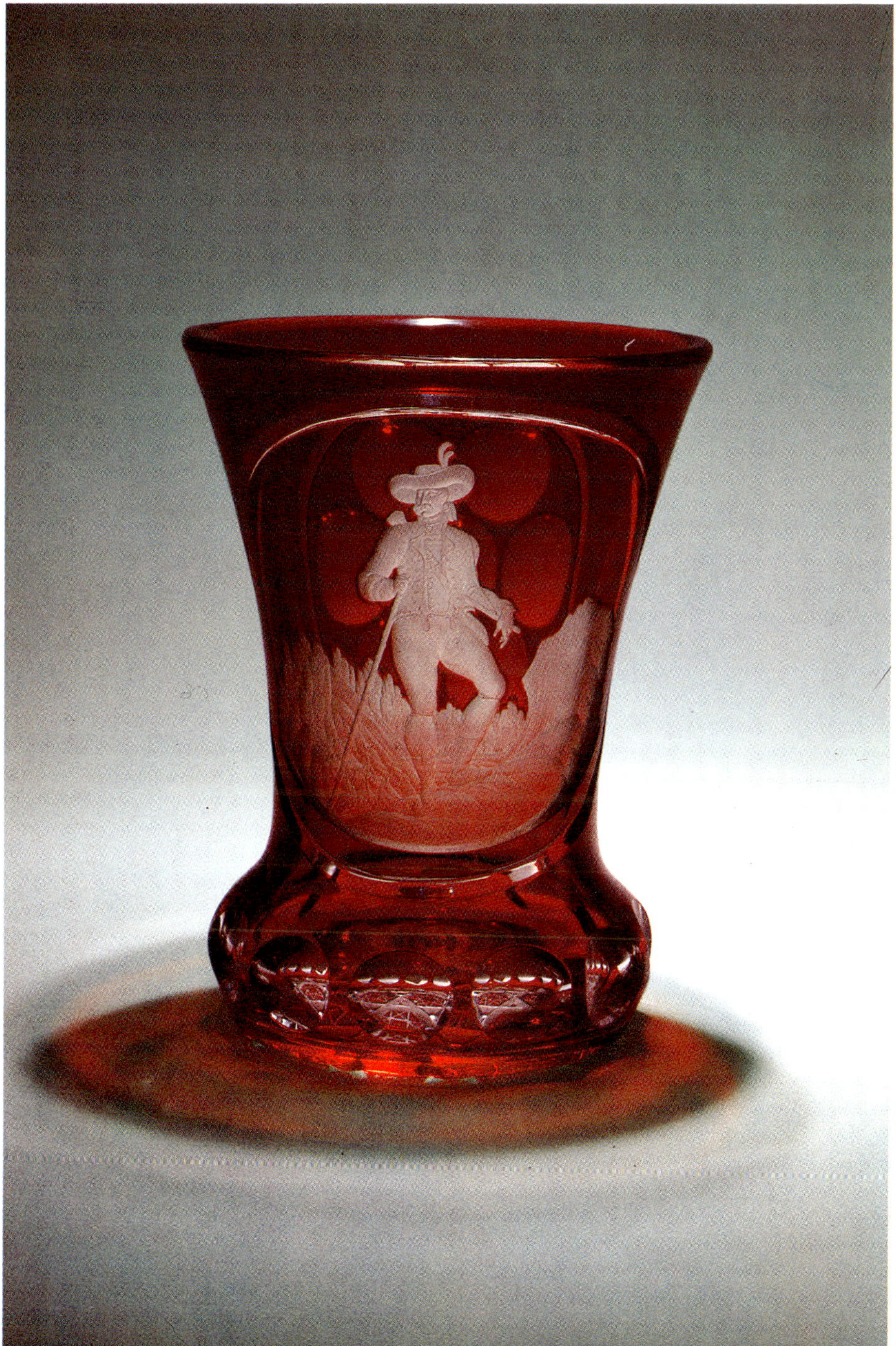

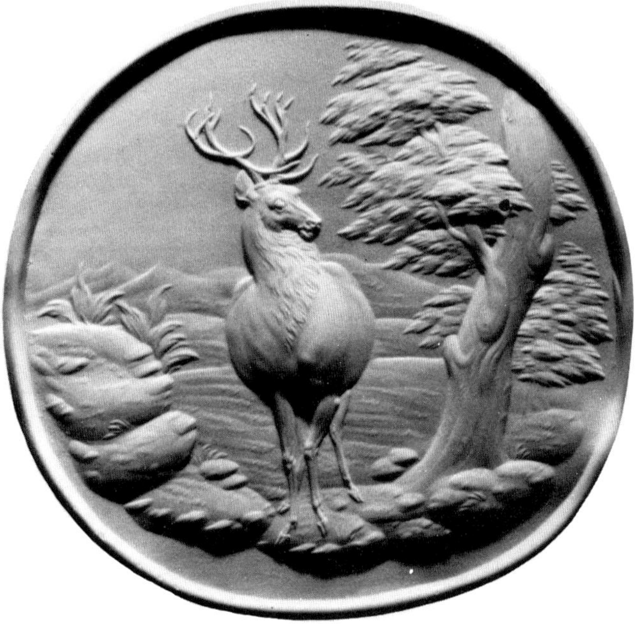

(110)

Sockelbecher, Meistersdorf, Böhmen, Mitte 19. Jahrhundert
Glasschnitt: August Böhm, 1812—1890

Farbloses Glas mit blauem Überfang. In der Bodenfläche sechzehnstrahliger Schliffstern. Auf der Vorderseite in einem ovalen Bildfeld Tiefschnittdarstellung eines Hirsches in Landschaft. An den beiden Seiten der Wandung geschliffene Ornamente, rückseitig sieben Verkleinerungslinsen. Der blaue Überfang ist umlaufend matt geschliffen. Höhe 12,9 cm.

Literatur:

Gustav E. Pazaurek, Die Gläser der Empire- und Biedermeierzeit, 1923, Abb. 41

Durch Gravurvergleich mit einer in Privatbesitz befindlichen, signierten Flasche ist die Urheberschaft von August Böhm gesichert.

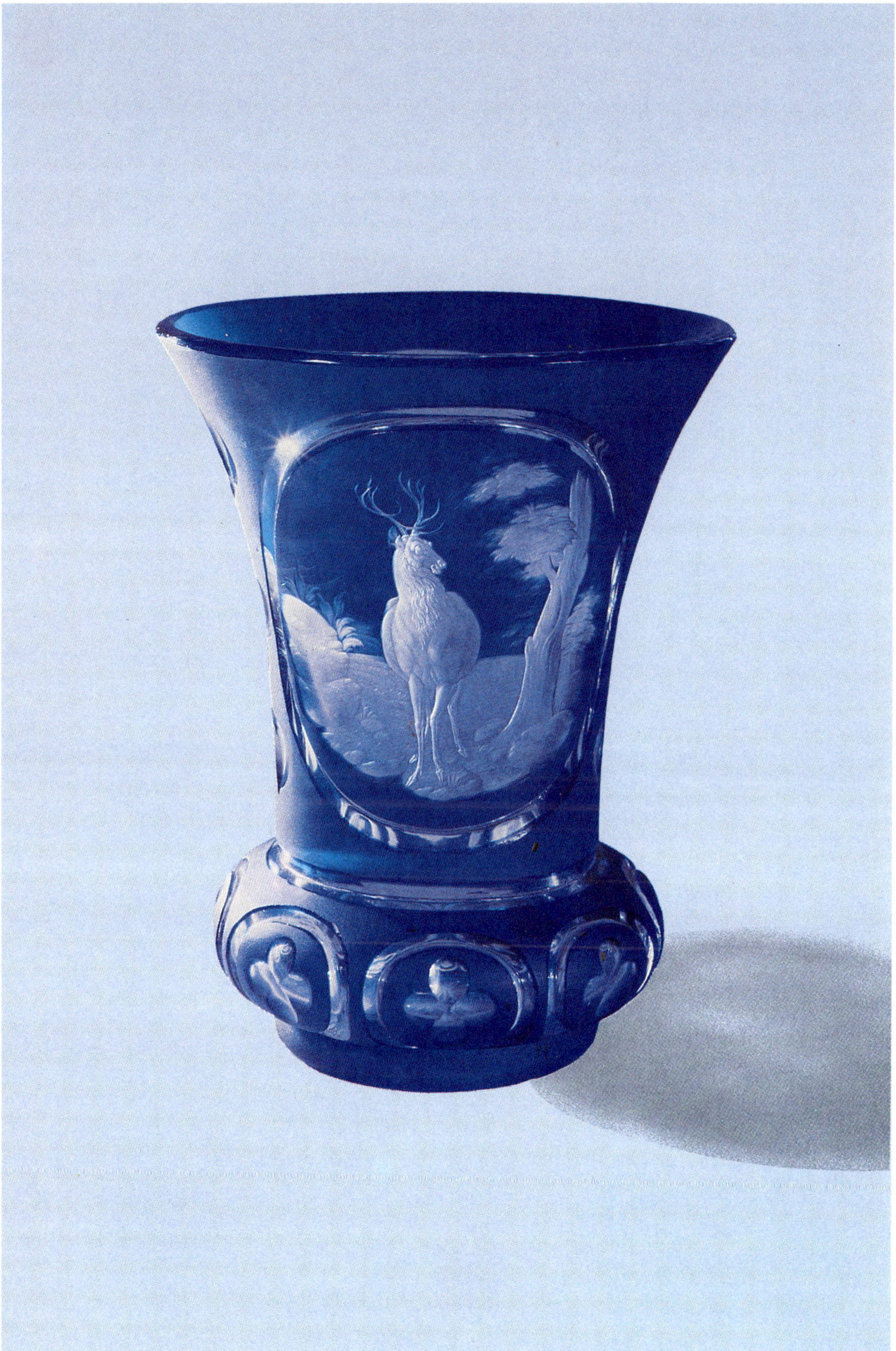

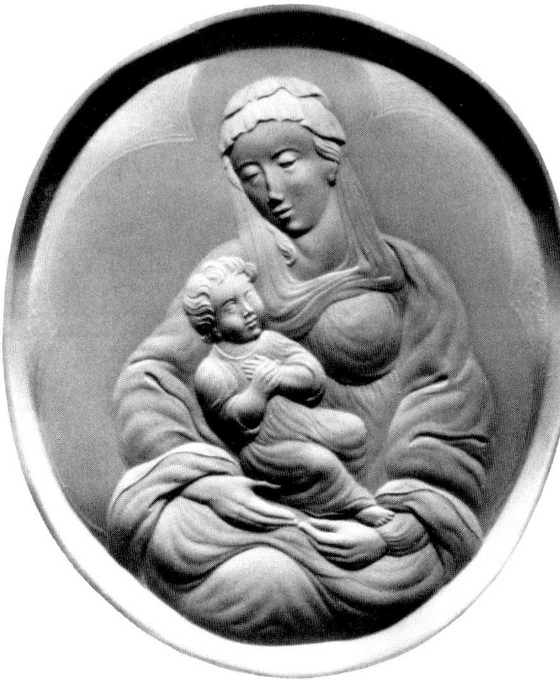

(111)

Fußbecher, Karlsbad, Böhmen, Mitte 19. Jahrhundert
Glasschnitt: Anton Heinrich Pfeiffer, 1801—1866

Farbloses Glas, außen rot gebeizt. Auf der achtfach facettierten Kuppa hochgeschliffenes Medaillon mit der Tiefschnittdarstellung der Muttergottes und dem Jesuskind. Um die rückseitige Verkleinerungslinse Weinrankengravur. Höhe 17,4 cm.

Literatur:

Gustav E. Pazaurek, Die Gläser der Empire- und Biedermeierzeit, 1923, Abb. 105

Bei diesem Glas kann mit Sicherheit die Zuschreibung an den Graveur Anton Heinrich Pfeiffer vorgenommen werden. Der Faltentwurf und vor allem die bis ins letzte Detail ausgearbeiteten Hände (mit der 10fachen Lupe betrachtet, kann man sogar die Fingernägel eindeutig erkennen) zeigen die gleiche „Handschrift" wie der unter Lit. angeführte, signierte Becher.

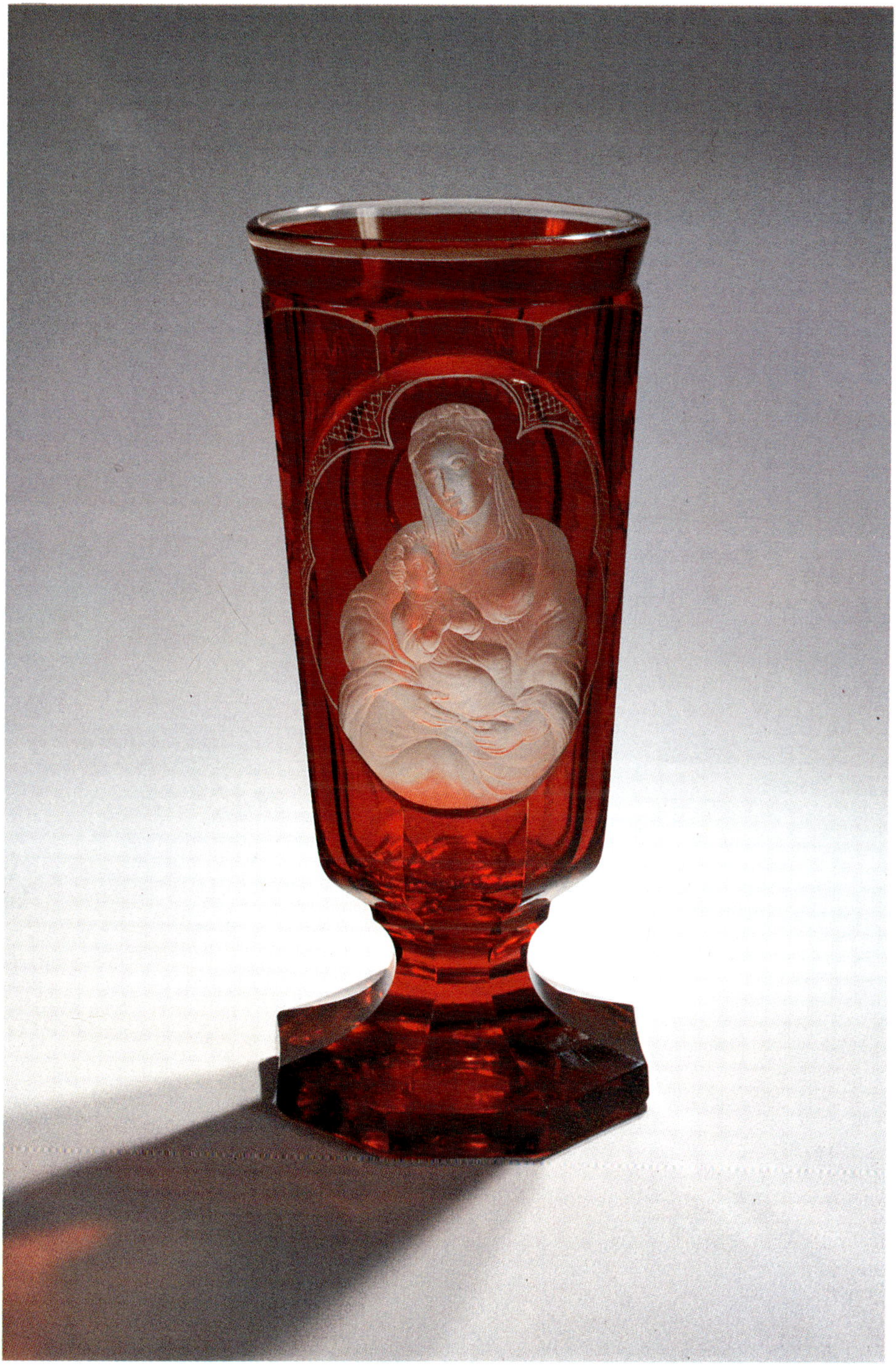

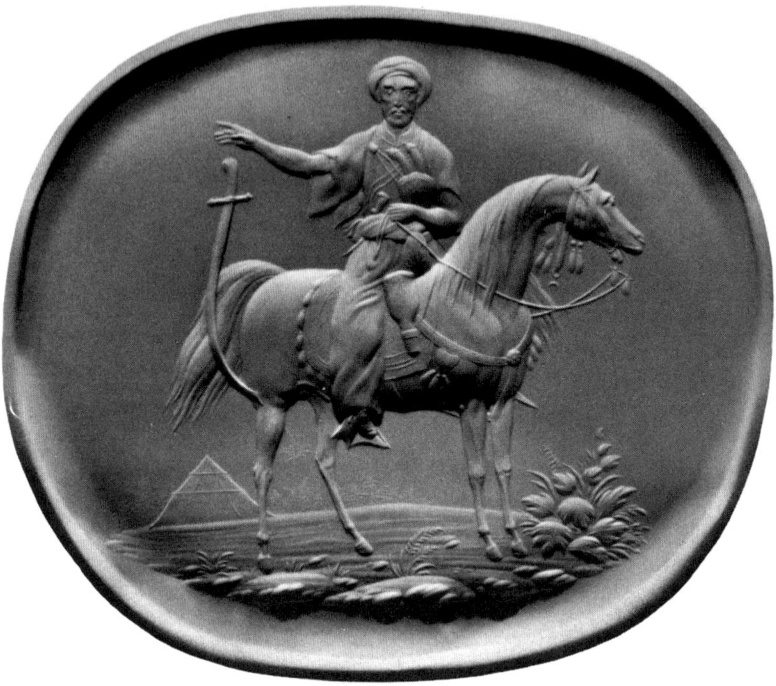

(112)

Pokal, Böhmen, 2. Viertel 19. Jahrhundert

Farbloses Glas, teilweise gelb gebeizt. Der reich geschliffene Fuß geht in einen sechsfach facettierten Schaft über. Die Kuppa ist mit vier hochgeschliffenen Medaillons versehen. Auf der Vorderseite Tiefschnittdarstellung eines Orientalen zu Pferde. Im Hintergrund eine Pyramide. Rückseitig neun Verkleinerungslinsen. Höhe 22,9 cm.

Auch bei diesem Pokal ist es trotz der sehr guten Gravur noch nicht möglich, eine Zuschreibung vorzunehmen. Die in dieser Zeit sehr beliebten Darstellungen von Orientalen zu Pferde, standen als lithographische Vorlagen, meist nach Zeichnungen von Carlo Vernet, allen Glasschneidern zur Verfügung. Der Name des Glasgraveurs Emanuel Hoffmann wird im Zusammenhang mit diesen Sujets sehr gerne gebraucht, obwohl nachweislich auch August Böhm und sicher viele andere sehr gute Glasschneider gleichartige Gravuren ausführten.

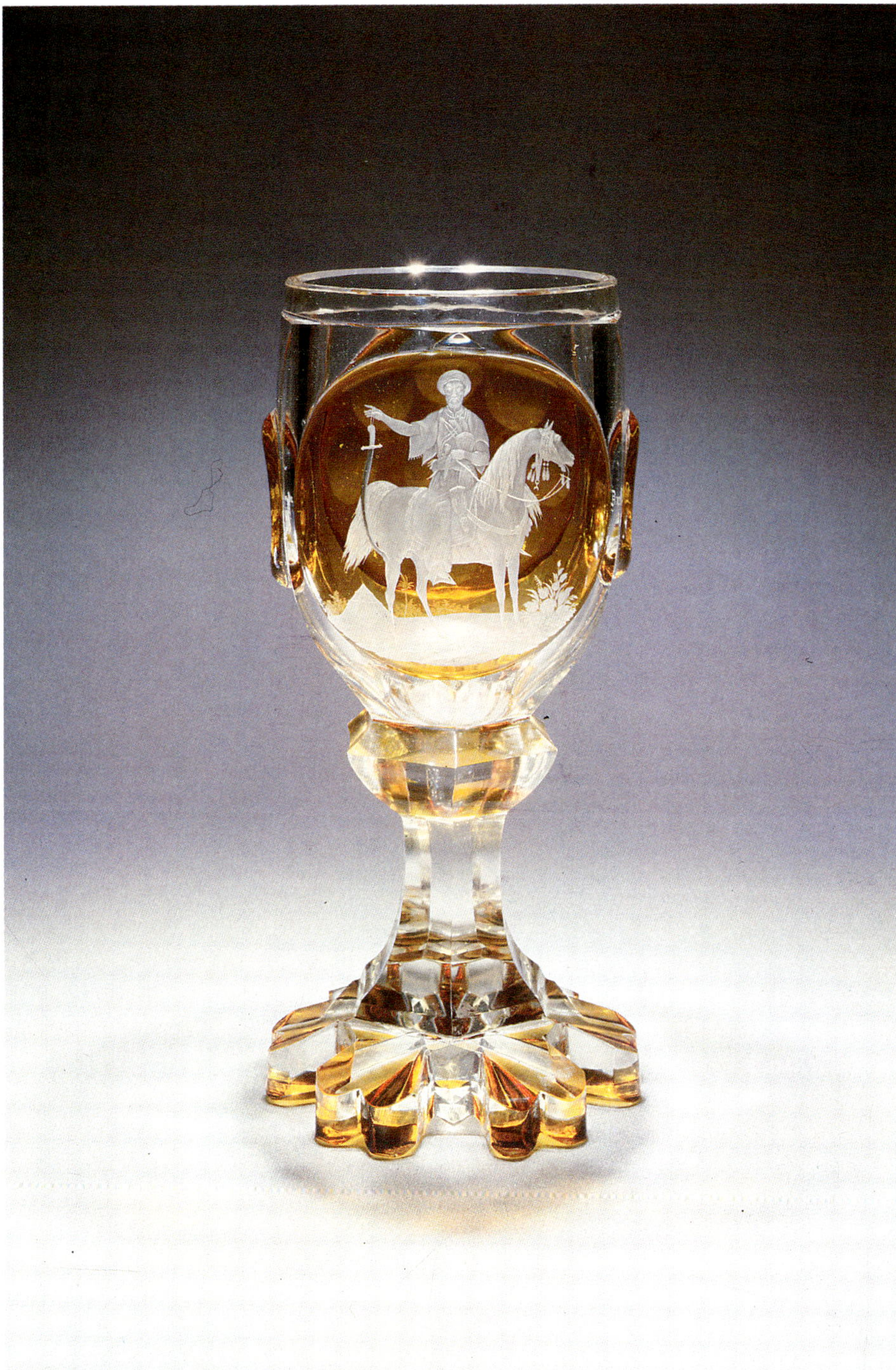

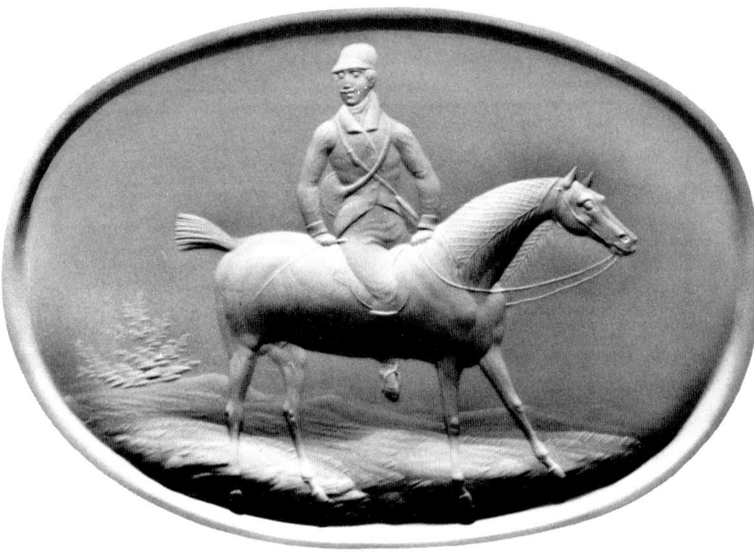

(113)

Fußbecher, Böhmen, Mitte 19. Jahrhundert

Farbloses Glas, außen rot gebeizt. Auf der Vorderseite der achtfach facettierten Kuppa hochgeschliffenes Medaillon mit der Tiefschnittdarstellung eines Reiters zu Pferde. Rückseitig eine Verkleinerungslinse. Auf beiden Seiten des Medaillons Rankengravuren.
Höhe 17,9 cm.

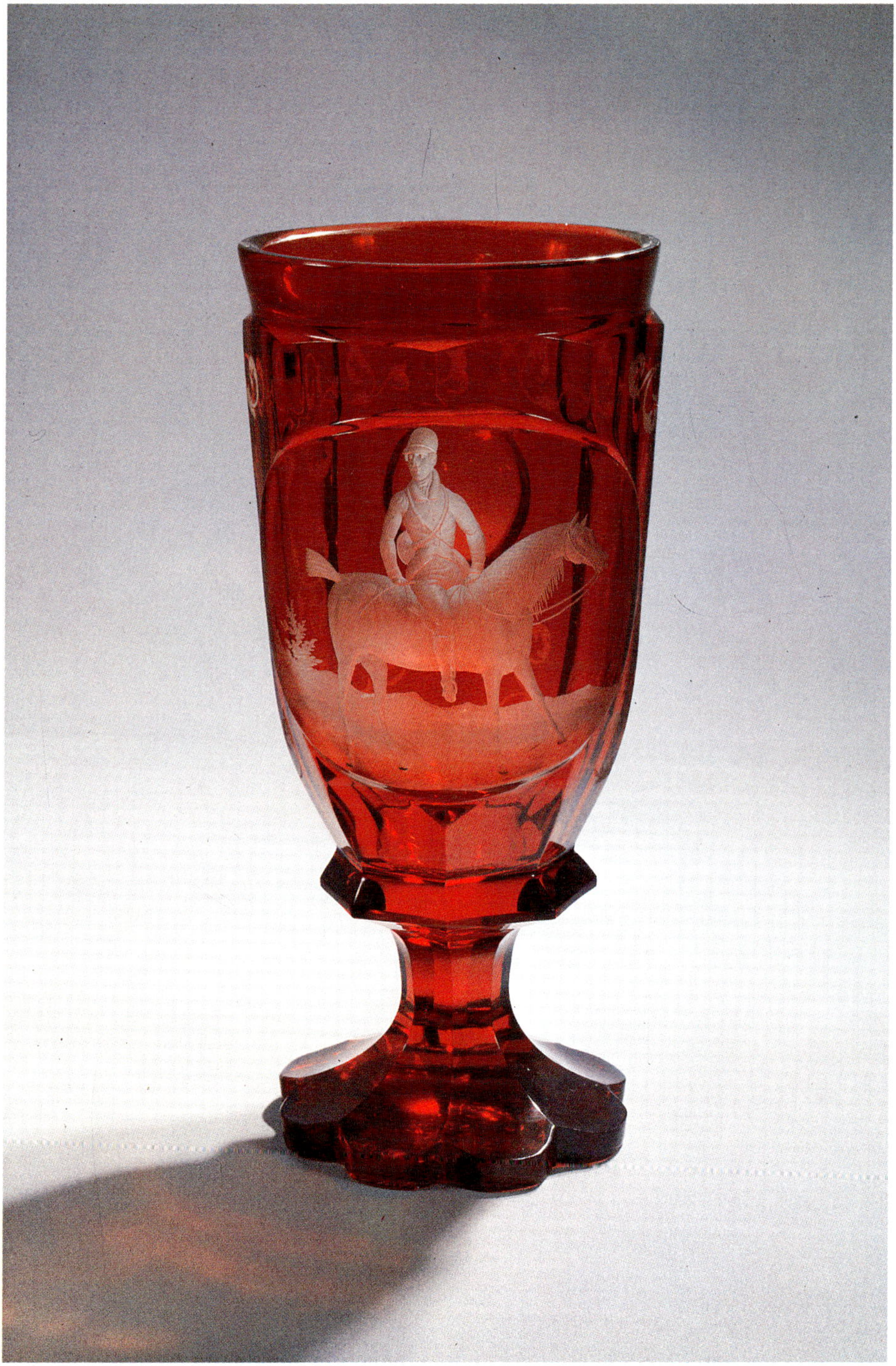

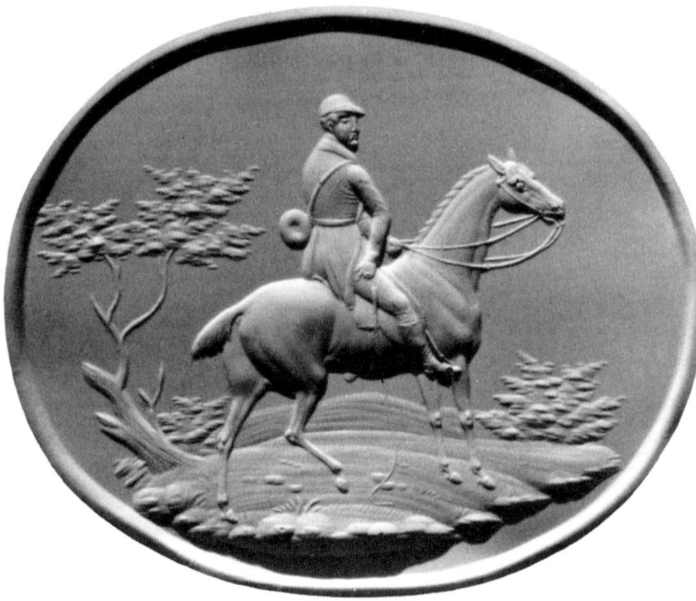

114

Becher, Böhmen, Mitte 19. Jahrhundert

Farbloses Glas mit Kupferrubinüberfang. Auf der Vorderseite in einem ovalen Bildfeld ein Reiter zu Pferde in Tiefschnitt dargestellt. Rückseitig sieben Verkleinerungslinsen.
Höhe 13,6 cm.

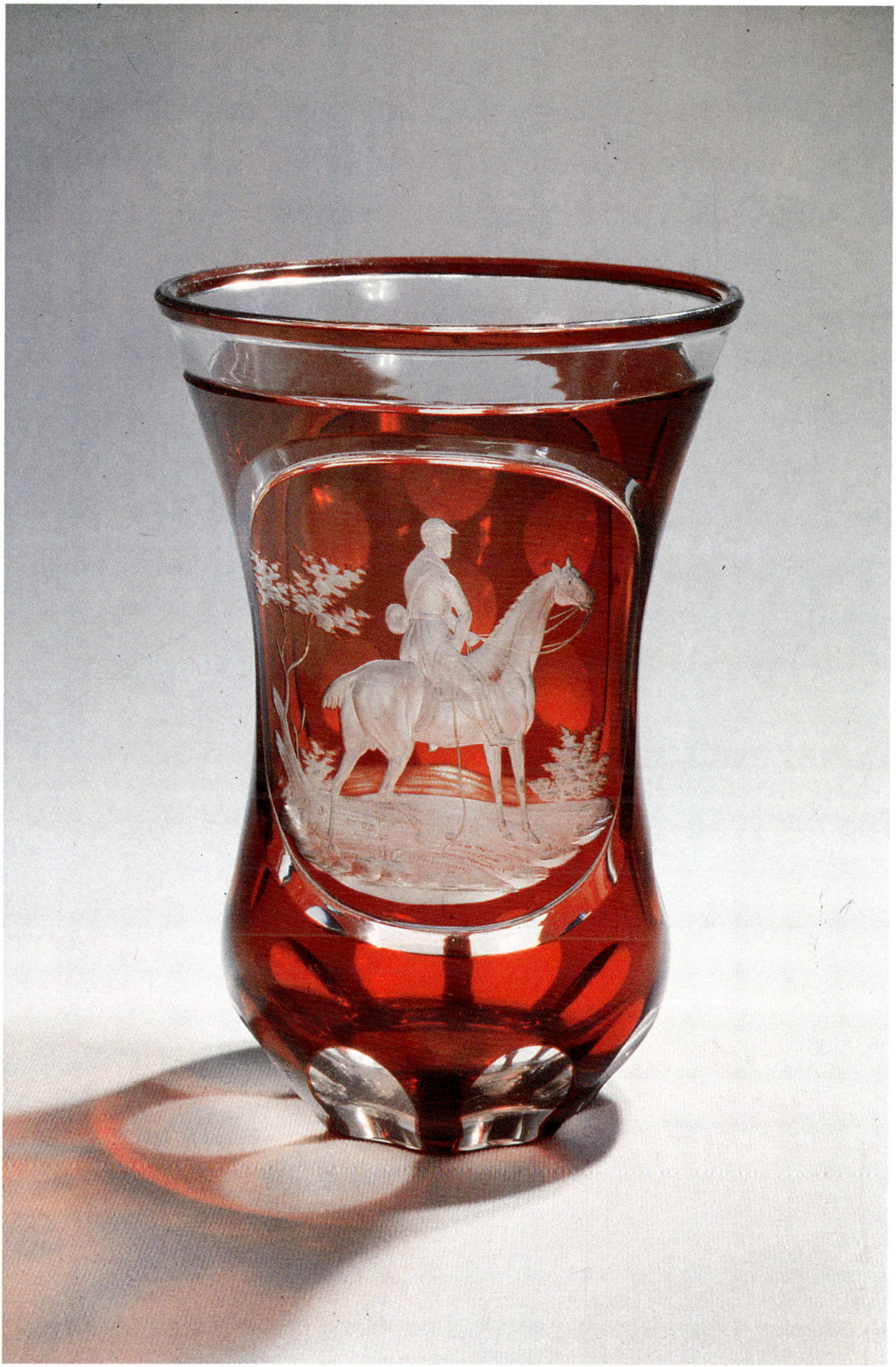

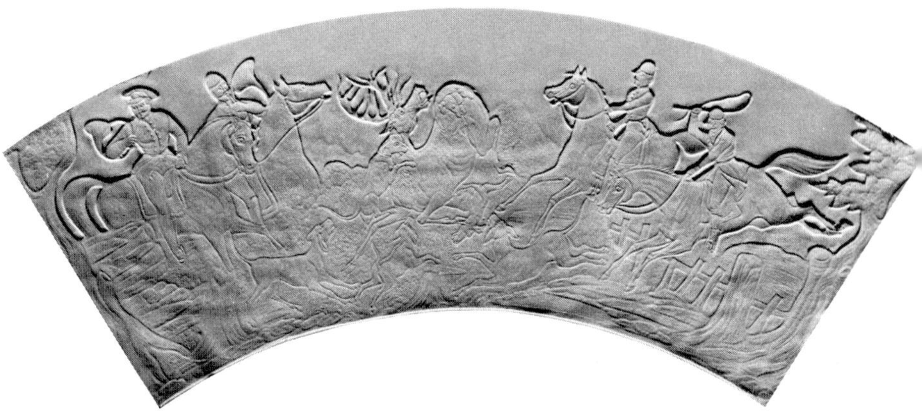

(115)

Deckelpokal, Böhmen, 1850—60
Glasschnitt: Franz Paul Zach, 1821—1881

Farbloses Glas mit weißem und blauem Überfang. Fuß, Schaft und Deckel sind mit verschiedenen Schliffmustern verziert. Auf der Wandung ist umlaufend eine Parforcejagd mit vier Reitern zu Pferde, sechs Hunden und einem waidwunden Hirsch in Hochschnitt dargestellt. Höhe 42 cm.

Literatur:

Katalog, Glass from the Corning Museum of Glass, 1965, Abb. 93.

Vergleicht kam den Schnitt dieses Pokals mit dem des Bechers Kat.-Nr. 116, läßt sich unschwer erkennen, daß die beiden Arbeiten von verschiedenen Meistern ausgeführt wurden. Die Schattierungen der Landschaft und das Muskelspiel der Tiere sind bei dem hier beschriebenen Pokal viel stärker ausgeprägt, wodurch die Ausdruckskraft der Darstellung noch besser zur Geltung kommt.

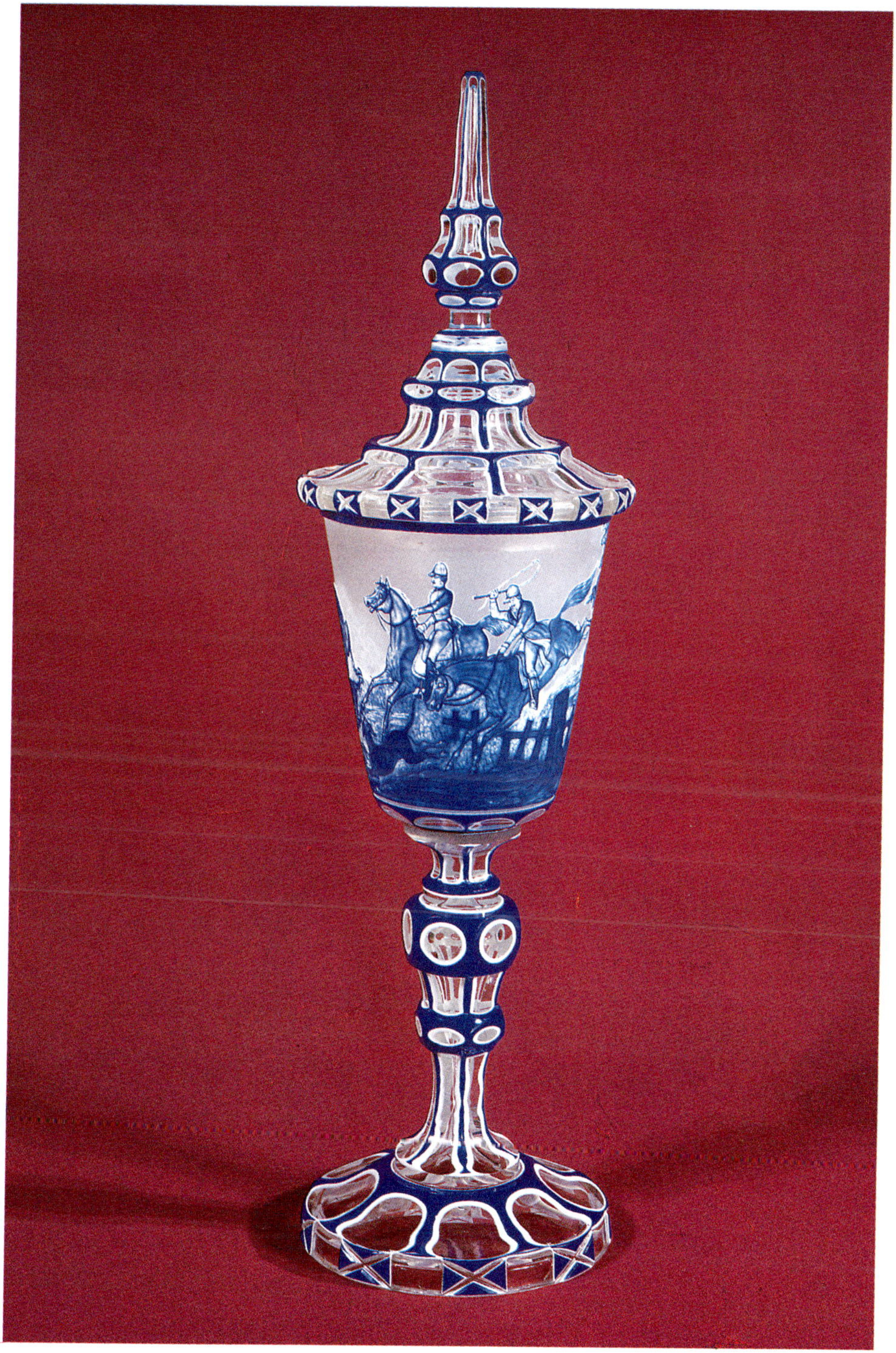

116

Sockelbecher, Böhmen, Mitte 19. Jahrhundert

Farbloses Glas mit weißem und blauem Überfang. Der Sockel und der untere Teil der Wandung sind umlaufend mit verschiedenen Schliffmustern verziert. Auf der Vorderseite ein Bildfeld mit einem Hirsch, rückseitig eine Weinranke in Hochschnitt dargestellt. Höhe 14,4 cm.

Bei der Technik des Überfanghochschnittes mußte der Graveur sehr vorsichtig an die Arbeit herangehen. Im ersten Arbeitsgang wurden die äußersten Konturen auf die zur Gänze blaue Kuppa gezeichnet. Anschließend wurden durch das schichtenweise Abtragen des blauen und weißen Überfanges die verschiedenen Schattierungen erzielt. Im Bereich des Himmels ist sowohl die blaue wie auch die weiße Glasschichte weggeschliffen und das klare Glas mattiert.

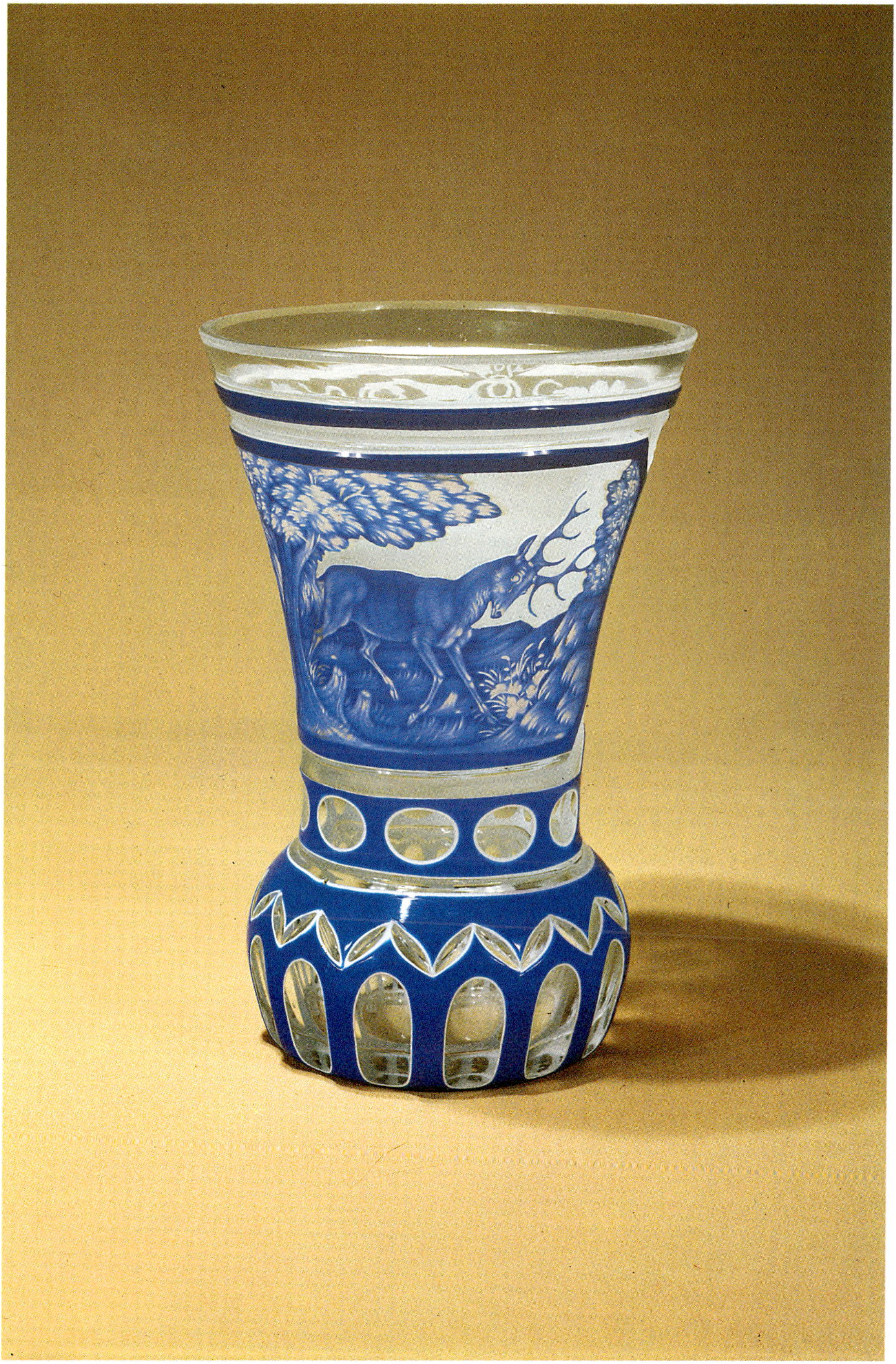

Hyalith-, Lithyalin- und andere Steingläser

Schwarzer Hyalith war die erste Neuentwicklung auf dem Gebiet der Farbgläser, von denen die Biedermeierzeit in späteren Jahren eine bisher unbekannte Fülle bieten konnte. Die Erfindung gelang 1816—1817 in den Gräflich Buquoy'schen Hütten Silberberg oder Georgenthal bei Gratzen in Südböhmen. Wohl eines der ersten Erzeugnisse ist eine koppchenähnliche Kaffeeschale mit Untertasse aus dem Jahr 1817, die das Technische Museum in Wien verwahrt. Vorbild für dieses völlig undurchsichtige schwarze Glas war die Basaltware, auch „Egyptian Black" genannt, des Josiah Wedgwood in England. Schwarzer Hyalith wurde geschliffen und ornamental graviert. Gelegentlich begegnet man Bechern und Kaffeeschalen mit geometrischem, teilweise gotisierendem Dekor, der durch die geschnittenen und vergoldeten Umrißlinien in Verbindung mit mattierten und hochglänzenden Flächen sehr elegant und zeitlos modern wirkt, Abb. 118. Ab etwa 1820 wurde schwarzer Hyalith nur noch mit Gold bemalt, vorwiegend mit fein radierten und polierten Chinoiserien, Abb. 117, aber auch mit Blütenbouquets, Blattzweigen und flächendeckendem Wurmliniendekor.

1819—20 folgten die Harrach'sche Hütte mit schwarzem Hyalith, und 1823 kam auch Josef Zichs Glasfabrik im niederösterreichischen Schwarzau mit einem, dem schwarzen Hyalith zum Verwechseln ähnlichen „schwarzen Metallglas nach eigener Erfindung", auf den Markt.

Bei rotem Hyalith handelt es sich um die Wiedereinführung einer schon den Ägyptern, Römern und Venezianern bekannten, mit Kupfer gefärbten, opaken Glasmasse. Johann Kunckel in Potsdam erzeugte dieses bereits zu Beginn des 18. Jahrhunderts, wie es sich überhaupt das ganze 18. Jahrhundert hindurch nachweisen läßt, so auch in der Harrach'schen Hütte um 1770/80. Dort führte diese ziegelrote bis rotbraune, häufig mit dunklen Schlieren mehr oder weniger stark durchsetzte Glassorte die Bezeichnung „rotwelsches Glas", Abb. 126. Bei Buquoy nannte man sie roten Hyalith.

Auch ein Begriff „siegellackrotes Glas" kommt in der Literatur vor. Im Grunde ist es ein und dieselbe Glasart, die durch Dosierung des rotfärbenden Kupfers, variierende Hafentemperaturen und unterschiedliche Grundglaszusammensetzungen in allen Nuancen zwischen leuchtendem Ziegelrot und rötlichem Braun erzeugt wurde.
Gläser aus rotem Hyalith wurden geschliffen und vergoldet, vermutlich in denselben Werkstätten, die auch schwarzen Hyalith dekorierten. Hauptproduzenten waren die Harrach'sche Hütte und die Buquoy'schen Hütten, die ab 1835 auch einen schwarzgrauen bis blaugrauen Hyalith erzeugten.
Als Erfinder des „Lithyalinglases" gilt Friedrich Egermann, der seine Glasraffinerie damals noch in Blottendorf bei Haida betrieb, 1829 erhielt er ein Privileg „auf eine Erfindung des Edelsteinglases, jedoch unter der Voraussetzung, daß alle Farben in starkem Feuer eingebrannt sind". Im gleichen Jahr zeigte Egermann auf der Prager Kunstgewerbe-Ausstellung unter anderem „zwei türkische Kaffeeköpfchen (Köppchen) von Lithyalin mit Spiegeladern", also auf der Oberfläche geäderte bzw. marmorierte Gläser. Korrespondenz- und Rechnungsbücher der Harrach'schen Hütte enthüllten Einzelheiten über die Geschäftsbeziehungen Egermanns mit der Hütte in den Jahren ab 1828. Schon damals kaufte Egermann Gläser und Parfumflakons in Harrachsdorf, die er durch Beizen zu Lithyalin veredelte und an die Hütte zum Weiterverkauf schickte.
Dort kam man sehr schnell hinter das von Egermann, auch später noch durch Ausstreuen von Falschinformationen, sorgfältig gehütete Geheimnis. Spätestens ab Oktober 1828 erzeugte die Harrach'sche Hütte eigenes Lithyalin nach einem dem Egermann'schen sehr ähnlichen Verfahren, dessen Ergebnisse der Hüttendirektor Johann Pohl in einem Brief an Graf Harrach in Wien mit „agatsteinartig gebeizt" bezeichnete. In einem Brief an den Grafen im November 1828 wurde Pohl noch deutlicher: „Die vielfärbige Beizung des roth überfangenen oder auch des rothen Hyaliths, letzteres unter dem Namen Rothwälsches Glas bekannt, gibt das bekannte Lithyalinglas."
Eine pauschale Zuschreibung aller Lithyalingläser an Egermann ist also nicht vertretbar. Dennoch darf angenommen werden, daß die meisten opaken Lithyalingläser, besonders jene mit außerordentlich reizvoller Farbmarmorierung, Egermann'sche Erzeugnisse sind, weil er die Zusammensetzung seiner Beizen immer wieder veränderte und verbesserte, um mit schöneren Ergebnissen, gegenüber seinem Konkurrenten Harrach, bestehen zu können, Abb. 122, 123, 124.
In der Folge brachte Egermann transparente Gläser auf den Markt, die zwar mit Beizen gefärbt, aber nicht mehr marmoriert waren. Hierher gehört das sogenannte Chamäleonglas, ein hell türkisfarbiges Glas, außen ockergelb bis olivfarbig gebeizt, das bei durchfallendem Licht rötlichgelb fluoresziert.
In Ermangelung einer eigenen Glashütte kaufte Egermann undekorierte Gläser auch von den Buquoy'schen Glashütten in Südböhmen. Dazu zählen die aus grünem, durchscheinendem Glas gefertigten Gegenstände, die in Egermanns Werkstätten nach dem Schleifen, innen und außen mit unterschiedlichen Farben (Lithyalinbeizen) bemalt wurden. Nach dem Einbrennen der Beizen erscheinen diese Gläser im Auflicht opak. Im Durchlicht betrachtet, wird die grüne Grundfarbe der Glasmasse sichtbar, Abb. 120. Manche dieser Gläser zeigen auf der Wandung sogenannte „Scheinsteine".

Diese hochgeschliffenen und andersfarbigen Felder, eingefaßt durch eine gemalte Goldzackenbordüre, sollen aufgesetzte Edelsteine darstellen, Abb. 121.
Die Buquoy'schen Hütten erzeugten ab 1834 das sogenannte „Agatin-Opalglas", das fälschlicherweise, häufig zu den Egermann'schen Lithyalinen gerechnet wird, weil es in der Durchsicht seinem Chaäleonglas ähnlich erscheint. Im Gegensatz zu den Erzeugnissen Egermanns sind diese Gläser nicht mit einer Farbbeize behandelt worden. Das in mehreren Farben vorkommende und in der Masse gefärbte Glas, zeigt im Durchlicht einen opalartigen Schimmer, Abb. 119.
Auch in den Glashütten von Josef Zich und seinem Nachfolger ab dem Jahre 1836, Carl Stölzle — in Joachimsthal und Schwarzau im Waldviertel in Niederösterreich — wurden Steingläser hergestellt, Abb. 128, 129. Diese werden sehr oft, infolge ihrer Ähnlichkeit, mit Erzeugnissen von Egermann und Buquoy verwechselt.

Walter Spiegl
Michael Kovacek

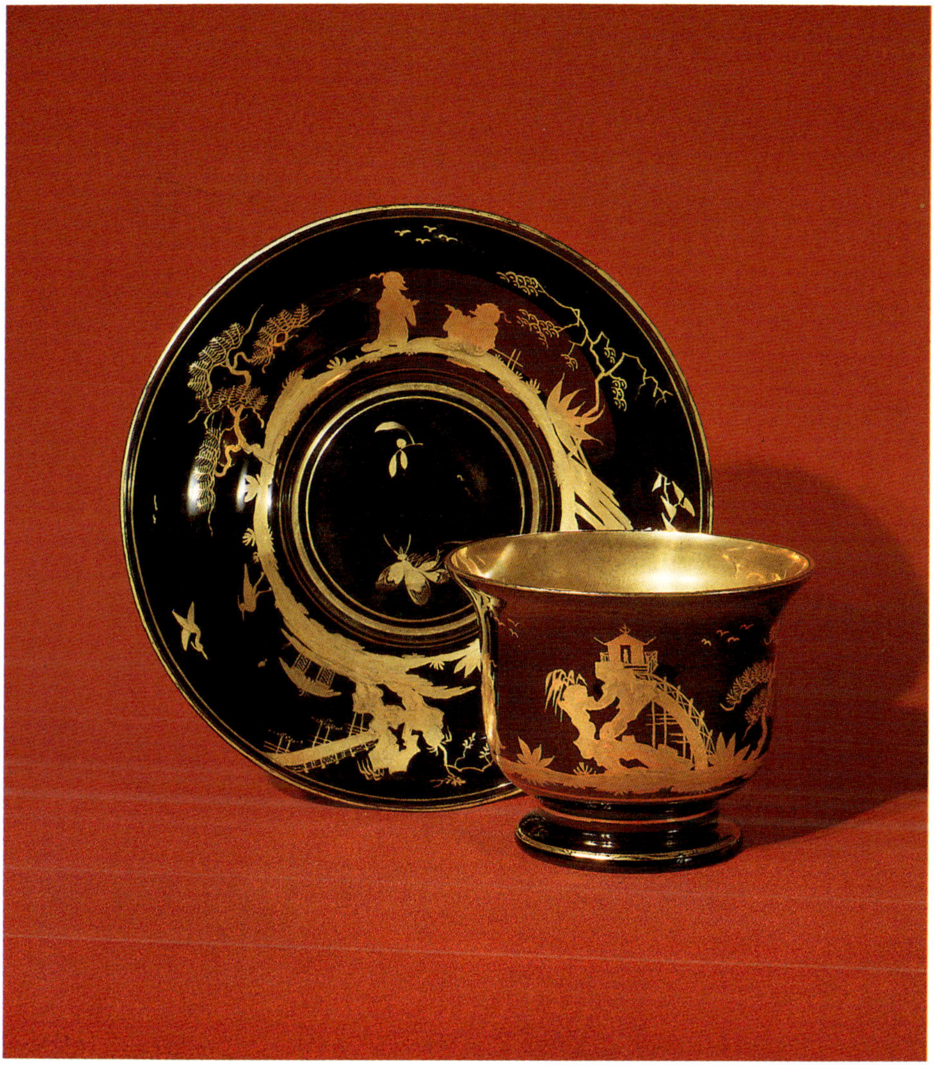

(117)

Schale mit Untertasse, Graf Buquoy'sche Glashütten, Silberberg, Südböhmen, um 1820—30

Schwarzes Hyalithglas. Der Teller und die Wandung der Schale sind umlaufend mit Chinoiserien in radierter Goldmalerei dekoriert. Die Schale ist innen vergoldet.
Teller: ∅ 19,4 cm, Schale: Höhe 8,6 cm.

Literatur:
Pazaurek/Philippovich, Gläser der Empire- und Biedermeierzeit, 1976, Abb. 246.

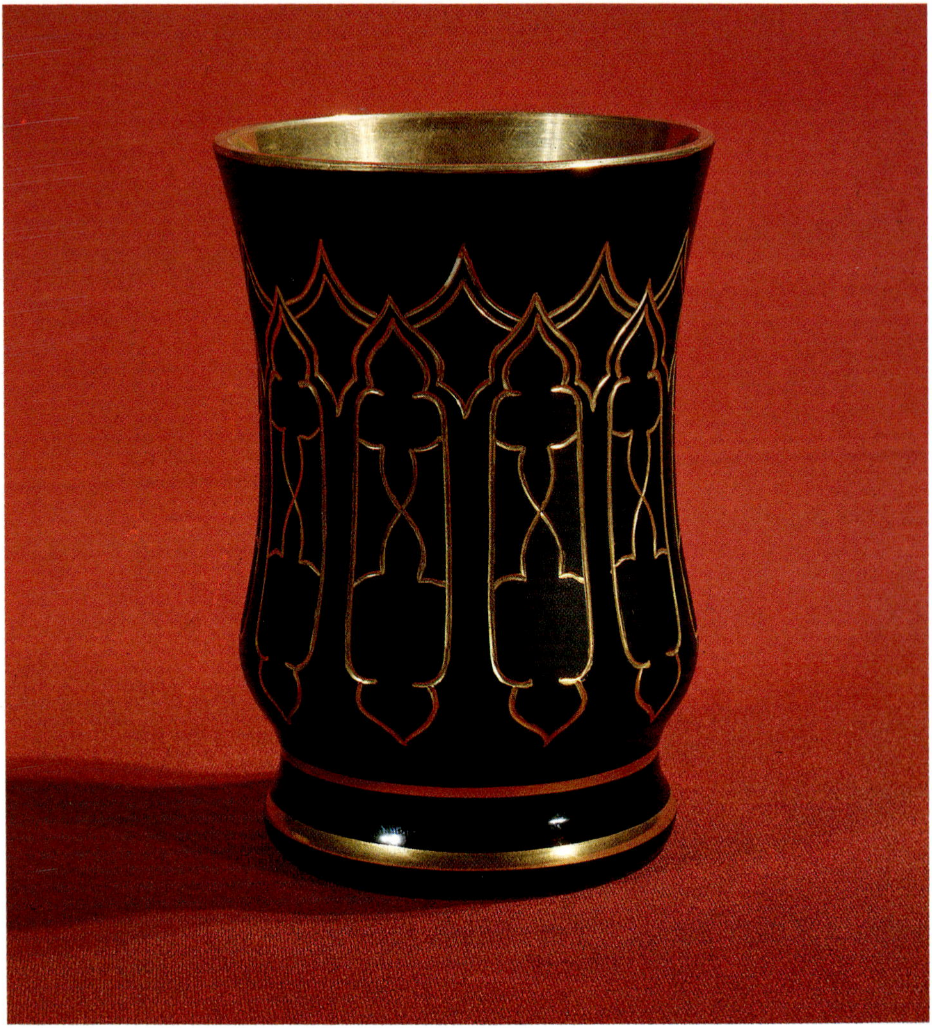

(118)

Becher, Graf Buquoy'sche Glashütten, Silberberg, Südböhmen, um 1816—1825

Schwarzes Hyalithglas. Die Wandung ist umlaufend mit gravierten und matt geschliffenen, gotisierenden Ornamenten dekoriert. Die Innenseite des Bechers und die Konturen des Dekors sind vergoldet. Höhe 10,6 cm.

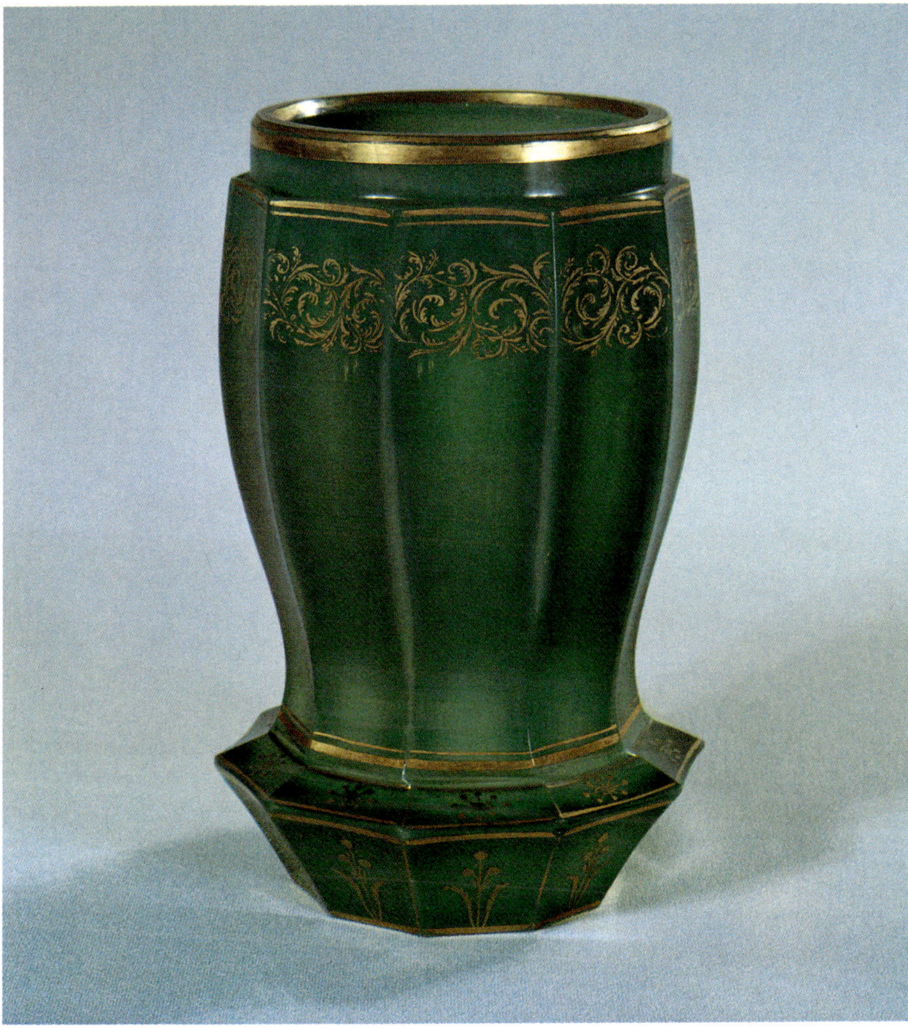

(119)

Agatin-Opal-Becher, Graf Buquoy'sche Glashütten, Silberberg, Südböhmen, um 1835—40

Grünes, durchscheinendes Agatin-Opal-Glas mit zehn, schwach hohl geschliffenen Facetten. Der Sockel und der obere Bereich der Wandung sind umlaufend mit verschiedenen Mustern in feiner Goldmalerei dekoriert. Höhe 12,5 cm.

Minimale Absplitterung (2 mm) an einer Ecke des Sockels.

Literatur:

Walter Spiegl, Biedermeier-Gläser, 1981, S. 136 f.

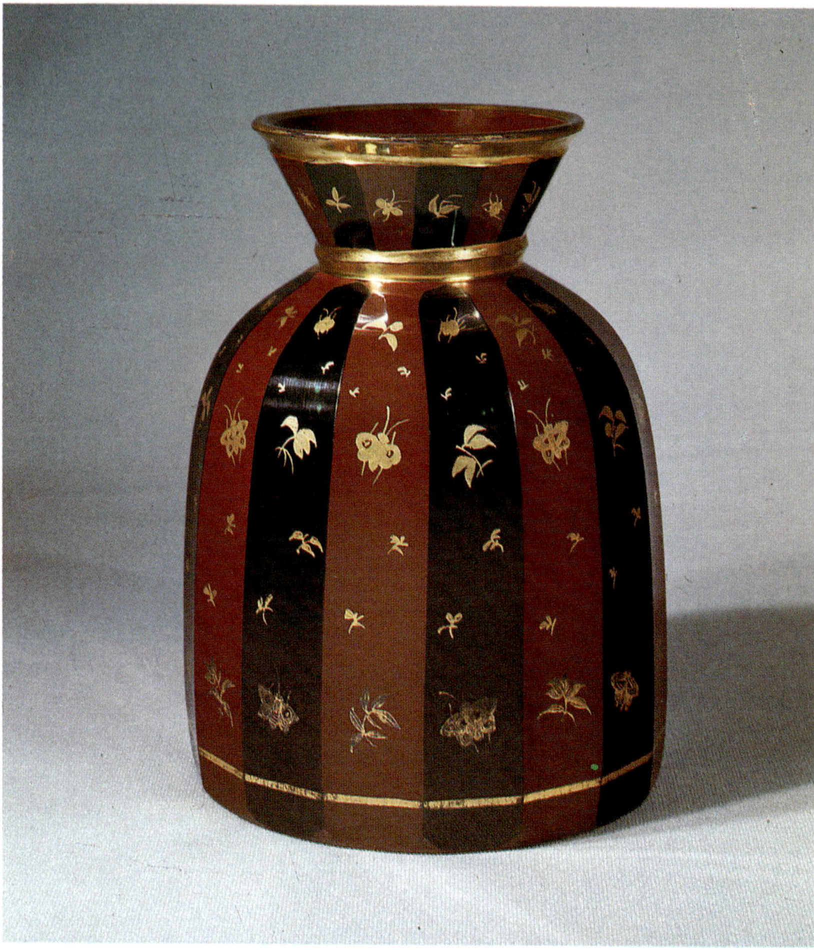

(120)

Lithyalin-Windlicht-Schirm, Werkstätte Friedrich Egermann, Blottendorf bei Haida, Böhmen, um 1835—40
Grundglas: Graf Buquoy'sche Glashütten, Südböhmen

Grünes Glas, sechzehnfach facettiert geschliffen. Anschließend jede zweite Facette und innen zur Gänze mit roter Beize bestrichen und im Muffelofen gebrannt. Die Wandung ist umlaufend mit Insekten und Blattmustern in radierter Goldmalerei dekoriert. Höhe 13,3 cm.

Der Schirm ist sowohl oben als auch unten offen. Durch die innere Lichtquelle kommt der Kontrast zwischen den rot gebeizten Flächen und dem grünen Grundglas sehr schön zur Geltung.

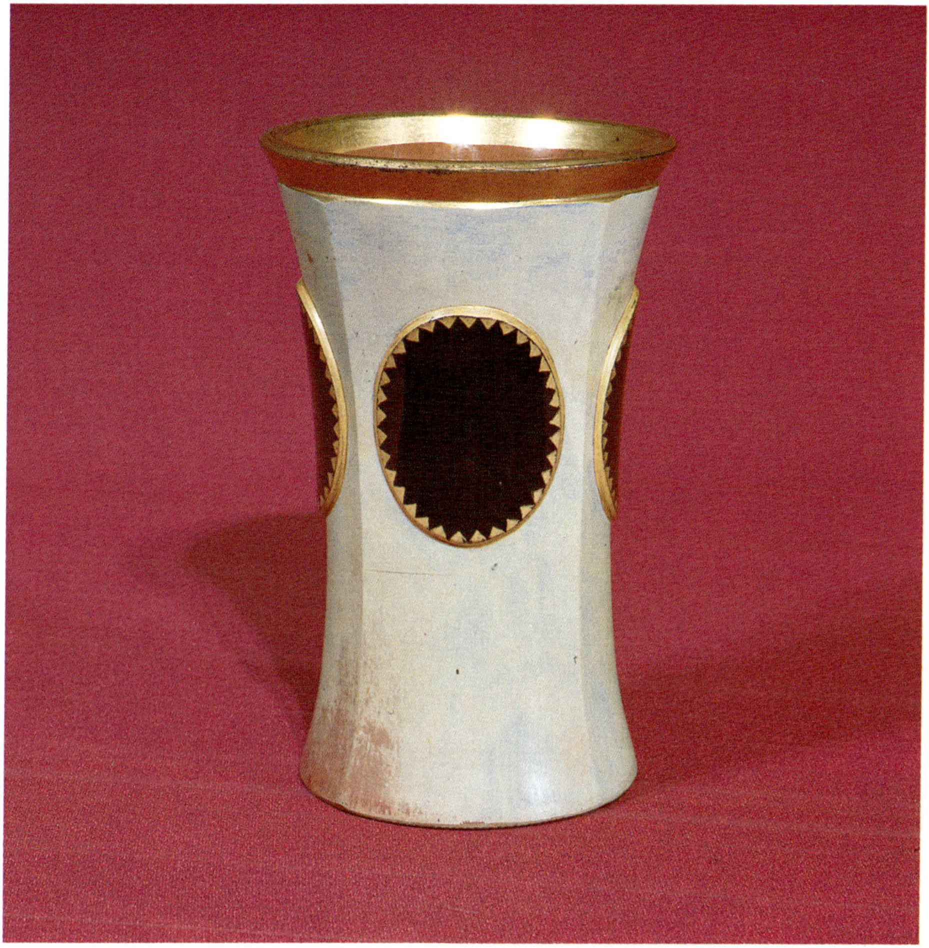

(121)

Lithyalinbecher, Werkstätte Friedrich Egermann, Blottendorf bei Haida, Böhmen, um 1835—45
Grundglas: Graf Buquoy'sche Glashütten, Südböhmen

Grünes Glas. Boden mit Mittelkugelung und Kerbschliffkranz. Die vier hochgeschliffenen Medaillons sind mit Goldmalerei, die Fassung eines Edelsteines vortäuschend, eingerahmt. Innen wurde der Becher mit roter und außen mit grünlicher Beize bestrichen und im Muffelofen gebrannt. Die verschiedenartig marmorierte Außenfärbung ist schwach irisierend. Höhe 10,5 cm.

Provenienz:

Sammlung Direktor Viktor Reichenfeld.

Literatur:

Katalog, Ausstellung von Gläsern, Wien 1922, Österreichisches Museum für Kunst und Industrie, Nr. 923.
Katalog Kunstauktion, Dorotheum Wien, 7. 12. 1940, Nr. 535, Abb. Taf. 48.

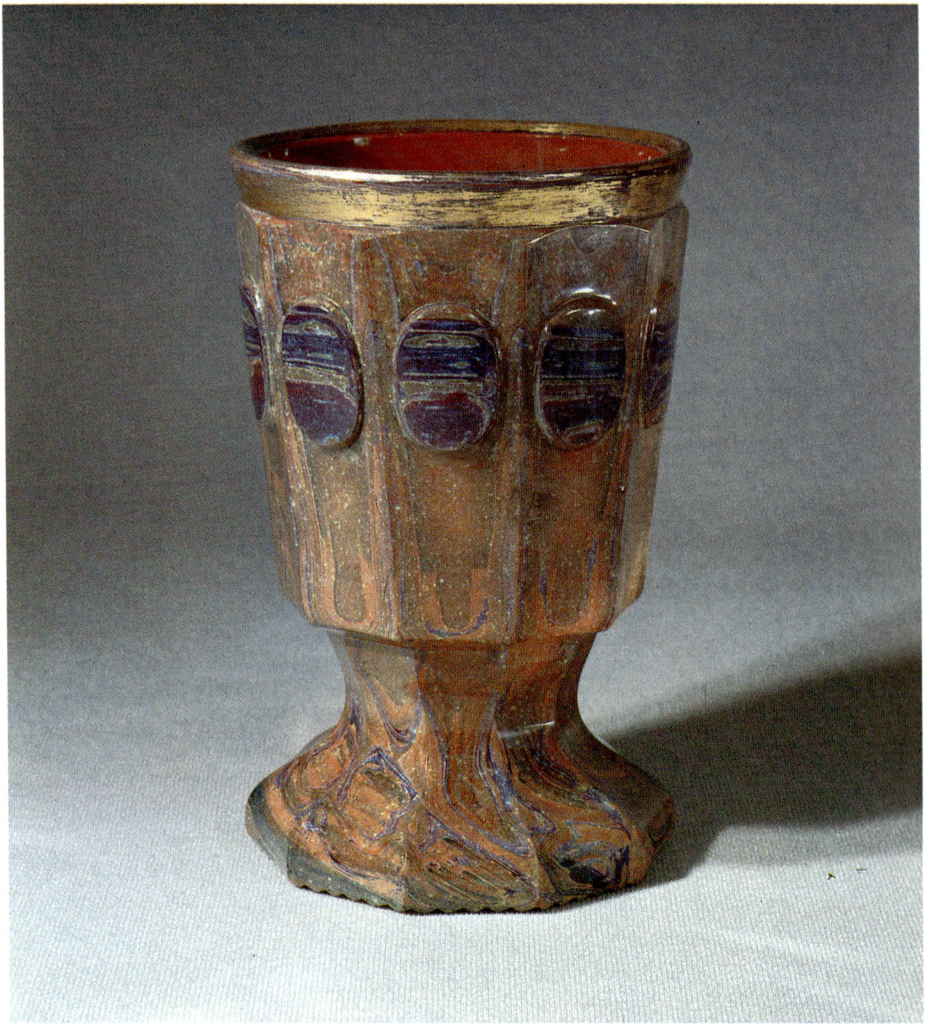

(122)

Lithyalinbecher, Werkstätte Friedrich Egermann, Blottendorf bei Haida, Böhmen, um 1828—35
Grundglas: Harrach'sche Hütte, Neuwelt, Böhmen

Rot-braun marmoriertes, sogenanntes rotwelsches Glas, zehnfach facettiert und mit hochgeschliffenen Medaillons dekoriert. Boden mit Mittelkugelung und Kerbschliffkranz. Anschließend wurde der Becher mit einer Farbbeize bestrichen und im Muffelofen gebrannt. Mundrand vergoldet. Höhe 10,9 cm.

Minimale Scharte (1 mm) am Lippenrand. Vergoldung berieben.
Literatur: Walter Spiegl, Biedermeier-Gläser, 1981, Abb. 135.

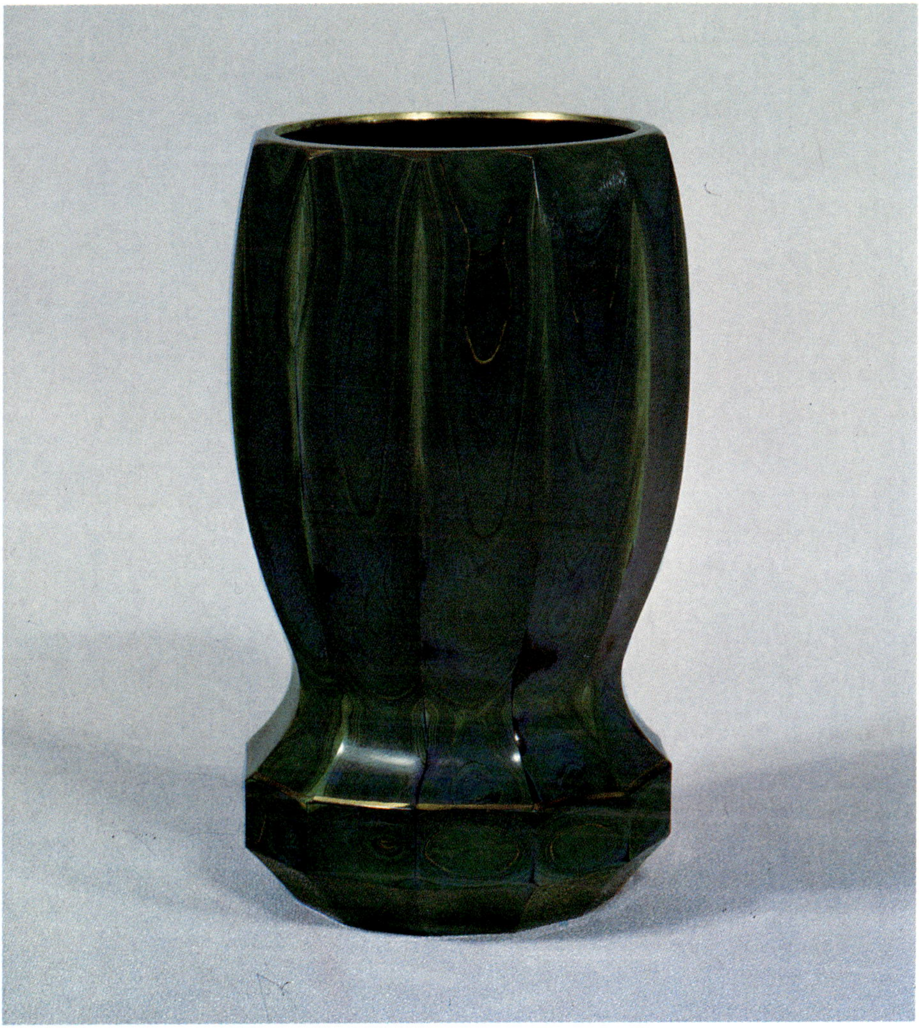

(123)

Lithyalinbecher, Werkstätte Friedrich Egermann, Blottendorf bei Haida, Böhmen, um 1828—35
Grundglas: Harrach'sche Hütte, Neuwelt, Böhmen

Dunkles, rot-braun marmoriertes, sogenanntes rotwelsches Glas, zwölffach facettiert geschliffen. Anschließend wurde der Becher mit einer Farbbeize bestrichen und im Muffelofen gebrannt. Mundrand vergoldet. Sockeloberkante mit Goldlinien konturiert.
Höhe 12,2 cm.

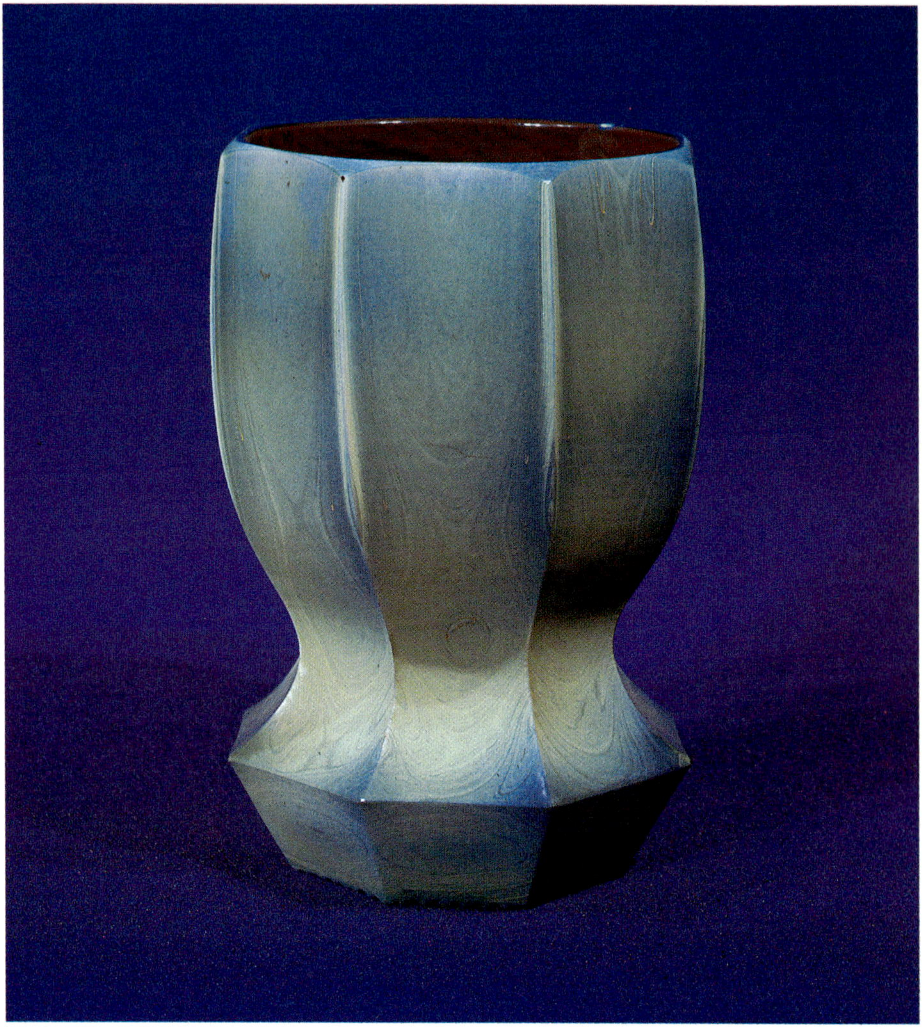

(124)

Lithyalinbecher, Werkstätte Friedrich Egermann, Blottendorf bei Haida, Böhmen, um 1828—35
Grundglas: Harrach'sche Hütte, Neuwelt, Böhmen

Dunkles, rot-braun marmoriertes, sogenanntes rotwelsches Glas, achtfach facettiert geschliffen. Boden mit Mittelkugelung und Kerbschliffkranz. Anschließend wurde der Becher mit einer Farbbeize bestrichen und im Muffelofen gebrannt. Höhe auf einer Seite 10,4 cm, gegenüber 10,1 cm.

Durch zu starkes Erhitzen im Muffelofen ist der Becher auf einer Seite etwas eingesunken.

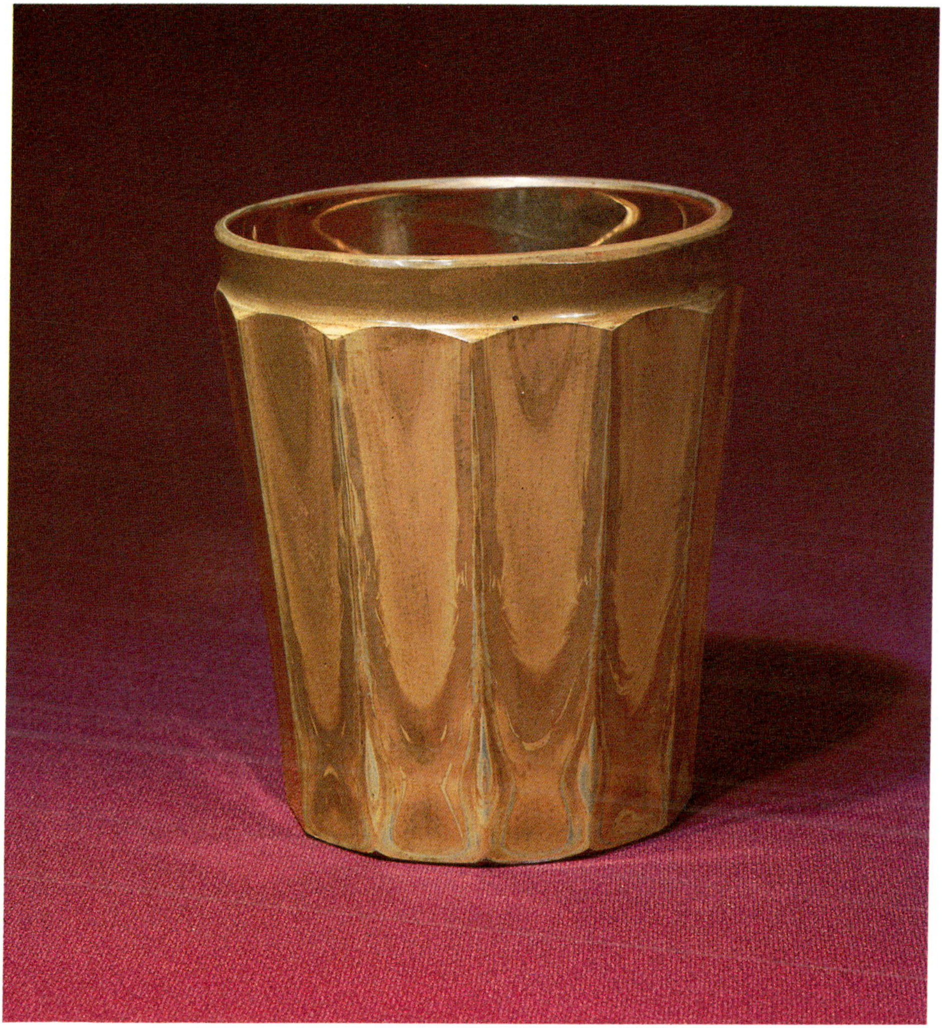

(125)

Lithyalinbecher, Werkstätte Friedrich Egermann, Blottendorf bei Haida, Böhmen, um 1828—30
Grundglas: Harrach'sche Hütte, Neuwelt, Böhmen

Rot-braun marmoriertes, sogenanntes rotwelsches Glas, zwölffach facettiert geschliffen. Anschließend wurde der Becher mit einer Farbbeize bestrichen und im Muffelofen gebrannt. Die 1,5 cm breite, umlaufende Vergoldung auf der Innenseite unter dem Mundrand ist stark abgerieben. Höhe 7,3 cm.

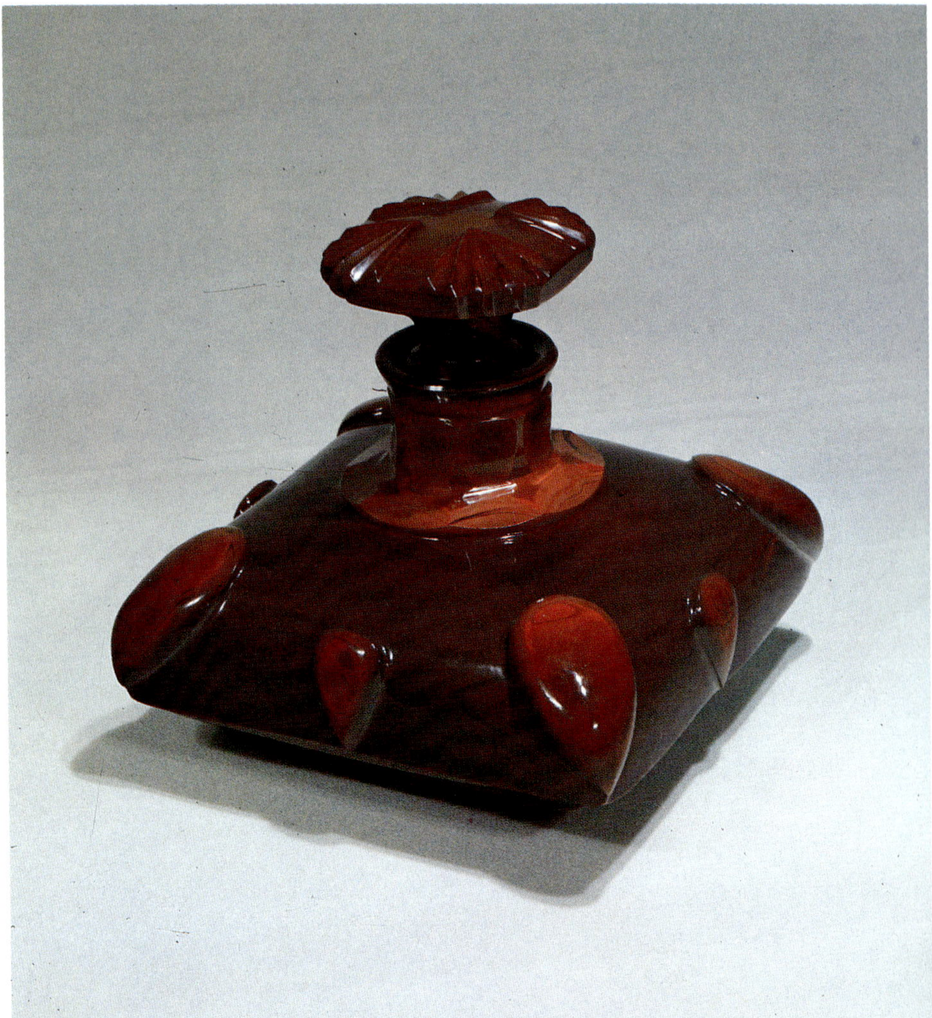

(126)

Flakon, Harrach'sche Hütte, Neuwelt, Böhmen, um 1830—40

Dunkles, rot-braun marmoriertes, sogenanntes rotwelsches Glas, mit einem etwas helleren, ebenfalls rotwelschem Glas überfangen. Dieser Überfang wurde bis auf den achtfach facettierten Hals und die tropfenförmigen Scheinsteine wieder abgeschliffen. Höhe 9,5 cm.

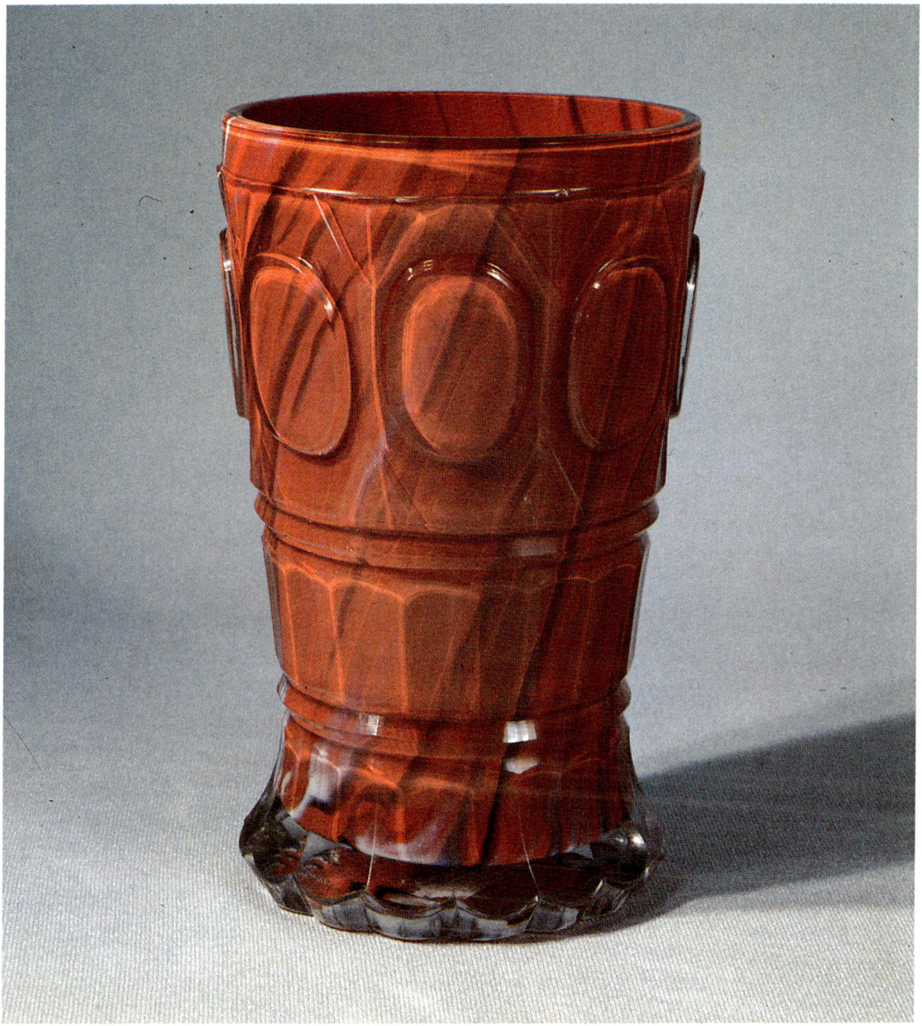

(127)

Becher, Harrach'sche Hütte, Neuwelt, Böhmen, um 1835—45

Farbloses Glas, innen mit einer dünnen Glasschichte aus stark marmoriertem, sogenannten rotwelschen Glas überfangen. Die Wandung ist umlaufend mit acht hochgeschliffenen Medaillons und verschiedenen Schliffmustern dekoriert. Höhe 13,2 cm.

Literatur:

Elfriede Heinemeyer, Katalog Glas, Kunstmuseum Düsseldorf, Abb. 487.

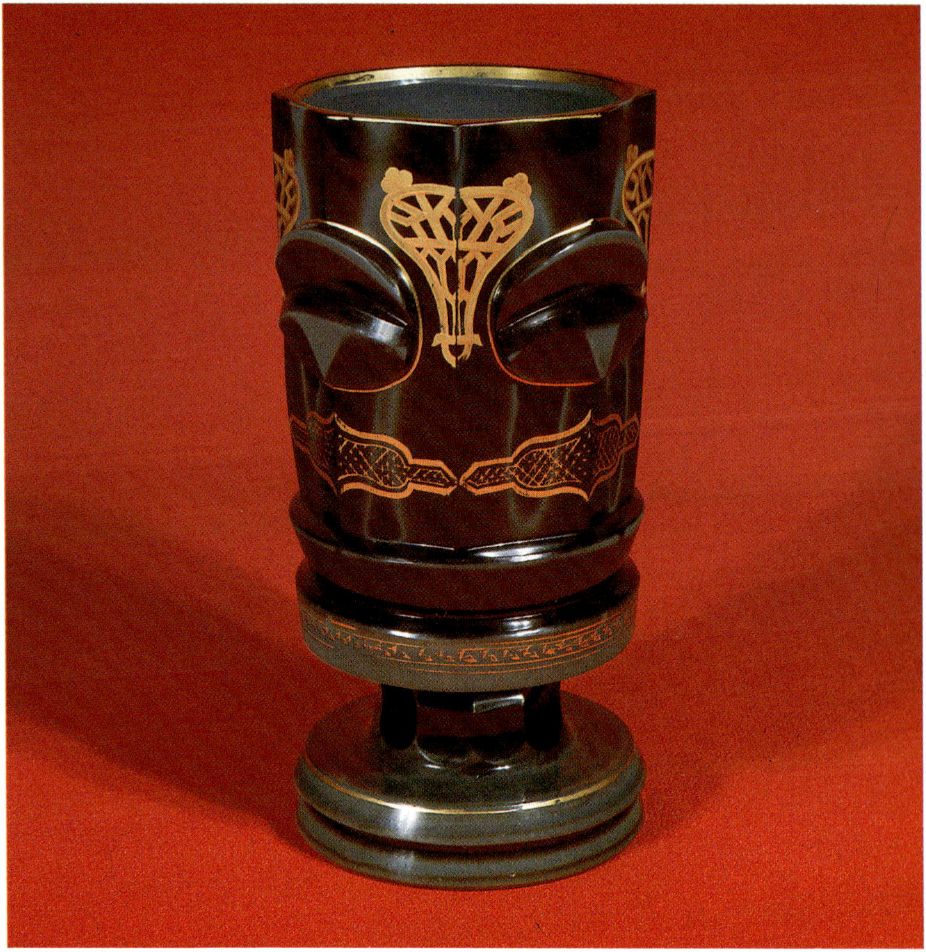

(128)

Steinglas-Becher, Josef Zich, Joachimsthal oder Schwarzau, Waldviertel, Österreich, um 1830—34

Schwarz-braunes, schwach durchscheinendes Steinglas, innen und außen mit einer opaken grauen Glasschichte überfangen. Die Wandung ist umlaufend mit vier hochgeschliffenen Medaillons und verschiedenen Schliffmustern dekoriert. Die rundum angeordneten Ornamente sind mit Gold gemalt und teilweise radiert. Höhe 14,5 cm.

Als wichtige Hilfe für die Unterscheidung der Zich'schen Erzeugnisse von den gleichartigen Gläsern seiner Konkurrenten Egermann und Buquoy, dient die vorwiegend opake Glasmasse und die Technik des mehrschichtigen Glasaufbaues. Erst durch die verschieden tiefe Schliffdekoration der Becherwandung erscheint diese marmoriert. Die Goldmalerei bietet keinerlei Unterscheidungsmöglichkeit, da sowohl Buquoy wie auch Zich ihre Arbeiten in Nordböhmen bemalen ließen.

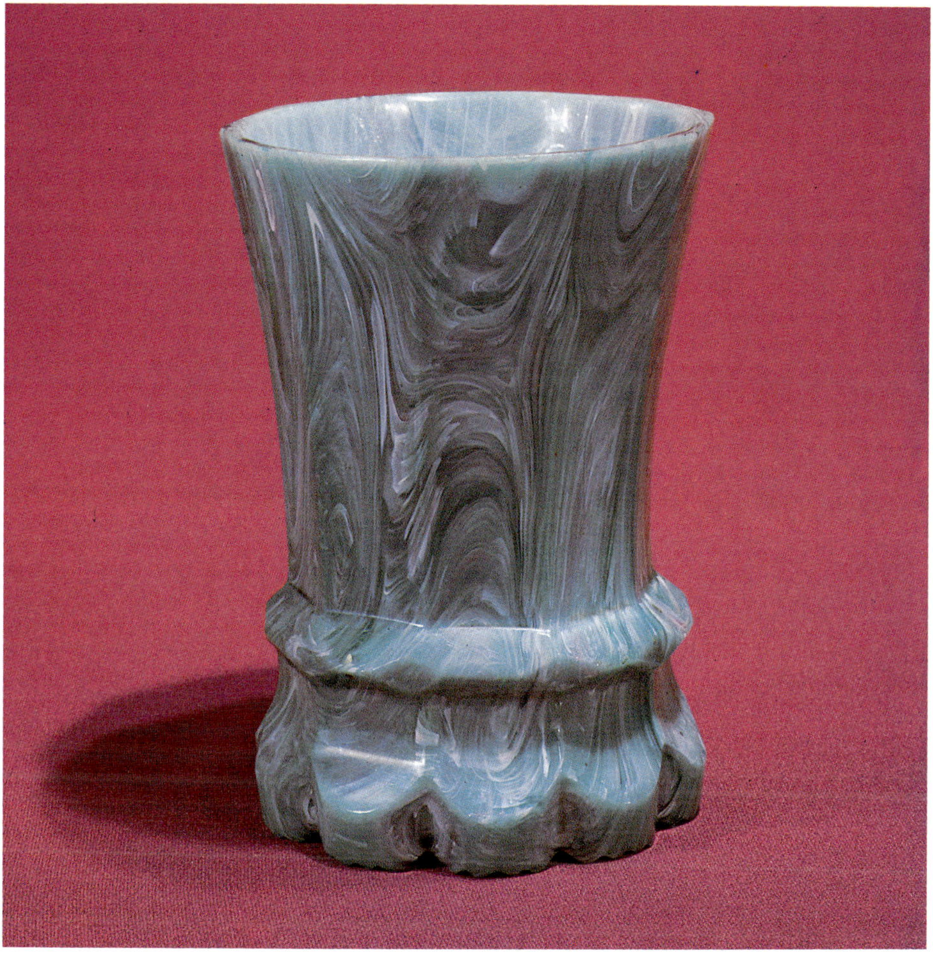

(129)

Becher, Carl Stölzle, Niederösterreich, um 1836—1845

Verschiedenfarbiges „Marmorglas" in eine runde Form geblasen. Anschließend wurde die Wandung zehnfach facettiert und der Boden mit einem zehnstrahligen Stern geschliffen. Höhe 10,4 cm.

Literatur:

Gustav E. Pazaurek, Gläser der Empire- und Biedermeierzeit, 1923, S. 280.
Arnold Busson, Die Waldviertler Glashütten zu Joachimsthal und Schwarzau in der 1. Hälfte des 19. Jahrhunderts, Weltkunst 1978, S. 1144 ff und 1324 ff.

Im Jahre 1836 übernahm Carl Stölzle von Johann Zich die Glashütten Joachimsthal und Schwarzau im niederösterreichischen Waldviertel. Im Bericht über die Mainzer Ausstellung 1842 wird unter seinem Namen das verschiedenfarbige Marmorglas erwähnt.

Die farbigen Biedermeiergläser

Die in der Glasgeschichte bis dahin nie gekannte Vielfalt der Farbigkeit, welche von vielen Sammlern hoch geschätzt wird, ist ein wesentlicher Grund für die große Beliebtheit der Biedermeiergläser.
Schon das 18. Jahrhundert kannte farbige Gläser — die Herstellungsrezepte waren durch Johann Kunckels Veröffentlichung „Ars Vitraria Experimentalis" jedem Hüttenmeister zugänglich — aber außer dem berühmten und geheimnisumwitterten Goldrubin und dem in der zweiten Hälfte des 18. Jahrhunderts als preiswerten Porzellanersatz angesehenen Milchglas (Beinglas), hat keine andere Farbe nennenswerte Verbreitung gefunden.
Im ersten Drittel des 19. Jahrhunderts dominierte vor allem das farblose Glas mit aufwendigem Schliff- und Schnittdekor. Daneben wurden vor allem Vasen, Zier- und Gebrauchsgegenstände aus Milchglas in verschiedenen Färbungen — weiß, blau, „kachelgrün" (ein opakes, helles Türkis) — meist mit mattierter Oberfläche hergestellt. Zwischen 1817 und 1820 kam sogenanntes Hyalithglas in schwarzer und roter Färbung hinzu, Abb. 117, 118.

Von transparenten, also lichtdurchlässigen Farbgläsern ist um diese Zeit noch nichts bekannt. Nur Friedrich Egermann benützte „Silbergelb“, um farblose Gläser, ganz oder teilweise, gelb bis bernsteinfarbig zu färben (beizen), Abb. 112 und 150. Kobaltblau, dessen Erzeugung keine Schwierigkeiten bereitet hätte, war offensichtlich nicht beliebt, und Grün galt als ordinär, weil daraus in der Hauptsache Flaschen erzeugt wurden.
Das änderte sich erst, als die Technik des Überfangens eingeführt wurde. Sowohl die Wiederentdeckung des Kunckel'schen Goldrubins, Abb. 135, wie auch des Kupferrubins, Abb. 136, in der Harrach'schen Hütte in Neuwelt, eröffneten für die Farbglasherstellung völlig neue Möglichkeiten. Erstmals war es möglich, farbloses Kristallglas mit einer dünnen Kupferrubin-Glasschichte zu überfangen und durch verschiedene Schliffmuster eine reizvolle, farbig abwechselnde Wirkung zu erzielen, Abb. 108, 109, 114, 151.
Im Gegensatz dazu wurde das Goldrubinglas meist als Innenüberfang vewendet, Abb. 107, 142, 143, 150, um dem fertigen Becher, trotz Schliffdekoration, den Anschein eines rot durchgefärbten Glases zu geben. Etwa ab 1830 gesellten sich zu den roten Überfanggläsern auch blaue, grüne und amethystfarbige.
Die dreißiger Jahre brachten eine Fülle neuer Farben. Neben den Lithyalin-, Stein- und Opalgläsern, Abb. 119—129, kam vor allem die Oberflächenfärbung mit blauer, rosa, violetter und grüner Lasurfarbe in Mode.
In diese Zeit fallen auch Friedrich Egermanns erste Versuche mit der erst in den vierziger Jahren zur Vollkommenheit entwickelten Rubinbeize, Abb. 111, 113. Um ein durchgefärbtes rotes Glas vorzutäuschen, wurden viele Gläser mit dieser Rubinbeize innen und außen bestrichen, so daß selbst bei nachträglicher Gravur, der Anschein des in der Masse rot gefärbten Glases erhalten blieb (rubinierte Gläser).
In den vierziger Jahren wurde die den Glashütten zur Verfügung stehende Palette an farbigen Gläsern noch reicher. Blau und Grün gab es in vielen Farbabstufungen. Zur Modefarbe entwickelte sich ab 1841 das durch Zugabe von Uranoxid erzielte sogenannte „Annagelb“, Abb. 139, 148, und „Annagrün“, Abb. 145. Sehr beliebt waren weiße und bunte Alabastergläser, Abb. 137, in pastellfarbigen und kräftigen Tönen, teils in der Masse gefärbt, teils als Überfang aufgebracht und durchgeschliffen.
Ein porzellanartiges, auch in dünner Schicht undurchsichtiges weißes Glas (Zinnemailweiß) bot sich als Hintergrund für die mit bunten Farben naturalistisch gemalten Blumendekore an, Abb. 143. Daneben fand diese Glasmasse auch als untere Schichte bei zweifach überfangenen Gläsern Verwendung, Abb. 144, 146, 149.
Sogar venezianische Techniken wurden wieder belebt, so daß nun auch Gläser mit weißen und bunten Faden- und Netzmustern das Angebot bereicherten, Abb. 152.
Ende der vierziger Jahre erreichte das farbige Biedermeierglas seine größte Verbreitung und reichste Blüte. In den fünfziger Jahren kam nichts Neues mehr hinzu, vielmehr begann man damit, sich auf wenige Farben zu beschränken und die Gläserformen mehr und mehr zu standardisieren.

Walter Spiegl
Michael Kovacek

(130)

Becher, Werkstätte Friedrich Egermann, Blottendorf, Böhmen, 2. Viertel 19. Jahrhundert.

Farbloses Glas, weiß überfangen. Auf der Vorderseite goldgerahmtes Bildfeld. Japanische Damen in Landschaft mit transparenten Emailfarben gemalt, die Binnenzeichnung teilweise radiert. Höhe 12 cm.

In der Werkstätte Friedrich Egermanns wurden die verschiedensten Glasmalereien ausgeführt. So zum Beispiel figürliche Motive mit einzelnen Chinesen oder Gauklern, Insektenmalereien, Porträts, Ansichten, Ornamente, kurz alles, was gefragt war und sich gut verkaufen ließ. Für die Ausführung der verschiedenen Dekore standen die besten Maler zur Verfügung, darunter Carl von Scheidt, Anton Ambrosius Egermann, Alois Eiselt und viele andere. Die Gläser bestimmten Malern zuzuordnen, ist nur selten möglich, da es sehr wenige signierte Arbeiten gibt und vielfach nach gleichen Vorlagen gemalt wurde.

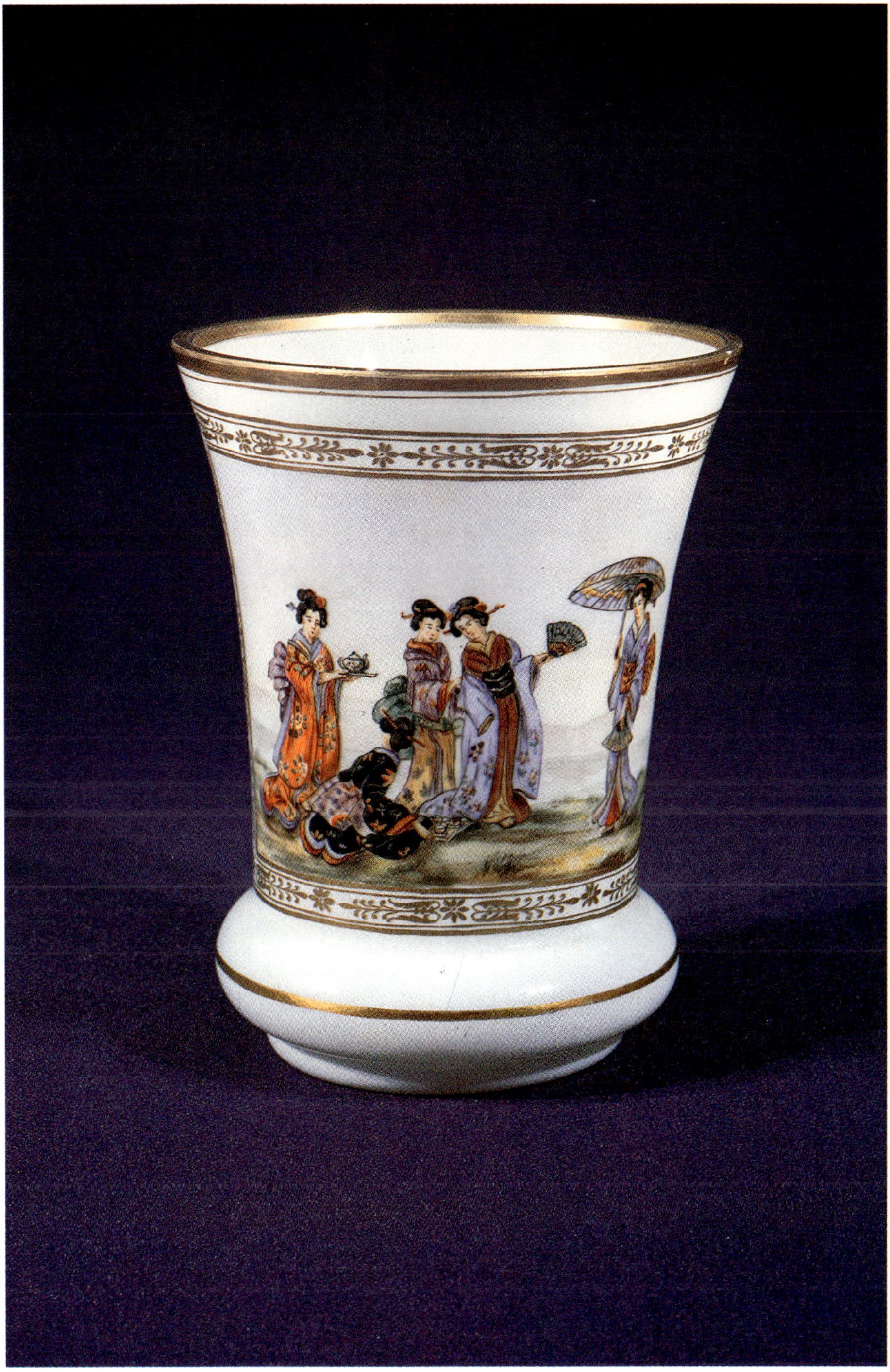

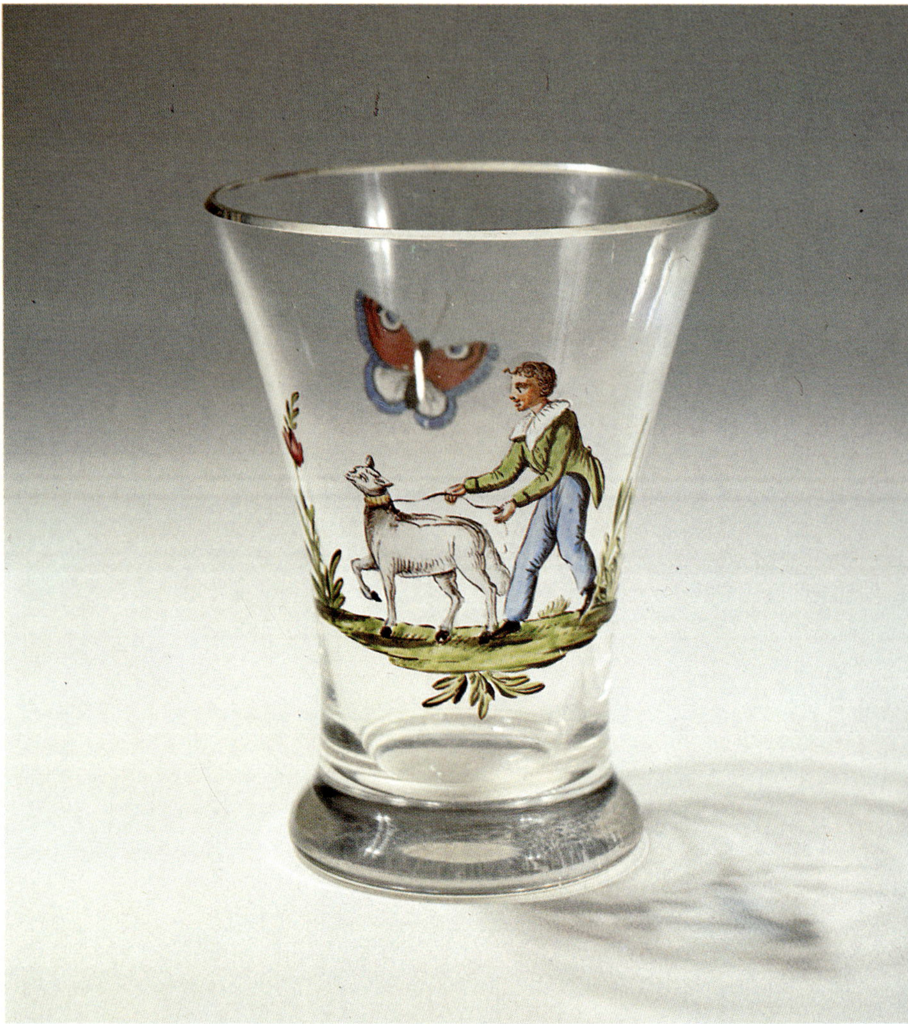

(131)

Becher, Werkstätte Friedrich Egermann, Blottendorf, Böhmen, 2. Viertel 19. Jahrhundert.
Bemalung: Carl von Scheidt

Farbloses Glas mit flachem Boden. Auf der Vorderseite allegorische Darstellung und rückseitig ein Schmetterling mit transparenten Emailfarben gemalt. Vergoldungsspuren am Mundrand. Höhe 9,7 cm.

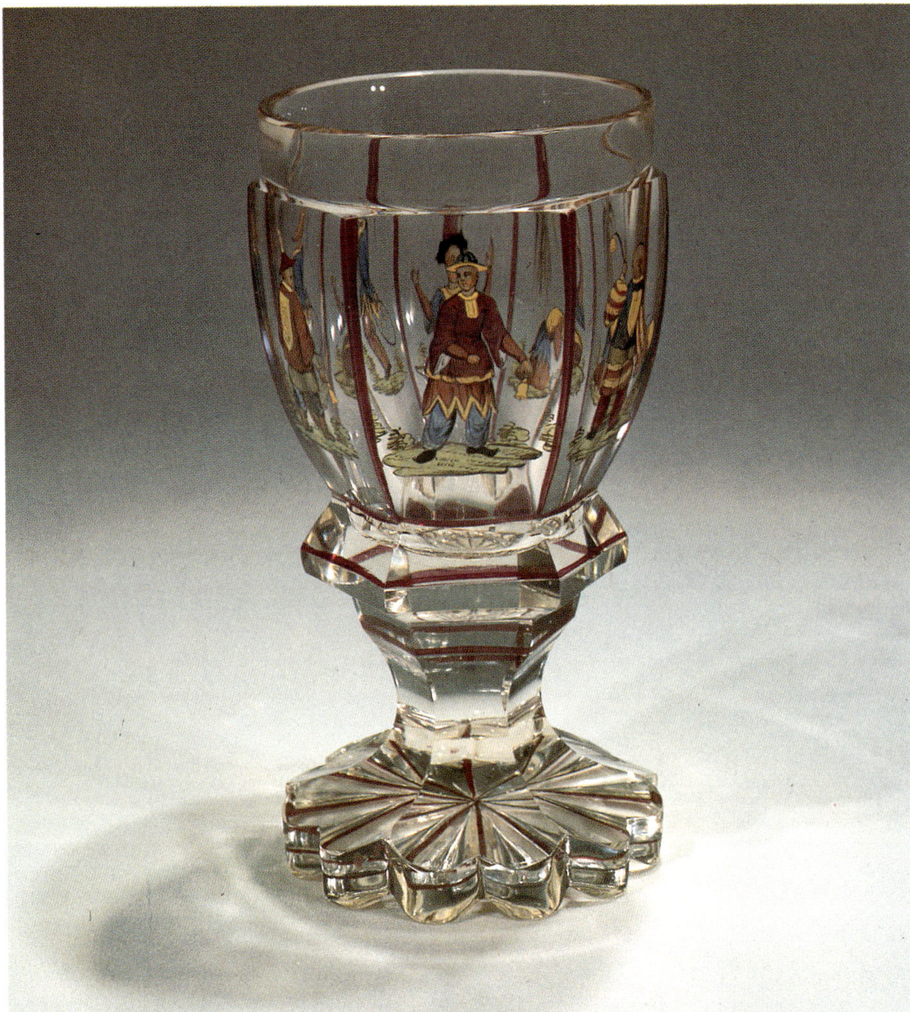

(132)

Fußbecher, Werkstätte Friedrich Egermann, Blottendorf, Böhmen, 2. Viertel 19. Jahrhundert.
Bemalung: Carl von Scheidt

Farbloses Glas, sechsfach facettiert geschliffen. Die Wandung der Kuppa ist umlaufend mit sechs verschiedenen Chinesenfiguren in transparenten Emailfarben bemalt. Höhe 13 cm.

Literatur:
Walter Spiegl, Biedermeier-Gläser, 1981, Abb. 40.

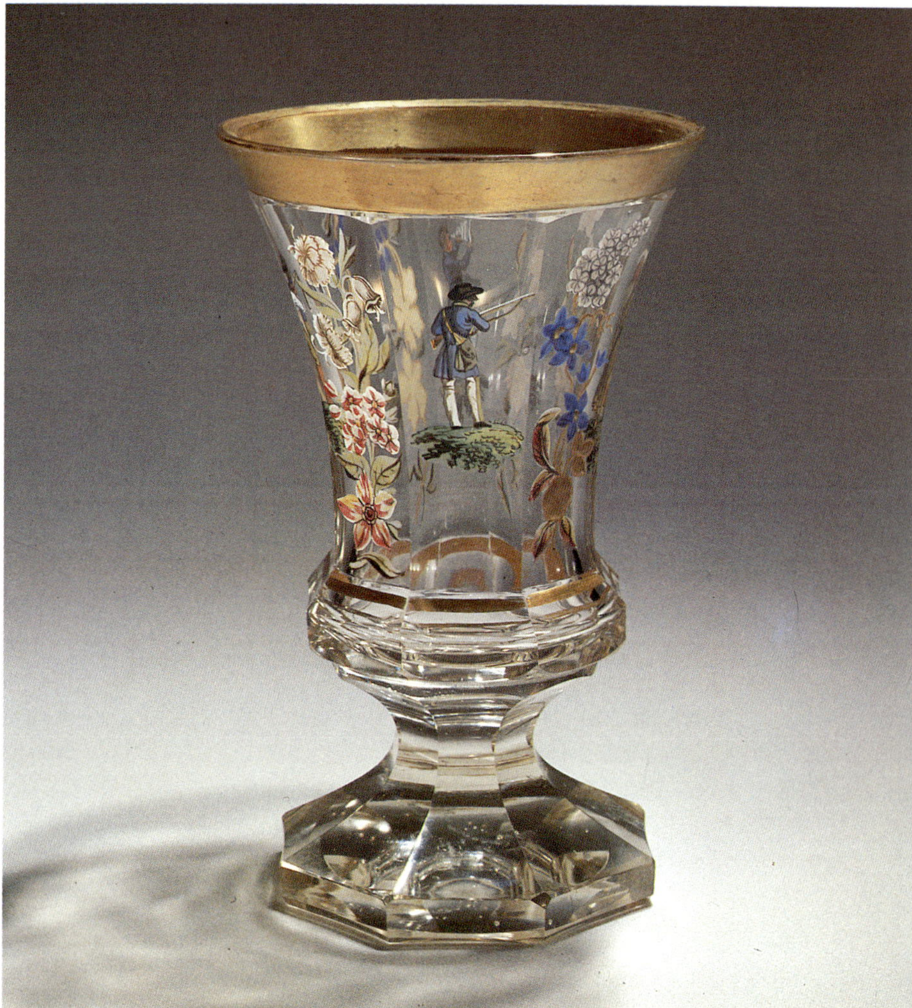

(133)

Fußbecher, Nordböhmen, um 1830—40

Farbloses Glas, achtfach facettiert geschliffen. Die Flächen sind abwechselnd mit verschiedenen Blumen und vier männlichen Figuren, Jäger, Kellner, Sterngucker und Bauer darstellend, mit teilweise weiß untermalten, transparenten Emailfarben bemalt. Höhe 14 cm.

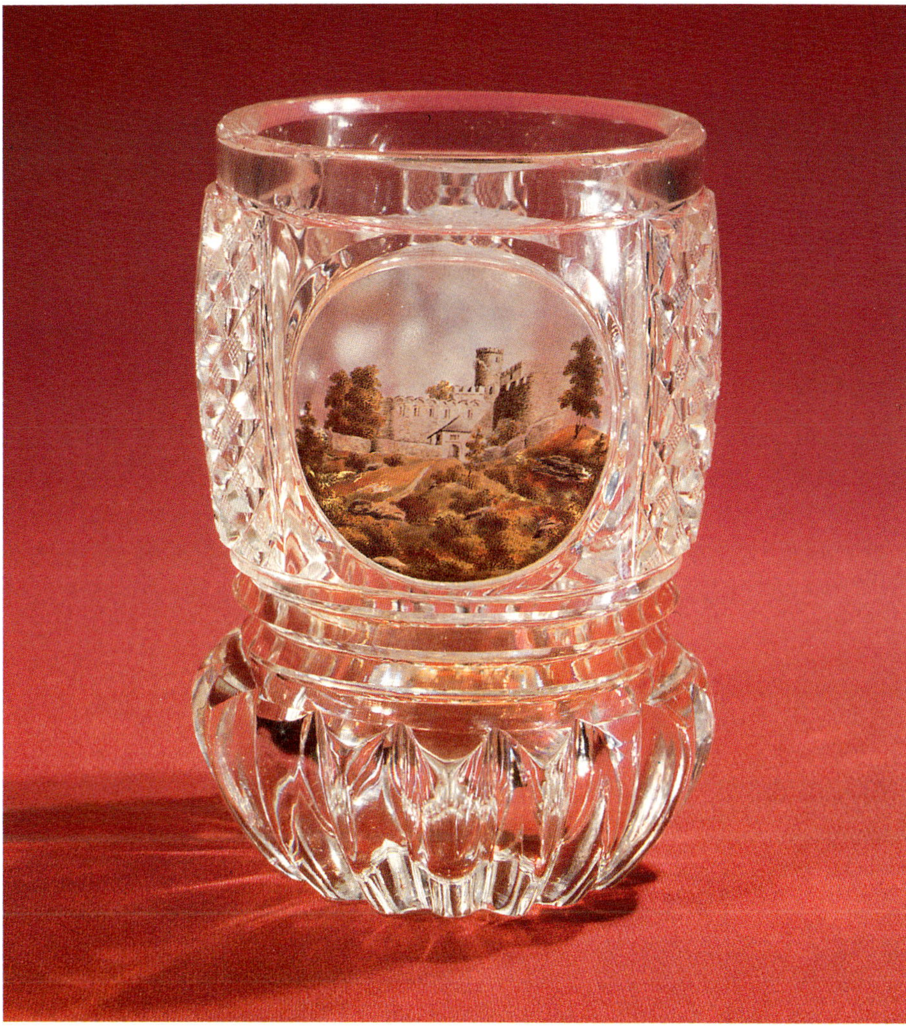

(134)

Sockelbecher, Nordböhmen, um 1825—35

Farbloses Glas mit verschiedenen Schliffmustern reich dekoriert. Auf der Vorderseite hochgeschliffenes Medaillon mit der Ansicht einer Burg in transparenter Emailmalerei.
Höhe 10,8 cm.

(135)

Goldrubin-Becher, Böhmen, um 1835—40

Goldrubinglas. Boden mit 24strahligem Stern geschliffen. Die zehnfach facettierte Wandung ist mit zwei umlaufenden Schliffbändern und tropfenförmigen Hochschliffeldern verziert. Höhe 11,1 cm.

Literatur:

Gustav E. Pazaurek, Die Gläser der Empire- und Biedermeierzeit, 1923, S. 253—255.

Goldrubinglas, ein mit Dukatengold gefärbtes Glas wurde bereits Ende der siebziger Jahre des 17. Jahrhunderts von Johann Kunckel in Berlin hergestellt. Die hohen Kosten für die Goldbeimengung und die Bevorzugung des kristallklaren Glases für den Glasschnitt ließen das Goldrubinglas im 18. Jahrhundert fast in Vergessenheit geraten. Erst in den dreißiger Jahren des 19. Jahrhunderts gelang es Vincenz Pohl in Neuwelt, nach langwierigen Experimenten Goldrubinglas wieder herzustellen. In der Biedermeierzeit wurden nur sehr wenige Becher aus dieser Glasmasse erzeugt, da auch damals die Kosten ein bestimmender Faktor in der Glaserzeugung waren.

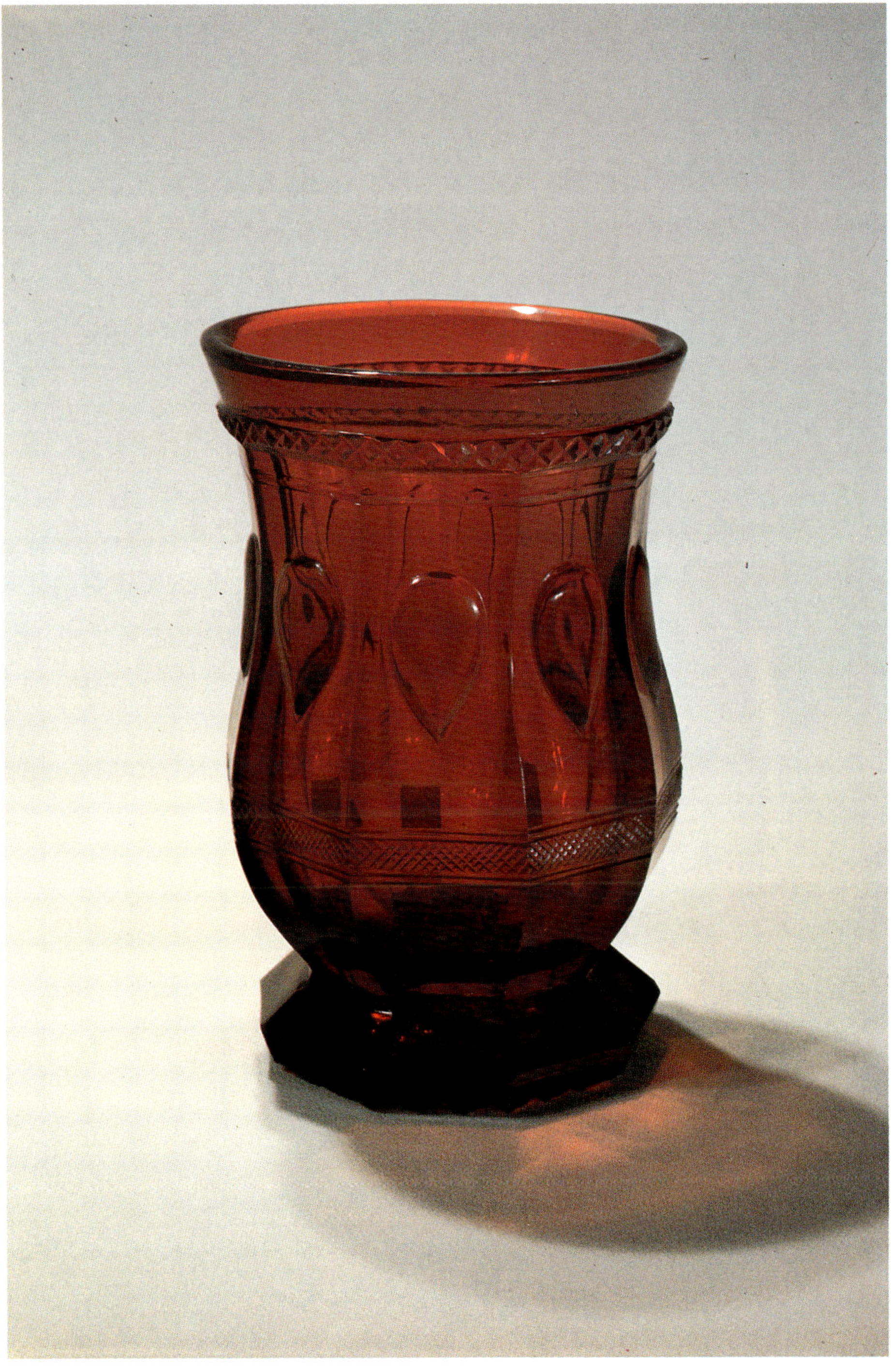

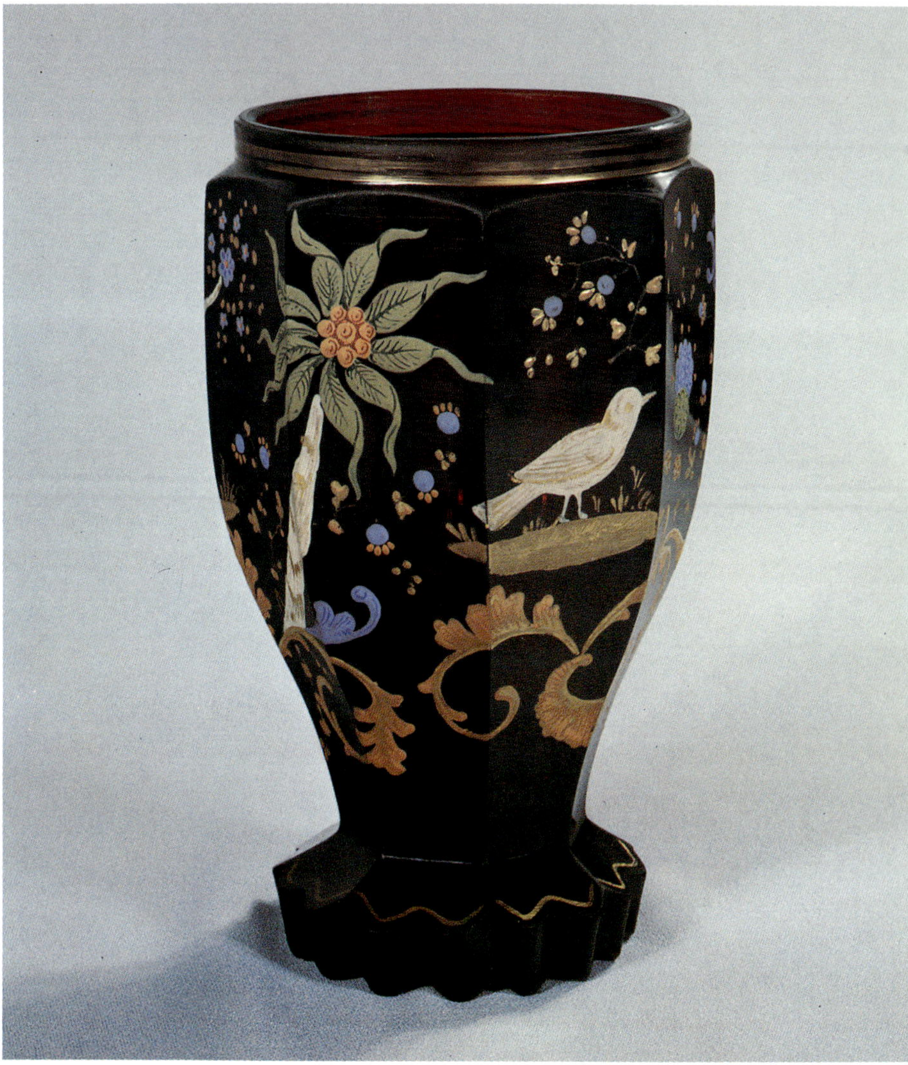

136

Fußbecher, Böhmen, um 1840—50

Kupferrubinglas mit sechzehnstrahlig geschliffenem Bodenstern. Die achtfach facettierte Wandung ist umlaufend mit stilisierten Palmen, Vögeln, einem Altar, Rocaillen und Blütenzweigen in opaker Gold- und Emailmalerei dekoriert. Höhe 13 cm.

Literatur:

Katalog, Edles, altes Glas, Die Sammlung Heinrich Heine, Karlsruhe, 1971, Abb. 214.

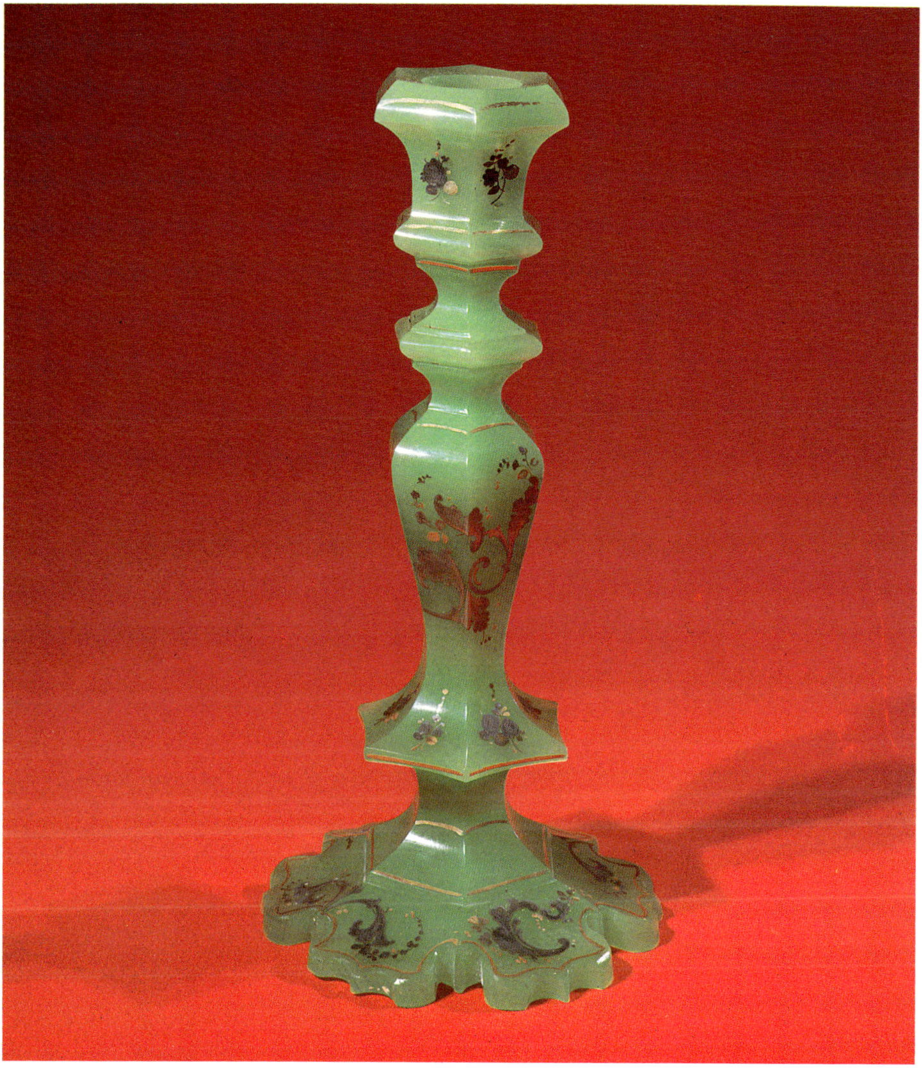

137

Leuchter, Harrach'sche Hütte, Neuwelt, Böhmen oder Schaffgotsche Josephinenhütte, Schreiberhau, Schlesien, um 1835—45

Grünes Alabasterglas (Chrysoprasglas), sechsfach facettiert geschliffen. Der sechsfach gezänkelte Fuß ist auf der Unterseite mit verschiedenen Schliffmustern verziert. Der Leuchter ist umlaufend mit Rocaillen, Füllhörnern und Blumen in Gold- und Silbermalerei dekoriert. Höhe 23,8 cm.

Literatur:

Gustav E. Pazaurek, Die Gläser der Empire- und Biedermeierzeit, 1923, S. 252.

(138)

Perlbandbecher, Böhmen, 1. Viertel 19. Jahrhundert

Farbloses Glas mit vielstrahligem Bodenstern, geschlägeltem Ranft und umlaufender Schliffbordüre unterhalb des Mundrandes. In einem hochgeschliffenen Feld das gravierte Monogramm „FM". Die Wandung ist umlaufend mit einem Glasperlband, eine Blumenbordüre darstellend, umstrickt. Höhe 12 cm.

An einer Stelle der Manschette fehlen ca. 1,7 cm der obersten weißen Perlenreihe.

Literatur:

Gustav E. Pazaurek, Die Gläser der Empire- und Biedermeierzeit, 1923, S. 379—382.

Die sogenannten Perlbandgläser wurden von Frauen, meist in Heimarbeit, oft auch für den eigenen Bedarf, mit Glasperlen umstrickt. Die beliebtesten Dekore waren Blumen, Jahreszahlen und Vornamen.

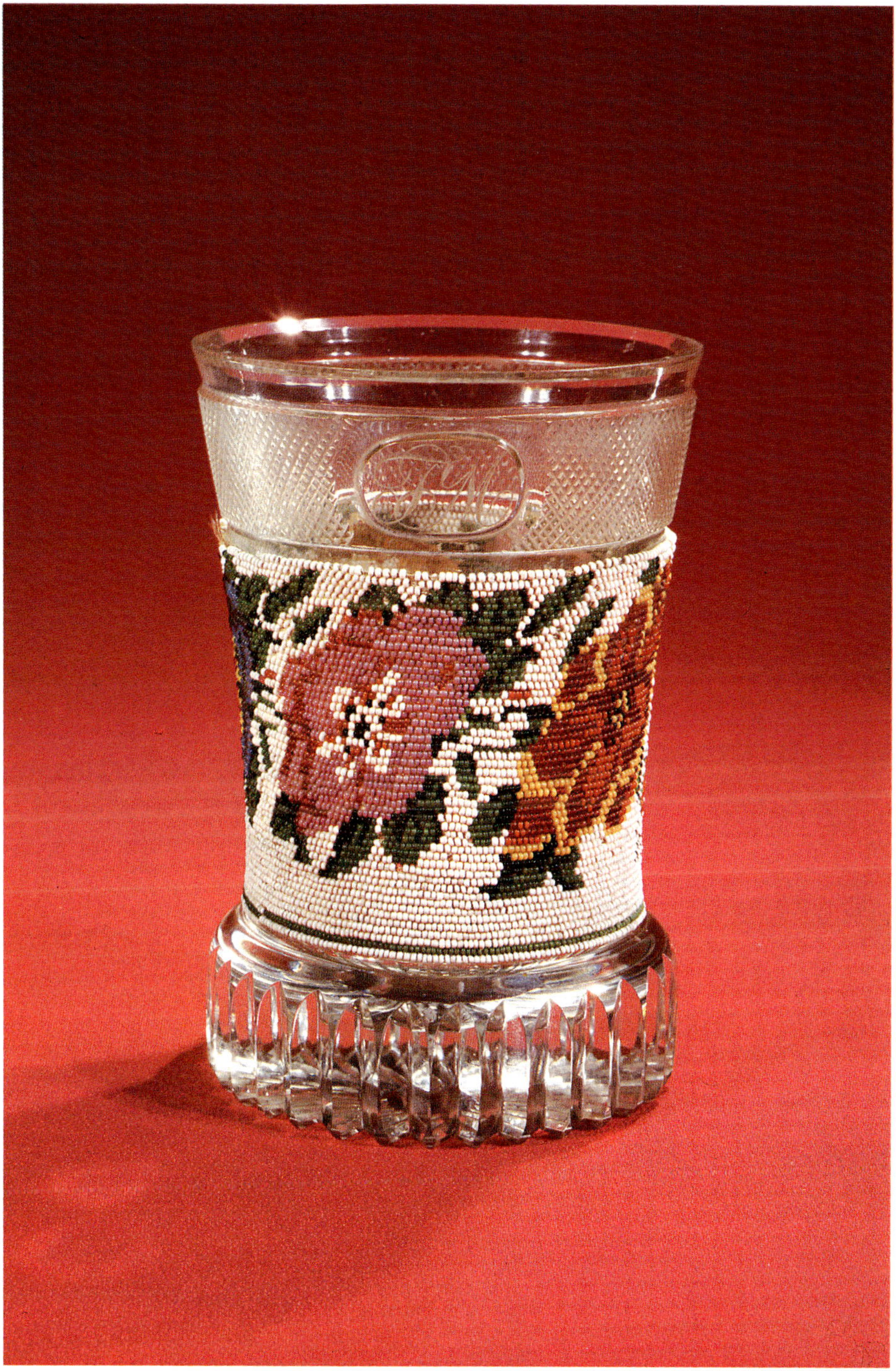

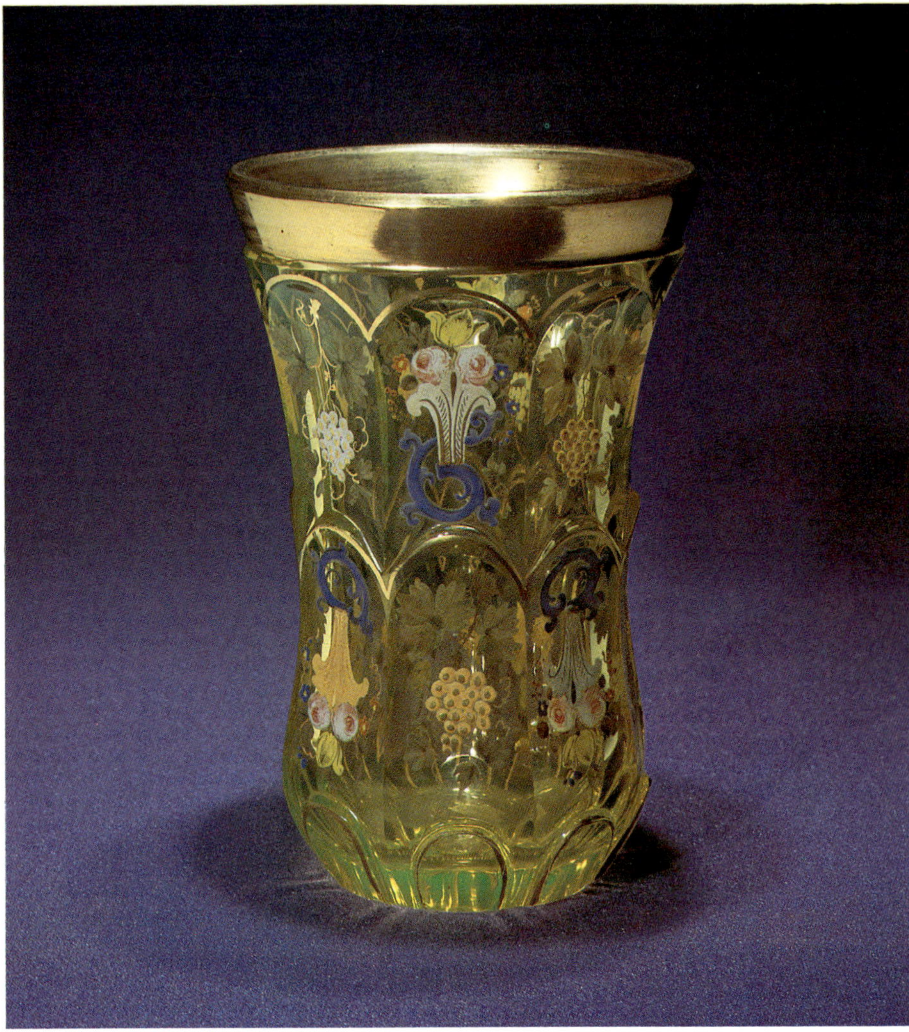

(139)

Becher, Böhmen, um 1835—45

Uranglas (annagelbes Glas) mit verschiedenen Schliffmustern verziert. Die Wandung ist umlaufend mit Weintrauben, Blumen und Ornamenten in Gold- und Emailmalerei dekoriert. Höhe 11,9 cm.

Nach einer mündlichen Überlieferung benannte Josef Riedel, aus Polaun im Isergebirge, diese von ihm entwickelte Farbglassorte zu Ehren seiner Frau Anna, als „annagrün" bzw. „annagelb". Diese Bezeichnung hat sich eingebürgert, obwohl auch andere Hütten in den folgenden Jahren derartige Glasgegenstände herstellten.

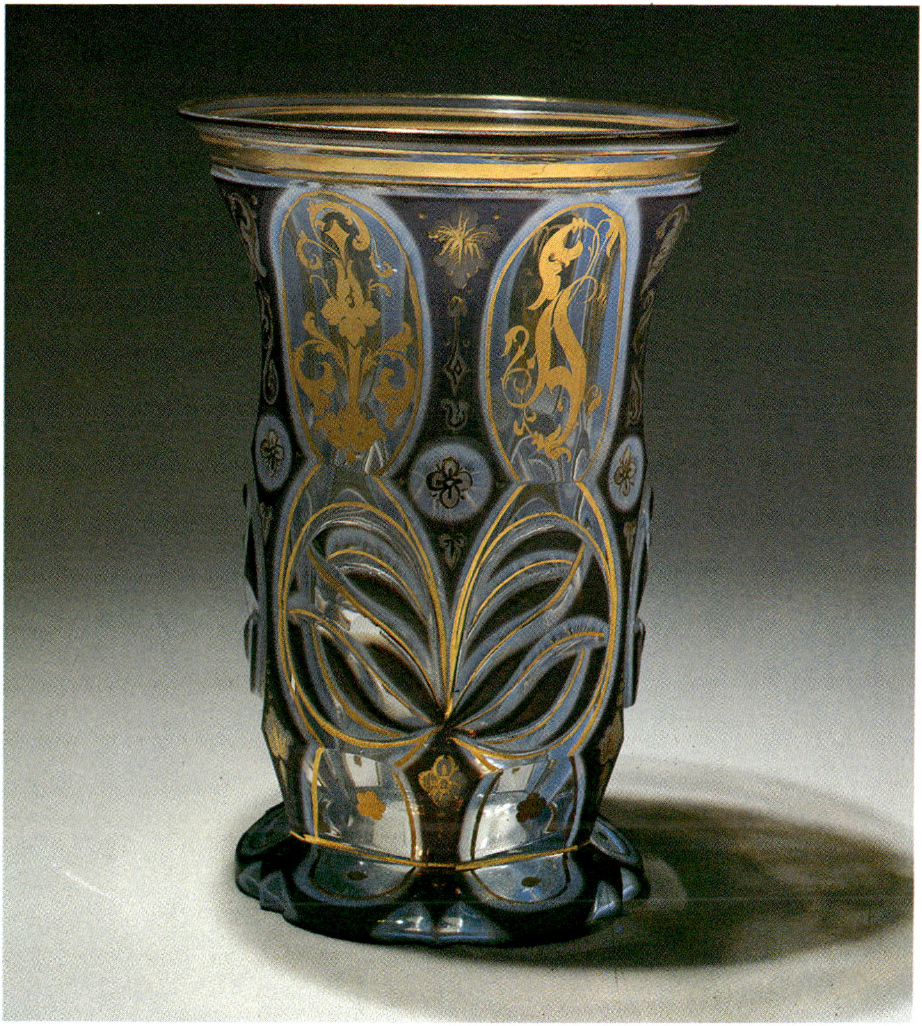

(140)

Becher, Graf Buquoy'sche Glashütten, Südböhmen, um 1840—50

Farbloses Glas mit lichtblauem Agatin-Opal- und transparentem lila Glas überfangen und mit verschiedenen Schliffmustern in Hoch- und Tiefschnitt dekoriert. Die Wandung ist umlaufend mit verschiedenen Ornamenten in Gold- und Emailmalerei verziert. Höhe 12,9 cm.

Sowohl die Form, wie auch die seltenen Überfangfarben und die makellose Erhaltung erlauben, dieses Glas besonders hervorzuheben.

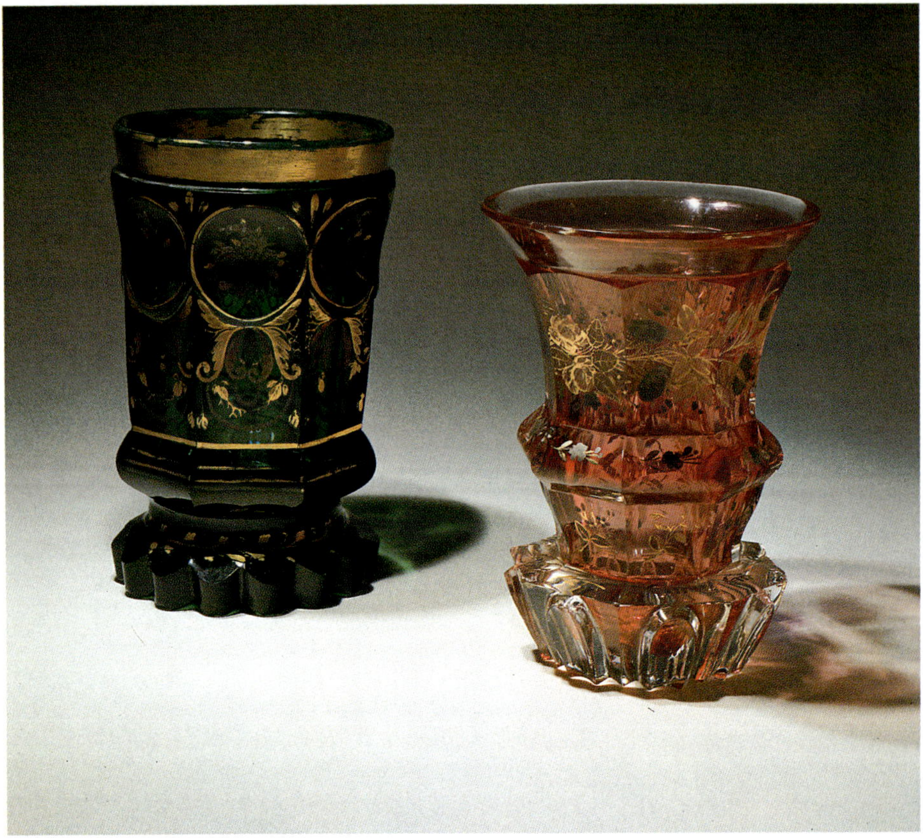

141 142

(141)

Sockelbecher, Böhmen, um 1840—45

Grünes Glas mit vierzehnstrahlig geschliffenem Bodenstern und siebenfach facettierter Wandung. Der Becher ist umlaufend mit Blumen und Ornamenten in Gold- und Silbermalerei dekoriert. Höhe 13,1 cm.

(142)

Sockelbecher, Böhmen, um 1840—45

Farbloses Glas, innen mit Goldrubin überfangen. Die achtfach facettierte Wandung ist umlaufend mit Blumen in Gold-, Silber- und Emailmalerei dekoriert. Höhe 12 cm.

Ende der dreißiger Jahre des 19. Jahrhunderts wurde das teure Goldrubinglas erstmals als dünne Überfangschichte auf die Innenseite kristallklarer Becher geschmolzen. Das dadurch rosa erscheinende Glas, fälschlicherweise „Rosalinglas" genannt, erfreute sich in den vierziger Jahren großer Beliebtheit.

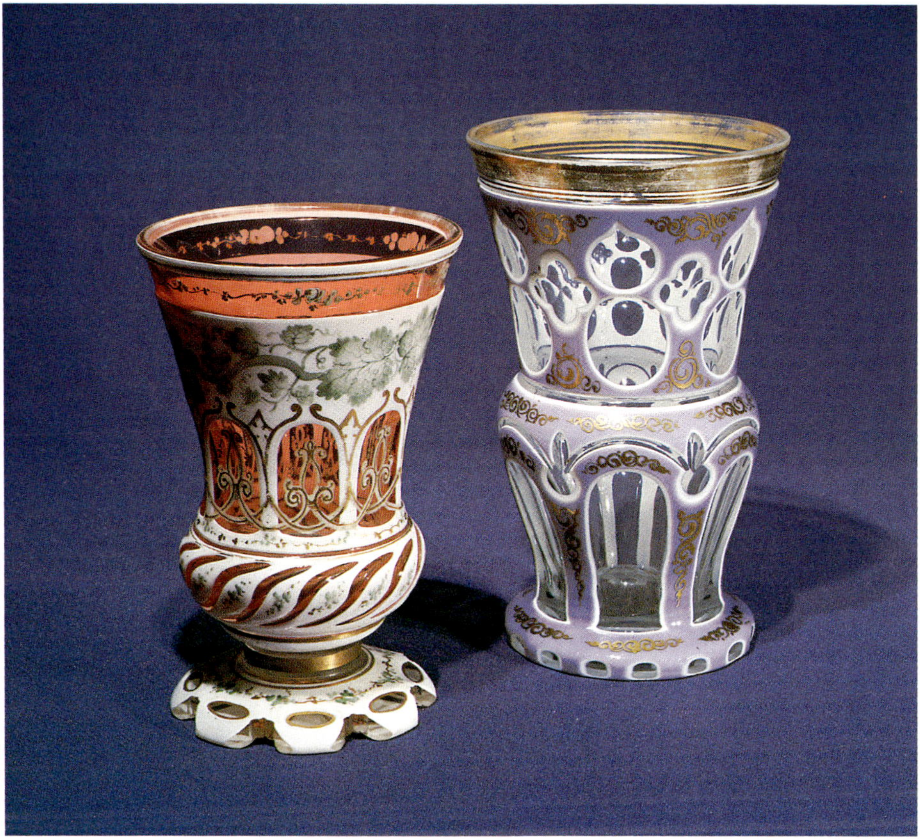

143 144

(143)

Fußbecher, Böhmen, um 1840—50

Farbloses Glas, innen mit Goldrubin, außen weiß überfangen und mit verschiedenen Schliffmustern verziert. Die Wandung ist umlaufend mit Blumen, Weinranken und Ornamenten in Gold- und Emailmalerei dekoriert. Höhe 12,8 cm.

(144)

Sockelbecher, Böhmen, um 1840—50

Farbloses Glas, außen weiß und lila überfangen und mit verschiedenen Schliffmustern verziert. Die Wandung ist umlaufend mit Ornamenten in Goldmalerei dekoriert.
Höhe 14,6 cm.

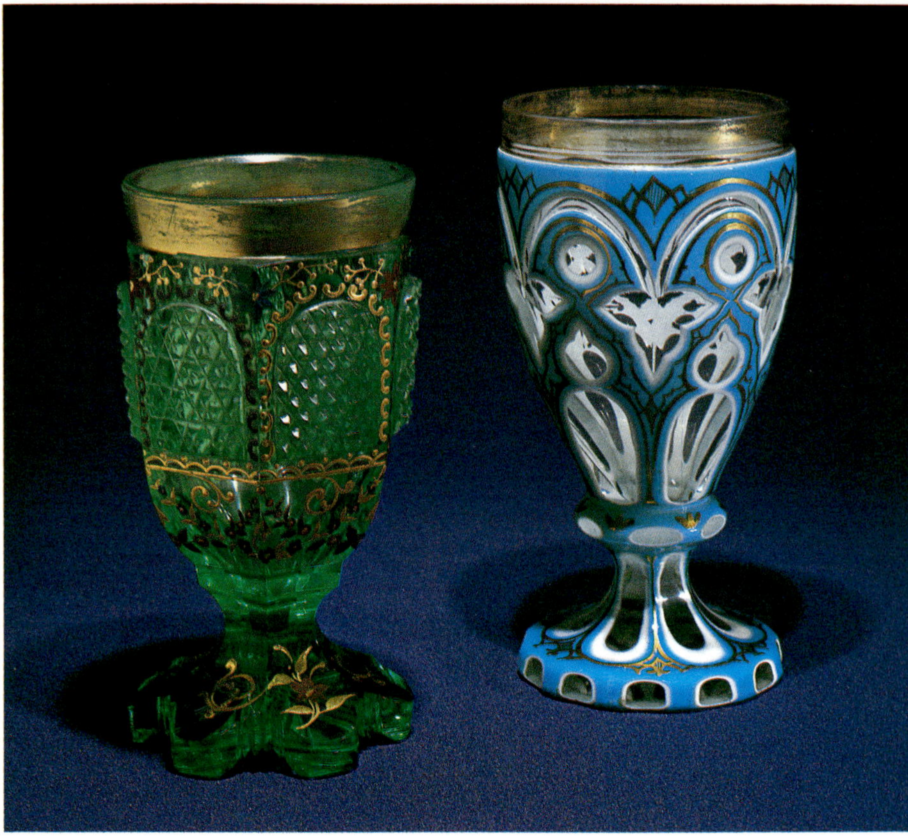

145 146

(145)

Fußbecher, Böhmen, um 1840—50

Uranglas (annagrünes Glas) mit verschiedenen Schliffmustern verziert. Die Wandung und der Fuß sind umlaufend mit Blumen und Ornamenten in Gold-, Silber- und Emailmalerei dekoriert. Höhe 12,8 cm.

(146)

Fußbecher, Böhmen, um 1840—50

Farbloses Glas, weiß und türkis überfangen und mit verschiedenen Schliffmustern verziert. Die Wandung ist umlaufend mit Ornamenten in Goldmalerei dekoriert. Höhe 13,8 cm.

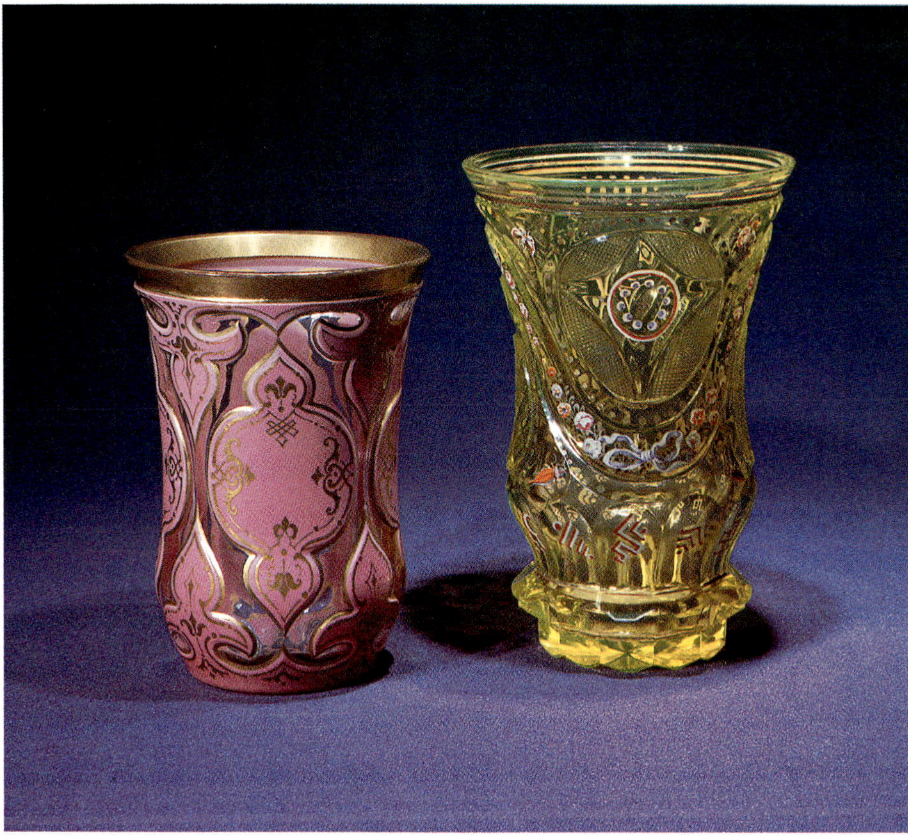

147 148

(147)

Becher, Böhmen, um 1840—50

Farbloses Glas mit opakem, fliederfarbigen Überfang und mit verschiedenen Hochschliffmustern verziert. Die Wandung ist umlaufend mit Ornamenten in Goldmalerei dekoriert. Höhe 12,4 cm.

(148)

Sockelbecher, Böhmen, um 1835—45

Uranglas (annagelbes Glas) mit verschiedenen Schliffmustern verziert. Die Wandung ist umlaufend mit Blumen, Insekten und Fantasie-Schriftzeichen in Gold- und Emailmalerei dekoriert. Höhe 15 cm.

149

Fußbecher, Böhmen, um 1840—50

Farbloses Glas, weiß und blau überfangen, mit sechzehnstrahligem Bodenstern und verschiedenen Schliffmustern verziert. Die Wandung ist umlaufend mit stilisierten Blumen und Ornamenten in Gold- und Emailmalerei dekoriert. Höhe 14,5 cm.

150

Pokal, Böhmen, um 1840—50

Farbloses Glas, die Kuppa innen mit Goldrubin überfangen und achtfach facettiert geschliffen. Der achtpaßige, geschliffene Fuß und der facettierte Schaft sind größtenteils gelb gebeizt. Die Kuppa und der Fuß sind umlaufend mit Ornamenten und Blumen in pastoser (erhabener) Gold-, Silber- und Emailmalerei dekoriert. Höhe 24,5 cm.

151

Fußbecher, Böhmen, um 1840—50

Farbloses Glas, außen mit Goldrubin überfangen und mit verschiedenen Schliffmustern verziert. Die Wandung und der Fuß sind umlaufend mit Pagoden, Blumen und Ornamenten in Gold-, Silber- und Emailmalerei dekoriert. Höhe 15,3 cm.

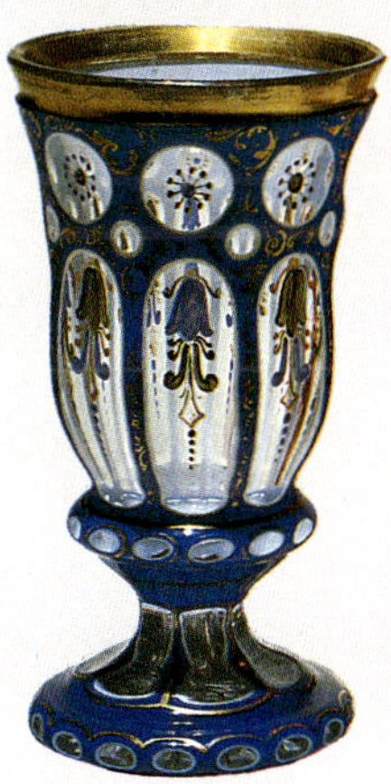

149

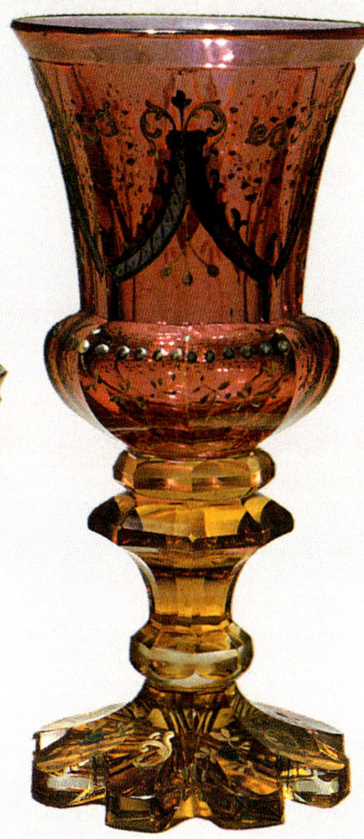

150

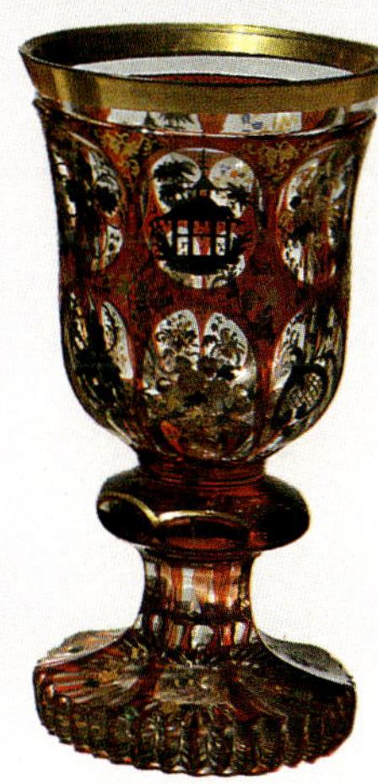

151

(152)

Fadenglasvase, Saint Louis, Lothringen, Frankreich, Mitte 19. Jahrhundert

Verschiedene vorgefertigte Glasstäbe wurden abwechselnd um eine zylindrische Form gestellt, festgebunden, sodann langsam erwärmt und anschließend mit der Pfeife aufgenommen. Durch Blasen und Verdrehen entstand die Form. Fuß und Kuppa der Vase sind extra gefertigt und durch einen kurzen Schaft aus farblosem Glas verbunden. Höhe 24,8 cm.

Die Glashütte Saint Louis erzeugte um die Mitte des 19. Jahrhunderts eine Vielzahl sehr gut gelungener Fadenglasgegenstände und knüpfte damit an die Tradition der venezianischen Glasmacher des 16. und 17. Jahrhunderts an.

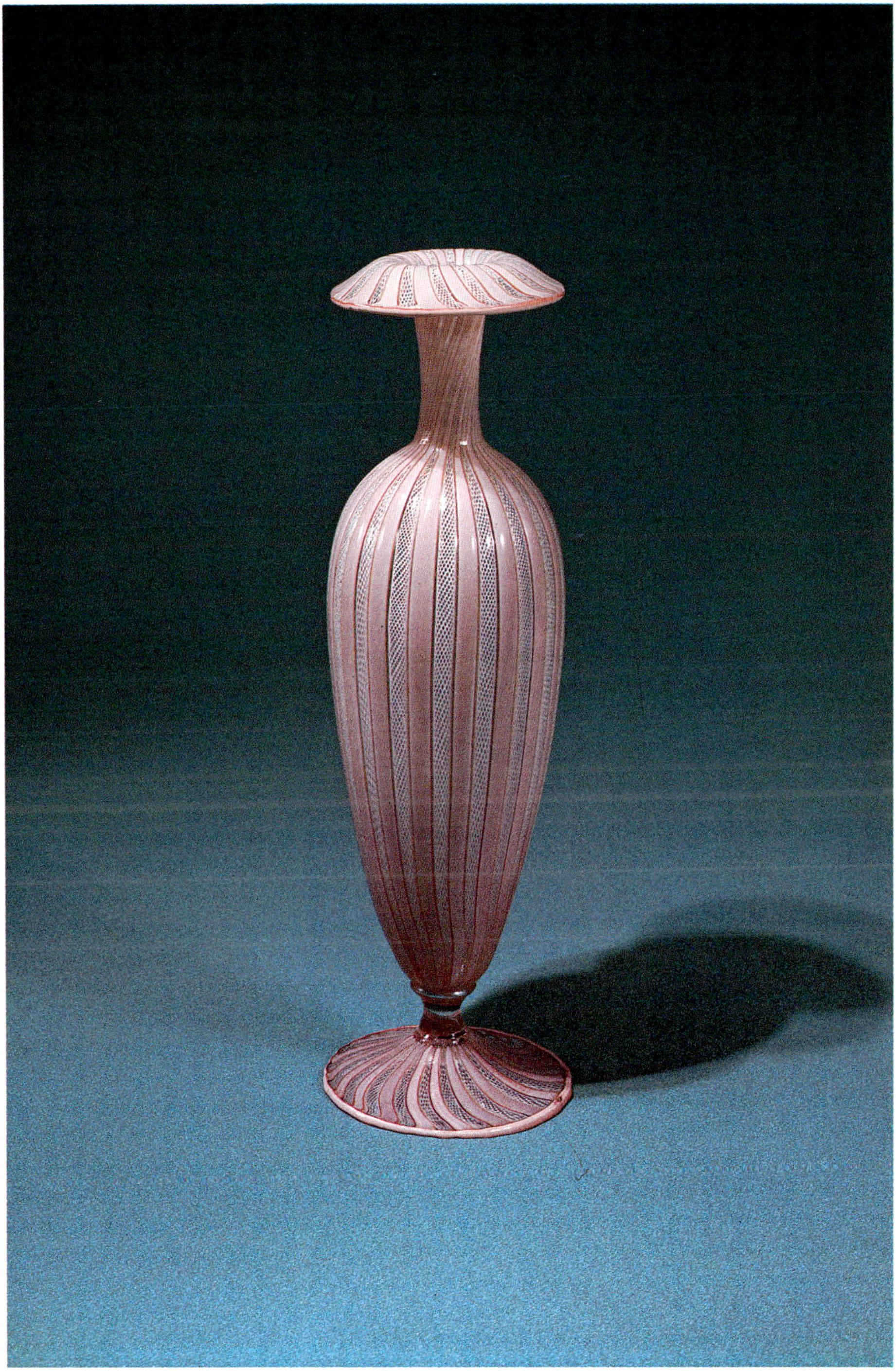

Inkrustationen

Einschmelzungen aus anderen Materialien in Glas.

Im Jahre 1818 wird dem Chevalier de Saint-Amas, Pierre Honoré Boudon, ein „Brevet" für verbesserte eingeglaste Pasten zuerkannt. Die so dekorierten Trinkgläser, Postamente, Briefbeschwerer und anderen Glasgegenstände mit eingeschmolzenen Porzellanpasten, erfreuten sich in der ersten Hälfte des 19. Jahrhunderts großer Beliebtheit. Vor allem in Frankreich, in der Glashütte Baccarat, aber später auch in anderen Glashütten wie Val. St. Lambert und der Gräflich Harrach'schen Glashütte in Böhmen, Abb. 153, 154, entstanden die unterschiedlichsten Glasgegenstände mit Inkrustationen. Dazu zählen auch die verschiedenen Blumen, Abb. 155, 156, und Orden — meist aus geprägten, bunt emaillierten Goldfolien hergestellt — welche ebenfalls in die Glaswandung eingeschmolzen wurden.

Michael Kovacek

Briefbeschwerer (Paperweights, Boules presse-papier)

Im Jahre 1833 begann Dr. W. E. Fuß in Hoffnungsthal, Schlesien — in Anlehnung an die bereits den Ägyptern bekannte Schmucktechnik — mit der Erzeugung von Millefiori (tausend Blüten) Gegenständen.
Die einzelnen Canes wie Blüten, Tiersilhouetten, Signaturen usw. wurden durch Bündeln dünner, verschiedenfarbiger Glasstäbchen, die im Querschnitt das gewünschte Bild zeigen, hergestellt. Anschließend erhitzte man das Stäbchenbündel bis zum Weichwerden, heftete an beiden Enden ein Hefteisen an und zog den etwa 10 Zentimeter langen Rohling bis zu einer Länge von 20 Metern aus. Andere Glasarbeiter schnitten aus der Mitte des nun wenige Millimeter dicken Glasstabes etwa 1 Meter lange Stücke heraus. Von den unterschiedlichen Glasstäben wurden kleine Teile abgezwickt und zu beliebigen Mustern zusammengesetzt. Die endgültige Form bekam der Briefbeschwerer durch Überschmelzen mit farblosem Glas.
Die ersten Briefbeschwerer mit Millefiori-Einschmelzungen dürften in der bereits erwähnten Glashütte Hoffnungsthal in Schlesien entstanden sein. Wie weit die verschiedenen Entwicklungen in Böhmen und Schlesien, in Venedig und Frankreich parallel verliefen, konnte bis heute nicht eindeutig geklärt werden. Fest steht, daß Pietro Bigaglia auf der österreichischen Industrieausstellung im Jahre 1845 in Wien, Briefbeschwerer mit Millefiori-Einschmelzungen ausgestellt hatte, Abb. 170.
Aber auch in der Harrach'schen Hütte, Neuwelt in Böhmen wurden Briefbeschwerer hergestellt. Den Beweis dafür liefert ein Salzschälchen aus Mosaikglas mit aufgeschmolzenen Millefiori-Canes im Technischen Museum in Wien. Die gleichen Canes kann man gelegentlich in böhmischen Briefbeschwerern finden, Abb. 173.
Die bedeutendste Rolle bei der Entwicklung und Erzeugung von Briefbeschwerern spielte Frankreich. Drei Glashütten waren dafür verantwortlich: Baccarat, St. Louis und Clichy. In dem kurzen Zeitraum zwischen ca. 1845 und 1860 entstanden eine unglaubliche Vielfalt verschiedenartig gestalteter Paperweights.

Die schon beschriebenen Millefiori-Einschmelzungen in Form von Spiralen und Blumensträußen in unterschiedlichsten Ausführungen, Abb. 164, 166, 167, 168, 175, 169, 176, 177, 178, 182, 183, 186, teilweise mit farbigem Glas überfangen und mit Schliffmustern verziert, Abb. 174, bilden die größte Gruppe. Eine weitere sehr reizvolle Spielart sind die sogenannten „Flower-weights" — Blumenbriefbeschwerer — mit einzelnen naturalistischen Blüten oder Blumenbouquets aus bunten Glasteilen vor der Lampe zusammengesetzt und anschließend ebenfalls mit farblosem Glas überschmolzen, Abb. 158, 159, 160, 161, 162, 163, 164, 165. Diese Technik erforderte sehr viel Geschick, da sich die Blütenblätter beim Überschmelzen mit dem farblosen Glas nicht verschieben durften. Ebenfalls zu dieser Gruppe zählen die „Fruit-weights" — Früchtebriefbeschwerer — verschiedene Obst- oder Gemüsearten, die meist in ein Körbchen aus weißen Glasfäden gesetzt sind, Abb. 187.
Viel seltener begegnet man Briefbeschwerern mit dreidimensionalen Blumen und Blumenbouquets, Abb. 181. Von der Seite betrachtet, liegen diese nicht flach auf einem Glaspolster sondern erwecken den Anschein einer frei schwebenden Blume. Ebenso zählen die Blumenbriefbeschwerer mit einem darüber liegenden, stilisierten Schmetterling, Abb. 158, vereinzelt noch mit einem Millefiori-Ring eingefaßt, zu den selten angefertigten Paperweights. Die Beschreibung ausgefallener Briefbeschwerer ließe sich noch beliebig lange fortführen, da die Vielfalt der französischen Erzeugnisse trotz der kurzen Entstehungszeit überwältigend ist.
Auch in anderen Ländern wie z. B. in England und den Vereinigten Staaten wurden — meist angeregt durch ausgewanderte französische Glasarbeiter — ebenfalls Briefbeschwerer in teilweise beachtlicher Qualität hergestellt.
Um die Wende vom 19. zum 20. Jahrhundert entsann man sich in Böhmen der alten Glastradition und begann neuerlich mit der Produktion von Briefbeschwerern in abgewandelter Form. Durch die eingeschmolzenen stilisierten Blumengebilde und den rhombenartigen Schliff, strahlen diese — bis weit in das 20. Jahrhundert hinein erzeugten Briefbeschwerer — einen ganz besonderen Reiz aus, Abb. 188, 189, 190.

Michael Kovacek

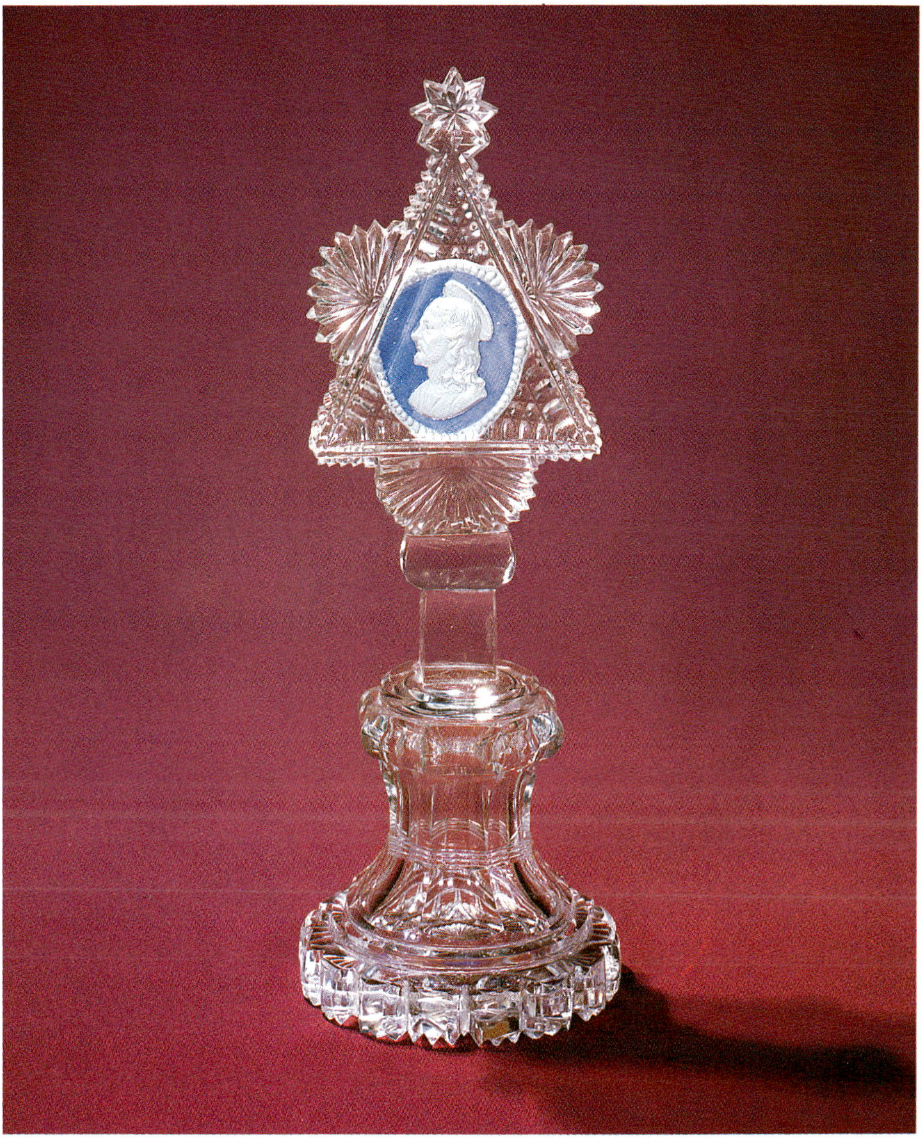

153

Postament, Harrach'sche Hütte, Neuwelt, Böhmen, 1830—40

Farbloses Glas mit hohl geblasenem, achtfach facettiertem Sockel. Die Standfläche und der obere Teil sind mit verschiedenen Schliffmustern reich dekoriert. Die eingeschmolzene, teilweise blau bemalte Porzellanpaste stellt den Christuskopf dar. Höhe 22 cm.

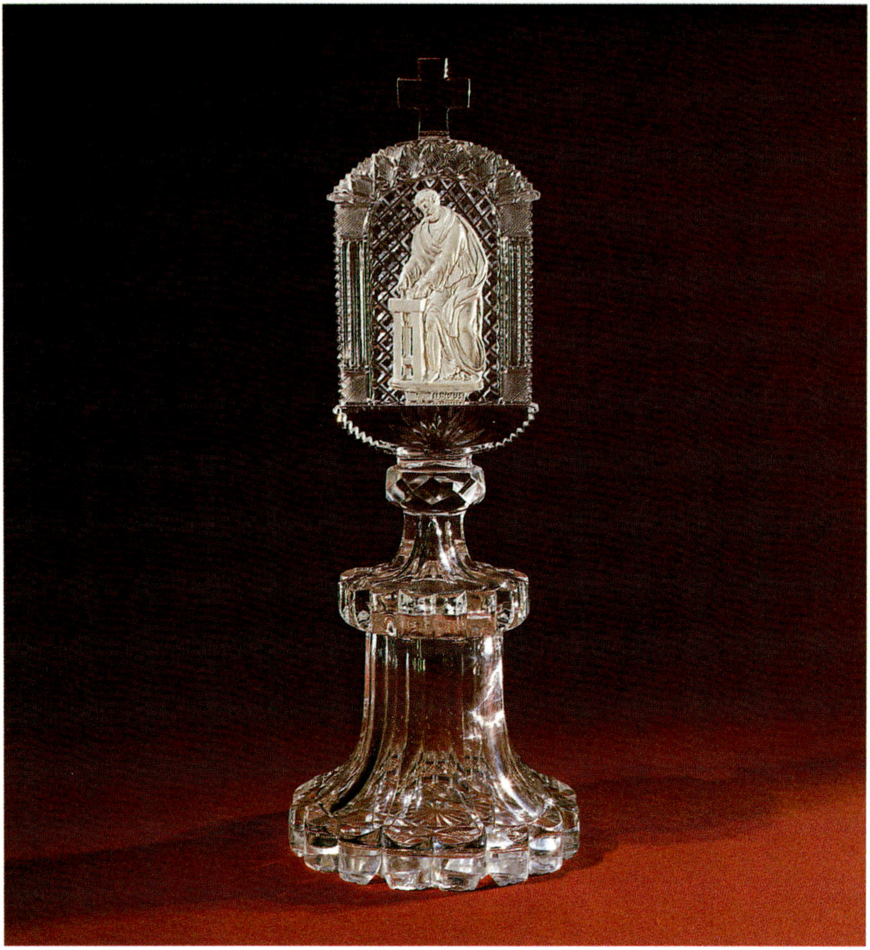

(154)

Postament, Harrach'sche Hütte, Neuwelt, Böhmen, 1830—40

Farbloses Glas mit hohl geblasenem, achtfach facettiertem Sockel. Die Standfläche und der obere Teil sind mit verschiedenen Schliffmustern reich dekoriert. Die eingeschmolzene Porzellanpaste stellt den Heiligen Joseph dar. Höhe 29,3 cm.

Literatur:

Rainer Rückert, Die Glassammlung des Bayerischen Nationalmuseums, 1982, Abb. 904.

Die aus Porzellanmasse gefertigten „Pasten" (meist in Frankreich hergestellt) wurden in die flüssige Glasmasse eingeschmolzen. Damit nach der Fertigstellung die Details der Paste gut zur Geltung kommen, mußte der Glasarbeiter stets darauf achten, diese ohne Luftblasen einzuschmelzen.

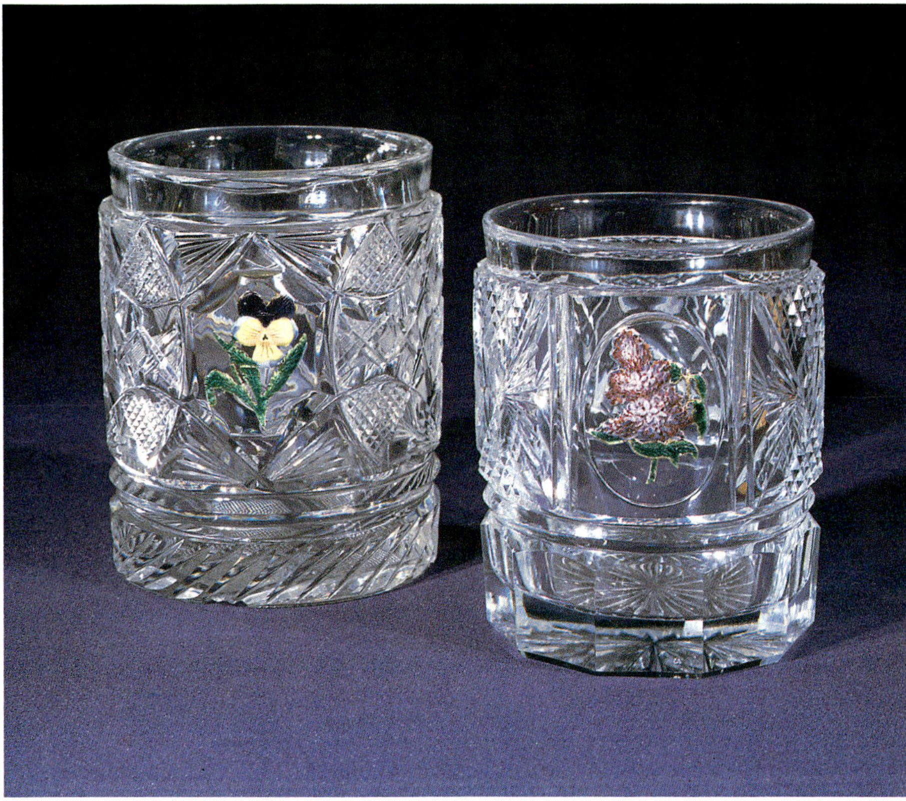

155 156

(155)

Becher, Baccarat, Frankreich oder Val St. Lambert, Belgien, 2. Viertel 19. Jahrhundert

Farbloses Glas. Der Boden und die Wandung sind mit verschiedenen Schliffmustern reich dekoriert. Das Stiefmütterchen wurde in Goldfolie geprägt, farbig emailliert und in die Wandung eingeschmolzen. Höhe 9,1 cm.

Literatur:

Joseph Philippe, Le Val-Saint-Lambert, Abb. Taf. 5.

(156)

Becher, Baccarat, Frankreich oder Val St. Lambert, Belgien, 2. Viertel 19. Jahrhundert

Farbloses Glas. Der Boden und die Wandung sind mit verschiedenen Schliffmustern reich dekoriert. Der Fliederzweig wurde in Goldfolie geprägt, farbig emailliert und in die Wandung eingeschmolzen. Höhe 8,4 cm.

(157)

Becher, Baccarat, Frankreich, um 1845—50

Farbloses Glas mit geschliffenem Bodenstern. In die Wandung sind umlaufend 27 Millefiori-Blüten eingeschmolzen und durch Blattranken in Goldmalerei verbunden. Höhe 10 cm.

Literatur:

Pazaurek/Philippovich, Gläser der Empire- und Biedermeierzeit, 1976, Abb. 274 (Vergleichsstücke aus Schlesien), S. 275 und 276.

Zu Beginn der vierziger Jahre des 19. Jahrhunderts wurden in Anlehnung an die ersten schlesischen Erzeugnisse (Hoffnungsthal, Dr. W. E. Fuss, 1833) auch in Baccarat Trinkgläser und Flaschen mit Millefiorieinschmelzungen hergestellt. Trotz des außergewöhnlichen Reizes dieser Gläser beschränkte sich die Produktion sowohl in Frankreich wie auch in Böhmen und Schlesien auf wenige Stücke.

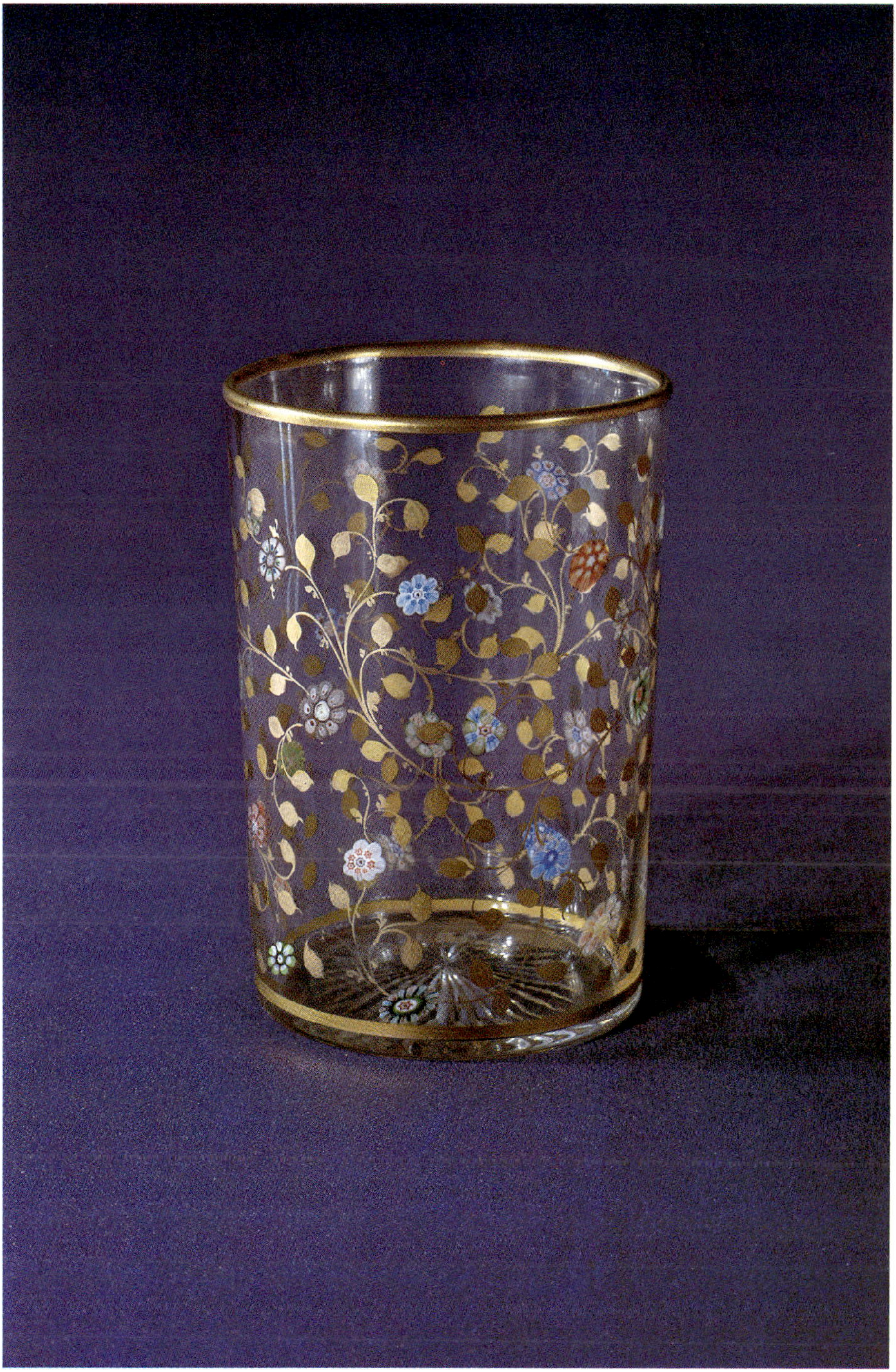

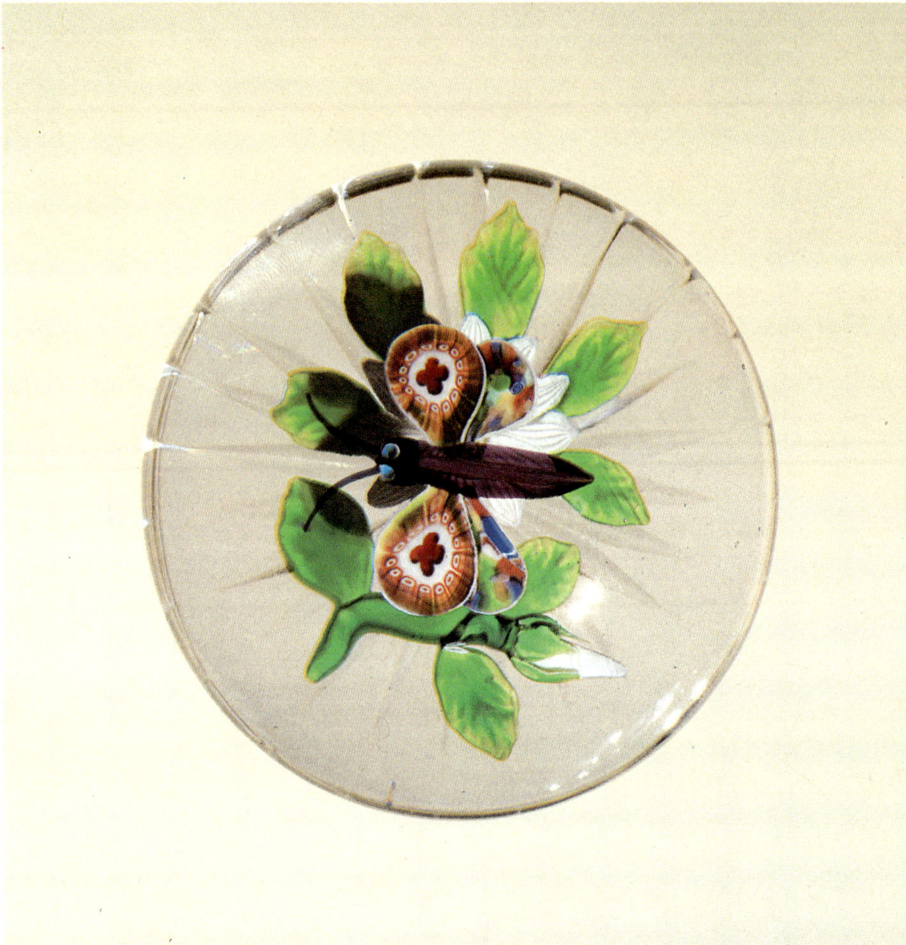

(158)

Briefbeschwerer, Baccarat, Frankreich, Mitte 19. Jahrhundert

Auf einen farblosen Glaspolster wurde aus bunten Glasteilen eine weiße Dahlie mit gelbem Millefiori-Zentrum, einer Knospe und acht Blättern gesetzt. Eine weitere farblose Glasschichte bildet die Basis für den aus verschiedenen bunten Glasteilen gefertigten Schmetterling. Anschließend nochmals mit farblosem Glas überschmolzen. Der Boden ist mit einem Schliffstern verziert. ∅ 8 cm, Höhe 5,6 cm.

Literatur:

Paul Hollister, Glass Paperweights, S. 83
Ch. Mossin, Sulfures et boules presse-papier, S. 23

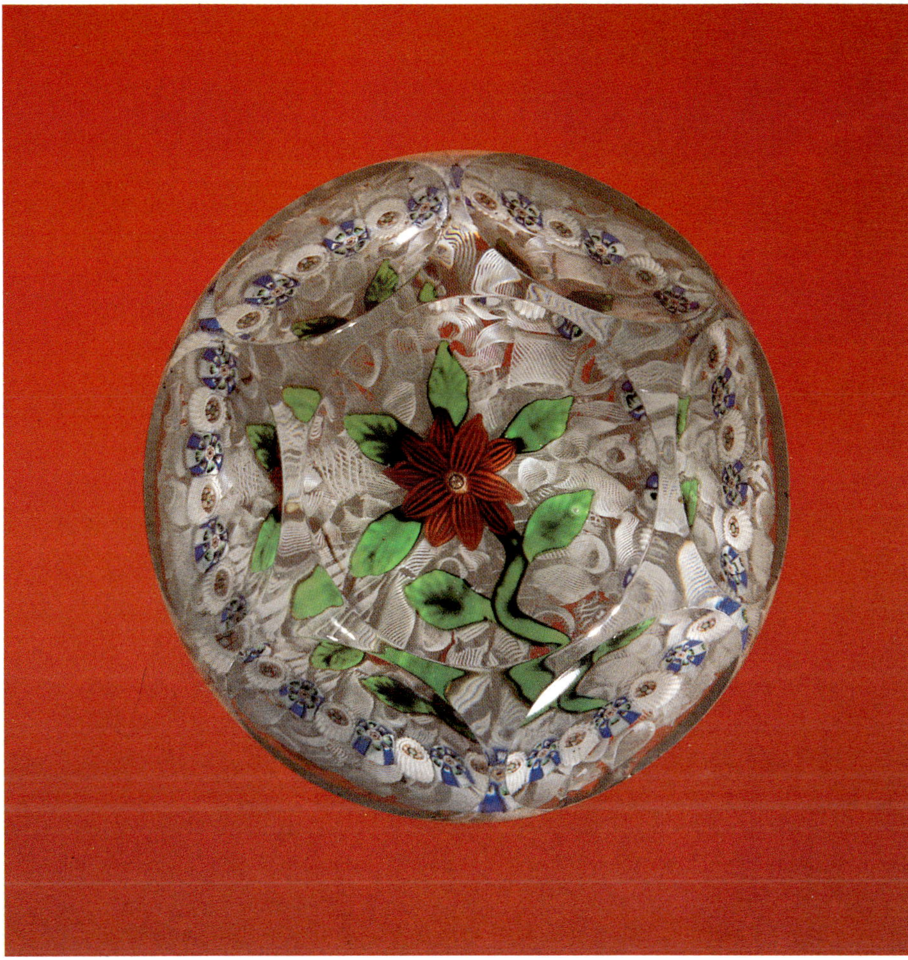

(159)

Briefbeschwerer, Baccarat, Frankreich, Mitte 19. Jahrhundert

Auf einen „Musselinpolster", aus kleinen, weißen Fadenglasstäbchen zusammengeschmolzen, wurde aus buntem Glas eine Clematisblüte mit sechs Blättern gesetzt. Diese ist von einem Ring weißer und blauer, abwechselnd gesetzter Millefiori-canes eingefaßt. In die anschließend aufgeschmolzene Klarglashülle wurden rund um eine große Mittellinse sechs kleinere Linsen geschliffen. Hohl geschliffener Boden. ∅ 7,5 cm. Höhe 5,2 cm.

Provenienz:

Ausstellung, Spink & Son, May 1972, Nr. 122, Klebeetikette am Boden.

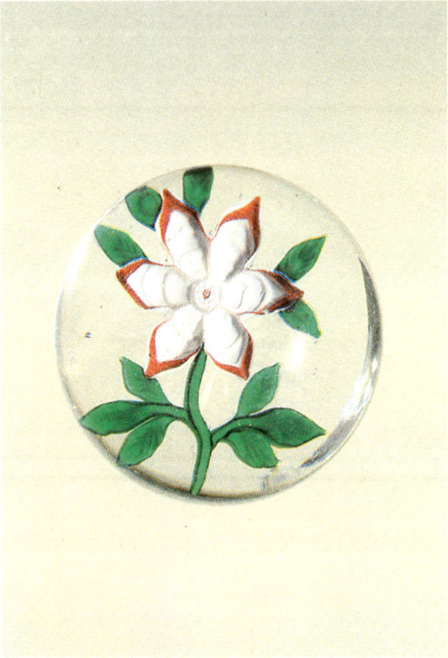

160

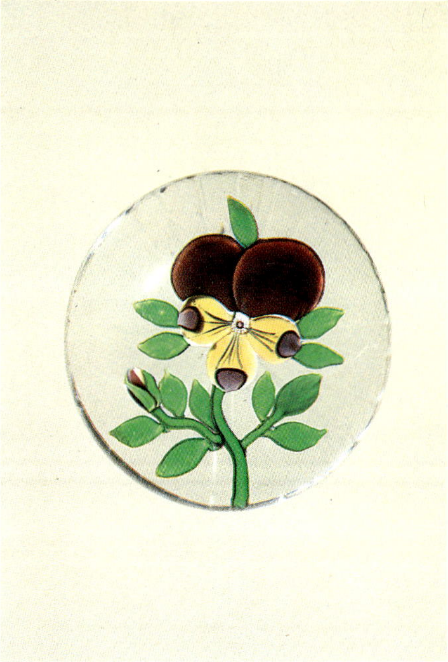

161

(160)

Briefbeschwerer, Baccarat, Frankreich, Mitte 19. Jahrhundert

Auf einen farblosen Glaspolster wurde aus bunten Glasteilen eine Anemone mit elf Blättern gesetzt. Anschließend mit farblosem Glas überschmolzen. Der Boden ist mit einem Schliffstern verziert. ∅ 7,8 cm, Höhe 5,8 cm.

Literatur:

Paul Hollister, Glass Paperweights, S. 56

(161)

Briefbeschwerer, Baccarat, Frankreich, Mitte 19. Jahrhundert

Auf einen farblosen Glaspolster wurde aus bunten Glasteilen ein Stiefmütterchen mit einer Knospe und zwölf Blättern gesetzt. Anschließend mit farblosem Glas überschmolzen. Der Boden ist mit einem Schliffstern verziert. ∅ 7,8 cm, Höhe 5,8 cm.

Literatur:

Paul Hollister, Glass Paperweights, S. 52

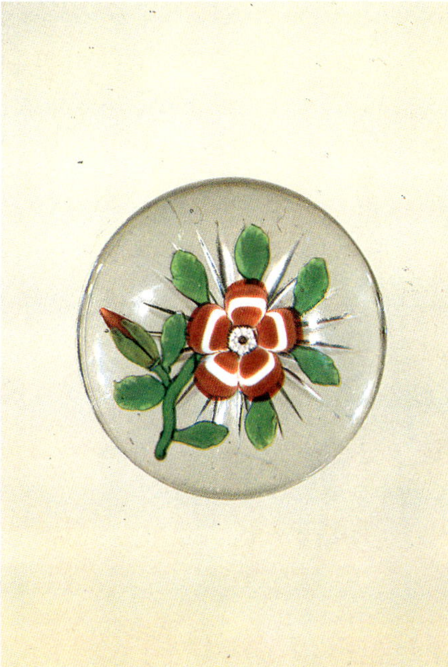

162

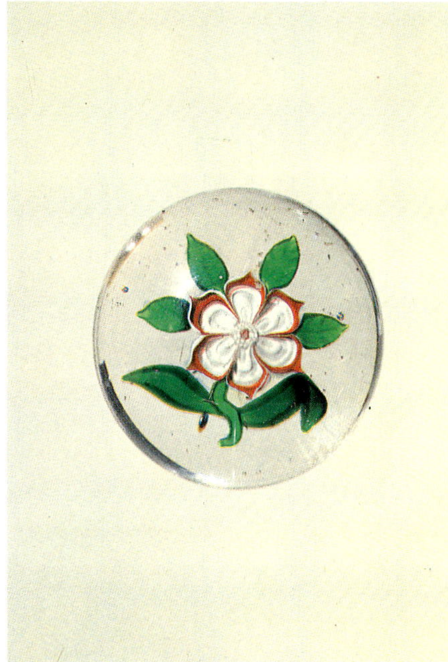

163

(162)

Briefbeschwerer, Baccarat, Frankreich, Mitte 19. Jahrhundert

Auf einen farblosen Glaspolster wurde aus bunten Glasteilen eine Primel mit einer Knospe und acht Blättern gesetzt. Anschließend mit farblosem Glas überschmolzen. Der Boden ist mit einem Schliffstern verziert. ∅ 7 cm, Höhe 4,2 cm.

(163)

Briefbeschwerer, Baccarat, Frankreich, Mitte 19. Jahrhundert

Auf einen farblosen Glaspolster wurde aus bunten Glasteilen eine Anemone mit zwei großen und vier kleinen Blättern gesetzt. Anschließend mit farblosem Glas überschmolzen. Der Boden ist mit einem Schliffstern verziert. ∅ 6,4 cm, Höhe 5 cm.

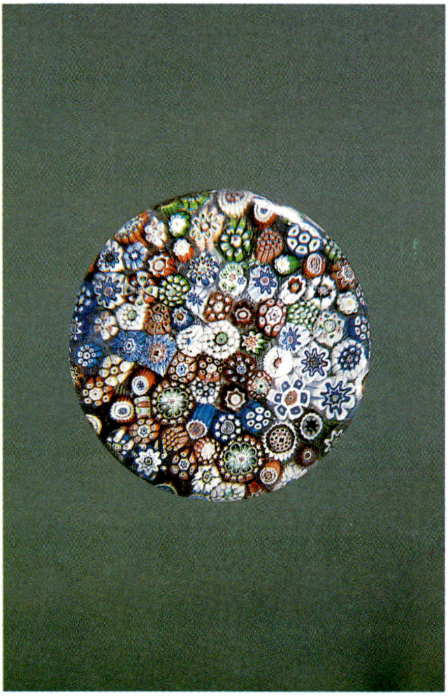

164

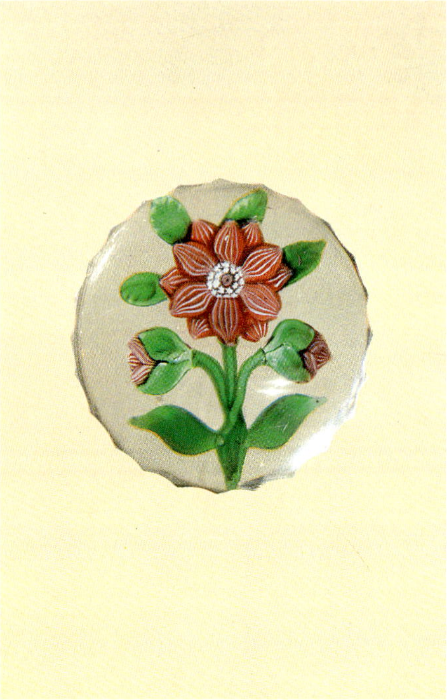

165

(164)

Briefbeschwerer, Baccarat, Frankreich, Mitte 19. Jahrhundert

Auf einen Glaspolster, aus bunten Fadenglasstäbchen zusammengeschmolzen, wurden viele verschiedene Millefiori-canes zu einem geschlossenen Polster gesetzt. Anschließend mit farblosem Glas überschmolzen. Hohl geschliffener Boden. ∅ 7,4 cm, Höhe 5,7 cm.

(165)

Briefbeschwerer, Bacccarat, Frankreich, Mitte 19. Jahrhundert

Auf einen farblosen Glaspolster wurde aus bunten Glasteilen eine Clematisblüte mit zwei Knospen und sechs Blättern gesetzt. Die aufgeschmolzene Klarglashülle wurde im unteren Bereich umlaufend mit vertikalen, hohl geschliffenen Rippen verziert. Schliffstern im Boden. ∅ 6,3 cm, Höhe 5,1 cm.

Literatur:

Paul Hollister, Glass Paperweights, S. 55.

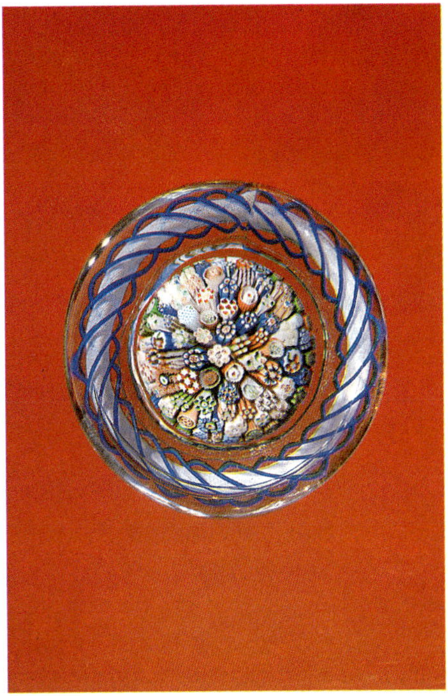

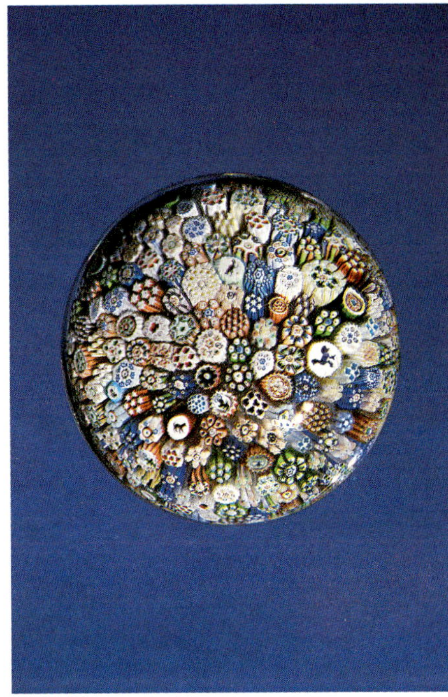

166

167

(166)

Briefbeschwerer, Baccarat, Frankreich, Mitte 19. Jahrhundert

Aus verschiedenen Millefiori-Stäbchen, darunter zwei Kleeblatt-canes, wurde ein stilisierter Blumenstrauß gebildet. Ein verdrehter weißer Fadenglasstab, von einem blauen Glasfaden umwunden, bildet die Einrahmung des Blumenbouquets. Anschließend mit farblosem Glas überschmolzen. Kleiner Schliffstern im Boden. ∅ 7,8 cm, Höhe 5,2 cm.

Literatur:

Ch. Mossin, Sulfures et boules presse-papier, S. 11

(167)

Briefbeschwerer, Baccarat, Frankreich, 1848

Auf einen Glaspolster, aus bunten Fadenglasstäbchen zusammengeschmolzen, wurden viele verschiedene Millefiori-canes zu einem geschlossenen Polster gesetzt. Darunter befinden sich folgende Silhouetten-canes: Teufel, Hahn, Hund, Ziegenbock, Kleeblatt, Vogel, turtelnde Tauben und drei Blumencanes. Anschließend mit farblosem Glas überschmolzen. Hohl geschliffener Boden. Signiert und datiert: „B 1848" mit Signatur-cane. ∅ 8 cm, Höhe 5,1 cm.

Literatur:

Paul Hollister, Glass Paperweights, S. 21

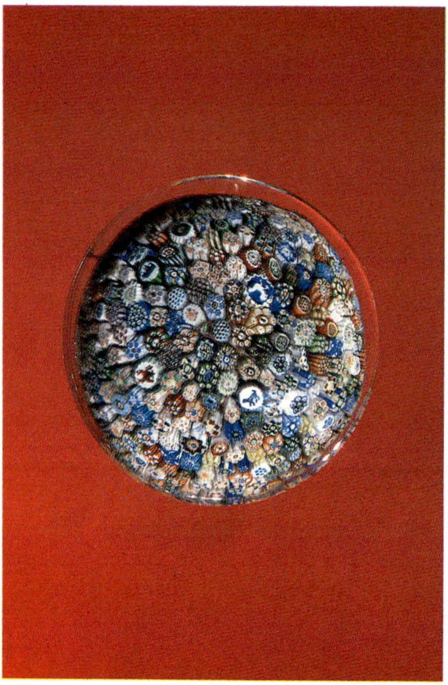

168

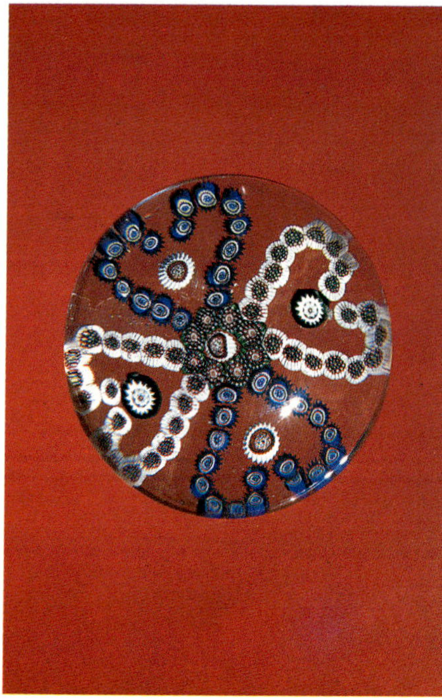

169

(168)

Briefbeschwerer, Baccarat, Frankreich, 1847

Auf einen Glaspolster aus bunten Fadenglasstäbchen zusammengeschmolzen wurden viele verschiedene Millefiori-canes zu einem geschlossenen Polster gesetzt. Darunter befinden sich folgende Silhouetten-canes: Elefant, Hahn, Hund und Affe?. Anschließend mit farblosem Glas überschmolzen. Hohl geschliffener Boden. Signiert und datiert: „B 1847" mit Signatur-cane. ∅ 7,7 cm, Höhe 4,7 cm.

Literatur:

Paul Hollister, Glass Paperweight, S. 21

(169)

Briefbeschwerer, Baccarat, Frankreich, Mitte 19. Jahrhundert

Auf einen farblosen Glaspolster wurden verschiedene Millefiori-canes zu einem geometrischen Muster gesetzt. Anschließend mit farblosem Glas überfangen. Hohl geschliffener Boden. ∅ 7,8 cm, Höhe 5,5 cm.

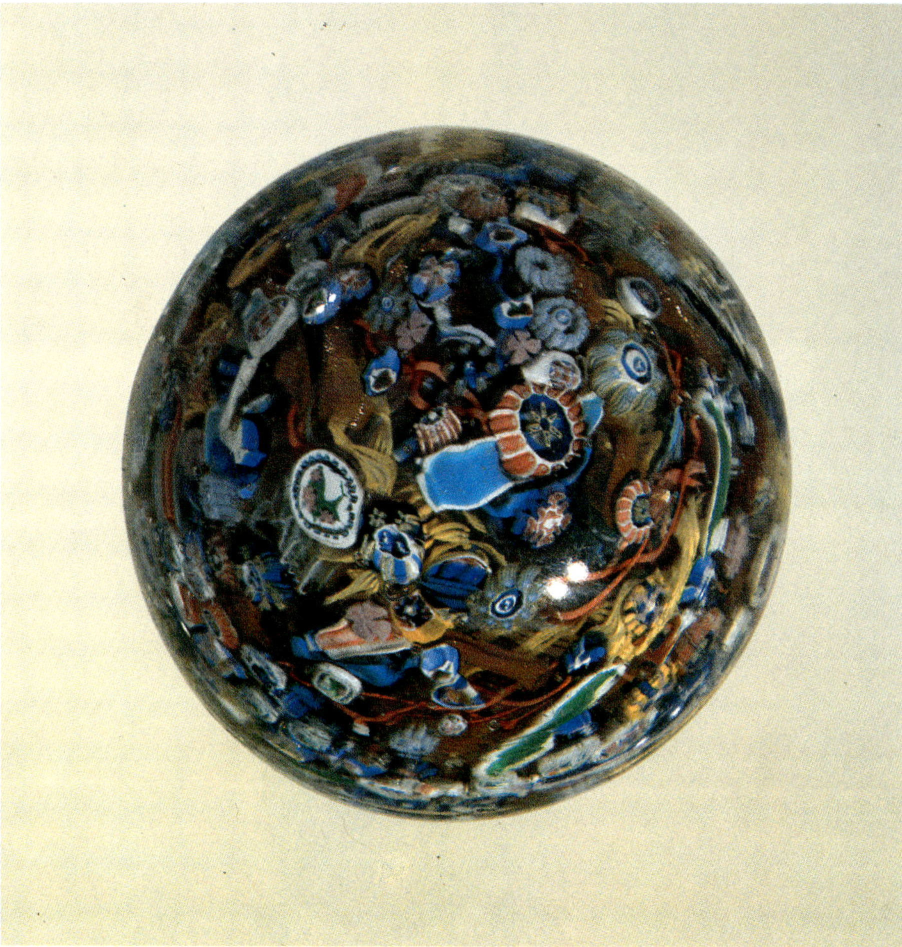

(170)

Briefbeschwerer, Pietro Bigaglia, Venedig, Mitte 19. Jahrhundert

In einen Glaspolster, aus bunten Fadenglasstäbchen zusammengeschmolzen, wurden viele verschiedene Millefiori-canes gesetzt. Unter diesen befinden sich etwa zwanzig Tiersilhouetten und eine Vielzahl verschiedener Blumen-canes. Anschließend mit farblosem Glas überschmolzen. Am Boden Hefteisenansatz. ∅ 7,8 cm, Höhe 5,3 cm.

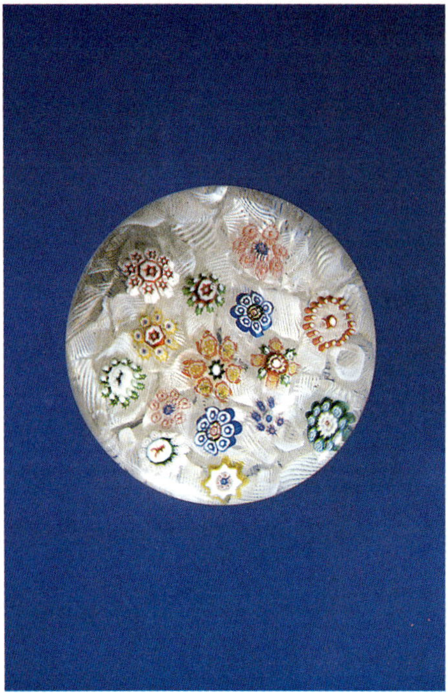

171

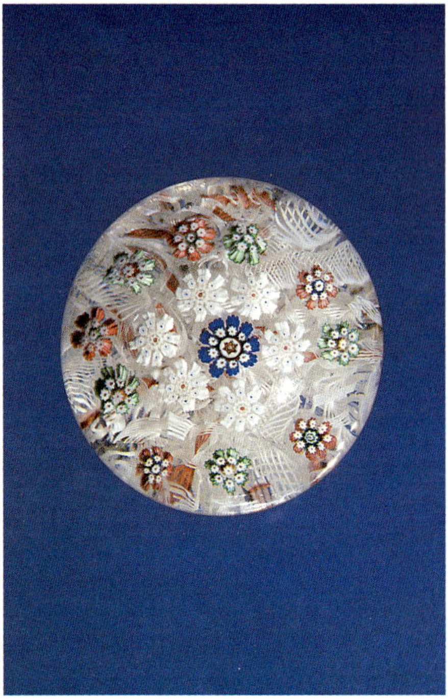

172

(171)

Briefbeschwerer, Böhmen oder Schlesien, um 1840—50

Auf einen „Musselinpolster", aus kleinen; weißen Fadenglasstäbchen zusammengeschmolzen, wurden verschiedene Millefiori-canes, darunter zwei Silhouetten, Hund und Teufel, gesetzt. Anschließend mit farblosem Glas überschmolzen. Geschliffener Boden mit flacher Mittelkugelung. ∅ 7,4 cm, Höhe 5,3 cm.

(172)

Briefbeschwerer, Böhmen oder Schlesien, um 1840—50

Auf einen „Musselinpolster", aus kleinen, weißen und rosa Fadenglasstäbchen zusammengeschmolzen, wurden verschiedene Millefiori-canes gesetzt. Anschließend mit farblosem Glas überschmolzen. Geschliffener Boden mit kleiner, tiefer Mittelkugelung. ∅ 7,6 cm, Höhe 6 cm.

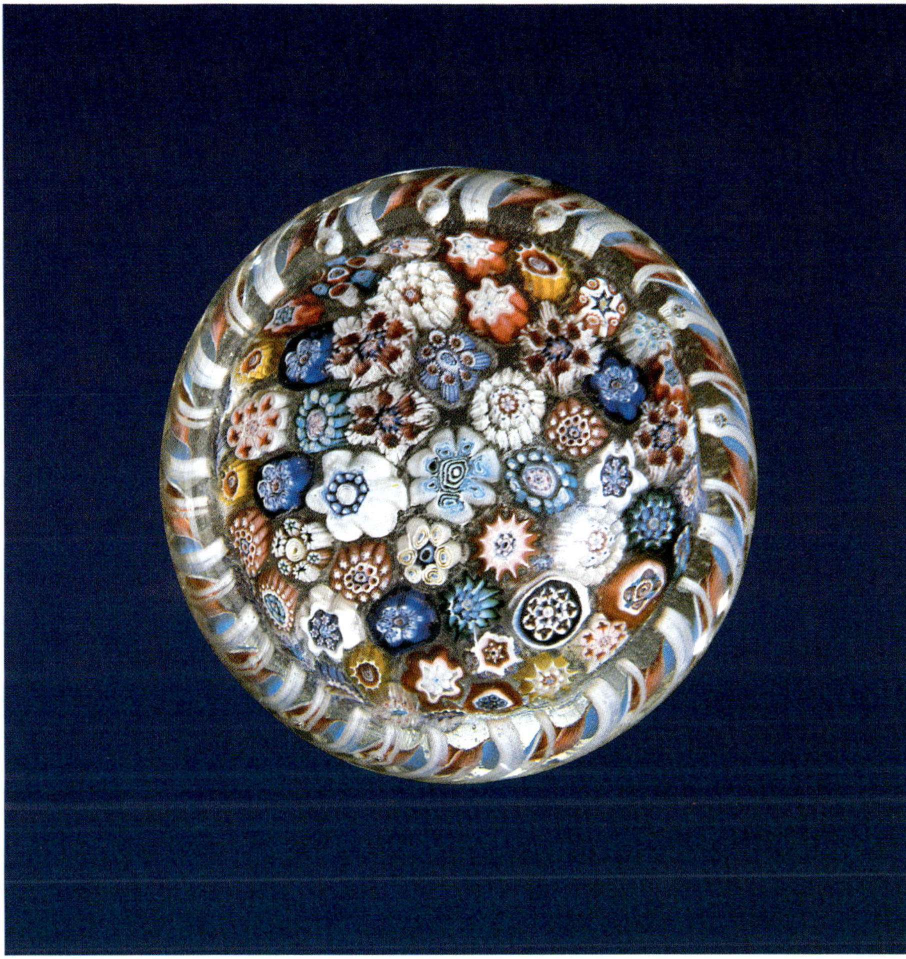

(173)

Briefbeschwerer, Harrach'sche Hütte, Neuwelt, Böhmen, um 1840—50

Auf einen farblosen, gelb schimmernden Glaspolster wurden verschiedene Millefiori-canes gesetzt. Der „Blumenstrauß" wird durch zwei übereinander liegende Spiralen eingefaßt. Anschließend mit farblosem Glas überschmolzen. Geschliffener Boden mit kleiner Mittelkugelung. ∅ 7,4 cm, Höhe 5,3 cm.

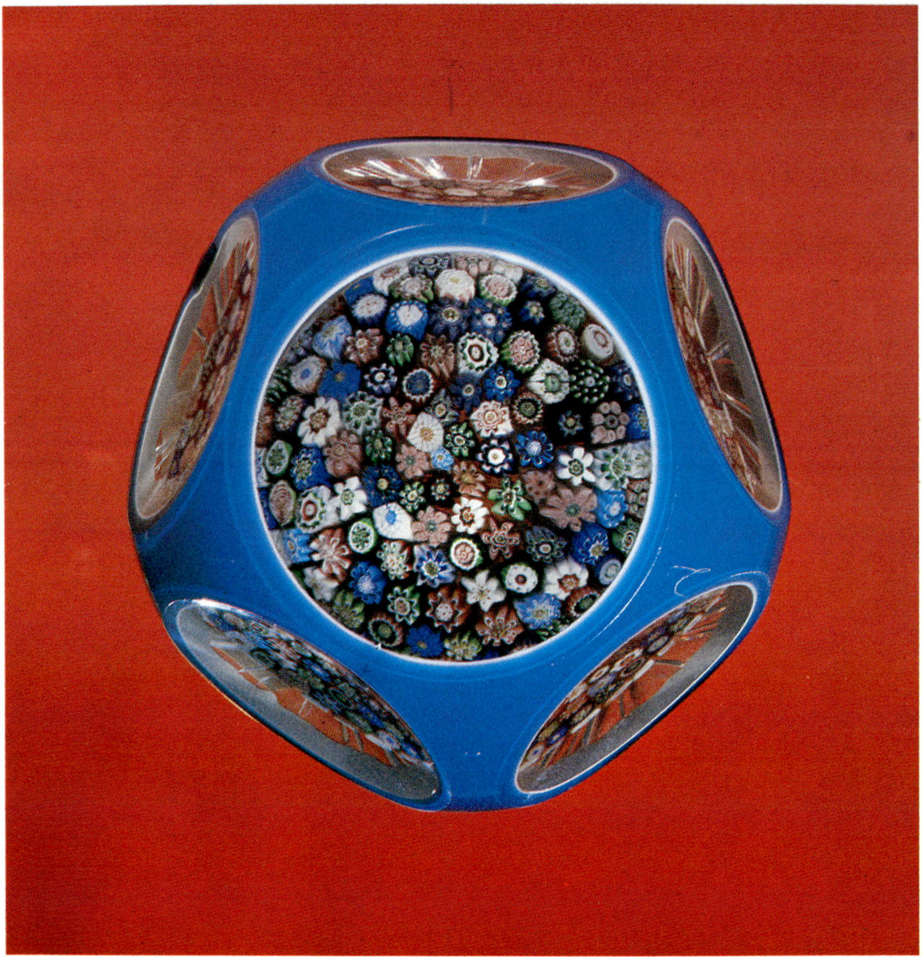

(174)

Briefbeschwerer, Clichy, Frankreich, Mitte 19. Jahrhundert

In ein Körbchen, abwechselnd aus rosa und weißen Glasstäben gebildet, sind viele verschiedene Millefiori-canes zu einem geschlossenen Blumenstrauß gesetzt. Die aufgeschmolzene Klarglashülle wurde weiß und blau überfangen. Anschließend wurden ein flaches Fenster auf der Oberseite und seitlich fünf hohle Fenster geschliffen. Der Boden ist mit einem bis an den Rand reichenden Schliffstern verziert. ∅ 7,8 cm, Höhe 5,6 cm.

Zwei Herstellungsfehler, 5 mm und 17 mm lang (angeschliffene Lufteinschlüsse) im Überfang.

Literatur:

Paul Hollister, Dwight P. Lanmon, Katalog Paperweights, Corning Museum, 1978, New York, Nr. 107.

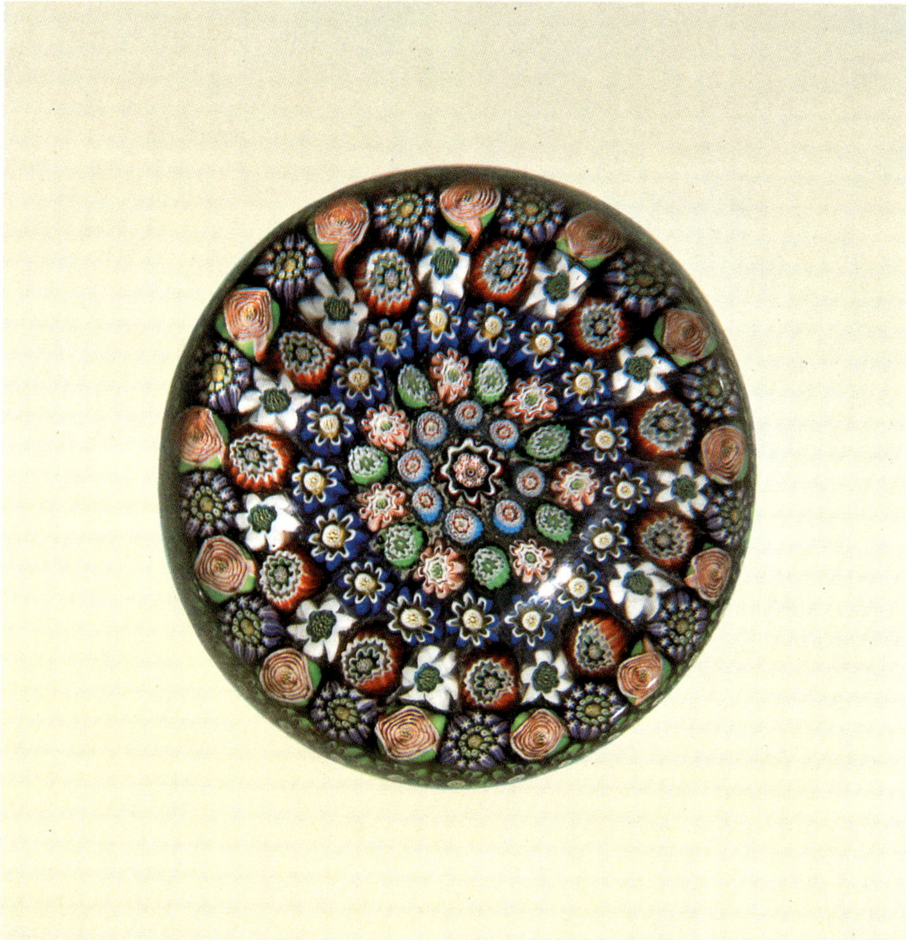

175

Briefbeschwerer, Clichy, Frankreich, Mitte 19. Jahrhundert

In ein Körbchen, abwechselnd aus blauen und weißen Glasstäbchen gebildet, sind eine Mittelblüte und sechs Ringe aus verschiedenen Millefiori-canes, darunter dreizehn rosa Clichyrosen im zweiten Ring von außen, zu einem geschlossenen Polster gesetzt. Anschließend mit farblosem Glas überschmolzen. Hohl geschliffener Boden. ∅ 6,8 cm, Höhe 5,4 cm.

Literatur:

Kalender, Edle Glasbriefbeschwerer des 19. Jahrhunderts, Abb. 2
Paul Hollister, Dwight P. Lanmon, Katalog Paperweights, Corning Museum 1978, New York, Nr. 98
Paul Hollister, Glass Paperweights, Abb. auf dem Buchumschlag

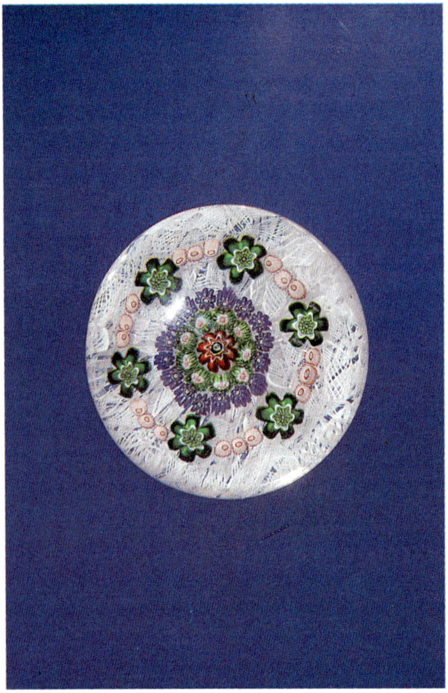

176

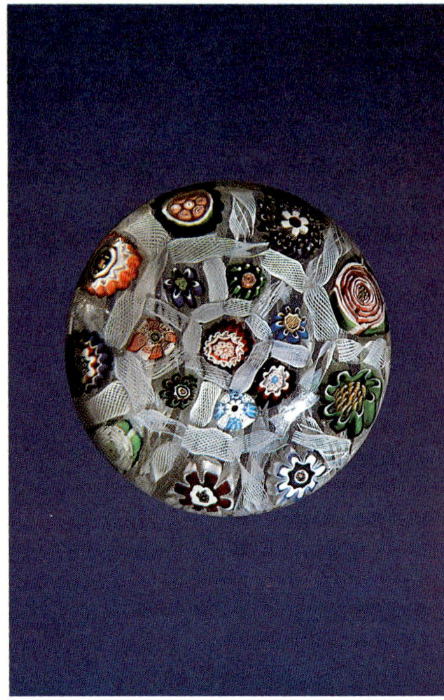

177

(176)

Briefbeschwerer, Clichy, Frankreich, Mitte 19. Jahrhundert

Auf einen farblosen Glaspolster wurden verschiedene Fadenglasstäbe übereinander gelegt. In diesen „Musselingrund" sind verschiedene Millefiori-canes rund um ein rotes Mittelcane in drei Ringen gesetzt. Anschließend mit farblosem Glas überschmolzen. Hohl geschliffener Boden. ∅ 6,7 cm, Höhe 4,8 cm.

(177)

Briefbeschwerer, Clichy, Frankreich, Mitte 19. Jahrhundert

Auf einen farblosen Glaspolster wurden verdrehte Fadenglasstäbe nebeneinander gelegt. Verschiedene Millefiori-canes, darunter eine große „Clichyrose", sind rund um ein Mittelcane in zwei Ringen gesetzt. Die Zwischenräume wurden durch kleine, geometrisch gesetzte Fadenglasstäbe ausgefüllt. Anschließend mit farblosem Glas überschmolzen. Hohl geschliffener Boden. ∅ 7,2 cm, Höhe 5,4 cm.

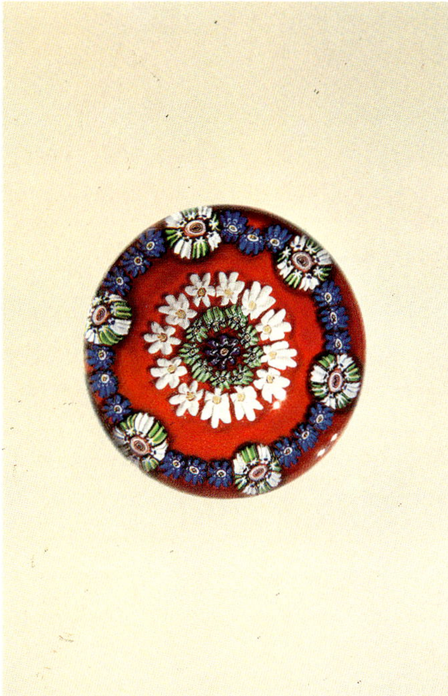

178

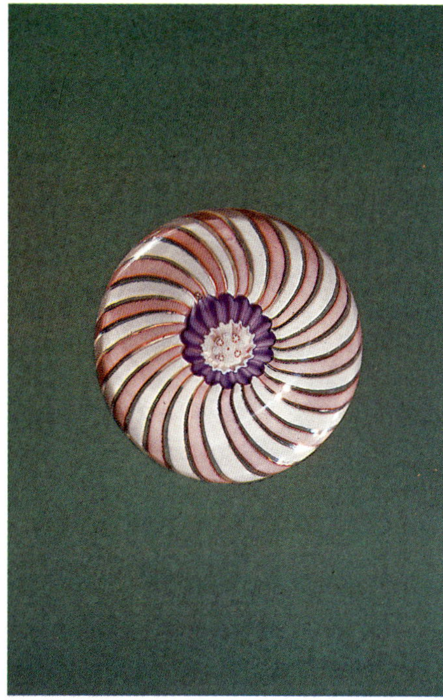

179

(178)

Briefbeschwerer, Clichy, Frankreich, Mitte 19. Jahrhundert

Auf einen farblosen, rot überfangenen Glaspolster „Tomatengrund", wurden ein Mittelcane und drei konzentrisch angeordnete Ringe aus verschiedenen Millefiori-canes gesetzt. Anschließend mit farblosem Glas überschmolzen. Hohl geschliffener Boden. ∅ 6,2 cm, Höhe 4,8 cm.

Literatur:

Paul Hollister, Glass Papierweights, S. 29

(179)

Briefbeschwerer, Clichy, Frankreich, Mitte 19. Jahrhundert

Auf einen farblosen Glaspolster wurden alternierend rosa und weiße Glasstäbe aufgeschmolzen. Ein Millefiori-cane, eingefaßt von einer violetten, gewellten „Manschette", bildet die Mittelblüte. Anschließend mit farblosem Glas überschmolzen. Hohl geschliffener Boden. ∅ 5,5 cm, Höhe 3,9 cm.

Literatur:

Paul Hollister, Dwight P. Lanmon, Katalog Paperweights, Corning Museum 1978, New York, Nr. 123

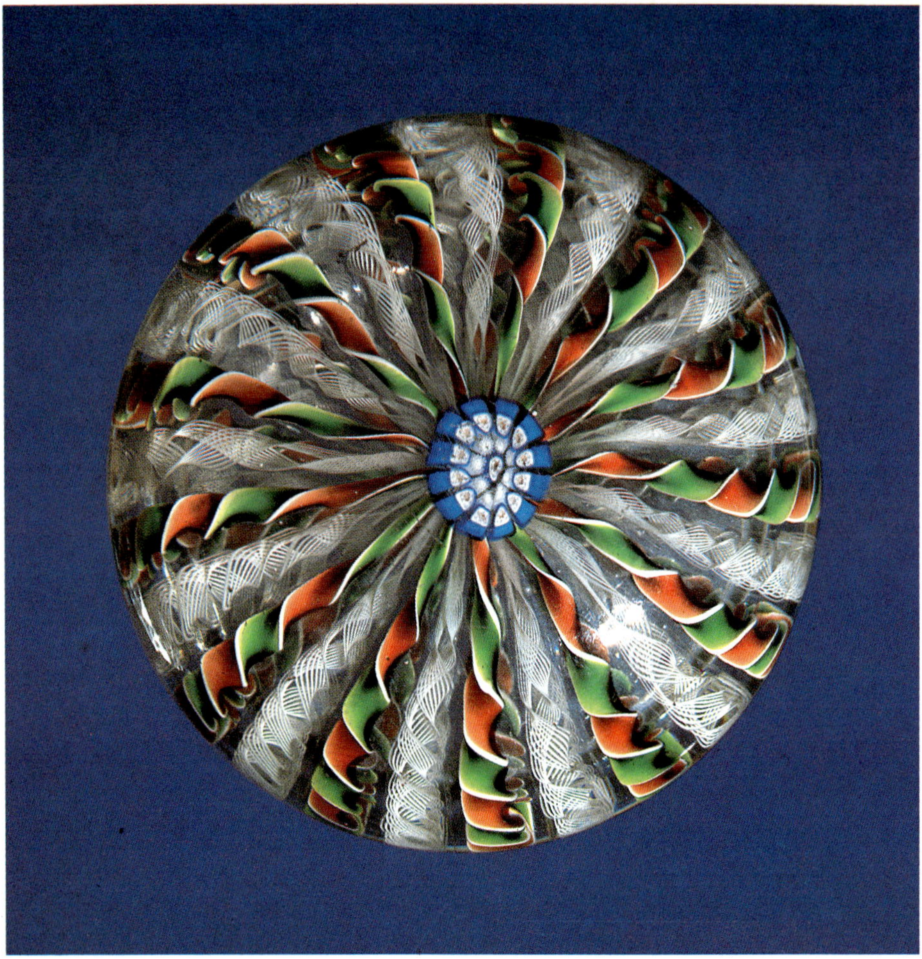

(180)

Briefbeschwerer, St. Louis, Frankreich, Mitte 19. Jahrhundert

Auf eine Glasblase sind vertikal verschiedenfarbige, spiralig verdrehte Glasstäbe gelegt, wodurch eine kronenartige Wirkung erzielt wurde. Ein großes Millefiori-cane bildet die Mittelblüte. Anschließend mit farblosem Glas überschmolzen. Hohl geschliffener Boden.
∅ 8,1 cm, Höhe 5,5 cm.

Literatur:

Paul Hollister, Glass Paperweights, S. 50

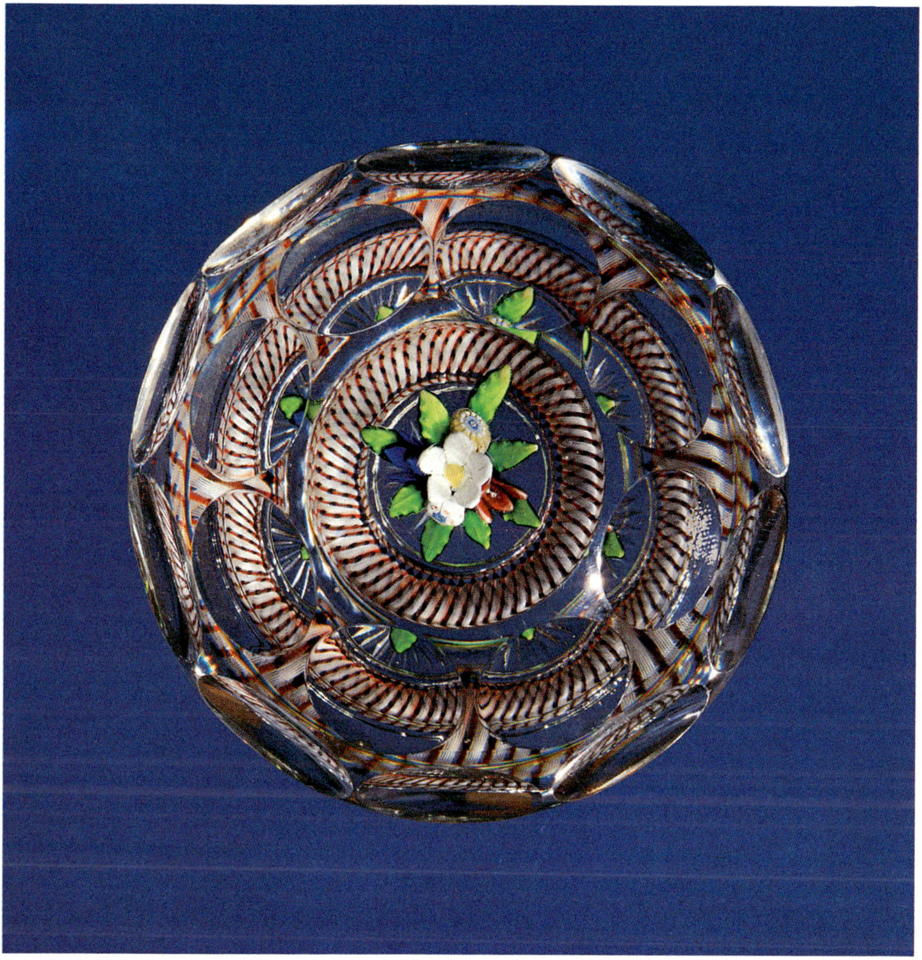

(181)

Briefbeschwerer, St. Louis, Frankreich, Mitte 19. Jahrhundert

In einen kleinen farblosen Glaspolster, umgeben von einer weiß-rosa Fadenglasspirale, wurde ein dreidimensionales Blumenbouquet, bestehend aus drei Blüten, zwei Millefiori-canes und acht Blättern, gesetzt. Anschließend mit farblosem Glas überschmolzen. Rund um eine große geschliffene Mittelkugelung sind ein Ring aus acht kleinen und darunter zwei Ringe aus je zehn etwas größeren Kugelungen angeordnet. Kleiner Schliffstern im Boden. ∅ 8 cm, Höhe 5,5 cm.

Provenienz:

The late Colonel H. A. Ramsay D.S.O.

Literatur:

Gérard Ingold, The Art of the Paperweights, Saint Louis, S. 13.

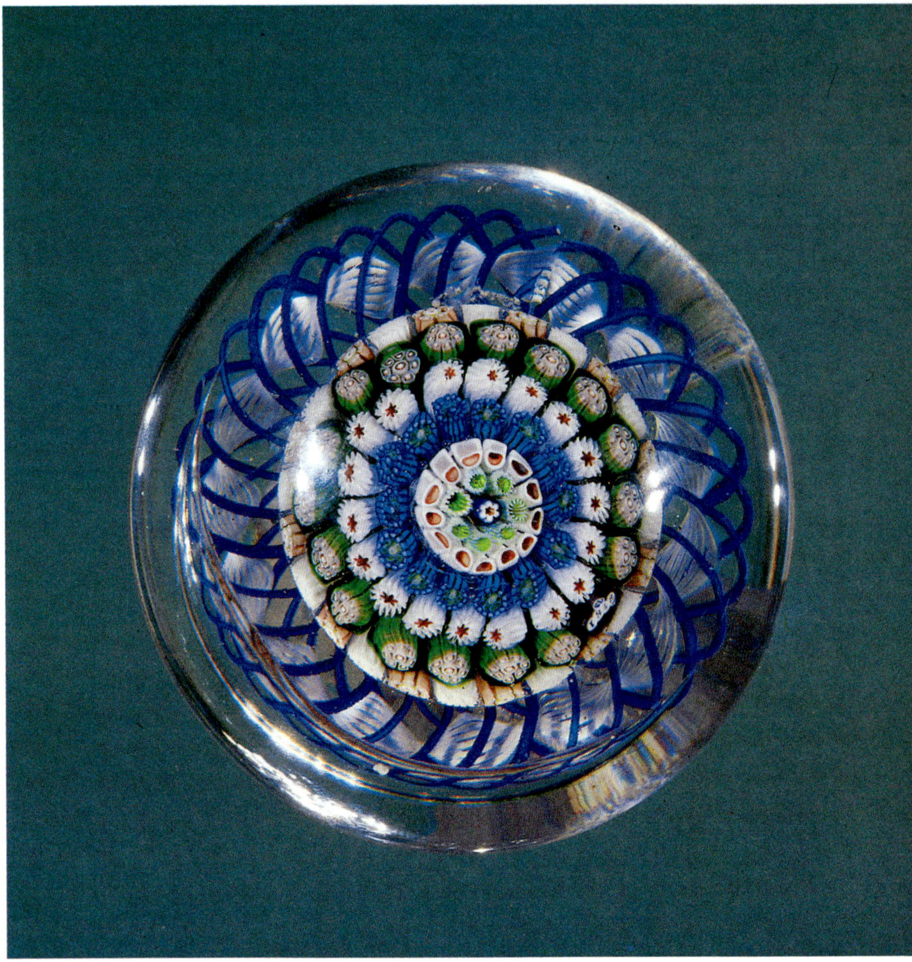

(182)

Briefbeschwerer, St. Louis, Frankreich, 1848

Aus verschiedenen Millefiori-Stäbchen wurde ein stilisierter Blumenstrauß gebildet. Der verdrehte weiße Fadenglasstab, von blauen Glasfäden spiralig umwunden, bildet die Einrahmung des Blumenbouquets. Anschließend mit farblosem Glas überschmolzen. Kleiner Schliffstern im Boden. Signiert und datiert: „SL 1848" mit Signatur-cane. ∅ 7,5 cm, Höhe 5,3 cm.

Eingeschmolzene Luftblase über einem Teil der Spirale.

Literatur:

Paul Hollister, Glass Paperweights, S. 38.

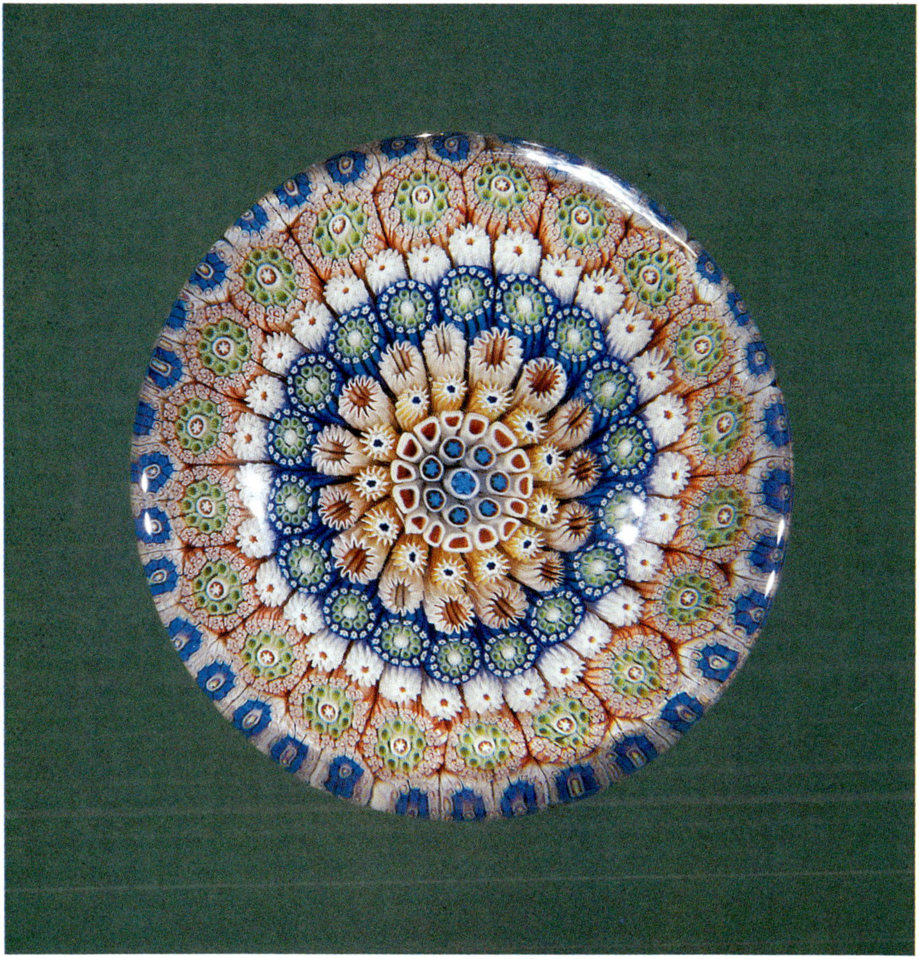

(183)

Briefbeschwerer, St. Louis, Frankreich, Mitte 19. Jahrhundert

Sieben verschiedenfarbige Ringe aus jeweils gleichen Millefiori-Stäbchen, wurden zu einem geschlossenen Polster „Teppichgrund", um ein großes Mittel-cane gesetzt. Anschließend mit farblosem Glas überschmolzen. Hohl geschliffener Boden. ∅ 7,4 cm, Höhe 5,2 cm.

Literatur:

Paul Hollister, Glass Paperweights, S. 45

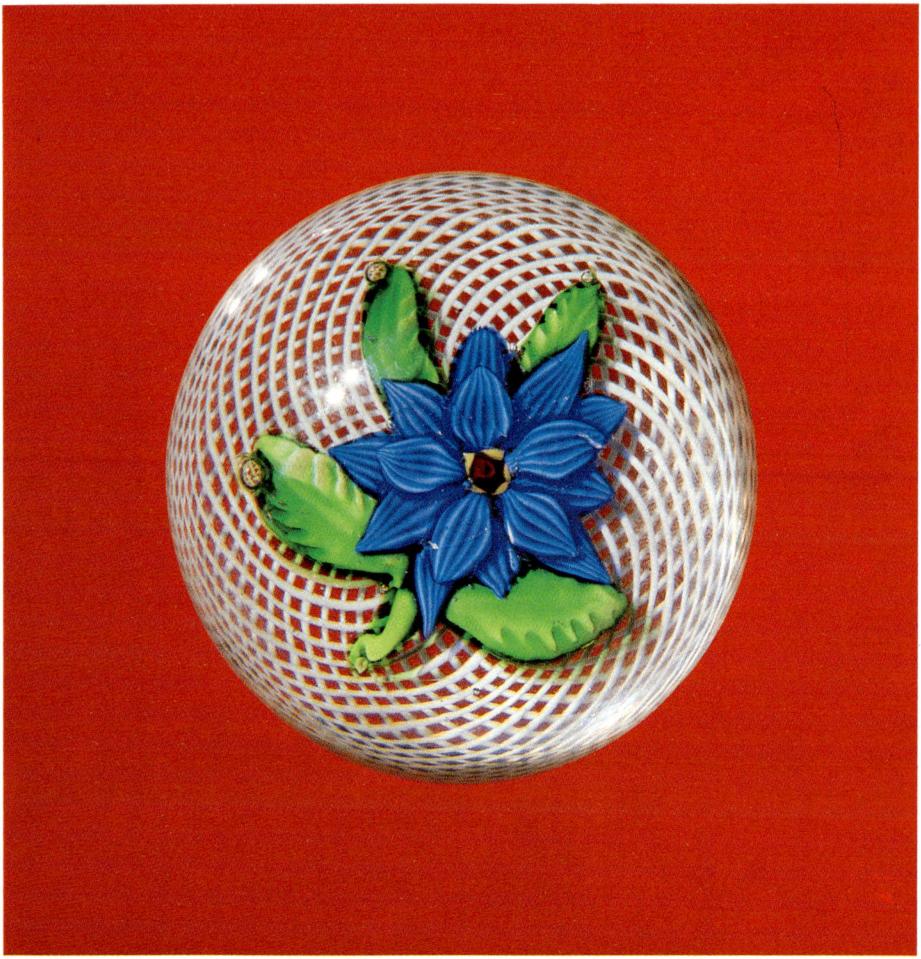

(184)

Briefbeschwerer, St. Louis, Frankreich, Mitte 19. Jahrhundert

Auf einen farblosen Glaspolster mit gekreuzten weißen Glasfäden verziert, wurden aus farbigem Glas eine Clematisblüte und vier Blätter gesetzt. Anschließend mit farblosem Glas überschmolzen. Hohl geschliffener Boden, ∅ 6,1 cm, Höhe 4,6 cm.

Literatur:

Lawrence H. Selman, Linde Pope-Selman, Paperweights for Collectors, S. 77

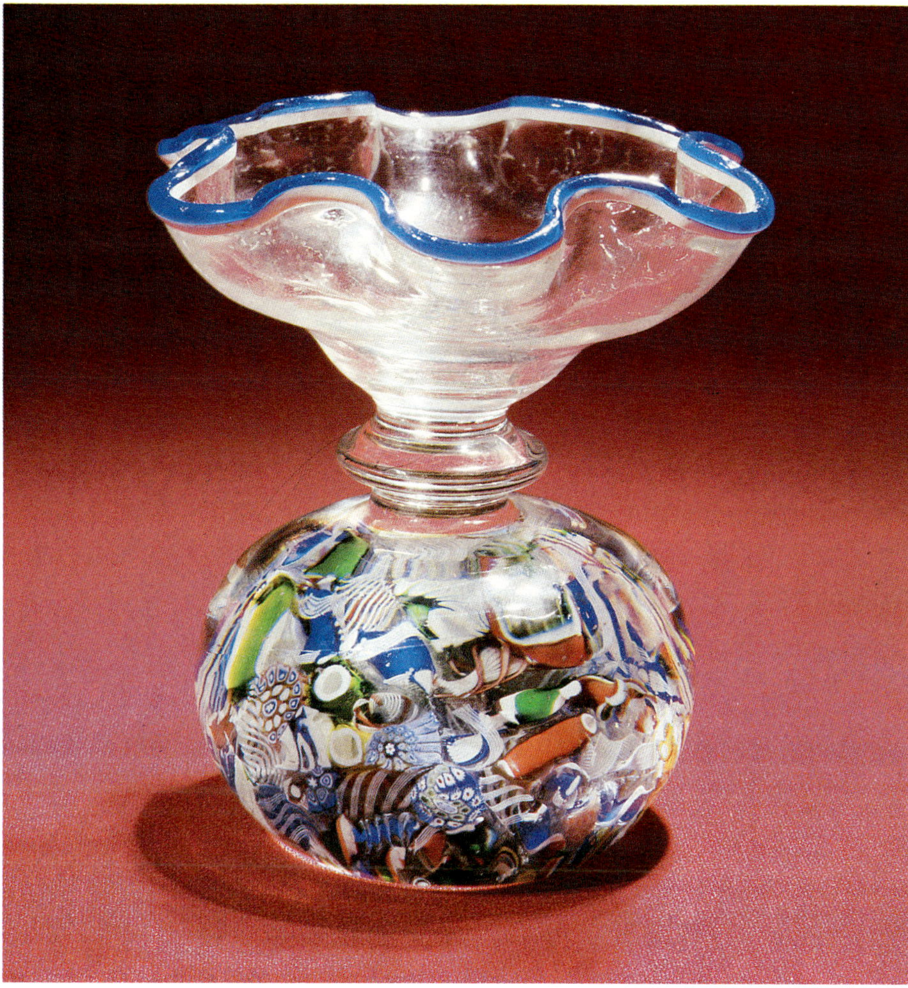

(185)

Briefbeschwerer mit Schälchen, St. Louis, Frankreich, Mitte 19. Jahrhundert

Der Glaspolster aus verschiedenen, bunten Fadenglasstäbchen zusammengesetzt, wurde anschließend mit farblosem Glas überschmolzen. Der sechsfach geschwungene Rand des angesetzten Schälchens ist von einem weißen und blauen Glasfaden gesäumt. Hohl geschliffener Boden. Höhe 8,9 cm.

Literatur:

Paul Hollister, Glass Paperweights, S. 19

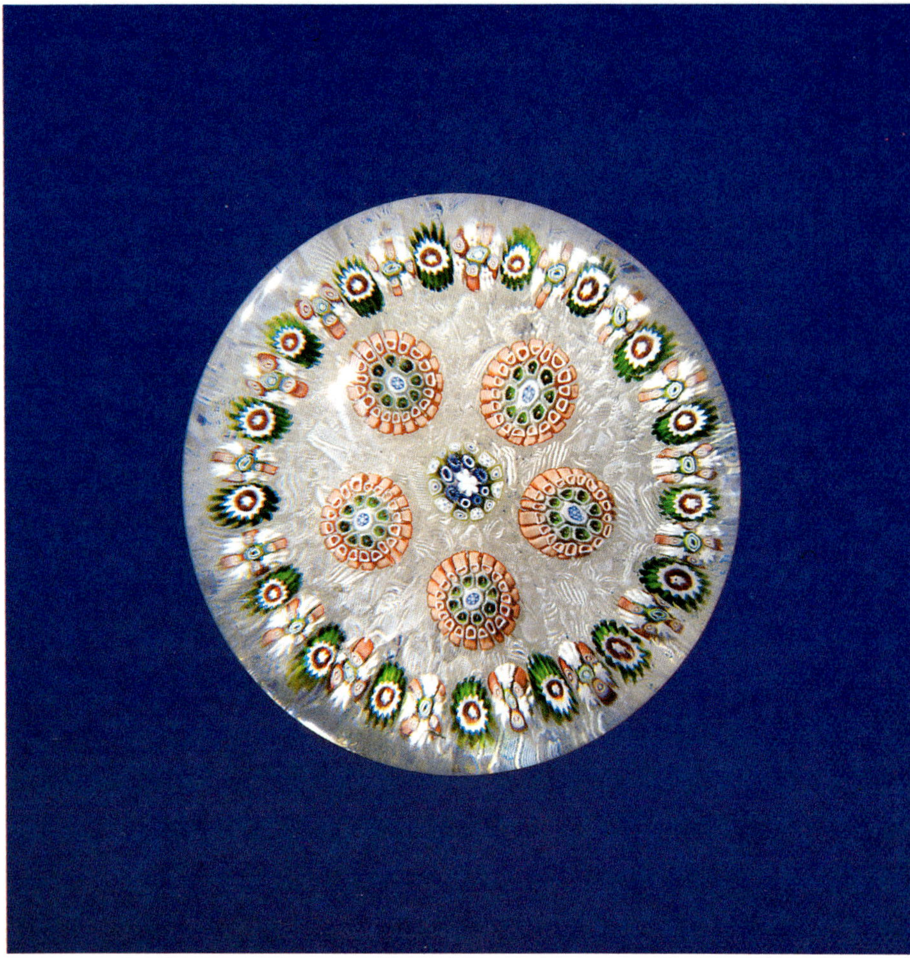

(186)

Briefbeschwerer, St. Louis, Frankreich, Mitte 19. Jahrhundert

Auf einen „Musselinpolster" aus kleinen, weißen Fadenglasstäben zusammengeschmolzen, wurden konzentrisch verschiedene Millefiori-canes gesetzt. Anschließend mit farblosem Glas überschmolzen. Hohl geschliffener Boden. ∅ 6,2 cm, Höhe 4,3 cm.

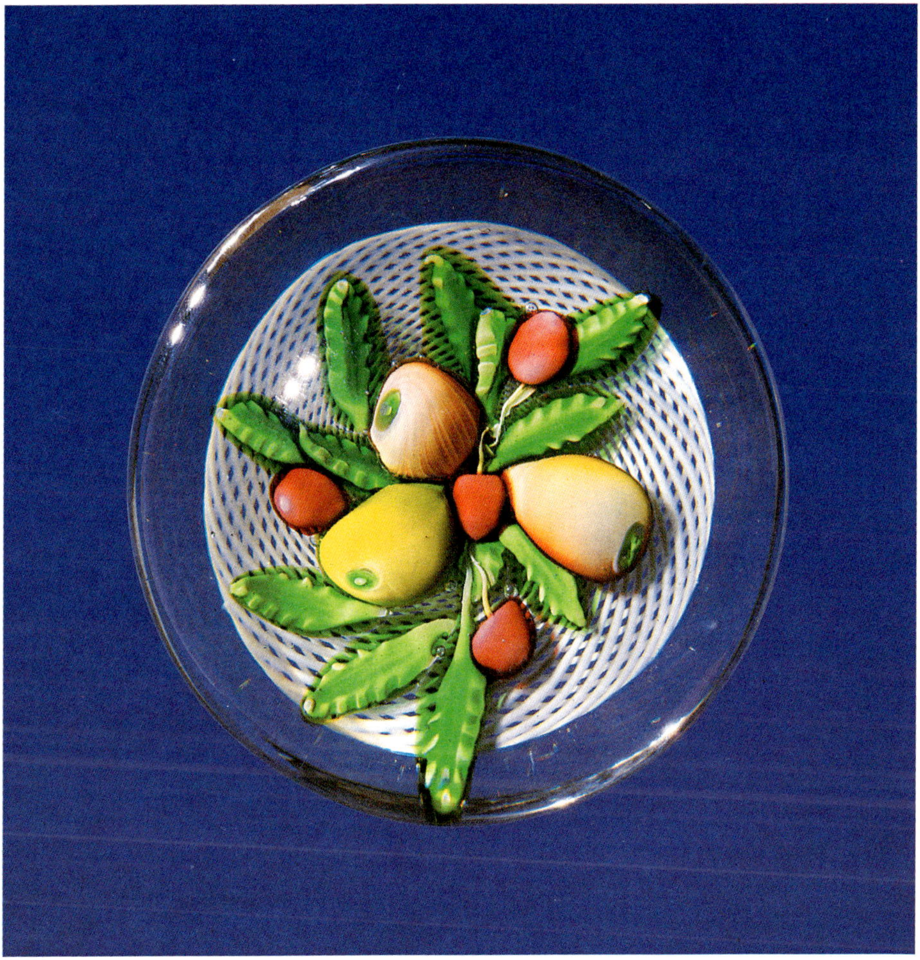

(187)

Briefbeschwerer, St. Louis, Frankreich, Mitte 19. Jahrhundert

In ein Körbchen, gebildet aus gekreuzten weißen Glasfäden, wurden aus farbigem Glas vier Kirschen, ein Apfel, zwei Birnen und elf Blätter gesetzt. Anschließend mit farblosem Glas überschmolzen. Hohl geschliffener Boden. ∅ 7,3 cm, Höhe 5,2 cm.

Literatur:

Paul Hollister, Glass Paperweights, S. 78

(188)

Briefbeschwerer, Böhmen, um 1900

Ein kleiner, farbloser Glaspolster, dekoriert mit bunten Glassplittern, wurde mit farblosem Glas überschmolzen und mit sechs weißen Bogenornamenten und drei grünen Blättern verziert. Auf eine weitere Glasschichte wuden die drei Blüten mit den eingestochenen Kelchen gesetzt. Anschließend mit farblosem Glas überschmolzen und wabenartig geschliffen. Höhe 8,3 cm.

(189)

Briefbeschwerer, Böhmen, um 1900

Ein kleiner, farbloser Glaspolster wurde mit bunten Glassplittern dekoriert. Auf eine weitere farblose Glasschichte sind fünf Blüten mit eingestochenen Kelchen gesetzt. Anschließend mit farblosem Glas überschmolzen und facettiert geschliffen. Höhe 15,4 cm.

(190)

Briefbeschwerer, Böhmen, um 1900

Ein farbloser Glaspolster wurde mit bunten Glassplittern dekoriert. Die emporsteigende große Blume ist aus verschiedenfärbigen Blütenblättern in drei übereinanderliegenden Schichten gebildet. Die Blütenblätter sind auf der Ober- und Unterseite mit kleinsten, im Licht glänzenden Luftbläschen (Tautropfen darstellend) verziert. Anschließend mit farblosem Glas überschmolzen und facettiert geschliffen. Höhe 8,8 cm.

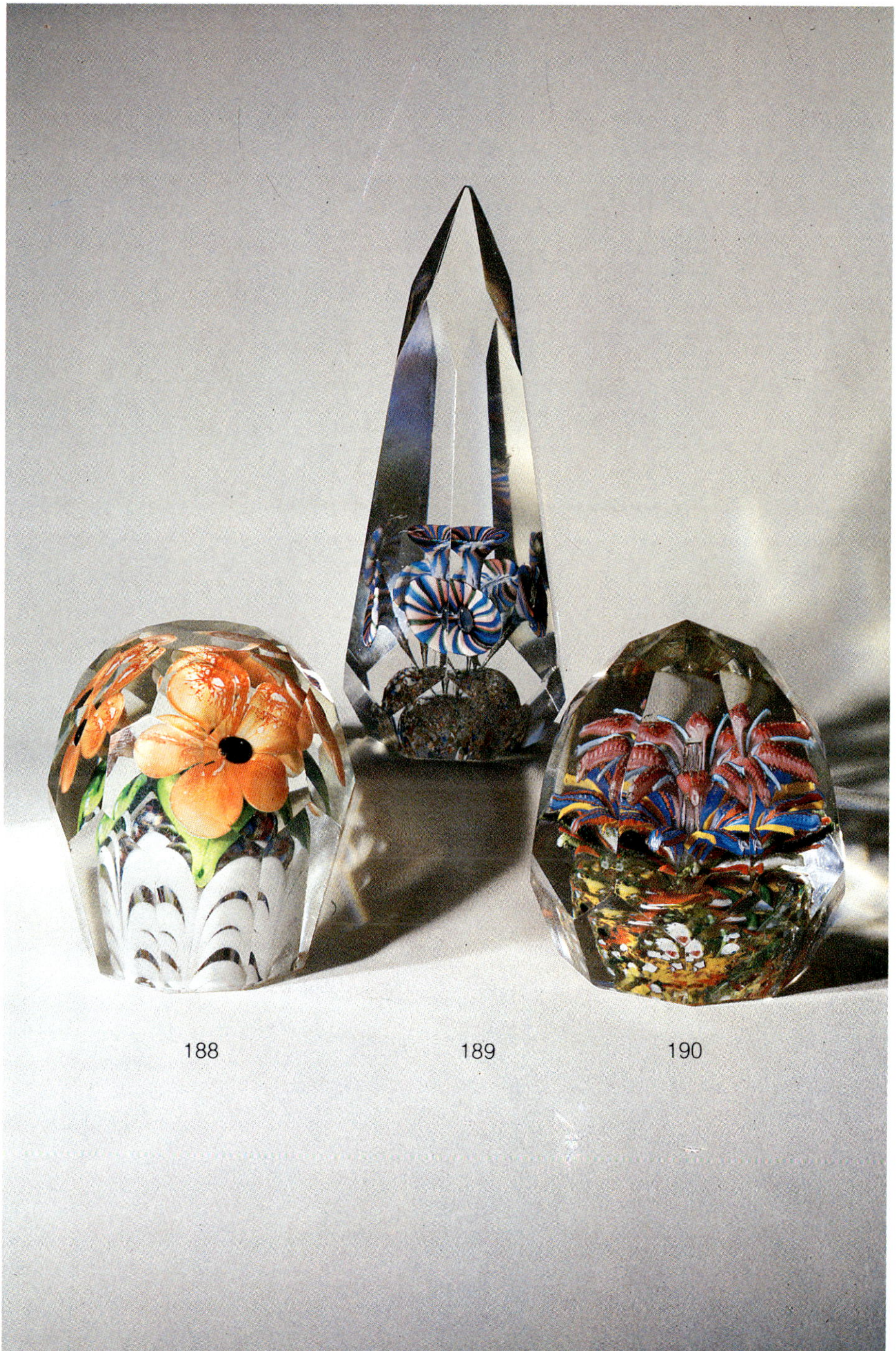
188
189
190

J. &. L. Lobmeyr, Wien

Wenn die Angehörigen der fünften Generation das Jubiläum des 150jährigen Bestandes Ihres Familienunternehmens feiern durften, mag mit als ein Grund für die Prosperität des Hauses der Umstand gelten, daß sich die Generationenfolge auch mit stilgeschichtlichen Zeitabschnitten deckt.
Im Jahre 1823 kam der Glasermeister Joseph Lobmeyr aus Oberösterreich nach Wien und eröffnete hier eine Werkstatt und eine Glaswarenhandlung. Glasluster für Repräsentationsräume und Serviceglas, darunter zwei umfangreiche Garnituren für den kaiserlichen Hof, begründeten schon frühzeitig den Ruf der jungen Firma. Er übergab das Unternehmen an seine Söhne Joseph und Ludwig im Revolutionsjahr 1848, als das Biedermeier und die für Wien bedeutsame Zeit des Vormärz ihr gewaltsames Ende fanden und Franz Joseph I. die Regierung antrat. Man wandte sich nun auch dem Exportgeschäft zu — insbesonders nach dem Nahen Osten — und konnte den geschäftlichen Erfolg ausweiten. Joseph starb frühzeitig im Jahre 1864 und die Verantwortung für das Unternehmen lag ab diesem Zeitpunkt zur Gänze in den Händen von Ludwig Lobmeyr der sicherlich als jene Persönlichkeit gelten kann, die dem Familienunternehmen ideell jenes Profil gab, das „den Lobmeyr" ausmacht.
Ein klärendes Wort über das Verhältnis des Hauses Lobmeyr zur eigentlichen Glasherstellung erscheint angebracht, da man, von einem kurzfristigen und letztlich nicht befriedigenden Engagement an zwei Glashütten in Slawonien abgesehen, niemals Glaserzeuger war. Man verstand sich stets als sogenannter Glasverleger, wobei die Produkte verschiedener Hersteller verkauft wurden, soferne diese dem hohen Qualitätsanspruch gerecht wurden, den sich das Unternehmen selbst stellte. In der Mehrzahl jedoch ließ man nach Entwürfen zeitgenössischer Künstler und auch der Firmeninhaber bei den jeweils am besten geeigneten Glashütten und Veredelungswerkstätten die Arbeiten ausführen.
Ludwig Lobmeyr war in einer Zeit an die Spitze des Unternehmens gelangt, in der die Industrialisierung ihren stärksten Auftrieb erfuhr, daher auch genügend Mittel für Güter des gehobenen Bedarfes zur Verfügung standen und in Wien eine Bautätigkeit wie nie zuvor einsetzte. Dementsprechend umfangreich gestaltete er mit Hilfe der namhaftesten Künstler das Angebot der Firma, wobei dem Zeitgeschmack entsprechend, Produkte in Stilrichtungen mit reproduzierender Charakteristik vorherrschend waren. Formen und Motive der Renaissance, Abb. 191, 193, 196 des Barock, Abb. 194, und Rokoko, Abb. 195, 199, 200, aber auch der Antike und der Kunst exotischer Länder, Abb. 192, bestimmten das Gesamtbild. Er war zwischen 1873 und 1900 nicht nur Dominator zahlreicher internationaler Ausstellungen, sondern auch großzügiger Förderer und intelligenter Nutznießer der Institution des österreichischen Museums für Kunst und Industrie und der damit eng verbundenen Wiener Kunstgewerbeschule. Die Frage der Nachfolge — Ludwig Lobmeyr hatte selbst keinen direkten Erben — löste er ab 1894 durch die allmähliche Eingliederung seines Neffen Stefan Rath in die Unternehmensleitung. Er selbst konnte für die inzwischen aufgekommene, neue Kunstauffassung kein Verständnis aufbringen, zog sich mehr und mehr von den Geschäften zurück und starb 88jährig am 25. März 1917.

Stefan Rath wußte wie sein Onkel die Künstlergeneration seiner Tage an das Unternehmen zu binden. Josef Hoffmann, Michael Powolny und in der Folge eine ganze Reihe bekannter Künstler der Zwischenkriegszeit waren für ihn tätig, Abb. 253. Um die Verbindung mit den traditionellen Glaserzeugern und Veredelungswerkstätten aufrecht erhalten zu können, war — infolge der Eigenstaatlichkeit der Tschechoslowakei nach 1918 — die Gründung eines zweiten Unternehmens mit dem Sitz in Steinschönau notwendig geworden. Stefan Rath widmete sich verstärkt dem neuen Betrieb und kooptierte seinen Sohn Hans Harald in die Firmenleitung. 1948 kehrte er nach Wien zurück, wo er seinen Sohn in der schwierigen Nachkriegszeit noch unterstützen konnte. Stefan Rath starb im Jahre 1960. Hans Harald Rath im Jahre 1968.
Heute wird das Unternehmen von dessen Söhnen Harald, Peter und Stefan Rath geführt, die im Sinne ihrer Vorgänger bemüht sind, die Tradition zu wahren aber auch das zeitgenössische Glasschaffen zu fördern.

Wolfgang Prager

(191)

Prunkteller, J. u. L. Lobmeyr, Wien, um 1887
Vorlagen: Stiche von Jost Amann, Texte von Hans Sachs
Entwurf: Richard von Kralik

Farbloses Glas auf der Vorderseite mit Sepiafarben bemalt. Im Mittelfeld der Kaiser mit seinen Fürsten, rundum die allegorischen Darstellungen „Der Papst“, „Der Fürst“, „Kauffmann“, „der Bauer“, „Astronom“ und „der König“ mit entsprechenden Reimen von Hans Sachs in gerahmten Schriftfeldern. Signiert: mit dem „Lobmeyrzeichen“ und dem Monogramm R.v.K. (Richard von Kralik) an den beiden Enden der Schriftrolle im Mittelfeld. ∅ 41,5 cm.

Ein Teller, ein Krug und ein Deckelpokal aus der gleichen Serie sind in der Lobmeyr-Mustersammlung, Wien, Kärntner Straße, ausgestellt.

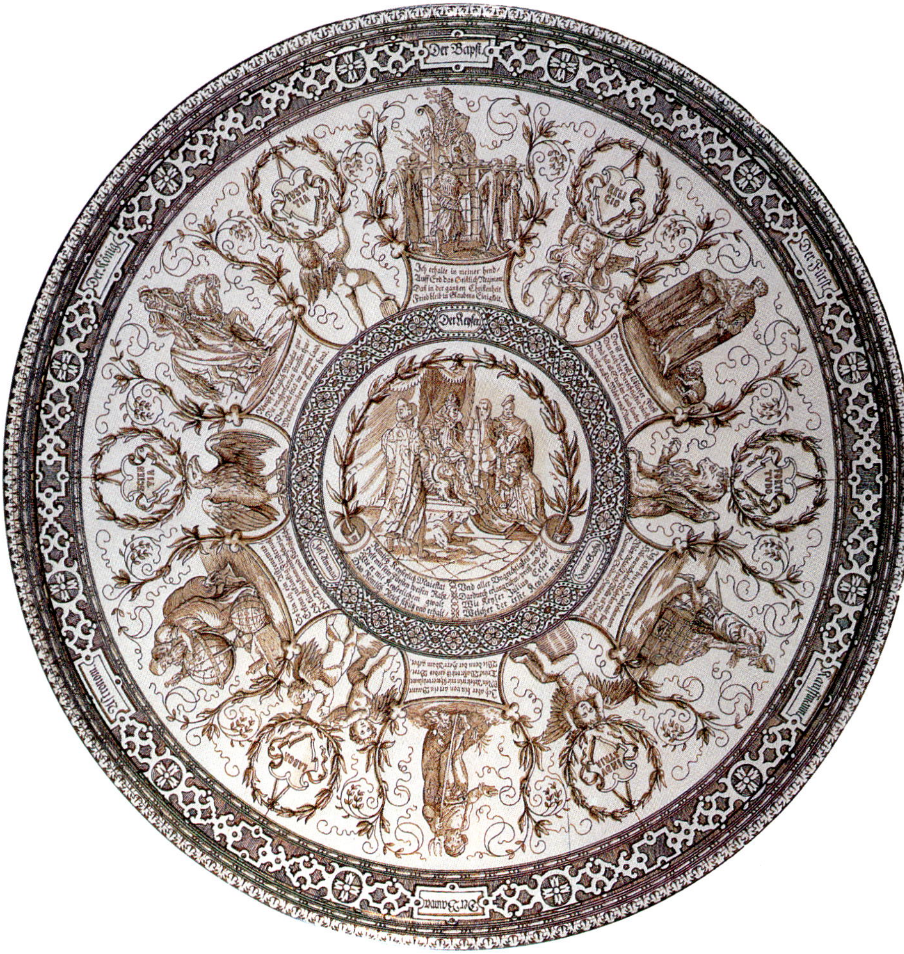
Der Bapst
Der Keyser
Der König
Der Fürst

(192)

Vase, im „persischen Style", J. u. L. Lobmeyr, Wien, um 1880—90
Entwurf des Dekors: Architekten Girard und Rehlender

Braun-grünes Glas, umlaufend mit einem sich dreimal wiederholenden Muster bemalt. Die opaken Emailfarben sind reliefartig aufgetragen. Dünne Goldlinien umrahmen und verbinden die verschiedenen Ornamente. Signiert: Auf der Unterseite des Bodens mit dem „Lobmeyrzeichen" in weißer Emailfarbe. Höhe 36,5 cm.

Literatur:

Waltraud Neuwirth, Orientalisierende Gläser, 1981, Abb. 29, ähnliches Muster.

Verschiedene ähnliche Gegenstände sind in der Lobmeyr-Mustersammlung in Wien, Kärntner Straße, ausgestellt.

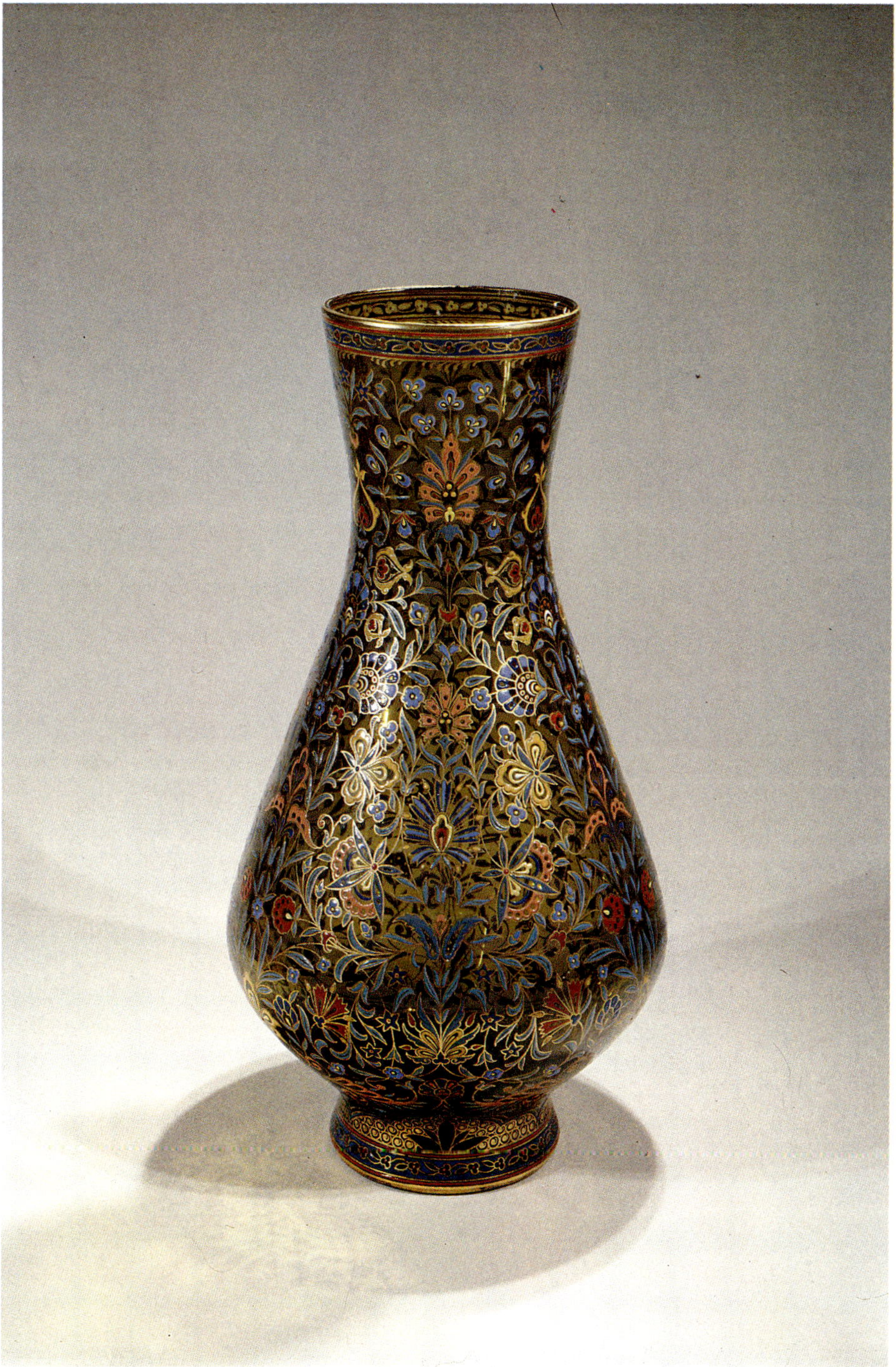

(193)

Deckelpokal im Renaissance-Stil, J. u. L. Lobmeyr, Wien, um 1880—90

Farbloses Glas, optisch geblasen, gelb gebeizt und umlaufend mit einem historisierenden Renaissancedekor bemalt. Die weiße Emailfarbe ist reliefartig aufgetragen. Dünne Goldlinien umrahmen und verbinden die verschiedenen Ornamente. Die Mehrzahl der horizontal gemalten Goldbordüren sind mit drei verschiedenen Mustern in Schwarzlotmalerei dekoriert. Signiert: Auf der Unterseite des Bodens mit dem „Lobmeyrzeichen" in weißer Emailfarbe. Höhe 60 cm.

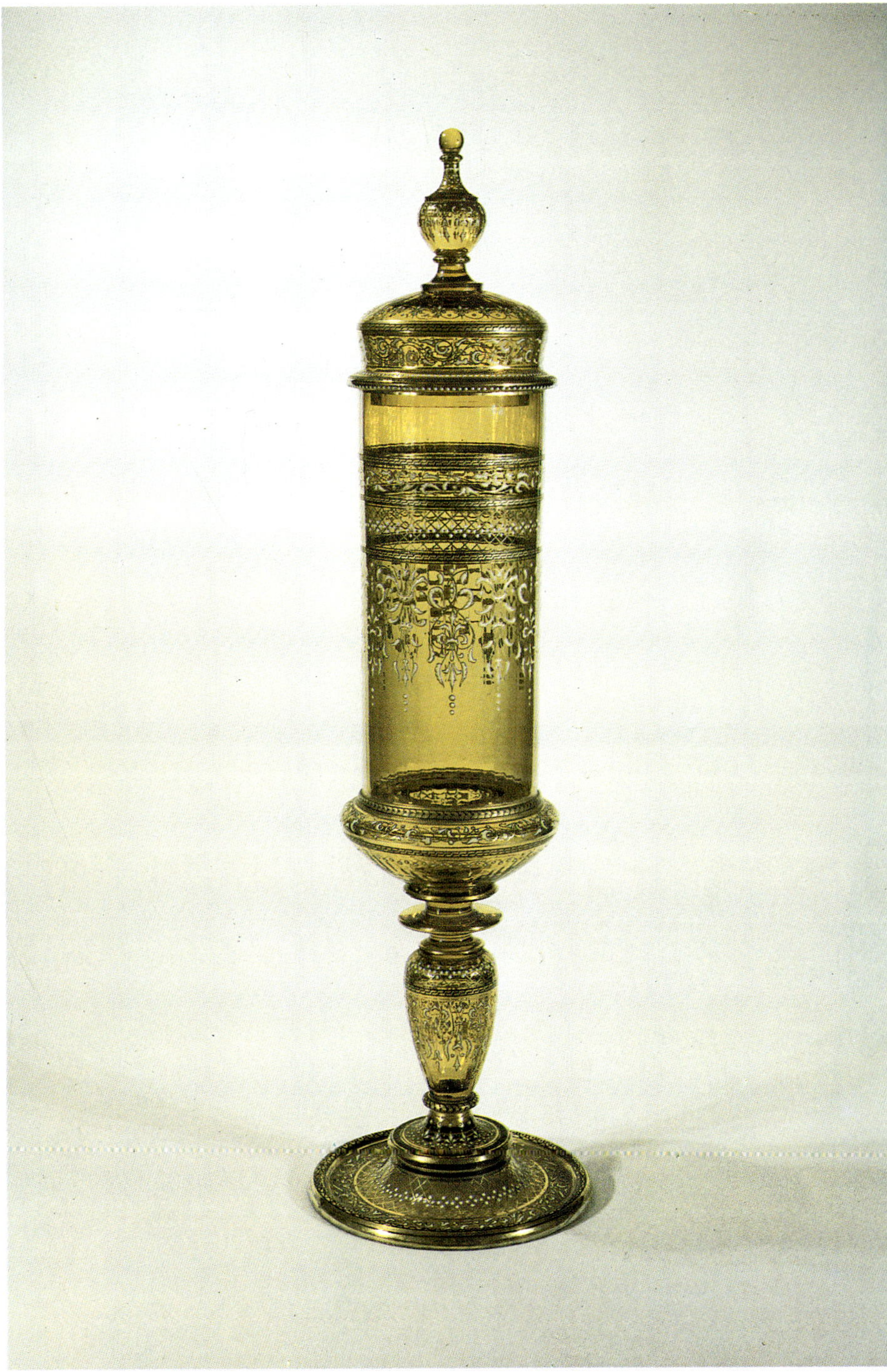

194

Vase, im „Barockstyle", J. u. L. Lobmeyr, Wien, um 1880—90
Entwurf der Form: Ludwig Lobmeyr
Entwurf des Dekors: Architekten Baumann und Bressler

Farbloses Glas, rosa überfangen. Teile der Wandung sind zwölffach facettiert geschliffen. Das historisierende Barockmuster wiederholt sich rundum sechsmal, ist mit Platin und Gold gemalt und mit weißen Emailpunkten verziert. Der stark ansteigende Fuß ist am Boden der Vase angeschmolzen. Auf der Wandung sind vier farblose Glasfäden, die mit weißen Emailpunkten verziert sind. Signiert: Auf der Unterseite des Bodens mit dem „Lobmeyrzeichen" in weißer Emailfarbe. Höhe 34,9 cm.

Kleine Aussplitterung (ca. 5 mm) an einem Glasfaden.

Literatur:

Werkzeichnungen ausgeführter Glasgegenstände von L. Lobmeyr, Wien, im Österreichischen Museum für angewandte Kunst in Wien.

Verschiedene Gegenstände aus der gleichen Serie sind in der Lobmeyr Mustersammlung in Wien, Kärntner Straße, ausgestellt.

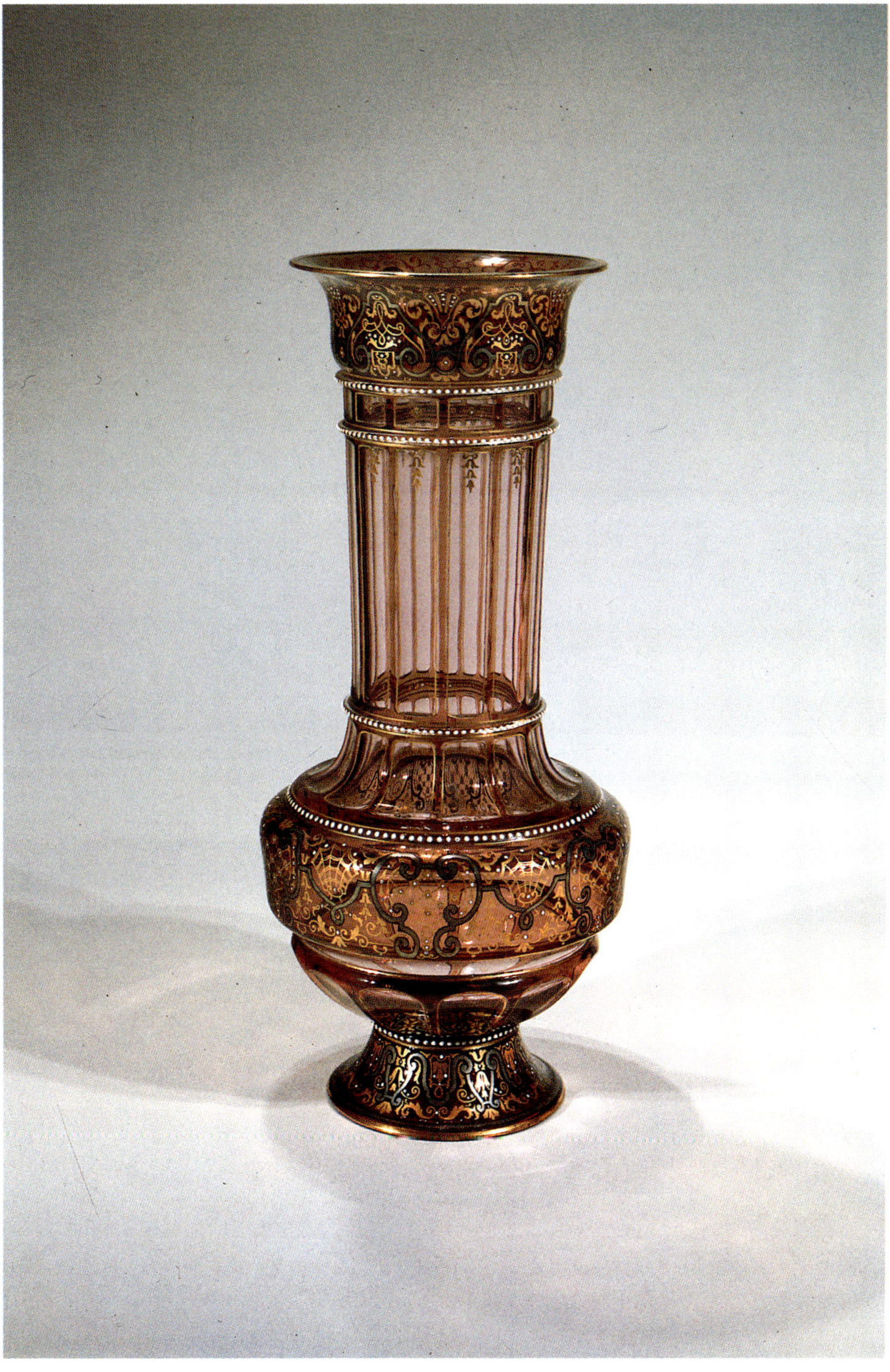

195

Flasche, J. u. L. Lobmeyr, Wien, Letztes Viertel 19. Jahrhundert
Entwurf: Ludwig Lobmeyr, Service Nr. 164, „Buntrokoko"
Bemalung: Heinrich Bergmann, Glasmacherwerkstatt Schürer, Winterberg

Farbloses Glas, vierzehnfach facettiert geschliffen, mit Gold- und opaker Emailmalerei dekoriert. Auf der Vorderseite tanzendes Paar mit verschiedenen Blumen an den Ecken. Der Fuß rundum bemalt. Signiert: Auf der Unterseite des Bodens mit dem „Lobmeyrzeichen" in weißer Emailfarbe. Höhe 30,5 cm.

Literatur:

Walter Spiegl, Glas des Historismus, 1980, Abb. 169

Hergestellt und dekoriert wurden fast alle Glasgegenstände für J. u. L. Lobmeyr in den verschiedenen Glaszentren Böhmens. Dort wurden so manche Entwürfe von kleineren Glaserzeugungsbetrieben kopiert und ohne der Lobmeyr-Signatur auf den Markt gebracht. Speziell dieses Service wurde recht häufig nachgeahmt. Bei genauerer Betrachtung fällt es aber nicht schwer, die meist kleckisg gemalten Kopien von den sehr feinen Originalen zu unterscheiden.

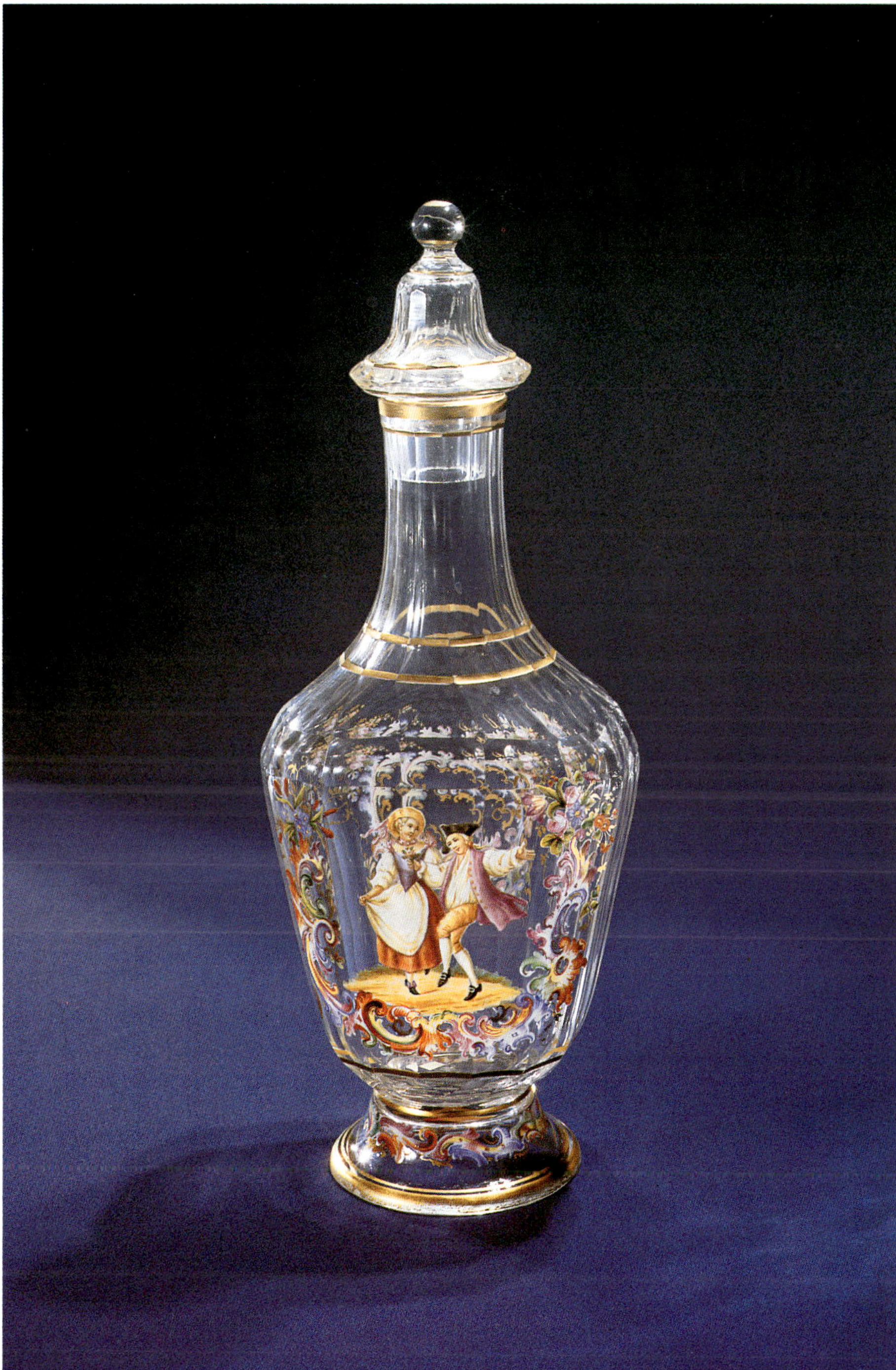

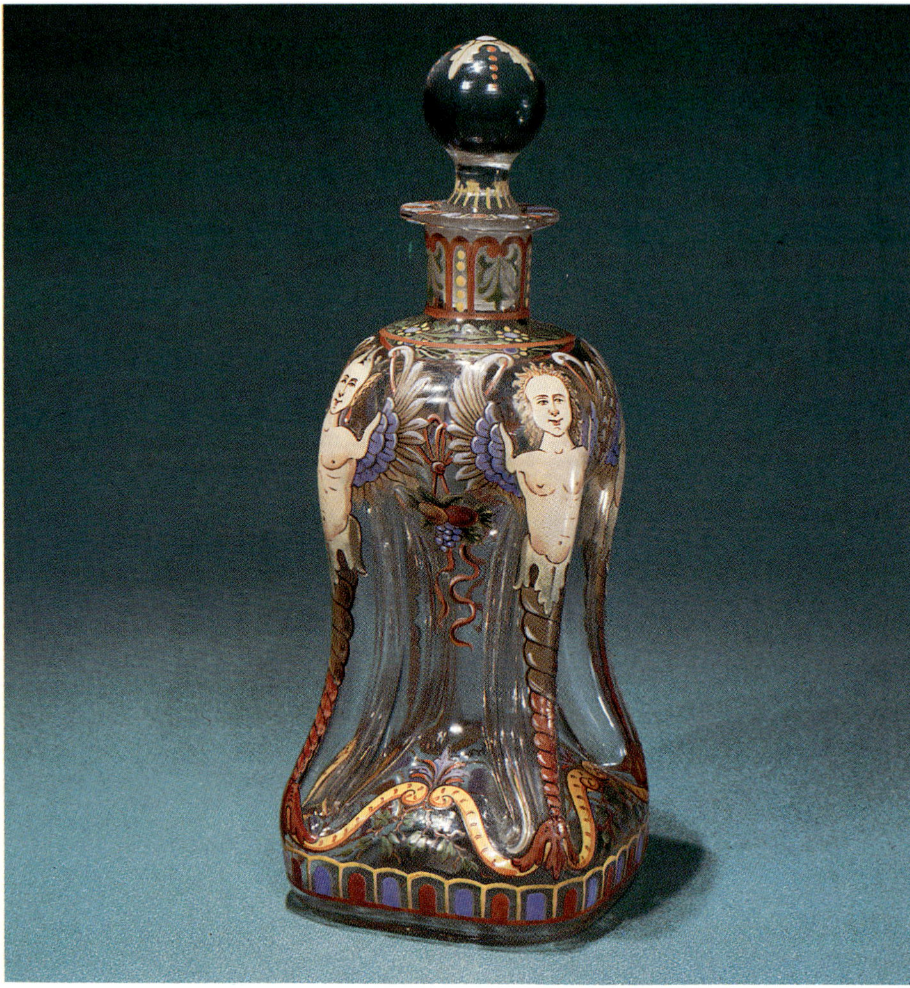

(196)

Flasche, (Kuttrolf), J. u. L. Lobmeyr, Wien, um 1870—80

Farbloses Glas, an den Seiten eingezogen. Durch das vierfache Zusammenschmelzen der Wandung entstanden an jeder Ecke und in der Mitte eine Röhre. Rundum ist die Wandung in der Art der venezianischen Groteskenmalerei des 16. Jahrhunderts mit opaken Emailfarben dekoriert. Signiert: In einem Feld der unteren Bordüre mit dem „Lobmeyrzeichen" in blauer Emailfarbe. Höhe 19,5 cm.

Literatur:

Walter Spiegl, Glas des Historismus, 1980, Tafel XV.

Die Bezeichnung Kuttrolf stammt von dem lateinischen Wort „gutta" = Tropfen. Beim Entleeren oder Trinken aus Kuttrolfen rinnt der Inhalt nur Schluckweise (tropfenweise) heraus.

Literatur:

Clementine Schack, Die Glaskunst, 1976, S. 45 und S. 160

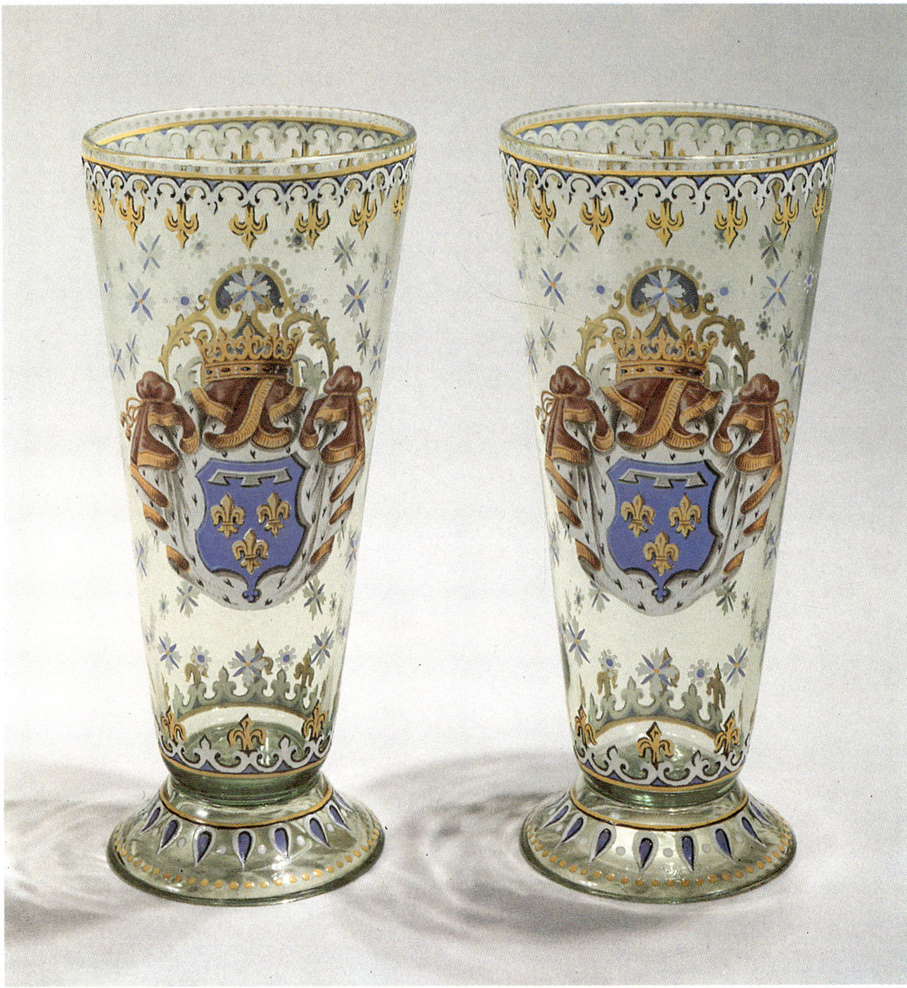

(197) (198)

2 Becher, J. u. L. Lobmeyr, Wien, um 1870—80
Bemalung: Werkstätte Anton Ambros Egermann, Haida, Böhmen

Lichtgrünes Glas umlaufend mit opaken Emailfarben bemalt. Rückseitig ein großes Ornament in Wappenform. Signiert: Auf der Unterseite des Bodens mit dem „Lobmeyrzeichen" in blauer Emailfarbe und dem „Egermannzeichen" (Anker mit drei Sternen) in weißer Emailfarbe. Höhe 18 cm.

Anton Ambros Egermann war der Sohn des berühmten Friedrich Egermann. In seiner Werkstätte, die 1888 für immer die Tore schloß, wurden viele Gläser für J. u. L. Lobmeyr, teilweise nach eigenen Entwürfen und teils nach den in Wien gezeichneten Vorlagen, bemalt.

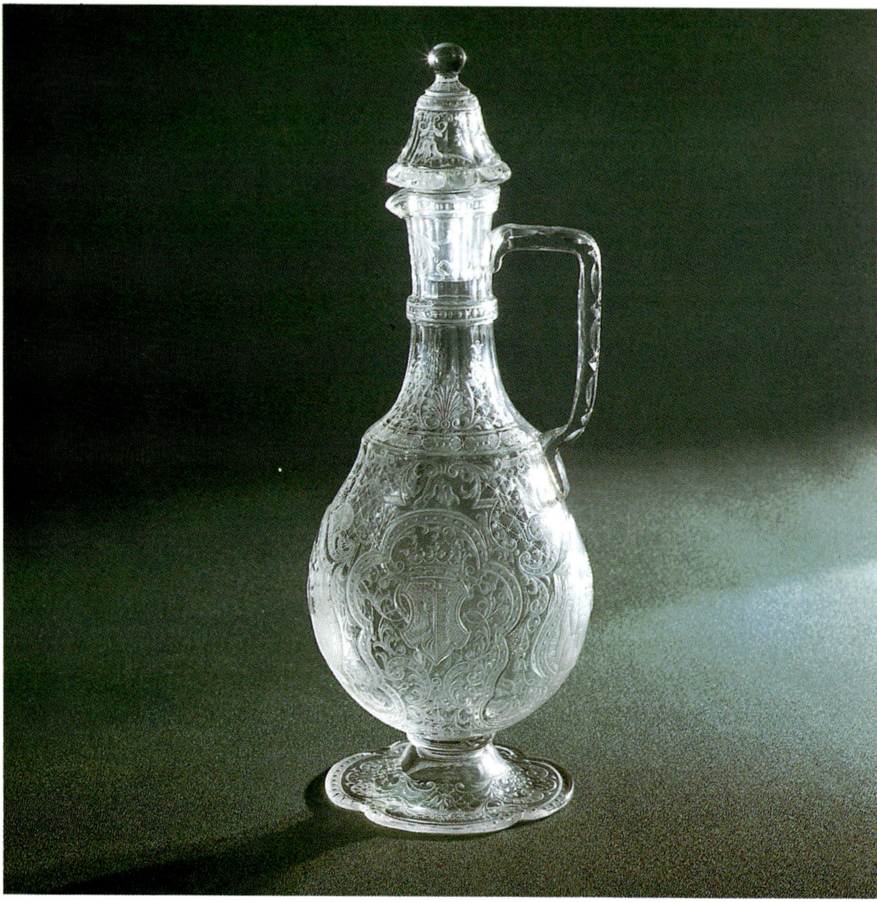

199

Kännchen, J. u. L. Lobmeyr, Wien, letztes Viertel 19. Jahrhundert
Serie: „Erhabene Schilder"
Ausführung: Meyr's Neffe, Winterberg

Farbloses Glas, zwölffach facettiert geschliffen und mit vier Hochschliffeldern versehen. Auf drei Feldern sind galante Szenen, auf dem vierten ein Phantasiewappen in sehr feinem Tiefschnitt dargestellt. Der Stöpsel und der Henkel sowie die Unterseite des Fußes und die gesamte Wandung sind mit historisierenden Rokokoornamenten in Blank- und Mattschnitt dekoriert. Signiert: auf dem unteren Absatz des Henkels das „Lobmeyrzeichen" graviert. Höhe 20,9 cm.

Der Hochschliff:
Wenn die Wandung eines Glasgegenstandes zum überwiegenden Teil tiefer geschnitten wurde als einzelne geformte Felder oder Ornamente, so bezeichnet man die angewandte Technik als Hochschliff.

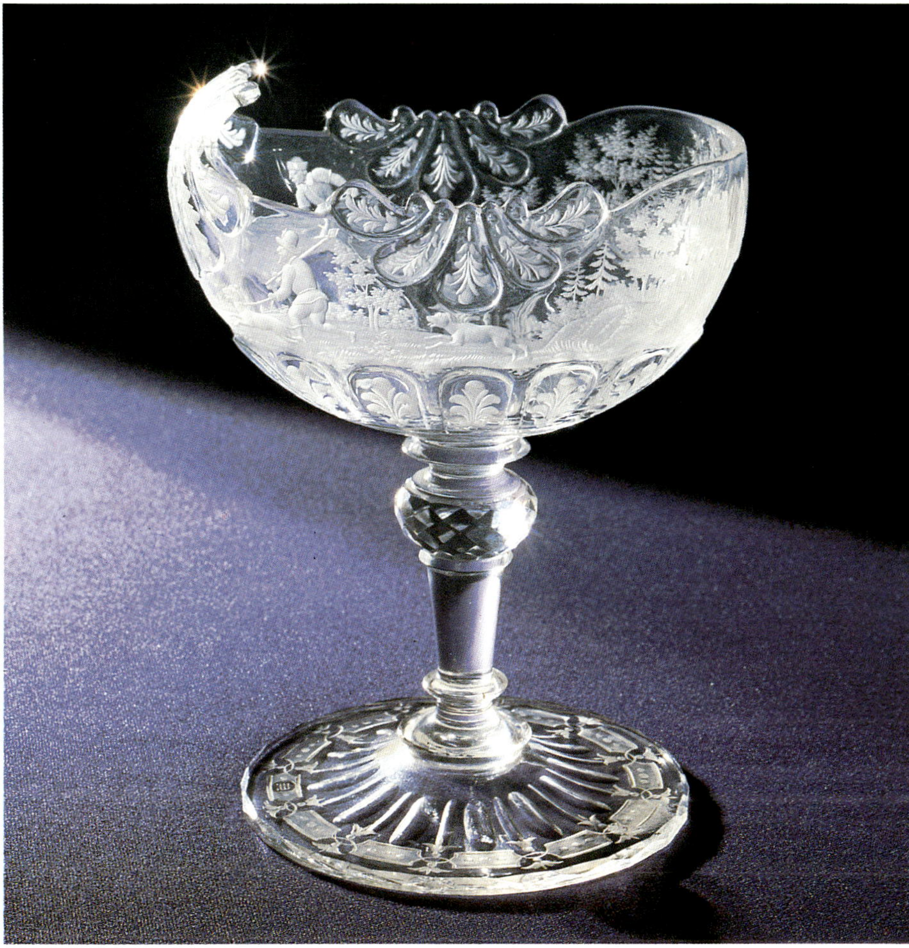

(200)

Ambrosiaschale (Konfektschale), J. u. L. Lobmeyr, Wien, Ende 19. Jahrhundert
Ausführung: Meyr's Neffe, Winterberg

Farbloses Glas. Die Kuppa ist mit einer Bordüre und zwei Palmetten in Hochschlifftechnik dekoriert. Auf der Wandung sind umlaufend eine Bärenjagd und ein schloßartiges Gebäude in Tiefschnitt dargestellt. Signiert: Auf der Oberseite des Fußes in einem Ornament das „Lobmeyrzeichen“ graviert. Höhe 12,5 cm.

Provenienz:

Sammlung Krug, Mühlheim, Nr. 426.

(201)

Krug, Marienbad, Böhmen, 1887
Glasschnitt: Anton Wohlrab

Farbloses Glas mit angeschmolzenem hohlen Henkel. Die Wandung ist umlaufend mit einer Waldlandschaft graviert. Auf der Vorderseite zwei galoppierende Pferde in sehr feinem Tiefschnitt dargestellt. Signiert: Rückseitig über dem Fuß „Anton Wohlrab. Graveur Marienbad, Böhmen 1887", in gravierter Lateinschrift. Höhe 28 cm.

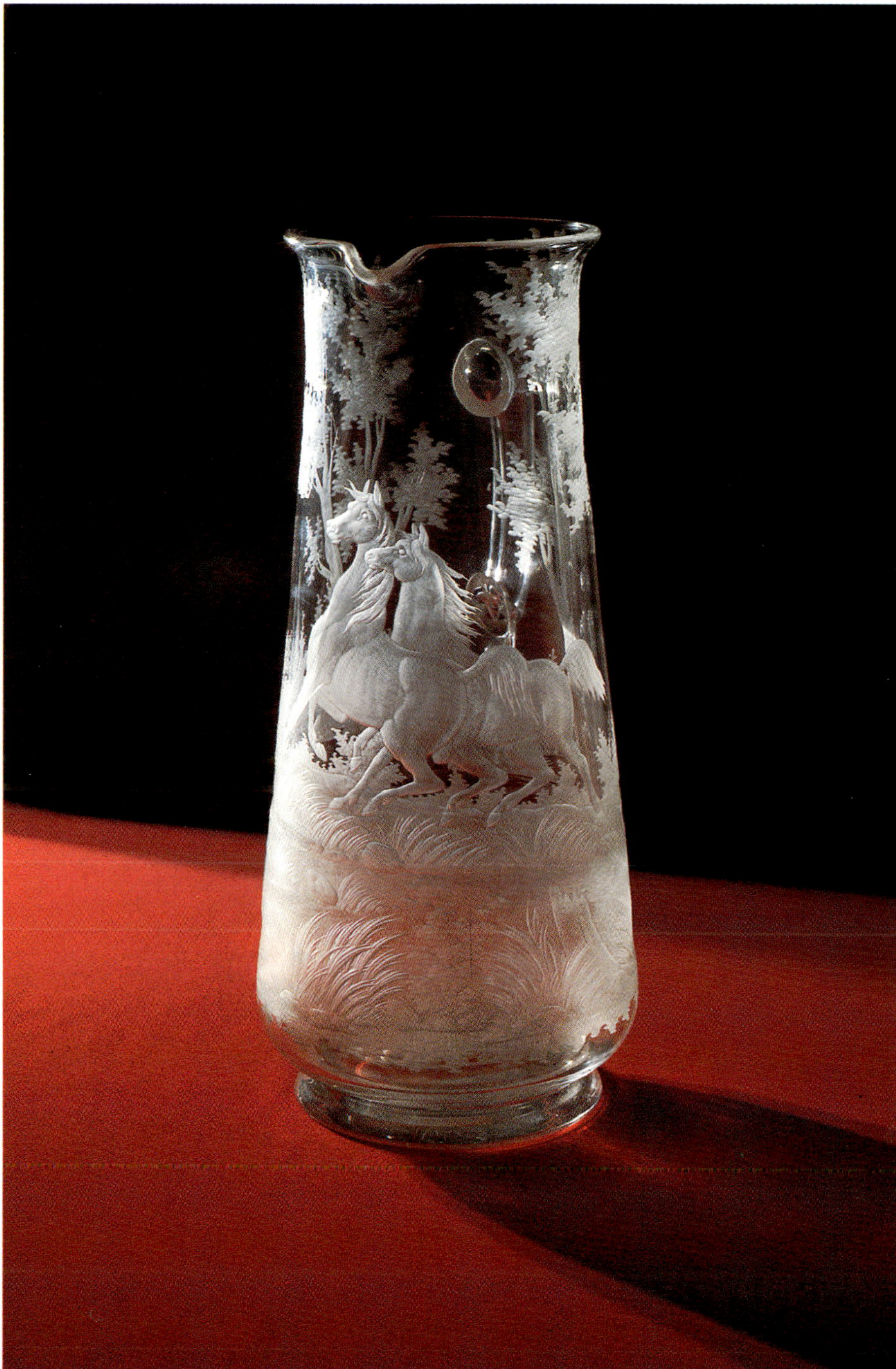

(202)

Flötenvase, Compagnia di Venezia e Murano, Venedig, um 1875—80

Farbloses, dünnwandiges Glas mit gelblichem Schimmer. Der gerillte, spiralig verdrehte Fuß mündet in einen hohlen, optisch geblasenen Schaft. Die hauchdünne flötenförmige Kuppa wurde extra gefertigt und mit dem Schaft zusammengeschmolzen. Höhe 57 cm.

Literatur:

Katalog „Mille anni di arte del vetro a Venezia", 1982, Abb. 408.

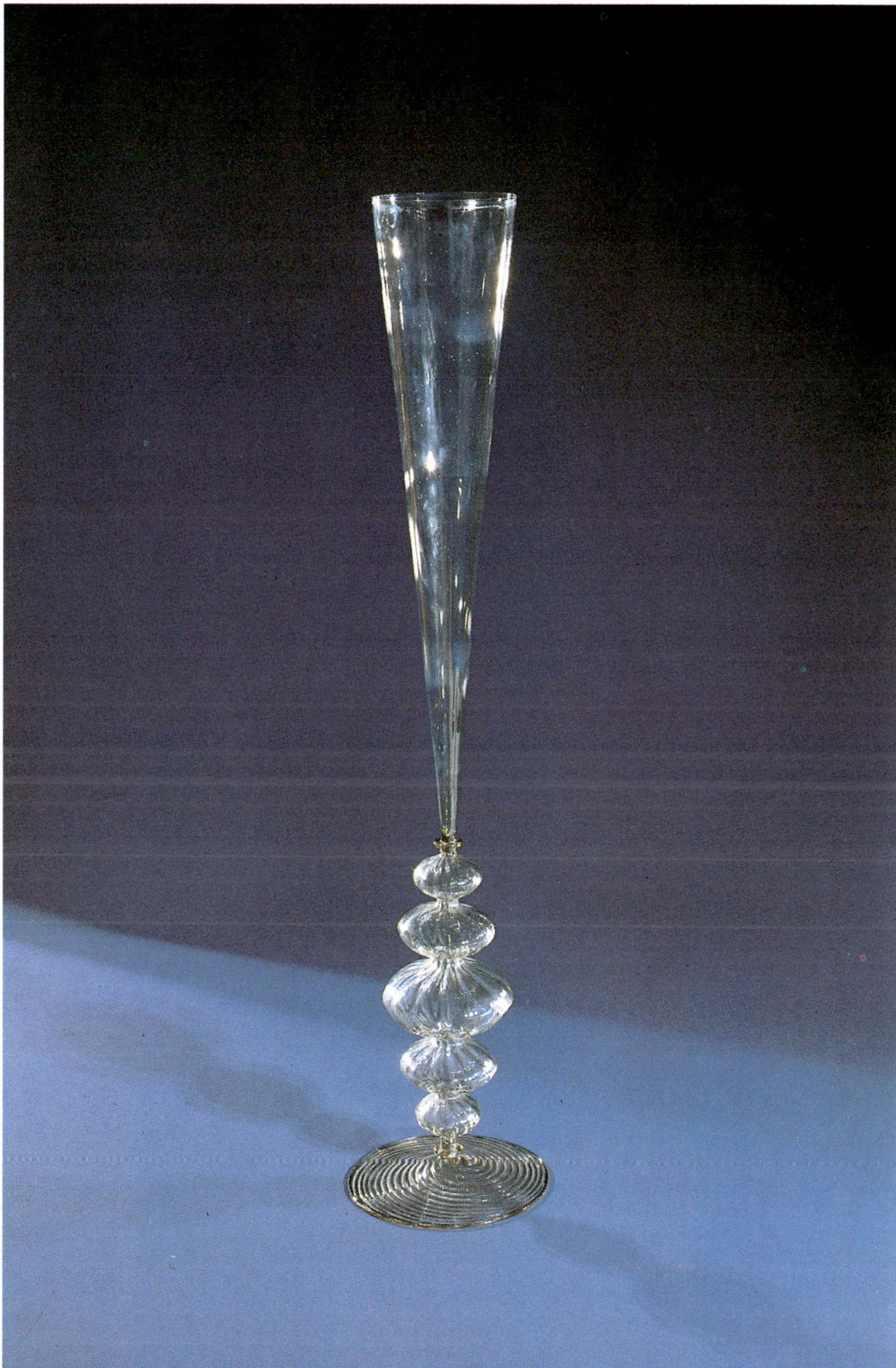

(203)

Vase, Böhmen, 3. Viertel 19. Jahrhundert

Grünes Glas, optisch geblasen. Die Wandung ist umlaufend mit einem stilisierten Baum in Gold- und Emailmalerei dekoriert. Auf den verschlungenen Ästen sitzen fünf verschiedene Vögel und an den Enden sind fünf Phantasiewappen dargestellt. Die Mitteldarstellung zeigt den stilisierten österreichischen Doppeladler, umgeben mit dem Orden vom Goldenen Vlies. Das Schriftband mit dem Wappenspruch Karl V. „Pluz Oultre" umwindet die „Säulen des Herkules", die ebenfalls zu seinen persönlichen Symbolen gehörten. Höhe 38,5 cm.

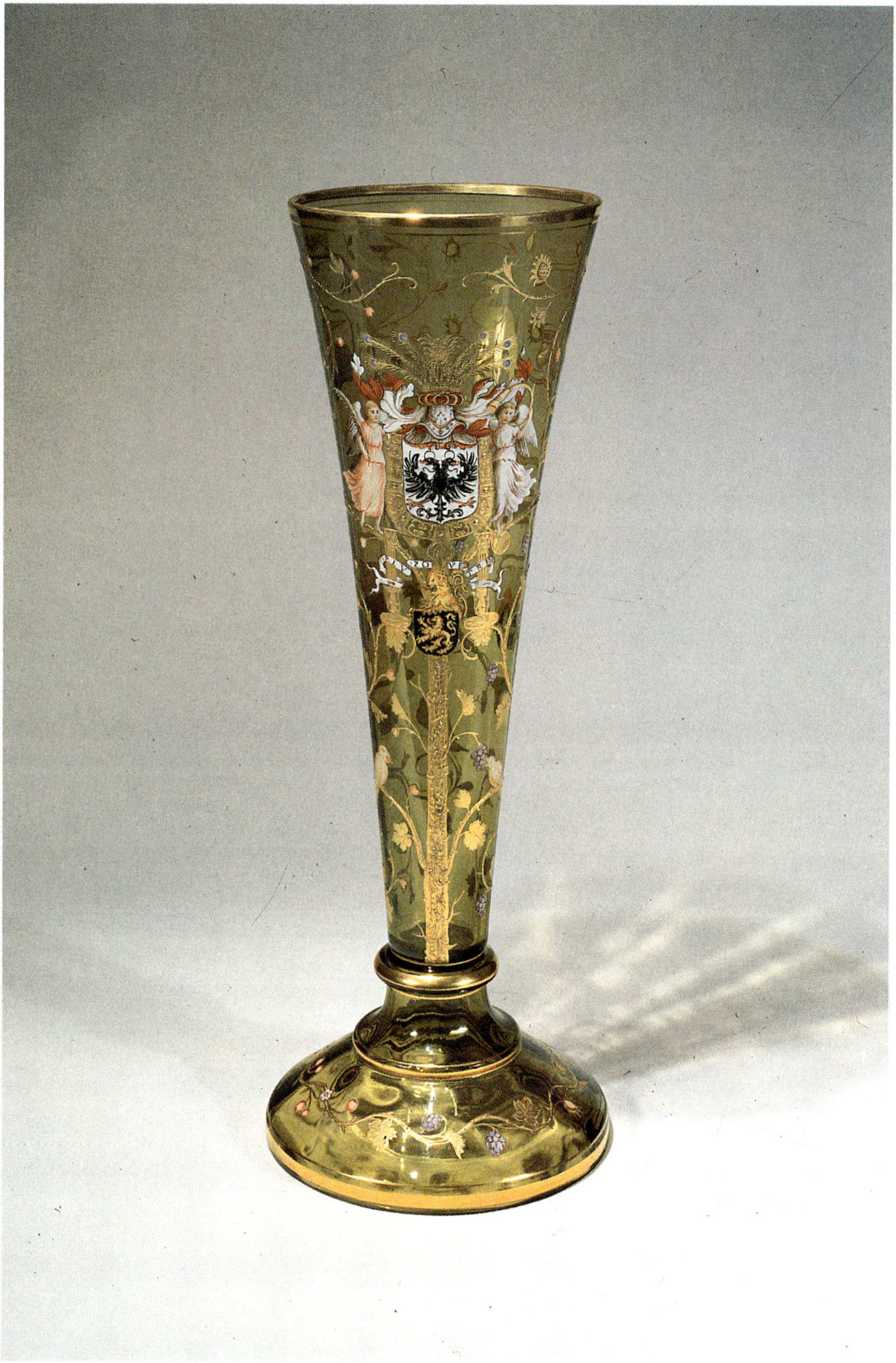

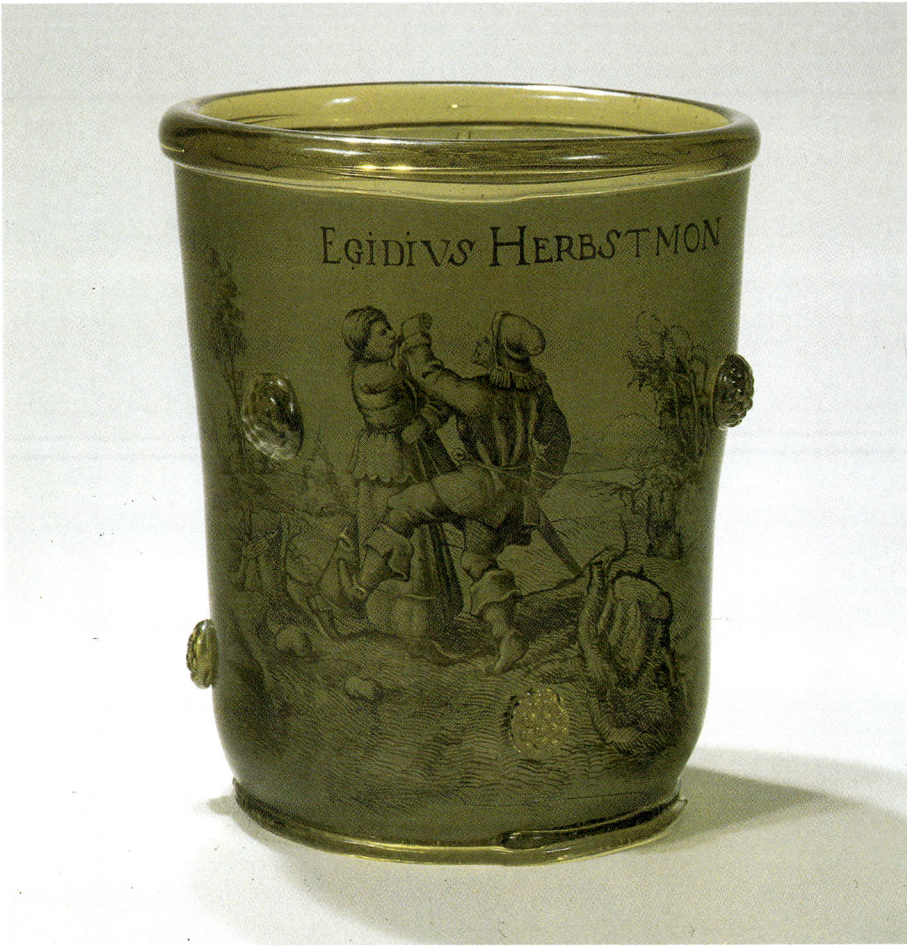

(204)

Becher, Böhmen, 3. Viertel 19. Jahrhundert
Bemalung: Heinrich Schimpke?

Grünes Glas, unregelmäßig geformt. Auf der Wandung sechs Beerennuppen und am Boden gekerbter Glasfaden aufgeschmolzen. Der Becher ist umlaufend mit zwei tanzenden Paaren und einer lustigen Gesellschaft nach einer Stichvorlage des Hans Sebald Beham aus dem 17. Jahrhundert in teilweise radierter Schwarzlotmalerei dekoriert. Zwei Inschriften ober den tanzenden Paaren: „Simon Weinmon" und „Egidius Herbstmon", die dritte Inschrift auf einem kleinen Schriftband über dem Tisch: „Alder du must danczen". Signiert: „H.S." in Versalbuchstaben. Höhe 12 cm.

Literatur:

Friedrich Hottenroth, Deutsche Volkstrachten vom XVI. bis zum XIX. Jahrhundert. 2. Auflage 1923, S. 46.

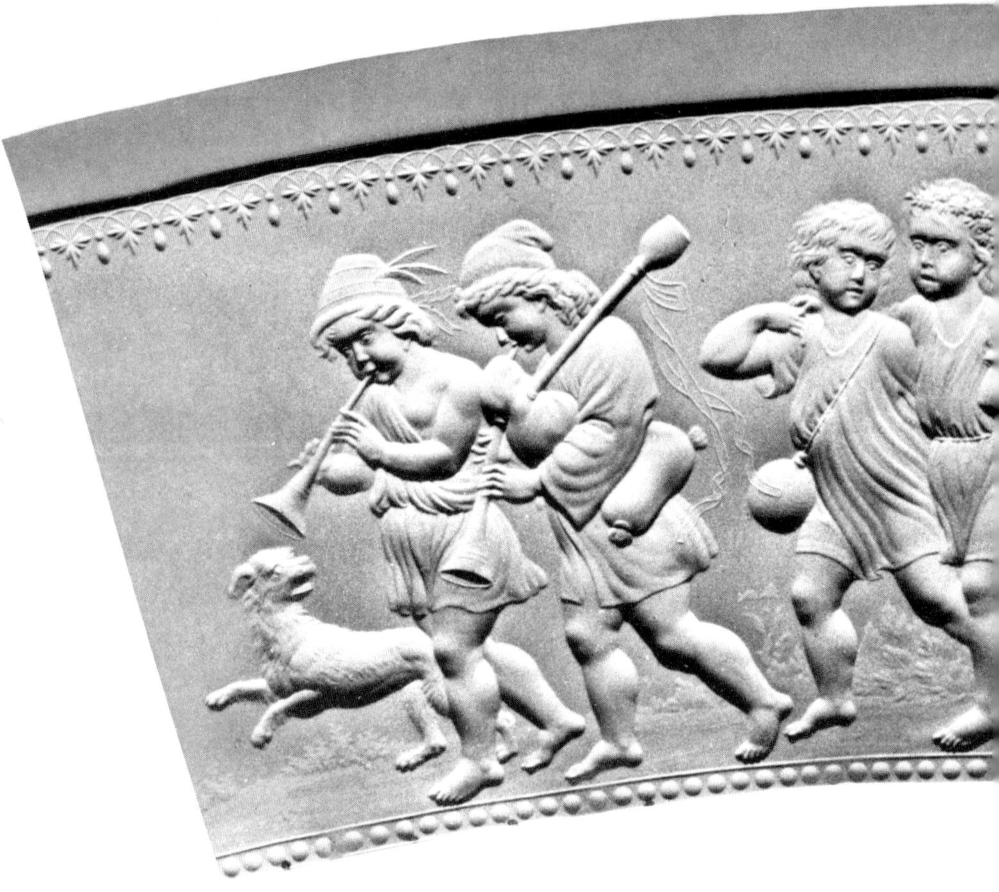

206

Deckelpokal, Steinschönau, Böhmen, 1870—80
Entwurf: August Eisenmenger?
Glasschnitt: Karl Pietsch, 1828—1883

Farbloses Glas, reich geschliffen und mit verschiedenen Ornamenten graviert. Die Wandung der Kuppa ist mit musizierenden und tanzenden Kindern bei der Heimkehr von der Ernte, in feinstem Tiefschnitt dekoriert. Höhe 53 cm.

Karl Pietsch (1828—1883) begann in Meistersdorf seine Lehre als Glasgraveur und schloß diese in Steinschönau bei Franz Zahn ab. Anfang der fünfziger Jahre machte er sich dort selbständig und arbeitete für mehrere Handelshäuser, u. a. für J. u. L. Lobmeyr in Wien. Die bedeutendsten Gravuren schuf Karl Pietsch in den letzen zehn Jahren seines Lebens. Sein Hauptwerk, eine runde Platte mit dem Triumphzug zu Ehren der Hochzeit Neptuns mit Amphitrite nach einem Entwurf von August Eisenmenger, kostete im Jahre 1900 25.000,—

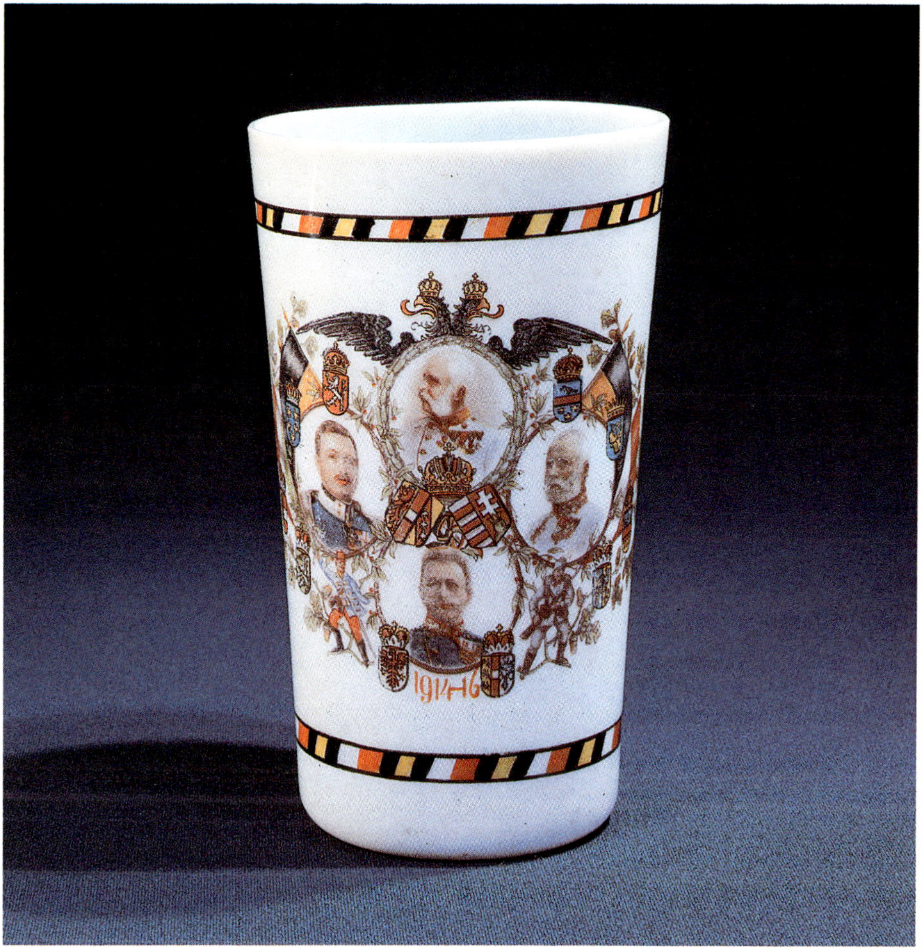

205

Kriegsbecher, Böhmen, 1916

Opalisierendes Milchglas (Beinglas) mit zwei gemalten Bordüren in den Farben schwarz-gelb (Habsburg) und weiß-rot (Österreich). Auf der Vorderseite in buntem Umdruck die Portraits von Kaiser Franz Joseph, Erzherzog Friedrich - Armee Oberkommandant, Feldmarschall Conrad von Hötzendorf - Chef des Generalstabes und Erzherzog Thronfolger Karl. In der Mitte das Wappen von Habsburg-Lothringen und Ungarn. Von rechts oben im Uhrzeigersinn die Wappen von Galizien, Illyrien, Siebenbürgen, Mähren und Schlesien, Kärnten und Krain, Tirol, Steyermark, Salzburg und Niederösterreich dargestellt. Höhe 11,9 cm.

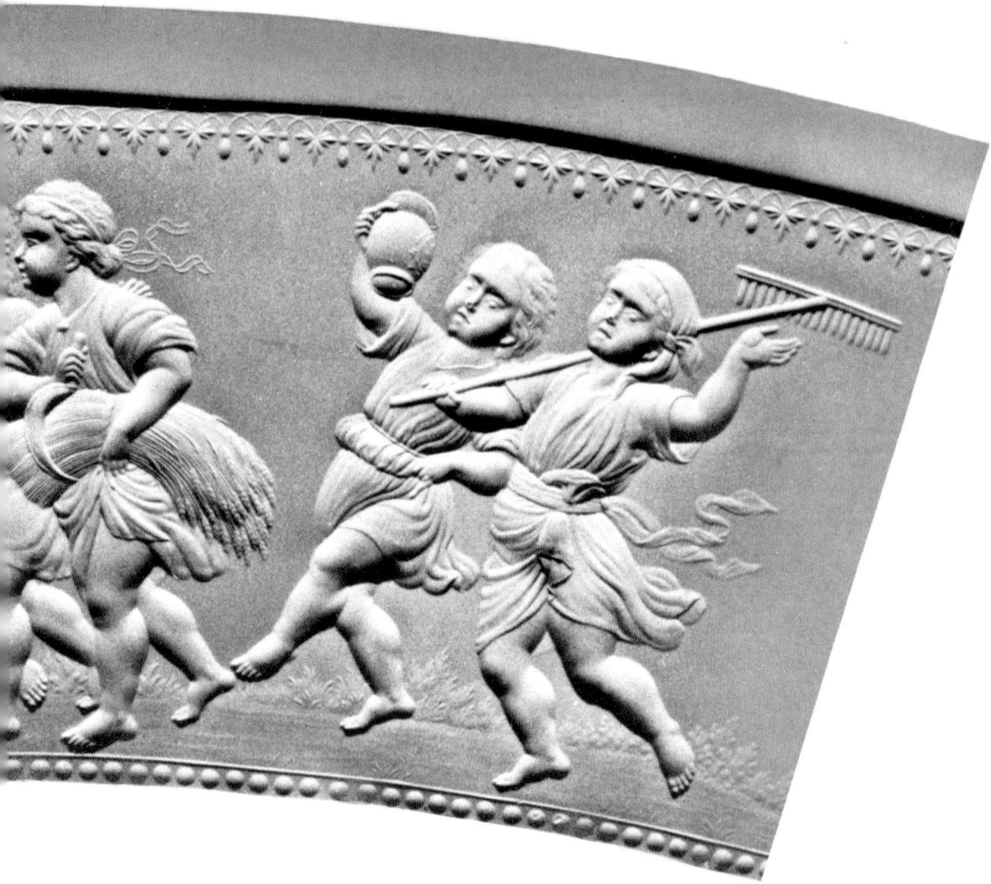

Goldfranc. Auch Kronprinz Rudolf erhielt anläßlich seiner Vermählung am 10. 5. 1881 eine große Schale, deren figurales Mittelstück Karl Pietsch geschnitten hatte. Mit Fug und Recht kann man diesen begnadeten Mann zu den bedeutendsten Graveuren der Glasgeschichte zählen, wie dies auch schon Robert Schmidt in seinem 1925 erschienenen Buch „100 Jahre Österreichische Glaskunst" getan hat.

Literatur:

Franz Friedrich Palme, Beiträge zur Geschichte der Steinschönauer Glasindustrie, 1935, S. 101 f.
Walter Spiegl, Glas des Historismus, 1980, S. 111—117.

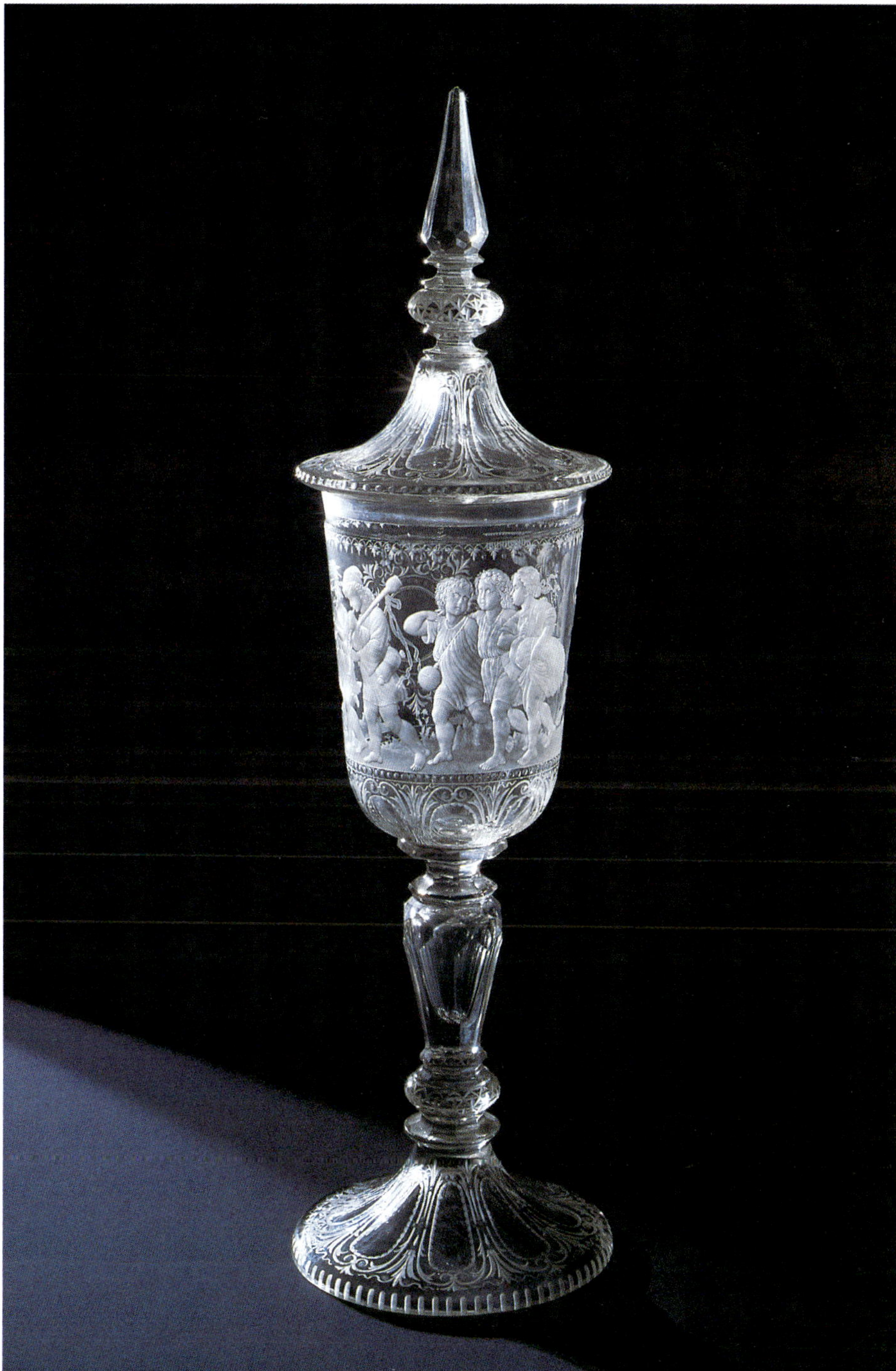

(207)

Vase, Harrach'sche Hütte, Neuwelt, Böhmen, um 1890

Helles, bernsteinfarbiges Glas mit Milchglas- und Goldfolieneinschmelzungen. Drei rote Glasfäden auf der Vorderseite sowie einer rückseitig eingeschmolzen. Fuß und Hals umlaufend mit weißer, blauer und grüner Emailfarbe sowie goldenem Wurmliniendekor bemalt. Geschliffene Mündung. Auf der Unterseite des leicht konkaven Bodens mit der Ziffer „3 mit Punkt" bezeichnet. Höhe 16,8 cm.

Literatur:

Ausstellungskatalog „Historismus 1860—1900", Prag, 1975/76, Nr. 337.

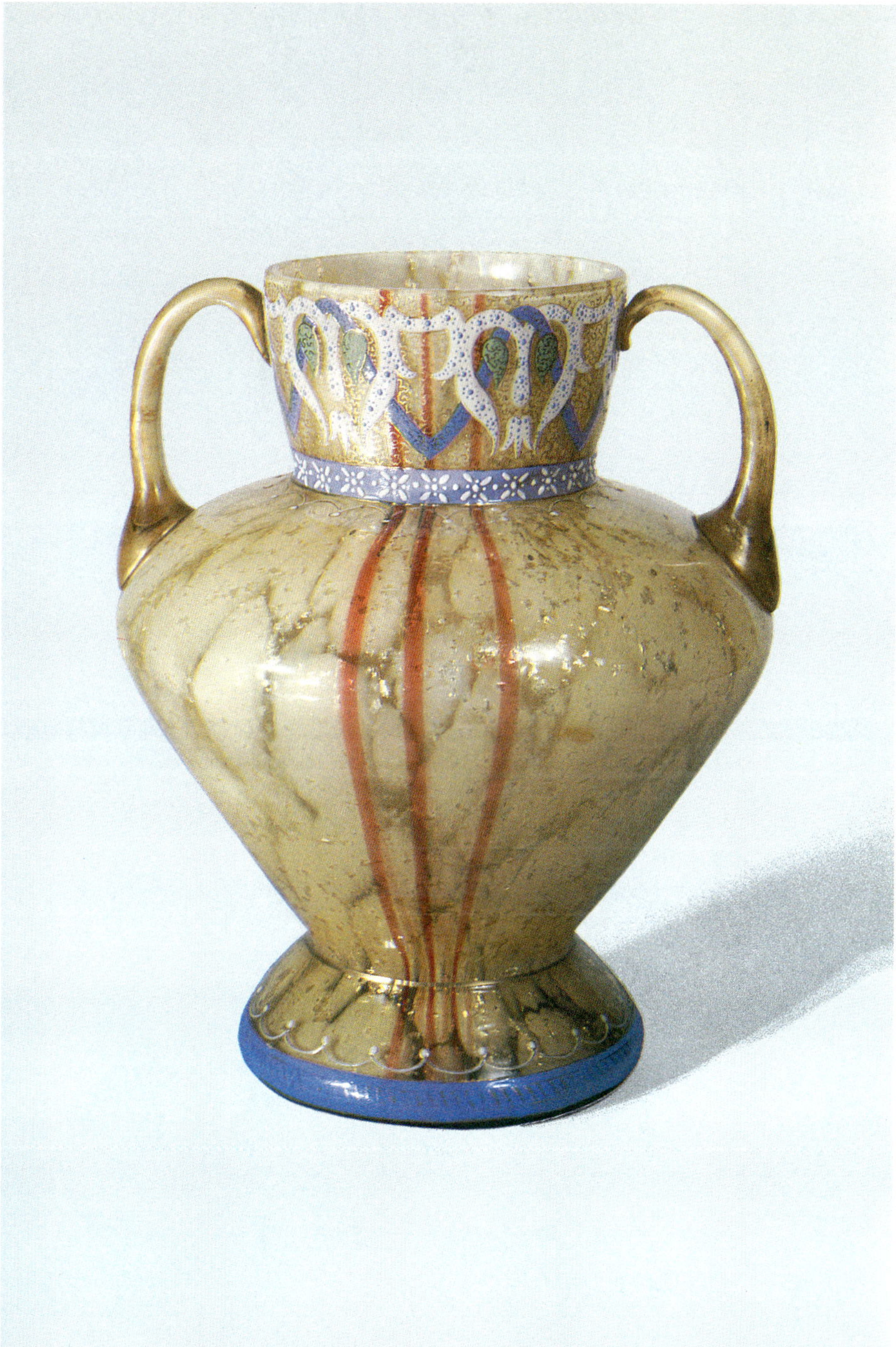

Hans Schließmann

Maler und Zeichner, geboren am 6. Februar 1852 in Mainz, gestorben am 14. Februar 1920 in Wien, begann seine Ausbildung im Jahre 1866 an der Xylographischen Anstalt R. von Waldheim in Wien. In weiterer Folge war er Mitarbeiter bei den Zeitschriften „Humoristische Blätter“, „Kikeriki“ und „Fliegende Blätter“. Die von ihm geschaffenen Illustrationen zeigen vor allem Szenen aus dem volkstümlichen Wien.
Seine Arbeit beschränkte sich aber nicht nur auf Karikaturen in Zeitschriften und Büchern, sondern erstreckte sich auch auf das Bemalen von Gläsern in verschiedenen Techniken. Durch die Ausbildung bei R. von Waldheim beherrschte Schließmann auch die Technik des Umdruckes. Auf den meisten der von ihm dekorierten Gläser wurden zuerst die Konturen der jeweiligen Darstellung im Umdruckverfahren aufgebracht und anschließend mit bunten, transparenten Emailfarben bemalt. Hans Schließmann blieb seinem Genre treu und bemalte die Gläser in Anlehnung an seine Karikaturen, mit den verschiedensten Wiener Typen, wie „Naschmarktsopherl“, „Wiener Wäschermädl“, „Kutscher“ und viele andere mehr. Auch kleine Gruppendarstellungen und Paare mit meist zweideutigen Inschriften waren sehr beliebte Motive.
Aber auch die sogenannte Schattenriß-Silhouettenmalerei mit schwarzer Emailfarbe — ohne vorherigen Umdruck — zählt zu seinen vielfältigen, humoristischen Arbeiten. Vor allem berühmte Persönlichkeiten aus Kunst und Politik wurden von Hans Schließmann in dieser Technik karikiert. So unter anderen Kaiser Franz Joseph, Johann Strauß und Johannes Brahms.
Da die meisten Gläser neben der Signatur auch eine Datierung aufweisen, läßt sich als seine Hauptschaffensperiode die Zeitspanne zwischen 1880 und 1910 bestimmen. Die Mehrzahl der Gläser ist durch eine sparsame Randvergoldung oder dünne, gravierte und vergoldete Linien unter dem Mundrand verziert.
Vereinzelt bemalte Hans Schließmann auch sogenanntes „Eisglas“, bei dem die oberste Glasschichte durch Abschrecken mit kaltem Waser kraqueliert wurde. Einige Gläser sind auf der Unterseite des Bodens mit dem Firmenzeichen des Glashandelshauses E. Bakalowits und Söhne in Wien gemarkt.
Inspiriert durch die Glasmalereien Anton Kothgassers und seiner Zeitgenossen, schuf Hans Schließmann mit seinen Arbeiten eine eigenständige, in sich geschlossene Gruppe von Gläsern, die wie ihre Vorbilder den Zeitgeschmack wiederspiegeln.

Michael Kovacek

Trinkgläser, Hans Schließmann, Wien, um 1900

208

Farbloses Glas, optisch geblasen. Auf der Vorderseite sind die Konturen der Darstellung in Umdrucktechnik aufgebracht. Anschließend wurde das rechteckige Feld teilweise mit transparentem Email mattiert und der Kellner mit schwarzer Emailfarbe bemalt. Inschrift: „Lucullisches aus Rodaun". Signiert: links oben „Hans Schließmann Wien 06". Höhe 9,8 cm.

209

Farbloses Glas. Auf der Vorderseite Johannes Brahms? als Dirigent in schwarzer Silhouettenmalerei dargestellt. Inschrift: „Gut dirigiert, ist halb componirt". Höhe 13 cm.

210

Farbloses Glas, optisch geblasen. Gleiche Technik wie bei Nr. 208. Dargestellt ist ein Polizist, in der rechten Hand einen Kasperl haltend und mit der linken den verlorenen Sohn führend. Inschrift: „Der verlorene Sohn". Signiert: rechts unten „Hans Schließmann Wien 06". Höhe 9,8 cm.

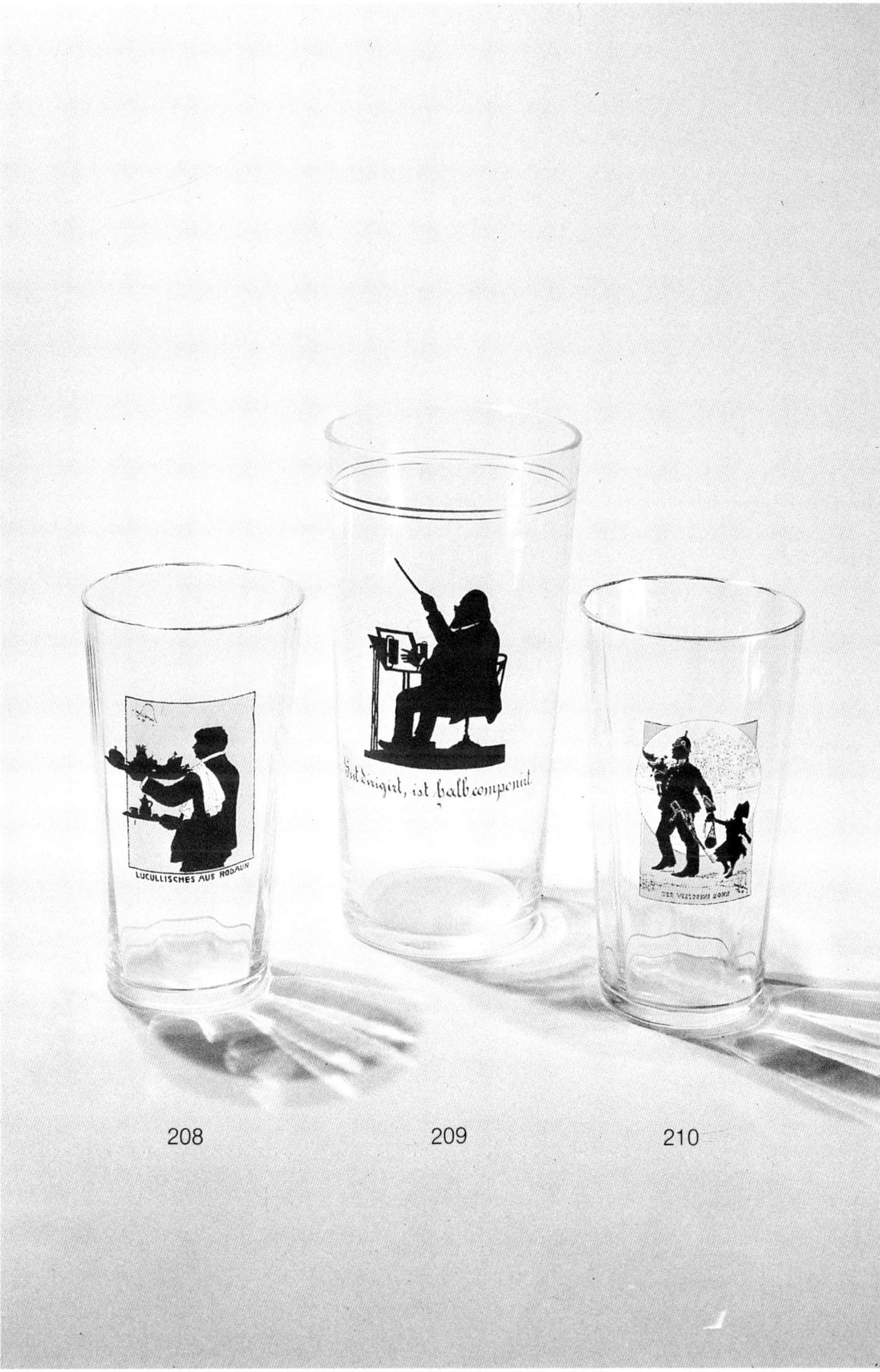
LUCULLISCHES AUS RODAUN
Gut dirigirt, ist halb componirt.
208
209
210

Trinkgläser, Hans Schließmann, Wien, um 1900

211

Farbloses Glas, optisch geblasen. Auf der Vorderseite sind die Konturen der Darstellung in Umdrucktechnik aufgebracht. Anschließend wurden Teile des Feldes mit transparentem Email mattiert und die Figur mit schwarzer Emailfarbe bemalt. Inschrift: „MELA MARS". Signiert: rechts unten „Hans Schließmann Wien 08". Höhe 9,8 cm.

212

Farbloses Glas. Auf der Vorderseite ein „Wiener Werkel" (Drehorgel) mit zwei Werkelmännern in schwarzer Silhouettenmalerei dargestellt. Inschrift: „Tauch an Schackerl, was thätn denn d'Leut sag'n, wenn um Zwölfe no' ka Werkel da wär!". Höhe 13,3 cm.

213

Farbloses Glas. Gleiche Technik wie bei Nr. 211. Dargestellt ist Kaiser Franz Josef, der von einem Bettler gefragt wird: „I' bitt schön, is der Herr Kaiser z'haus?". Höhe 9,6 cm.

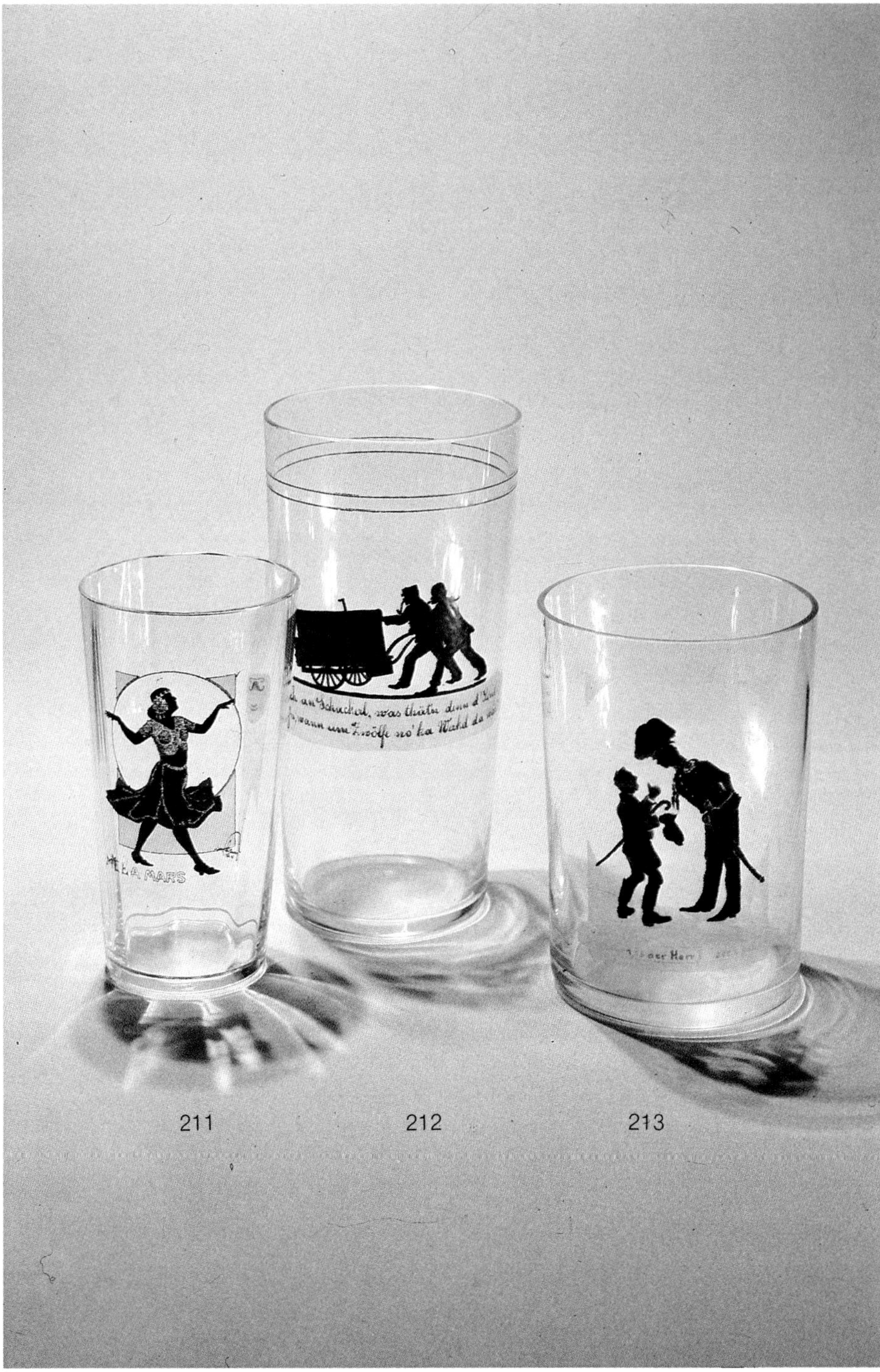
211
212
213

Trinkgläser, Hans Schließmann, Wien, um 1900

Auf die Vorderseiten der verschiedenartigen farblosen Gläser wurden die Konturen figürlicher Darstellungen aus dem „Wiener Alltag“ in Umdrucktechnik aufgebracht. Anschließend wurden die Figuren mit transparenten Emailfarben bemalt.

(214)

Darstellung eines Zigarre rauchenden Wiener Schusterbuben (Schumacher-Lehrling). Inschrift: „A Spezialitäten Würzl“. Signiert: „Hans Schließmann“ links unter der Figur. Höhe 10,6 cm.

(215)

Darstellung der „Naschmarktsopherl“ beim Anpreisen ihrer Ware. Inschrift: „Fuchzehn um zwa Kreuzer“. Signiert: „Hans Schließmann“ links unten neben der Figur. Auf der Unterseite des Bodens: Marke des Glashandelshauses Bakalowits u. Söhne in Wien. Höhe 16 cm.

Der „Naschmarkt“ ist auch heute noch Wiens größter Gemüsemarkt. Die „Naschmarktsopherl“ war ein Wiener Original, meist korpulent dargestellt, die ihre Ware in origineller Weise anpries.

(216)

Darstellung einer Kellnerin beim Öffnen einer Flasche Champagner. Darunter die zweideutig gemeinte Inschrift: „I g'spür schon wies Wurlt!“ Signiert: „Hans Schließmann“ rechts unten neben der Frau. Höhe 4,3 cm.

(217)

Darstellung eines Soldaten, der einem Mädchen imponieren will. Inschrift: „Tschau grüß dich“. Signiert: „Hans Schließmann“ (verrieben) rechts neben dem Soldaten. Auf der Unterseite des Bodens: Marke des Glashandelshauses Bakalowits u. Söhne in Wien. Höhe 10,4 cm.

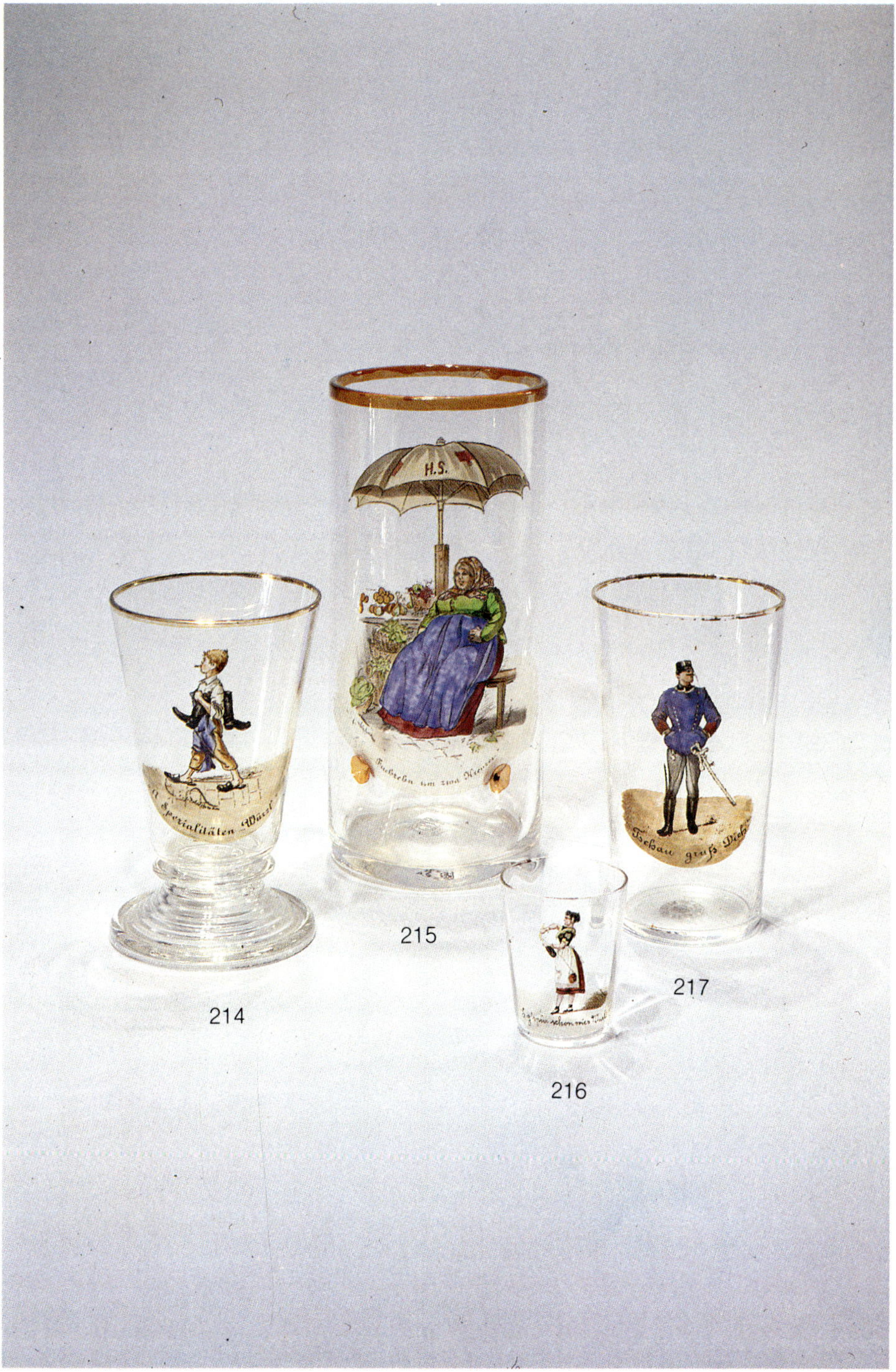
215
214
217
216

Trinkgläser und Krug, Hans Schließmann, Wien, um 1900

Auf die Vorderseiten der verschiedenartigen farblosen Gläser wurden die Konturen figürlicher Darstellungen aus dem „Wiener Alltag" in Umdrucktechnik aufgebracht. Anschließend wurden die Figuren mit transparenten Emailfarben bemalt.

(218)

Darstellung einer Champagner trinkenden Wiener Kellnerin. Inschrift: „Wann i an Schwibbs krieg san Sö schuld" (Schwibbs = angeheitert). Signiert: „H. Schließmann, Wien", rechts unten neben der Figur. Höhe 13,1 cm.

(219)

Darstellung einer „feinen Gesellschaft", kostbaren, alten Champagner trinkend. Am linken Ende des Tisches (auf der Abbildung nicht sichtbar) sitzt die „Wurz'n", ein dicker, älterer Herr, nobel gekleidet mit Zigarre im Mund, der die gesamte Konsumation bezahlt. Inschrift: „Mach ma's alt, die Wurz'n zahlt". Auf der Unterseite des Bodens: Marke des Glashandelshauses Bakalowits u. Söhne in Wien, Höhe 29,4 cm.

(220)

Darstellung eines Wiener Wäschermädels. Inschrift: „A Impf'r? Aber ja!" Signiert: „Schließmann 84" rechts unten neben der Figur. Höhe 10,4 cm.

(221)

Darstellung eines Wiener Wirtes. Inschrift: „Pfändt werds, ös Bagaschi". Signiert: „H.S.", rechts unten neben der Figur. Höhe 13,1 cm.

(222)

Darstellung eines Wiener Bürgers, der selbst mit seinem Wagen ausfährt. Inschrift: „Da Herr selb'r". Signiert: „Hans Schließmann 1884" links unten neben dem Wagen. Höhe 16,6 cm.

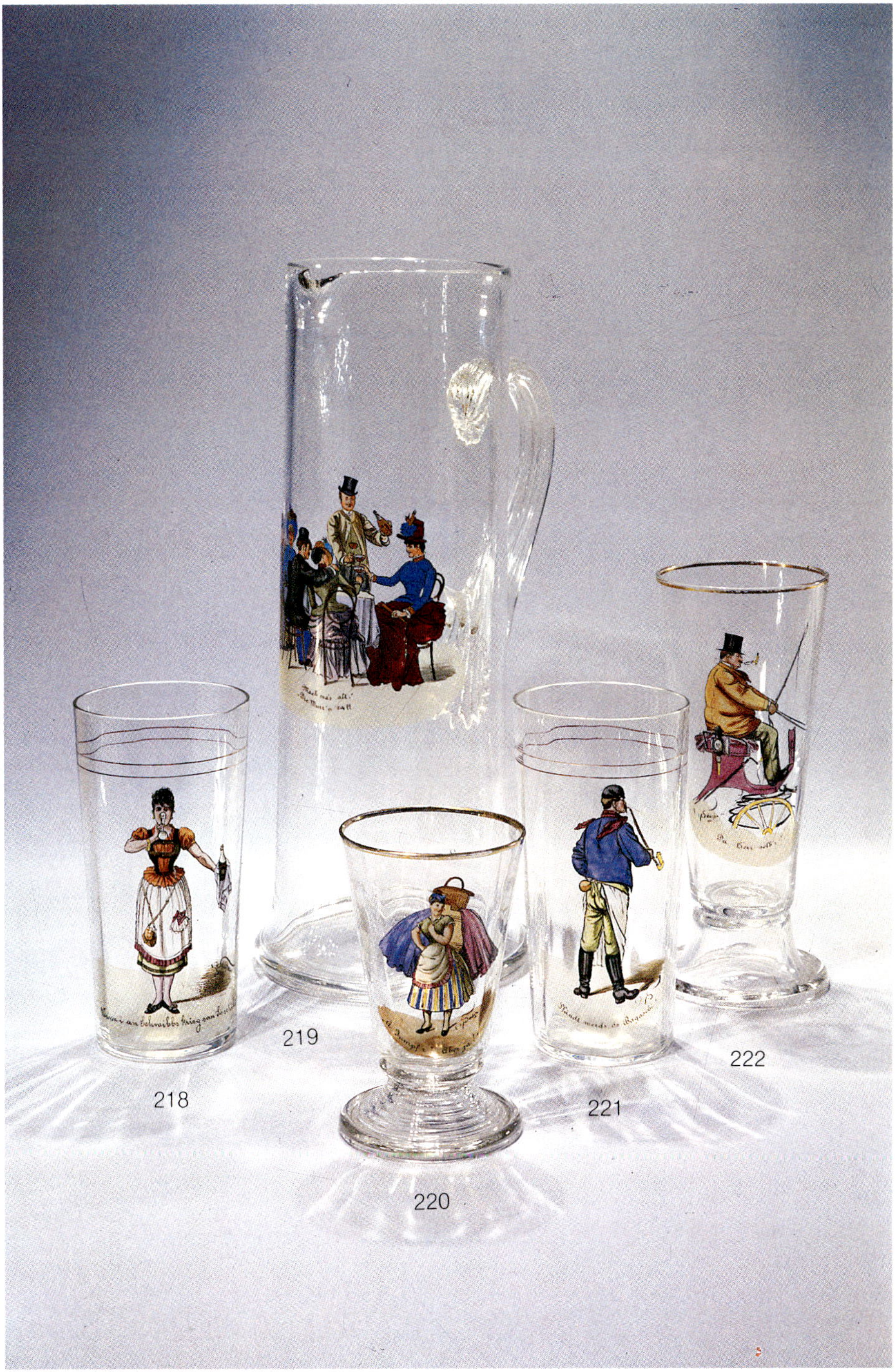
219
222
218
221
220

Die Glasmanufaktur Johann Loetz' Witwe, Klostermühle

Im Jahre 1840 erwarb ein gewisser Johann Loetz zu den zwei von ihm geführten Glashütten eine dritte, in Klostermühle bei Unterreichenstein im Böhmerwald gelegene, hinzu. Hier ließen zunächst er — und nach seinem Tod seine Witwe Susanne Loetz — Kristallglas, farbiges Überfangglas, Gebrauchsgläser sowie Glastafeln herstellen.
Die Erzeugnisse dieser Glashütte waren schon in diesem Zeitraum überdurchschnittlich beliebt, sodaß sie in Österreich und dem Ausland vertrieben, aber auch als Halbfabrikate in nordböhmischen Raffinerien weiterverarbeitet worden sind. In Aussehen und Qualität unterschieden sie sich freilich nicht von den unzähligen gleichartigen Produkten, welche in den vielen Glashütten, die um 1850 im Böhmerwald existierten, geschaffen worden sind.
Abrupt änderte sich dies nach 1879, als Max Ritter von Spaun, der Stiefenkel des Johann Loetz, die Glashütte übernahm. Zunächst reorganisierte er den Betrieb intern, indem er neue Maschinen installierte und einen Betriebsleiter namens Eduard Prochazka einstellte, dessen umfassenden künstlerischen und organisatorischen Fähigkeiten ein Gutteil des Erfolges der Glashütte Loetz zuzuschreiben ist. Sodann organisierte Max von Spaun auch den Vertrieb und die Absatzmethoden neu, indem er in zahlreichen europäischen Metropolen Generalvertreter einsetzte, denen er regelmäßig auf den neuesten Stand gebrachte Musterkollektionen überließ, an sämtlichen ihm geeignet scheinenden Kunst- und Gewerbeausstellungen teilnahm und sowohl in- und ausländische Museen mit den jeweils neuesten Kreationen beschenkte.
In der Zeit zwischen 1885 und 1890 erreichte die Glashütte Loetz aufgrund dieser Maßnahmen erste außergewöhnliche Erfolge mit Kunstgläsern, die Halbedelsteinen nachgebildet waren. Gläser die den Namen „Carneol, Jaspis, Onyx, Malachit, Rauchtopas, usw." trugen, wurden bei Ausstellungen prämiert und fanden reißenden Absatz.
Kurz nach 1895 wandte sich die Glashütte Loetz intensiv der Produktion von Gläsern zu, wie sie knapp zuvor der Amerikaner Louis Comfort Tiffany erstmals in Europa ausgestellt hatte. Es waren jene irisierenden Lüstergläser, mit denen heute die Glashütte Loetz allgemein identifiziert wird. Ihre Produktion bedeutete für Max von Spaun offensichtlich keine Schwierigkeiten, zumal sein Unternehmen über die hiezu notwendigen technologischen Kenntnisse längst verfügte.
Die exklusive Herstellung dieser Gläser für den europäischen Bereich sicherte die Glashütte Loetz zunächst in den Jahren 1895 und 1896 durch mehrere Patente ab. Die ersten dieser Erzeugnisse waren jenen Vasen, die Tiffany kreiert hatte sichtbar nachempfunden, und wurden unter der Bezeichnung „im Genre Tiffany" angepriesen, wobei Spaun vor allem immer wieder darauf hinweisen ließ, daß seine Erzeugnisse bei gleicher oder gar besserer Qualität ungleich billiger seien.
Die zwischen 1895 und 1898 hergestellten Lüstergläser, die die Glashütte Loetz allesamt unter der Bezeichnung „Phänomengläser" vertrieb, waren meist zweifärbig und in der Weise hergestellt, daß vorgefertigte Glasstäbe auf eine einfärbige Glasoberfläche aufgeschmolzen worden sind (Abb. 223, 235). Die so gestalteten Vasen wurden

auch auf Verkaufsausstellungen und Messen mit der Bezeichnung „im Genre Tiffany" bezeichnet (z. B. die unter den Nummern 233, 234 und 236 abgebildeten).
Im Jahr 1898 präsentierte Loetz in einer in Wien veranstalteten Ausstellung erstmals Gläser wie das unter Nr. 225 abgebildete, die unter der Bezeichnung „Phänomen Iris-Glas mit Farben- und Intarsiendekor" auf den Markt gebracht wurden.
Aber schon bald trachtete die Glashütte Loetz, nicht mehr fremde Vorbilder als Grundlage für eigene Schöpfungen zu verwenden, sondern völlig eigenständige Kreationen an irisierenden Lüstergläsern auf den Markt zu bringen, die vor allem jenen von Tiffany nicht gleichen sollten. Etwa ab 1900 wird daher von der Glashütte Loetz jeder Vergleich mit Produkten Tiffanys vermieden; Formen und Farben der ab diesem Zeitpunkt hergestellten Gläser heben sich gleichfalls sichtbar ab. Die Vasenformen sind eher gedrungen, schlicht und entsprechen böhmischer Glastradition. Diese Formen wurden durch Eindellungen in den Gefäßwandungen, Verformungen der Gefäßränder und durch Anbringung von Henkeln „modernisiert".
Bis 1902 hat die Glashütte Loetz keine eigenen Entwerfer beschäftigt, sondern bloß Ideen Max von Spauns und Eduard Prochazkas in unzähligen Varianten, Farbschattierungen und abgewandelten Dekoren hergestellt.
Neben der Erzeugung eigener Lüstergläser produzierte Loetz in großem Umfang auch Glaserzeugnisse aufgrund fremder Aufträge. So etwa ließ das in Wien ansässige Unternehmen E. Bakalowits u. Söhne regelmäßig Entwürfe von Wiener Künstlern bei Loetz verwirklichen.
Diese fremden Entwürfe schlugen etwa ab 1902 auch auf die von der Glashütte Loetz selbst gestalteten Erzeugnisse durch. Die eigenen Vasenentwürfe wurden diesen Künstlerarbeiten angepaßt, zum einen weil sie Spaun durch ihre meist strenge Formgebung beeindruckten, zum anderen, weil er sich offenbar einen größeren Verkaufserfolg von diesen „modernen Formen" erwartete (so etwa das Glas Nr. 224).
In der Zeit zwischen 1899 und 1903 entwickelte Loetz die in den Jahren zuvor erarbeiteten Dekore permanent weiter, erfand zusätzliche Methoden der Lüstrierung, der Gestaltung von Wellendekoren sowie Glaseinlegearbeiten und kombinierte diese Gestaltungsformen immer neu. So wurde etwa um 1900 der optische Eindruck von Punktreihen erzielt, indem man Glasfäden auf Gefäße aufschmolz und diese dann in regelmäßigen Abständen unterteilte. Die solcherart dekorierten Gläser wurden häufig in zusätzlichen Arbeitsgängen nochmals überfangen und mit Lüsterfarben, welche meist tropfenförmig aufgebracht worden sind, versehen (Abb. 228). Dazu zählt auch der im Jahre 1903 von der Glashütte Loetz entwickelte, „Cytisus" genannte Dekor, der dadurch erreicht wurde, daß man auf rosa- oder grünfarbigem Glas blau-violett-rote, bzw. grün-gelb gefärbte Glasbänder aufschmolz (Abb. 229, 230, 238).
Häufig wurden die von der Glashütte Loetz fabrizierten Gläser mit galvanisch aufgebrachten Metallverzierungen (Abb. 238), noch häufiger mit Metallfassungen — die bisweilen von prominenten Silberschmieden hergestellt worden sind — versehen.
Als zum einen die immer komplizierter werdenden Kombinationen alter Dekortechniken an einem Endpunkt angelangt waren und zum anderen die Nachfrage nach Lüstergläsern international spürbar nachließ, reagierten Max v. Spaun und Eduard Prochazka schnell. Zunächst traten sie mit Gläsern, die in einem neuen, 1904 patentierten Verfahren, — das „zur Erzielung neuartiger Iriseffekte an durchsichtigen Glä-

sern" diente — hergestellt worden waren, an die Öffentlichkeit. Farblose, mit irisierenden Glasfäden und Glasschichten überzogene Gefäße wurden mit einer weiteren Schicht farblosen Glases überfangen und erweckten dadurch den Eindruck völlig neuartiger Dekore (Abb. 231, 237, 239).
Sodann machte sich die Glashütte Loetz eine von französischen Manufakturen längst praktizierte Technik — die des Ätzens mehrfach überfangener Gläser — zu eigen. Neben Adolf Beckert, der etwa ab 1906 Entwürfe anfertigte und zum Teil auch selbst verwirklichte, waren es vor allem Wiener Architekten — wie etwa Josef Hoffmann, Dagobert Peche, Arnold Nechansky und Hans Bolek, (Abb. 226) — die für die Glashütte Loetz derartige Vasen entwarfen. Es sind dies ausnahmslos Opal- oder Überfanggläser, die geätzte, farblich stark kontrastierende, geometrische und florale Dekore zeigen.
Diese in bloß geringer Stückzahl hergestellten Gläser vermochten jedoch den wirtschaftlichen und künstlerischen Niedergang der Glashütte Loetz nicht aufzuhalten; 1911 war über ihr Vermögen ein Konkursverfahren eröffnet worden; ab 1913 wurde die Hütte in der Rechtsform einer Gesellschaft mit beschränkter Haftung in kleinerem Umfang fortgeführt. Wohl ließen sich ihre neuen Inhaber von dem Wiener Architekten Otto Prutscher beraten und auch einige Glasentwürfe liefern, doch blieb auch dessen Einfluß offensichtlich sehr gering. Von der erfolgreichen Teilnahme an zwei Ausstellungen in den Jahren 1914 und 1925 abgesehen, vegetierte die Glashütte dahin, bis 1930 ein Großbrand den überwiegenden Teil des Betriebsareales verwüstete und die Eröffnung eines weiteren Konkursverfahrens im Jahr 1931 auslöste. Kurz darauf wurde die Produktion dieser ehedem in die ganze Welt exportierenden Glashütte gänzlich eingestellt und die Firma im Handelsregister des Kreisgerichtes Pilsen gelöscht.

Ernst Ploil

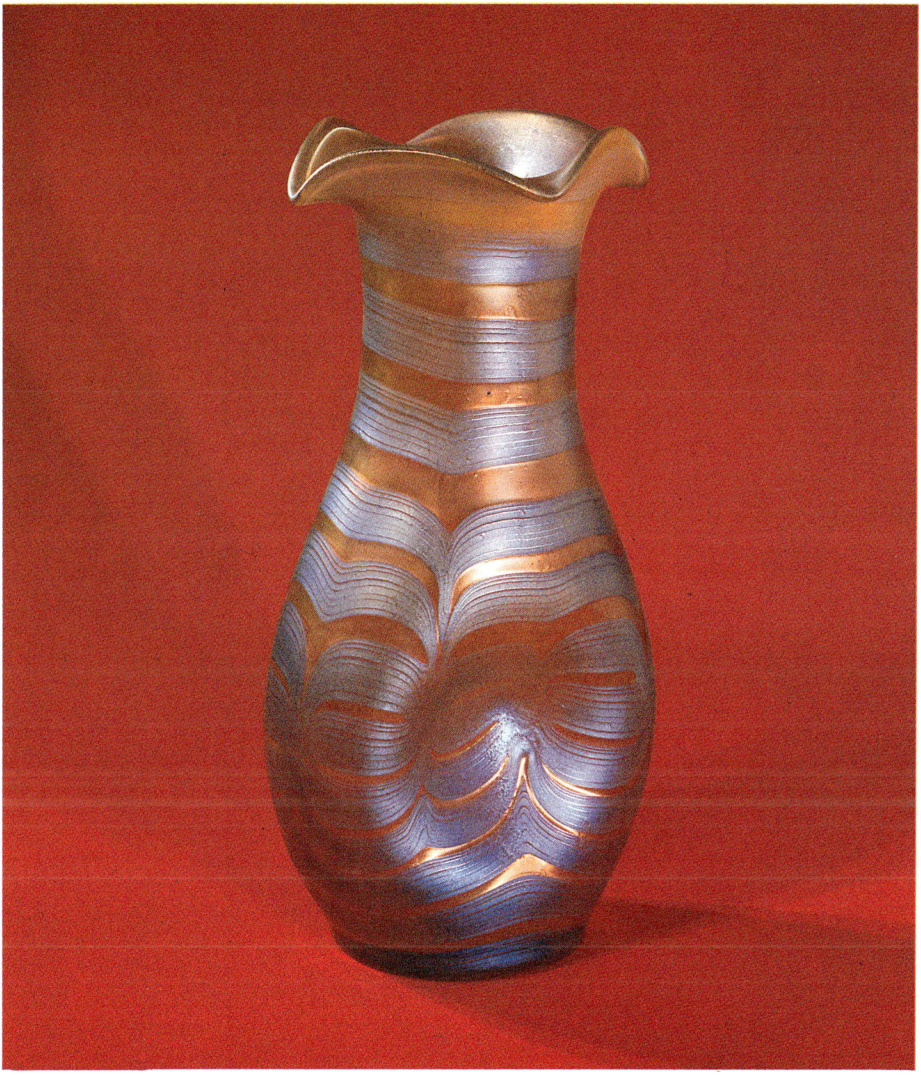

(223)

Vase, Johann Loetz' Witwe, Klostermühle, Böhmen, um 1900

Farbloses Glas, die Innenseite der Mündung silbrig-blau irisierend. Die Wandung ist außen gelb gebeizt und umlaufend mit einem orangefarbigen Glasstab spiralig umwunden. Der Glasfaden hat eine silbrig-blau irisierende Oberfläche. Höhe 19,5 cm.

(224)

Vase, Johann Loetz' Witwe, Klostermühle, Böhmen, um 1900

Farbloses Glas, die Innenseite der Mündung und des Halses silbrig-blau irisierend. Oberer und unterer Teil der Wandung mit orangefarbigem an der Oberfläche silbrig-blau irisierendem Glas dünn überschmolzen. Anschließend wurden diese beiden Zonen mit farblosen Glasfäden umsponnen und gekämmt. Der Mittelteil ist mit einer grünen, wabenartig reliefierten Glasschichte überschmolzen. Die irisierenden Tupfen sind aus orangefarbigem Glas. Zwei angeschmolzene Henkel aus farblosem Glas mit irisierender Oberfläche. Signiert: „Loetz Austria", in die Bodenkugelung graviert. Höhe 16 cm.

Spannungsriß am unteren Ansatz des linken Henkels.

Die Technik des „Kämmens":
Verzierungsart, bei der die aufgelegten Glasfäden noch im weichen (heißen) Zustand mit einem Griffel oder kammartigen Werkzeug zu Wellenbändern oder Federmusterungen verschoben werden.

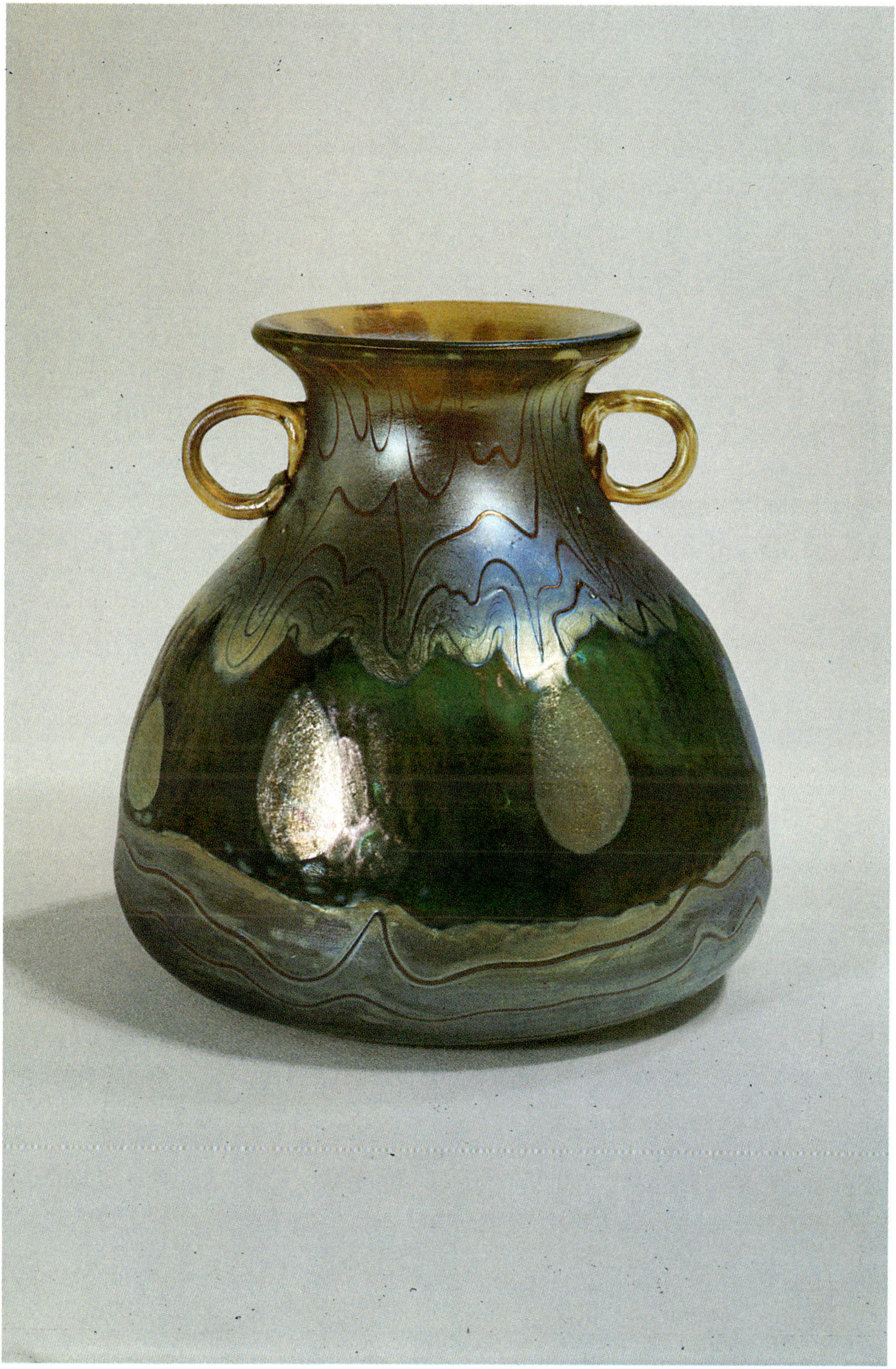

(225)

Vase, Johann Loetz' Witwe, Klostermühle, Böhmen, um 1900

Farbloses Glas, im oberen Bereich auf der Innenseite milchig-weiße Einschmelzungen. Anschließend wurde die gesamte Innenwandung mit einer transparenten, rosa-braunen Glasschichte überfangen. An den nach unten zeigenden Spitzen des gekämmten Wellenmusters sind umlaufend acht stilisierte Blätter aus orangefarbigem Glas aufgeschmolzen. Sowohl das Wellenmuster wie auch die Blätter zeigen eine irisierende Oberfläche. Signiert: „Loetz Austria", in die Bodenkugelung graviert. Höhe 23 cm.

Durch den opaken Innenüberfang im oberen Teil der Wandung und die dunkle Basis mit den stark kontrastierenden Blättern ähnelt diese Vase den Arbeiten von Louis Comfort Tiffany.

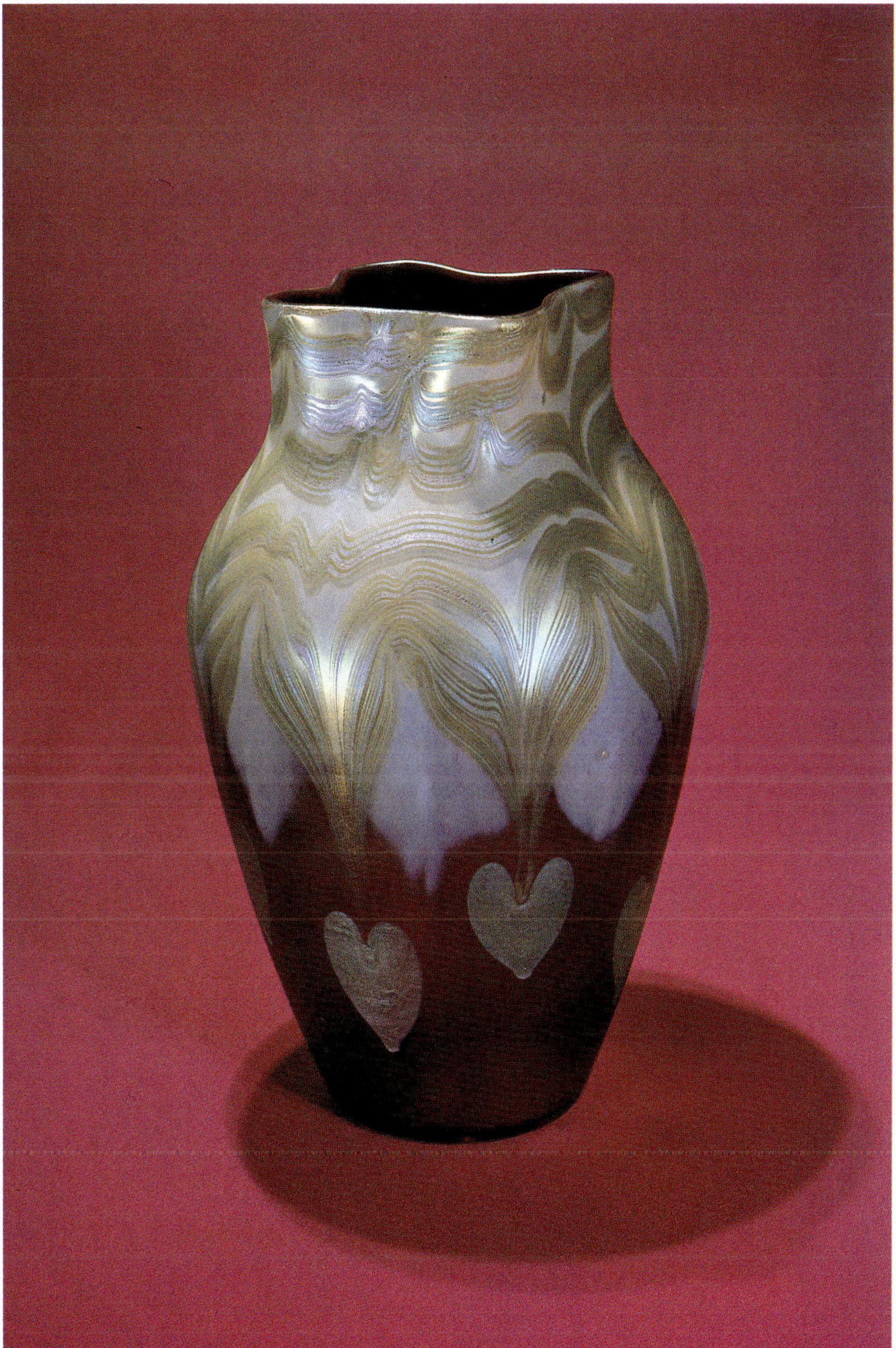

226

Vase, Loetz' Witwe, Klostermühle, Böhmen, um 1915
Entwurf: Hans Bolek, 1890—1970

Farbloses Glas, innen milchig grün, außen schwarz überfangen. Die Wandung ist umlaufend mit geometrischem und floralem Dekor im Relief geätzt. Höhe 20,8 cm.

Geätzte Gläser nach Entwürfen von verschiedenen Künstlern und Architekten wie z. B. Hans Bolek, Josef Hoffmann und anderen wurden bei Loetz' Witwe nur in geringer Anzahl hergestellt.

Literatur:

Dekorative Kunst, 1915, S. 58, gleicher Dekor.

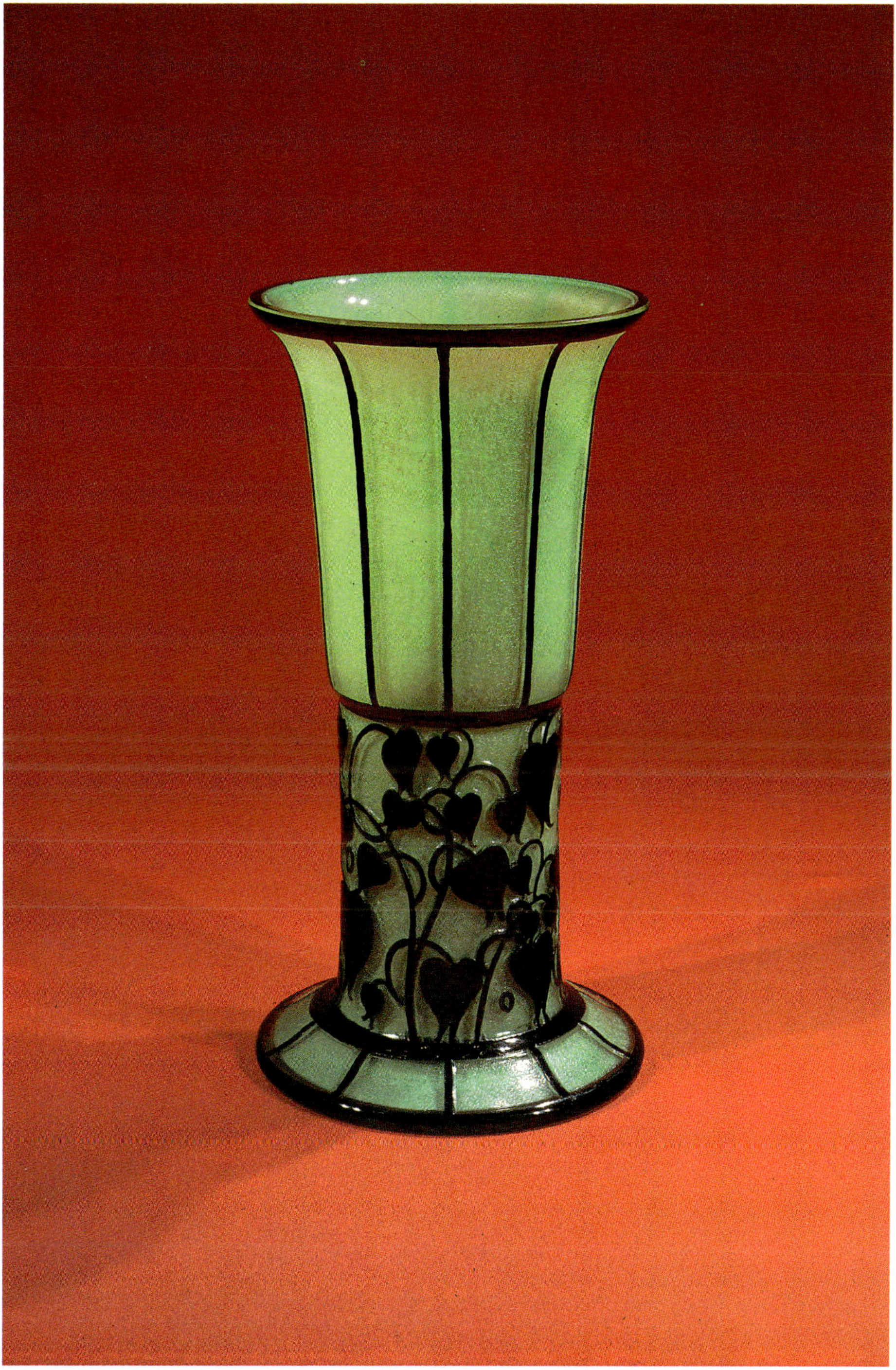

(227)

Vase, Loetz' Witwe, Klostermühle, Böhmen, um 1905—15

Grün durchgefärbtes Glas. In die Wandung sind umlaufend vertikale Glasfäden und unregelmäßig gesetzte rote Glastupfen eingeschmolzen. Höhe 20 cm.

Diese Vase kann zu den aus Kreisen der Wiener Kunstgewerbeschule oder der Wiener Werkstätte initiierten Entwürfen gezählt werden, welche neben den für Loetz typischen Lüstergläsern etwa ab 1905 ausgeführt wurden.

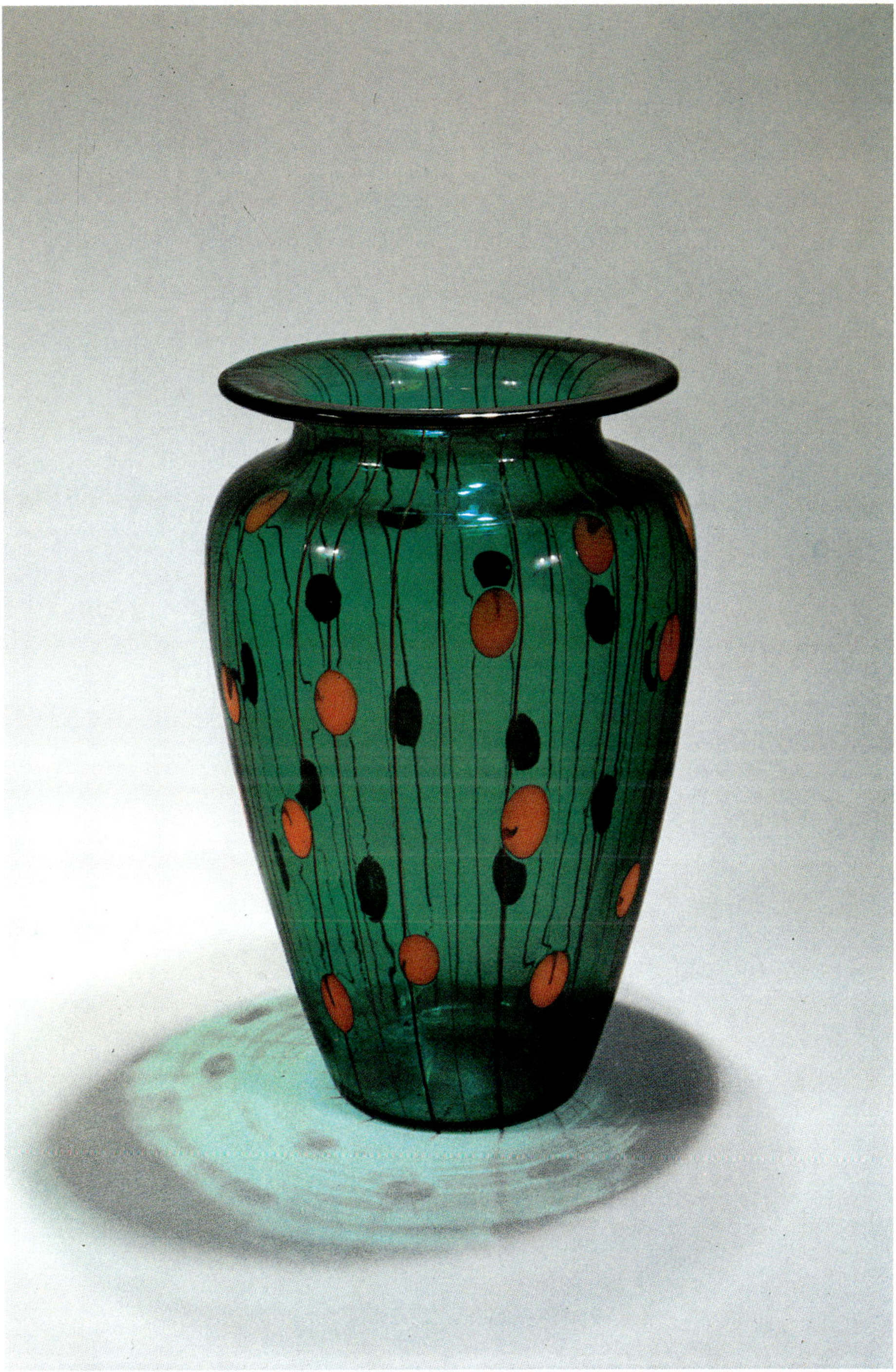

228

Vase, Johann Loetz' Witwe, Klostermühle, Böhmen, um 1900

Farbloses Glas, innen rosa überfangen. Die vielfach eingedrückte Wandung ist spiralig mit einem regelmäßig unterbrochenen, blau irisierenden Glasfaden umschmolzen. Das gekämmte Wellenmuster mit den herunterhängenden Tropfen entstand aus einem, mit blauen Fäden versehenen Glasstab. Die Schulter der Vase ist mit silbrig-blau irisierendem, gelbem Glas überschmolzen und durch gekämmte, farblose Glasfäden verziert. Signiert: „Loetz Austria", in die Bodenkugelung graviert. Höhe 24 cm.

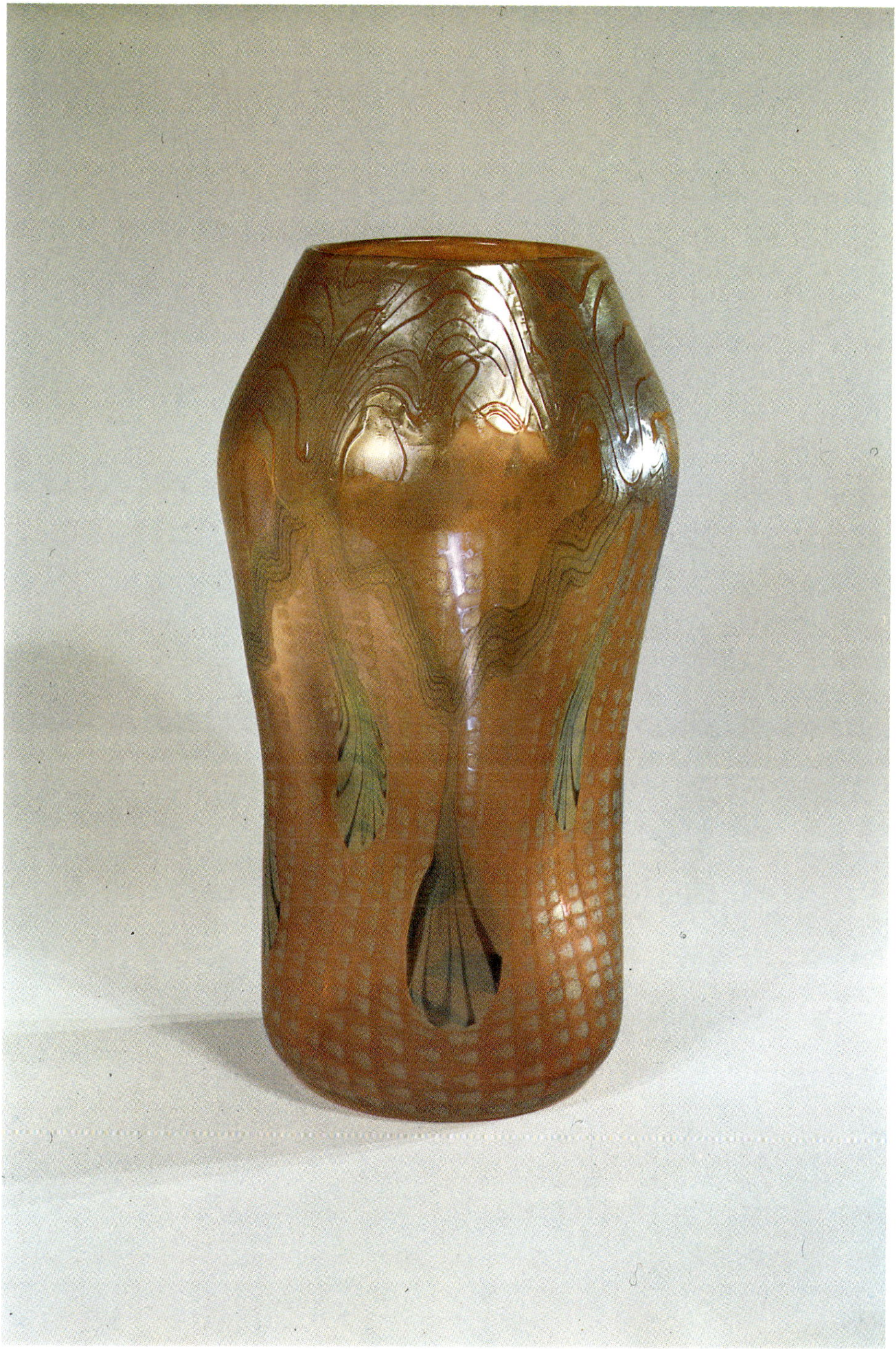

(229)

Schale, Johann Loetz' Witwe, Klostermühle, Böhmen, nach 1903
Dekor: „Zytisus"

Farbloses Glas. Von den Ansätzen der vier griffartigen Glasstäbe ausgehend, winden sich an der Innenseite der Schale spiralig angeordnete rosa Glasfäden bis an den gewellten Rand. Der irisierende Schimmer der Innenseite wurde durch den Niederschlag von Metalldämpfen auf das rot glühende Glas erzielt. Der hohle Fuß ist umlaufend mit einem spiralig aufgeschmolzenem blauen Glasfaden verziert. Die aufgeschmolzenen Tupfen sind aus orangefarbigem Glas, deren Oberfläche silbrig-blau irisiert. Höhe 17 cm. ∅ 29,3 cm.

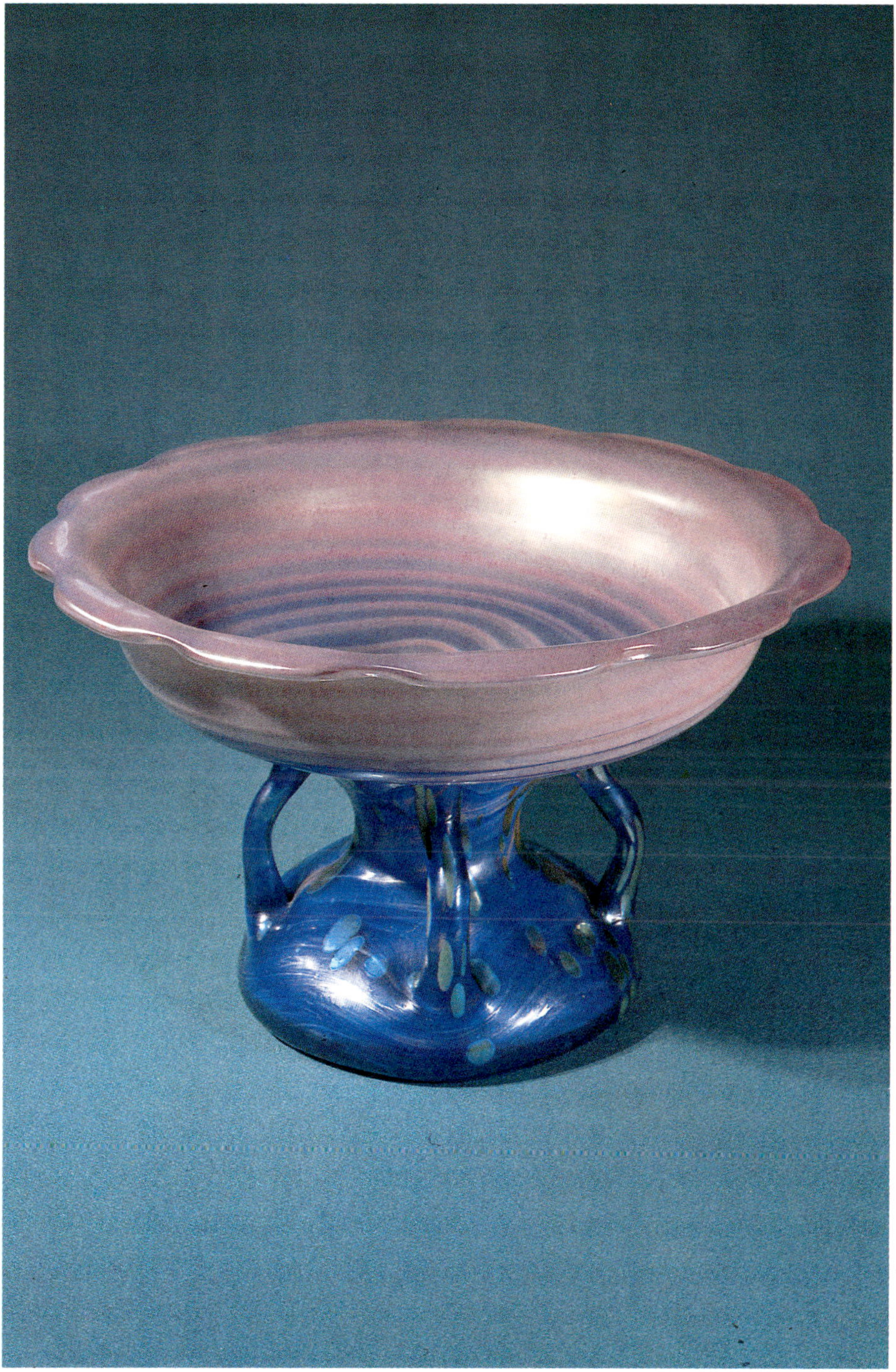

230

Vase, Johann Loetz' Witwe, Klostermühle, Böhmen, nach 1903
Dekor: „Zytisus"

Farbloses Glas, innen milchig gelb überfangen. Die Wandung ist umlaufend mit einem grünen und blauen Glasfaden spiralig umsponnen und gekämmt. Die aufgeschmolzenen Tupfen sind aus orangefarbigem Glas, deren Oberfläche silbrig-blau irisiert. Höhe 21,5 cm.

Literatur:

Adressbuch der Österreichischen Glasindustrie, 1903, Musterschutz für diesen Dekor ab 1903.

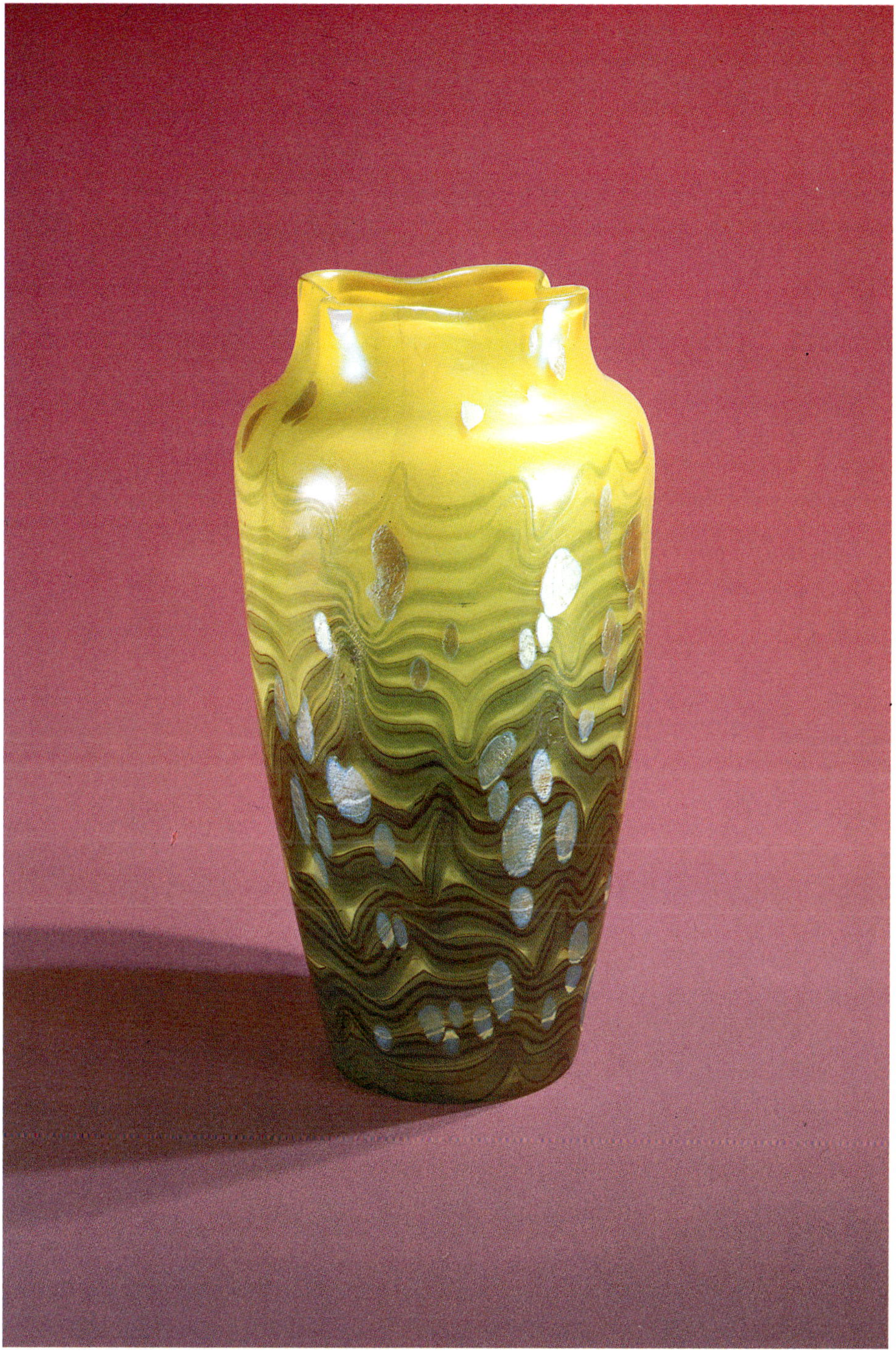

231

Vase, Johann Loetz' Witwe, Klostermühle, Böhmen, Anfang 20. Jahrhundert

Farbloses Glas, innen lila und lichtblau überfangen. Das fünfteilige Blattmuster ist durch silbrig irisierende, gekämmte Glasfäden gebildet. Anschließend nochmals farblos überfangen. Höhe 18,9 cm.

Literatur:

Waltraut Neuwirth, Das Glas des Jugendstils, 1973, S. 257.

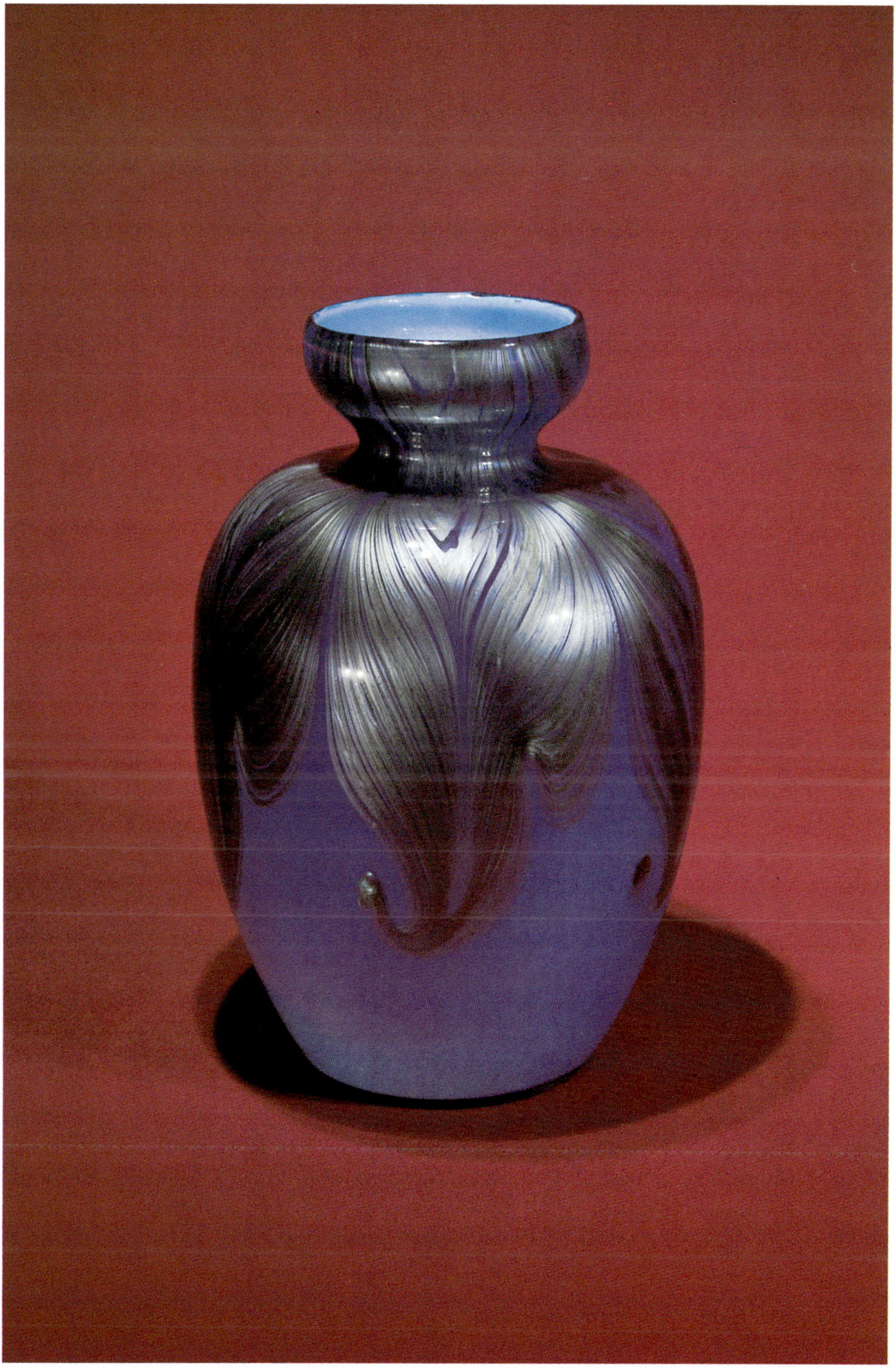

232

Vase, Johann Loetz' Witwe, Klostermühle, Böhmen, Anfang 20. Jahrhundert

Farbloses Glas, innen milchig-gelb überfangen. Auf die silbrig-blau irisierende Außenwandung wurden mit säureresistentem Lack Blumenmotive aufgemalt. Die dünnen Linien in den Blüten und Blättern ritzte man mit der Nadel in den Decklack. Durch das Einwirken der Flußsäure an den ungeschützten Stellen wurde die oberste Glasschichte abgetragen (geätzt) und der florale Dekor kam zum Vorschein. Höhe 30 cm.

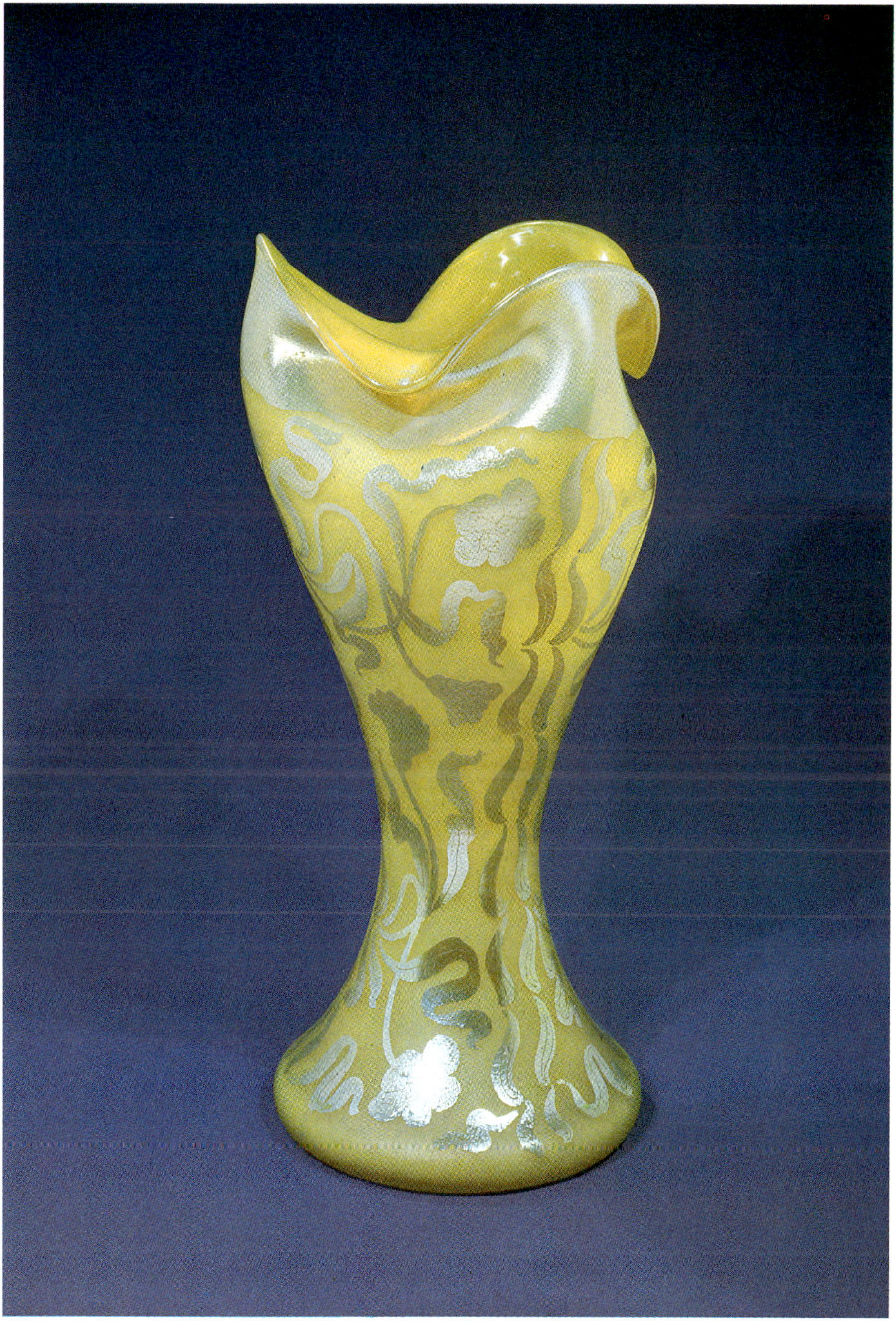

233

Vase, Johann Loetz' Witwe, Klostermühle, Böhmen, um 1900

Farbloses Glas, innen rot überfangen. Die Wandung ist umlaufend mit einem vierteiligen, dünn gekämmtem und silbrig-blau irisierendem Muster dekoriert. Höhe 25,3 cm.

Literatur:

Helga Hilschenz, Das Glas des Jugendstils, 1973, Abb. 337

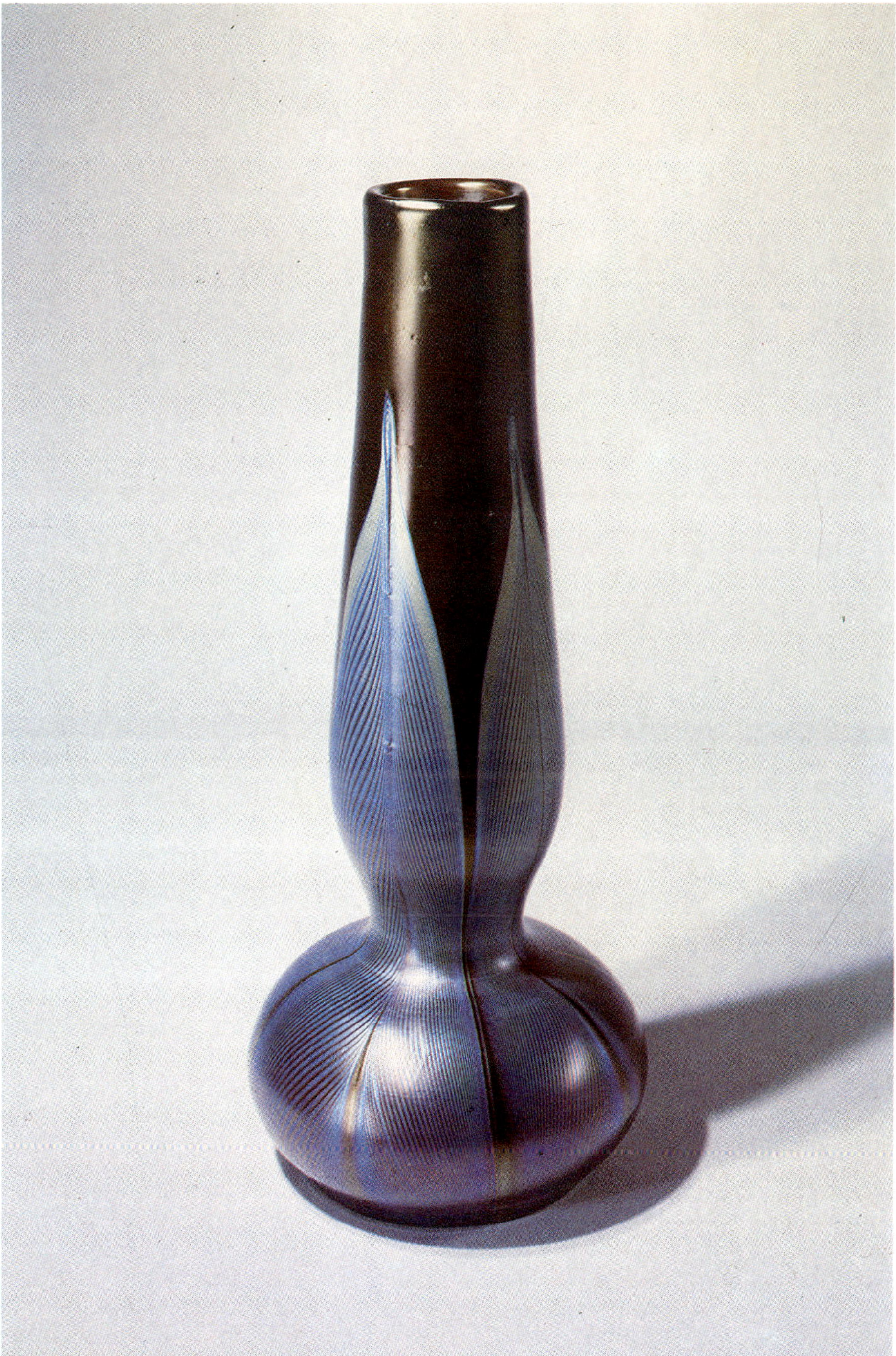

(234)

Vase, Johann Loetz' Witwe, Klostermühle, Böhmen, um 1900

Farbloses Glas, die Innenseite der Mündung und des Halses silbrig-blau irisierend. Die Wandung ist umlaufend mit einem orangefarbigen Glasfaden spiralig umsponnen und mit aufgeschmolzenen, stilisierten Seerosenblättern dekoriert. Sowohl der Glasfaden als auch die Seerosenblätter zeigen eine silbrig-blau irisierende Oberfläche. Signiert: „Loetz Austria", in die Bodenkugelung graviert. Höhe 18,8 cm.

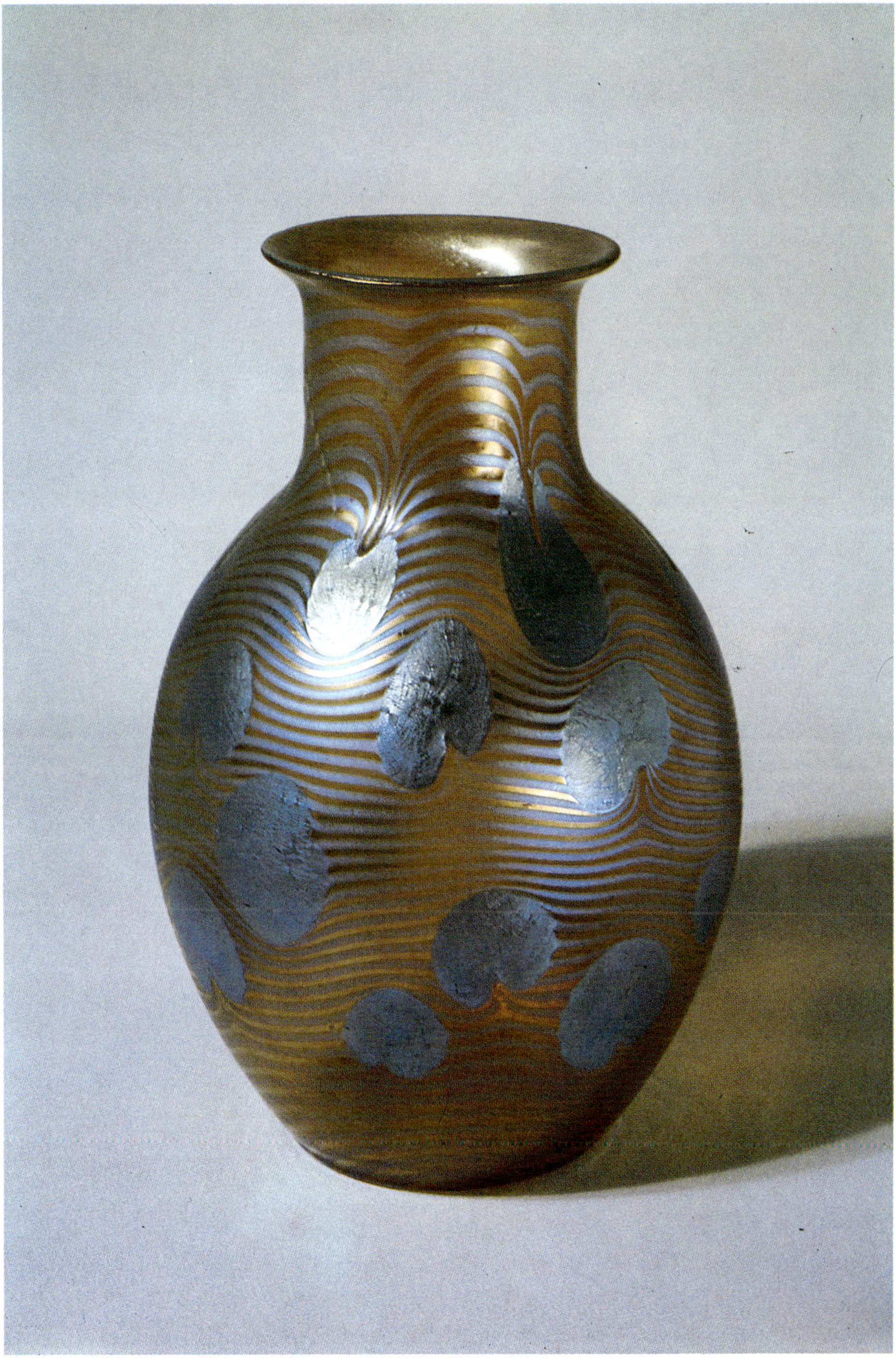

(235)

Vase, Johann Loetz' Witwe, Klostermühle, Böhmen, um 1900

Farbloses Glas, innen gelb gebeizt. Die Wandung vierfach eingedrückt und violett irisierend. Ein vorgefertigter Glasstab zusätzlich mit verschiedenfarbigen Glasfäden verziert, diente als Grundlage für das aufgeschmolzene, gekämmte Wellenmuster. Signiert: „Loetz Austria", in die Bodenkugelung graviert. Höhe 14,8 cm.

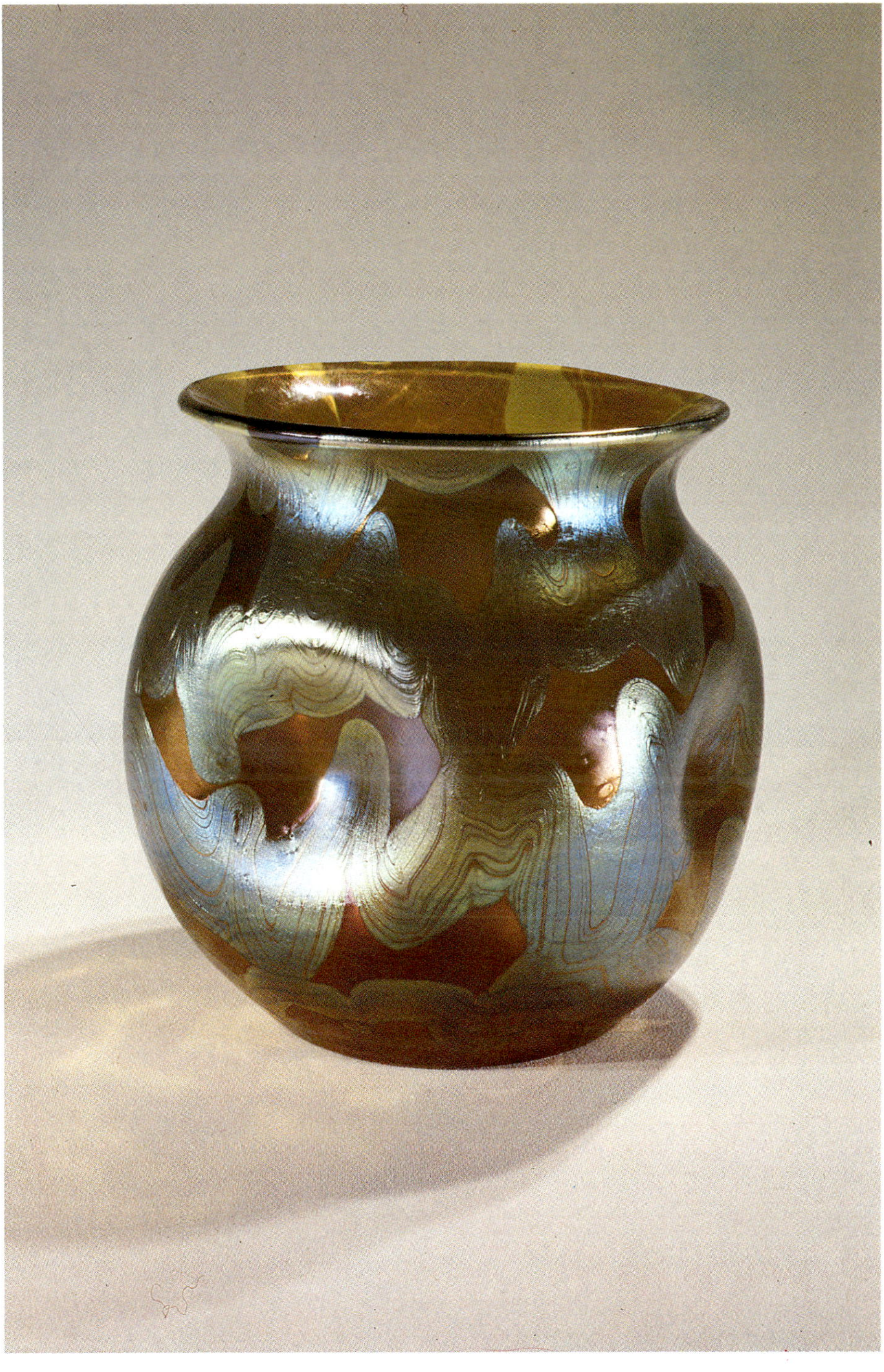

236

Vase, Johann Loetz' Witwe, Klostermühle, Böhmen, um 1900

Farbloses Glas, innen gelb gebeizt und silbrig-blau irisierend. Die Wandung ist umlaufend mit einem orangefarbigen Glasfaden spiralig umsponnen und mit aufgeschmolzenen Seerosenblättern dekoriert. Sowohl der Glasfaden als auch die Seerosenblätter zeigen eine silbrigblau irisierende Oberfläche. Höhe 14 cm.

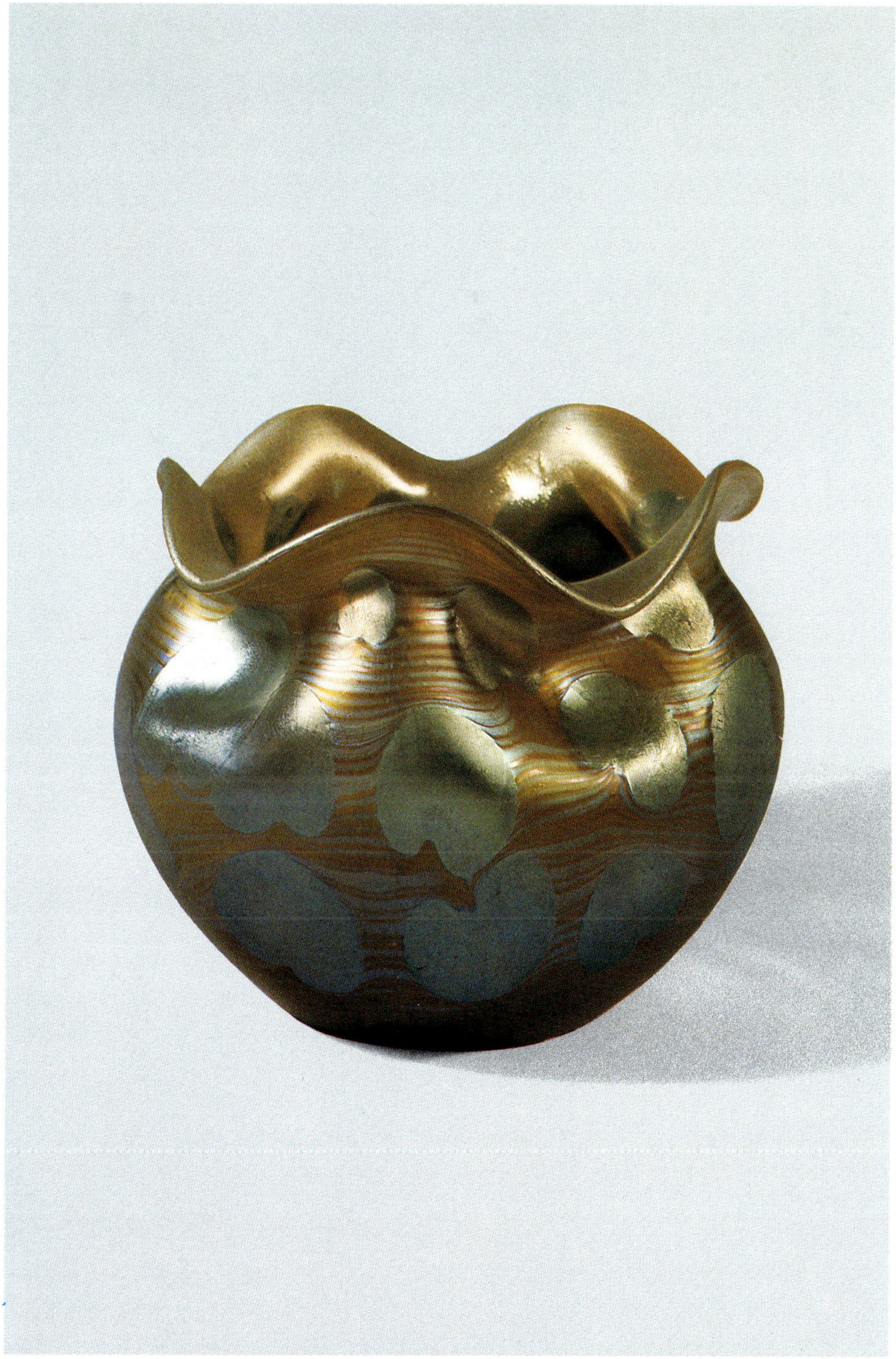

(237)

Vase, Johann Loetz' Witwe, Klostermühle, Böhmen, Anfang 20. Jahrhundert

Farbloses Glas, optisch geblasen. Die Wandung ist umlaufend mit silbrig irisierenden, gekämmten Glasfäden umschmolzen. Darüberliegend eine opake, lila Glasschichte unregelmäßig fleckig aufgeschmolzen. Erst nach diesem Arbeitsgang wurde die Verdrehung des Gefäßkörpers vorgenommen. Anschließend nochmals mit farblosem Glas überfangen.
Höhe 16,2 cm.

(238)

Vase, Johann Loetz' Witwe, Klostermühle, Böhmen, um 1900

Farbloses Glas, innen milchig-orange überfangen. Die Wandung ist umlaufend mit einem blau-roten Glasfaden spiralig umsponnen und gekämmt. Die aufgeschmolzenen Tupfen sind aus orangefarbigem Glas, deren Oberfläche silbrig-blau irisiert. Auf der Mündung Silbermontierung. Höhe 12 cm.

(239)

Vase. Johann Loetz' Witwe, Klostermühle, Böhmen, Anfang 20. Jahrhundert

Farbloses Glas, innen milchig-gelb überfangen. Die Wandung ist mit drei stilisierten Blattornamenten aus rotem Glas verziert. Darüberliegend silbrig irisierende, gekämmte Glasfäden. Anschließend wurde die Vase nochmals mit farblosem Glas überfangen.
Höhe 11,5 cm.

Literatur:

Waltraud Neuwirth, Das Glas des Jugendstils, 1973, S. 257.

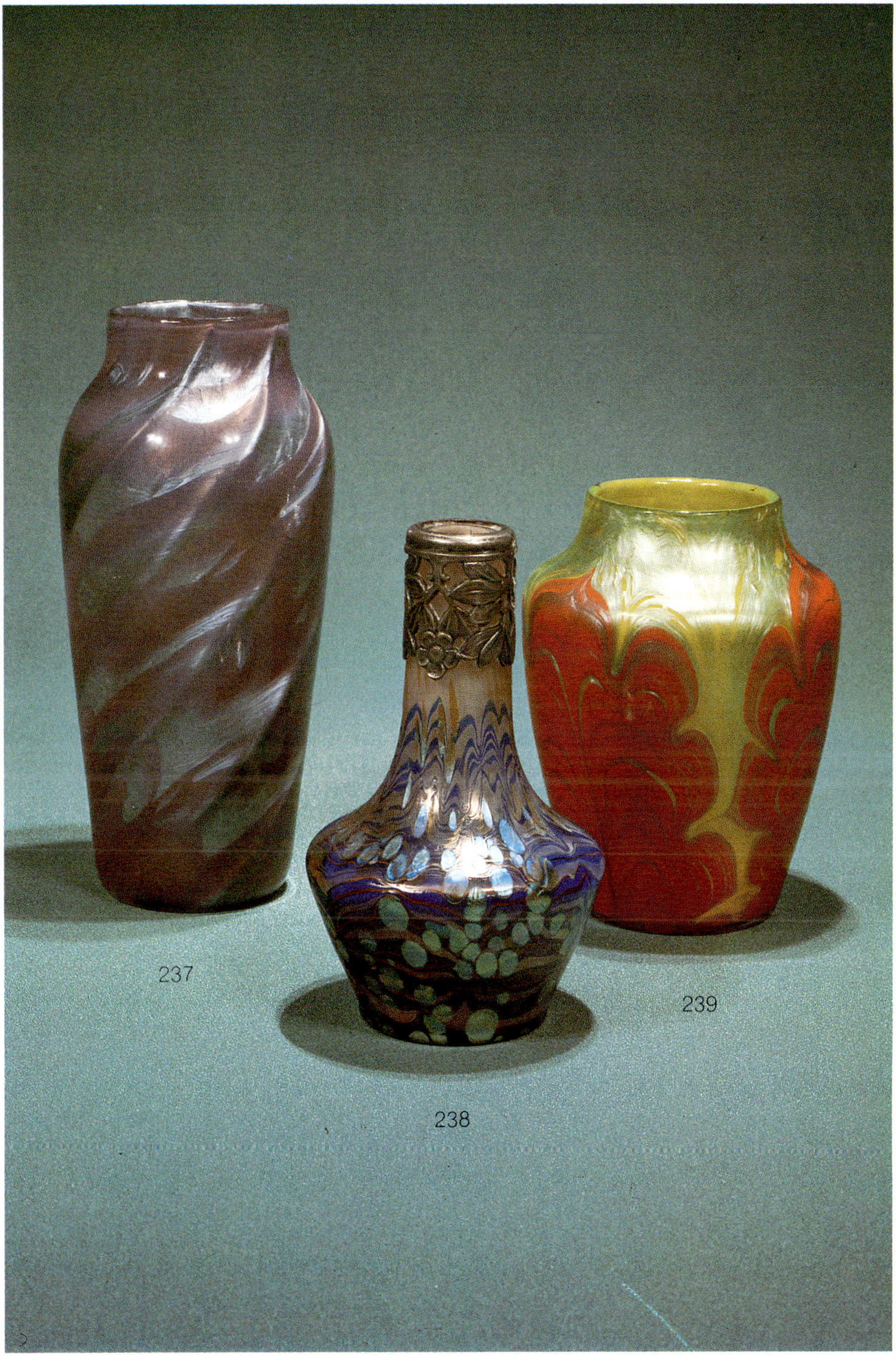
237
238
239

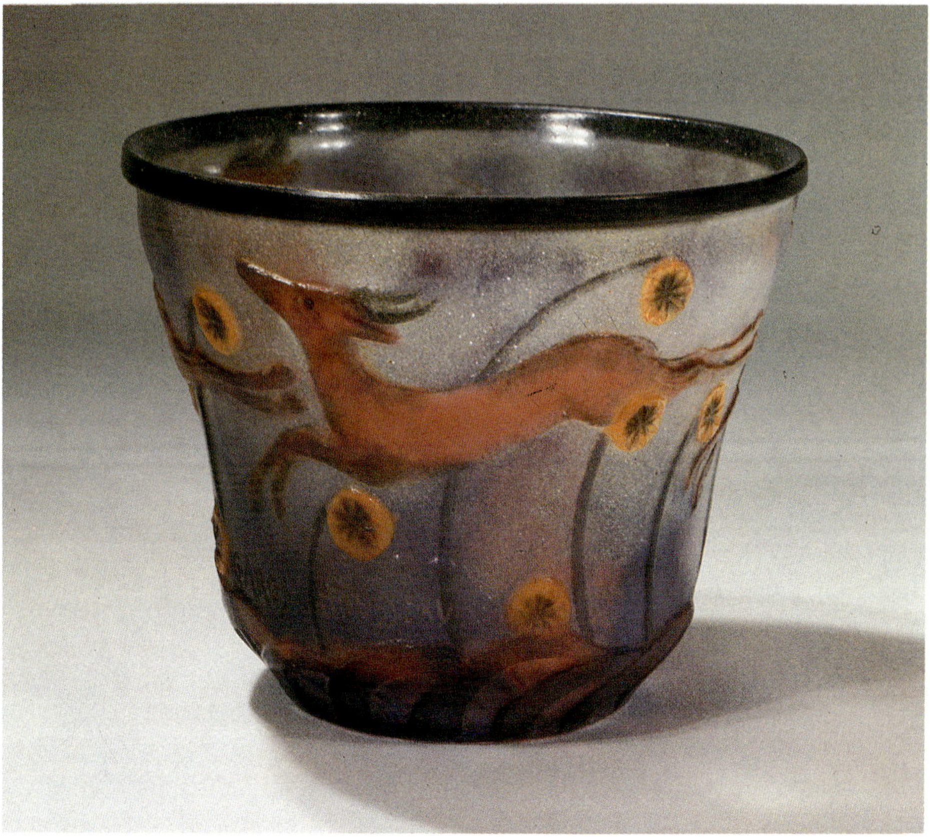

240

Schale, Gabriel Argy-Rousseau, Paris, um 1920—25

Die dünnwandige Schale ist umlaufend mit drei springenden Gazellen und stilisierten Blumen dekoriert und in „Pâte-de-Verre"-Technik hergestellt. Signiert: „G. Argy-Rousseau", im unteren Teil der Wandung. Auf der Unterseite des Bodens „France". Höhe 9,5 cm.

Literatur:

Helga Hilschenz, Das Glas des Jugendstils, 1973, S. 148

Pâte-de-Verre = Glaspaste.
Um Gläser in dieser Technik herstellen zu können, mußte man verschiedenfarbiges Glas pulverisieren und mit einem Bindemittel knetbar machen. Anschließend wurden die verschiedenfarbigen Glaspasten in die Vertiefungen einer, in diesem Falle dreiteiligen Form, gedrückt. Nach dem Trocknen des fertig geformten Gegenstandes wurde dieser bei niedrigen Temperaturen gebrannt.

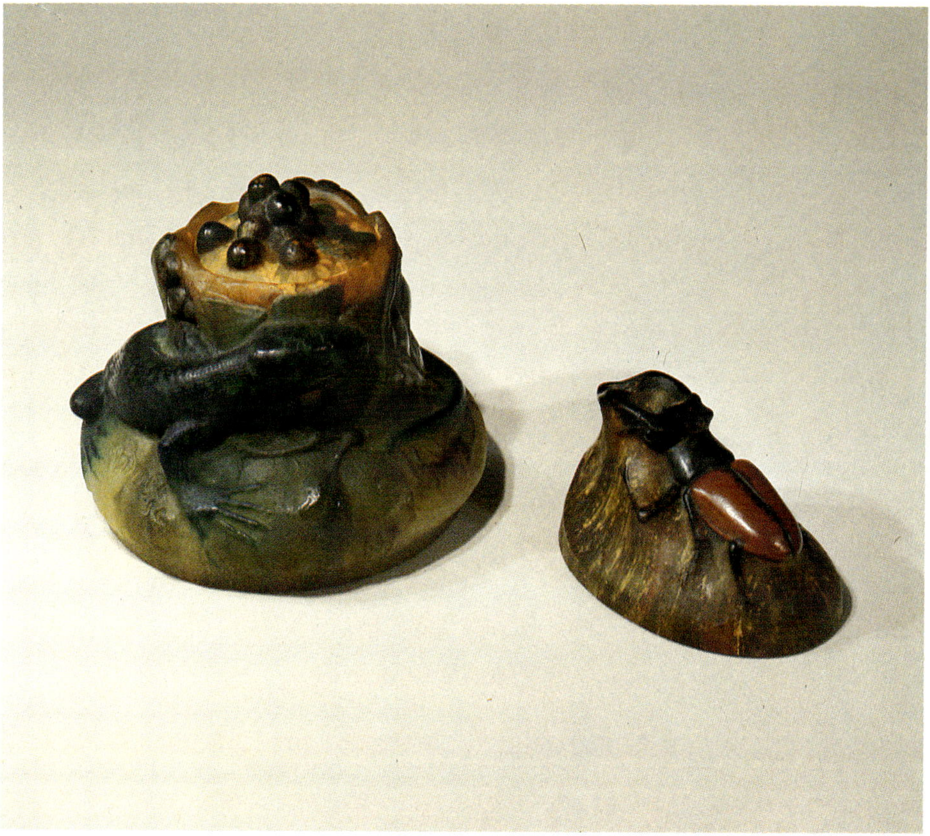

241 242

(241)

Tintenfaß, Almeric Walter, Nancy, Frankreich, um 1920—25
Entwurf: Henri Bergé

Dickwandiges Glas mit massivem Sockel in Pâte-de-Verre-Technik hergestellt. Eine Eidechse umschlingt den stilisierten Stein. Rückseitig eine Biene. Der Deckelknauf ist aus Beeren gebildet. Signiert: „A. Walter Nancy" und „H. Bergé sc" am Sockelrand. Höhe 9 cm.

(242)

Briefbeschwerer, Almeric Walter, Nancy, Frankreich, um 1920—30
Entwurf: Henri Bergé

Der Hirschkäfer wurde in Pâte-de-Verre-Technik hergestellt. Signiert: „A. Walter Nancy" und „H. Bergé sc" an den beiden Breitseiten des Sockels. Höhe 4,3 cm, Länge 8,4 cm.

Literatur:

Helga Hilschenz, Das Glas des Jugendstils, 1973, S. 356.

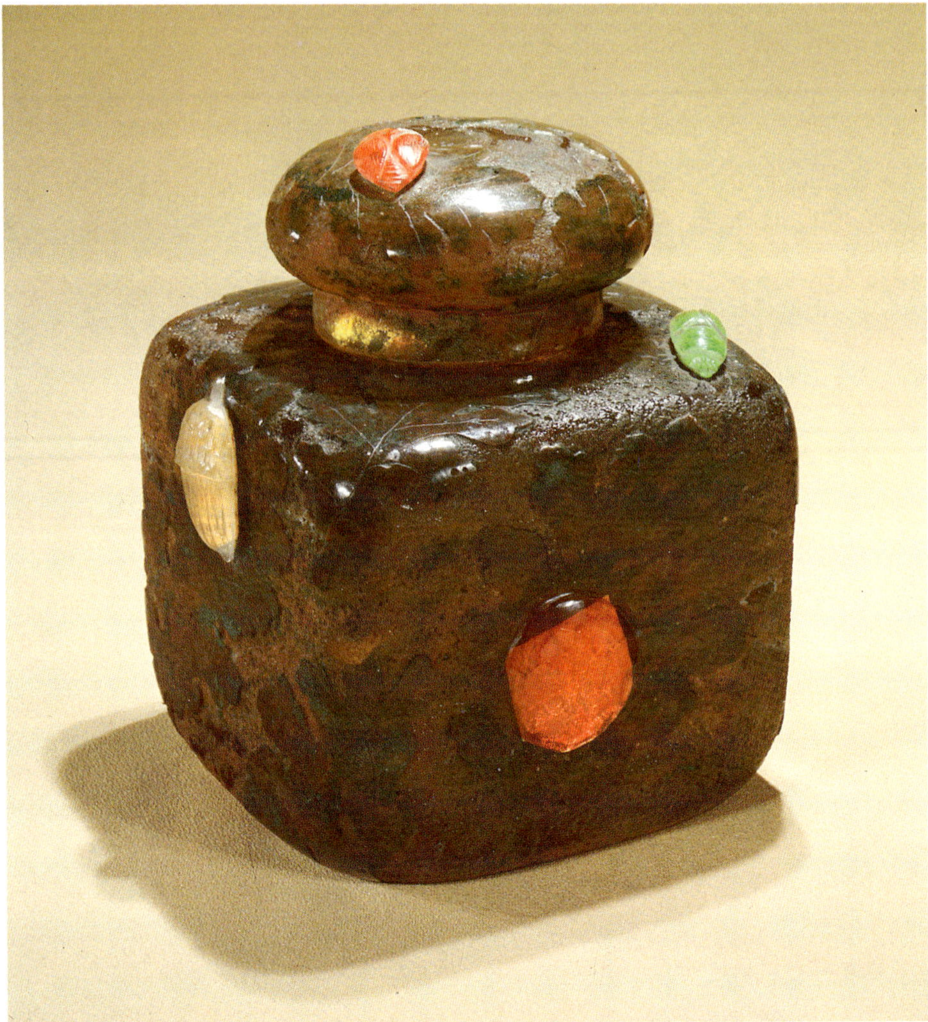

(243)

Tintenfaß, Daum Frères, Nancy, Frankreich, Anfang 20. Jahrhundert

Farbloses Glas, innen gelb gebeizt und außen mit einer ca. 1 mm dicken Schichte mehrfärbiger Pulveraufschmelzungen versehen. Insgesamt wurden an sechs Stellen verschiedenfarbige Metallfolien aufgebracht. Die aufgeschmolzenen, farblosen Glasapplikationen erhielten durch Gravur die Form von Eicheln und Käfern. Die Wandung und der Deckel sind umlaufend mit einem Eichenblattmuster geätzt. Signiert: „Daum Nancy", mit Lothringerkreuz, graviert auf der Unterseite des Bodens. Höhe 12,4 cm.

Glaseinsatz für Tinte fehlt.

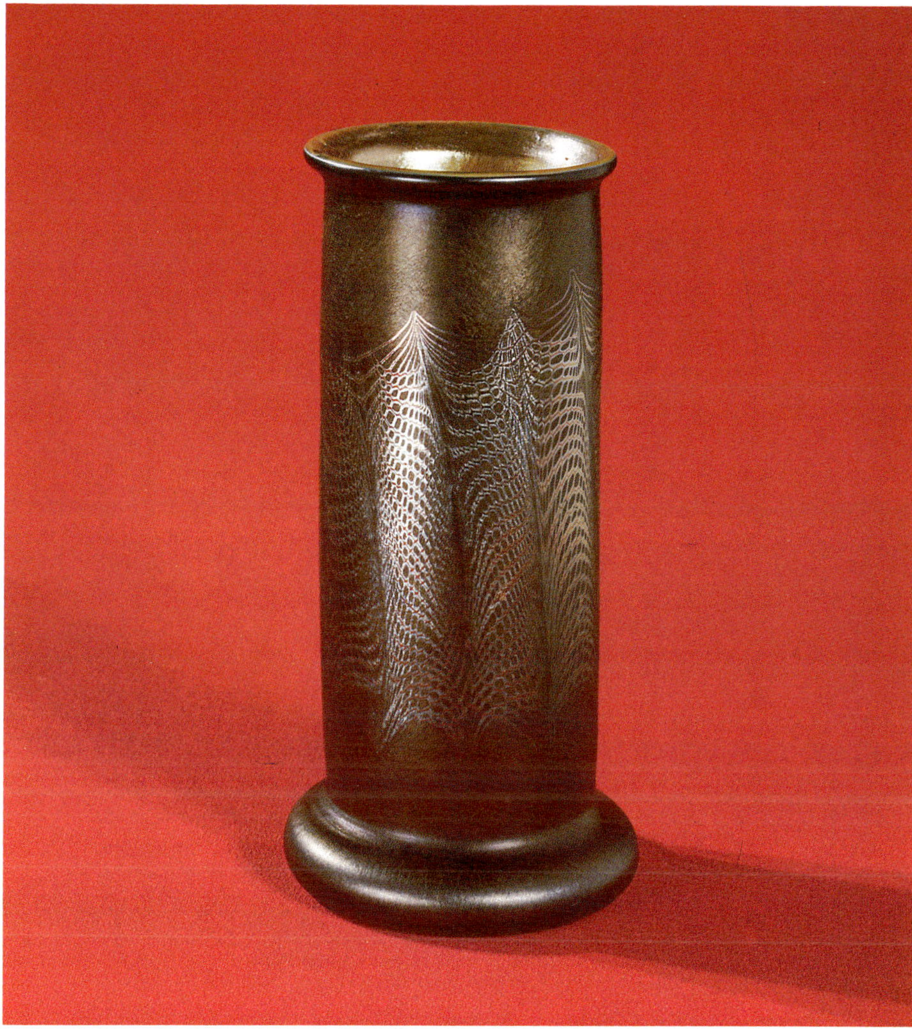

(244)

Vase, Louis Comfort Tiffany, New York, 1908

Lichtgrünes Opalglas, schwarz überfangen. Die irisierende Wandung ist umlaufend mit einem sehr feinen, spinnennetzartigen, gekämmten Dekor verziert. Signiert: „2224 C L.C. Tiffany Favrile", graviert auf der Unterseite des Bodens. Höhe 13,7 cm.

245

Vase, Louis Comfort Tiffany, New York, 1913

Farbloses Glas. In die Wandung sind acht grüne Glasflecken eingeschmolzen, die durch Gravur blattförmig gestaltet wurden. Die gold-gelb irisierende Oberfläche ist mit eingeschmolzenen Glasfäden verziert. Signiert: „3151 H L.C. Tiffany Favrile", graviert auf der Unterseite des Bodens. Höhe 16,3 cm.

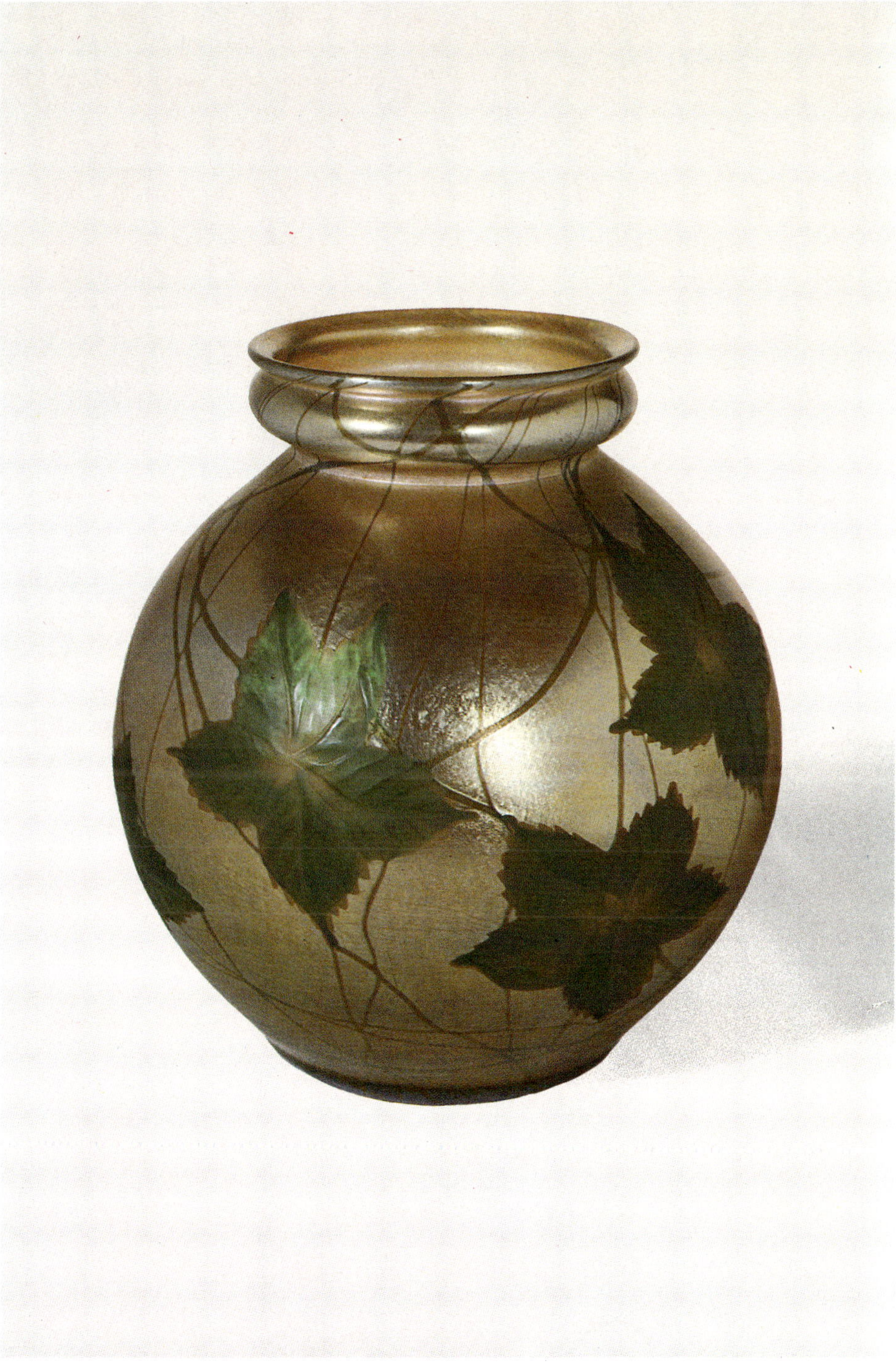

(246)

Vase, Louis Comfort Tiffany, New York, 1910

Farbloses Glas. In die Wandung sind grüne Glasflecken eingeschmolzen. Die gold-gelb irisierende Oberfläche ist anschließend unter Einbeziehung der Flecken mit einer umlaufenden, gravierten Blattranke verziert worden. Signiert: „1892 E L.C. Tiffany Favrile", graviert auf der Unterseite des Bodens. Höhe 25,5 cm.

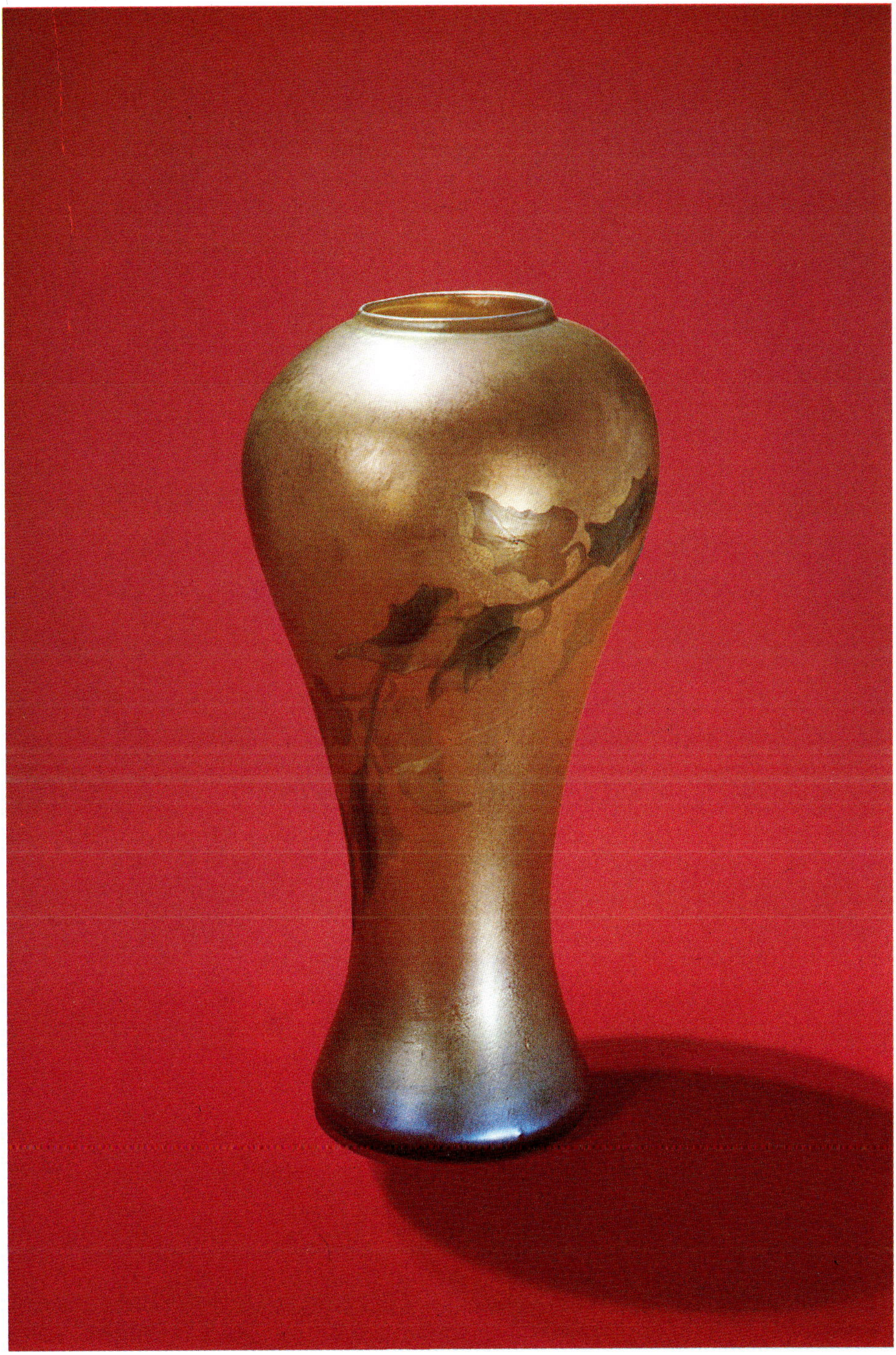

247

Vase, Daum Frères, Nancy, Frankreich, Anfang 20. Jahrhundert

Farbloses Glas mit gelben und roten Pulvereinschmelzungen, sodann farblos und grün überfangen und anschließend in eine dreiteilige Form geblasen. Von der umlaufenden reliefierten Außenwandung ist der grüne Überfang teilweise weggeätzt, sodaß die inneren lichten Glasschichten zum Vorschein kommen. Auf der Rückseite Kirche und Häuser in den grünen Überfang geätzt. Signiert: „Daum Nancy", mit Lothringerkreuz, graviert auf der Unterseite des Bodens. Höhe 28,5 cm.

Literatur:

Helga Hilschenz, Das Glas des Jugendstils, 1973, Abb. 128.

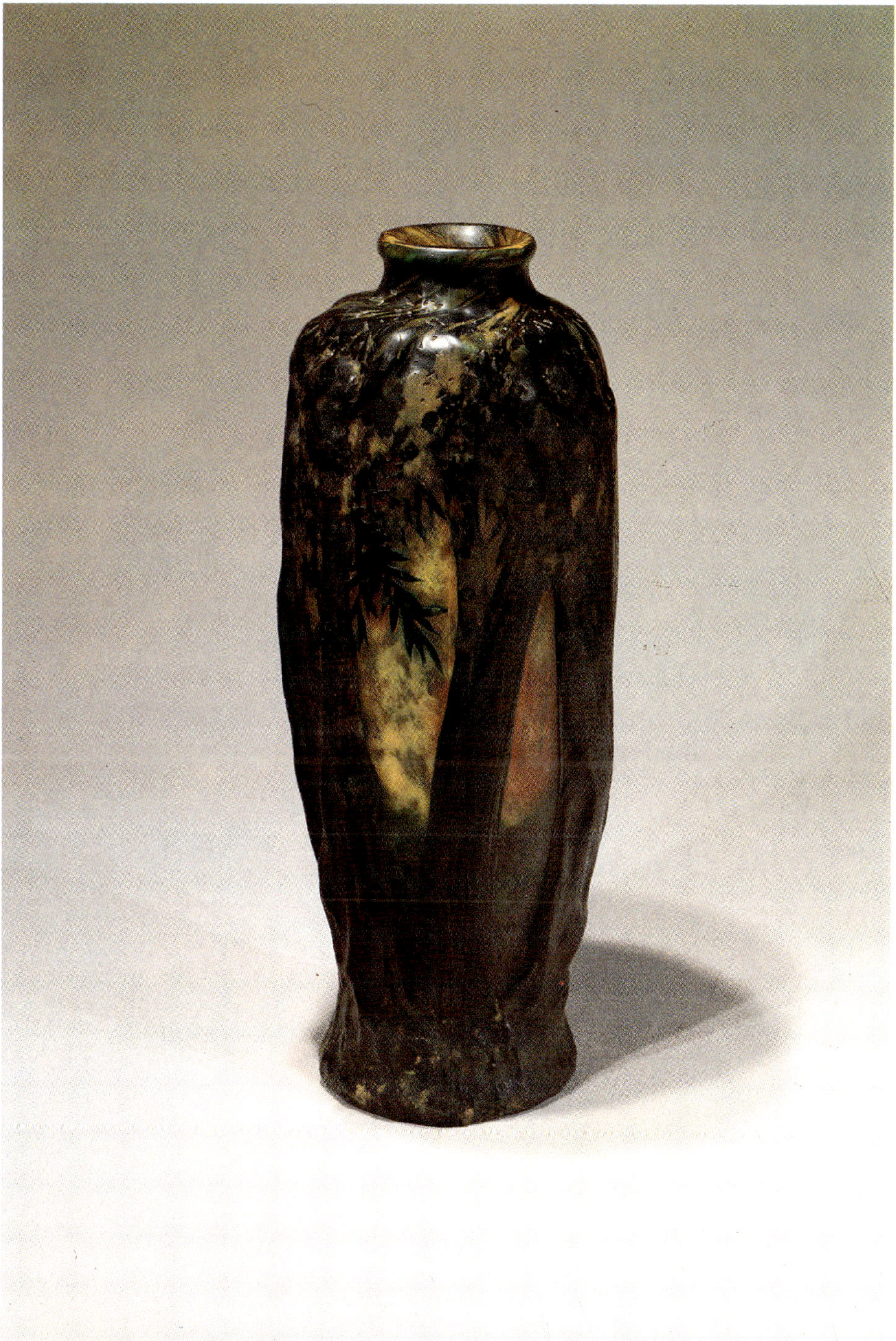

(248)

Vase, Daum Frères, Nancy, Frankreich, Anfang 20. Jahrhundert

Farbloses Glas mit gelben und orangefarbigen Pulvereinschmelzungen. Die Wandung ist umlaufend mit einer Winterlandschaft geätzt. Die großen Bäume sind im Relief und die kleineren im Hintergrund auf die rauh geätzte Oberfläche mit schwarzer Emailfarbe gemalt. Der Schnee ist durch reliefartig aufgetragene, weiße Emailfarbe dargestellt. Signiert: „Daum Nancy" mit Lothringerkreuz, in schwarzer Farbe auf der Unterseite des Bodens.
Höhe 40,6 cm.

Neben den Glasgegenständen mit Winterlandschaften erzeugte die Firma Daum auch gleiche Gläser mit Landschaftsdarstellungen der drei anderen Jahreszeiten.

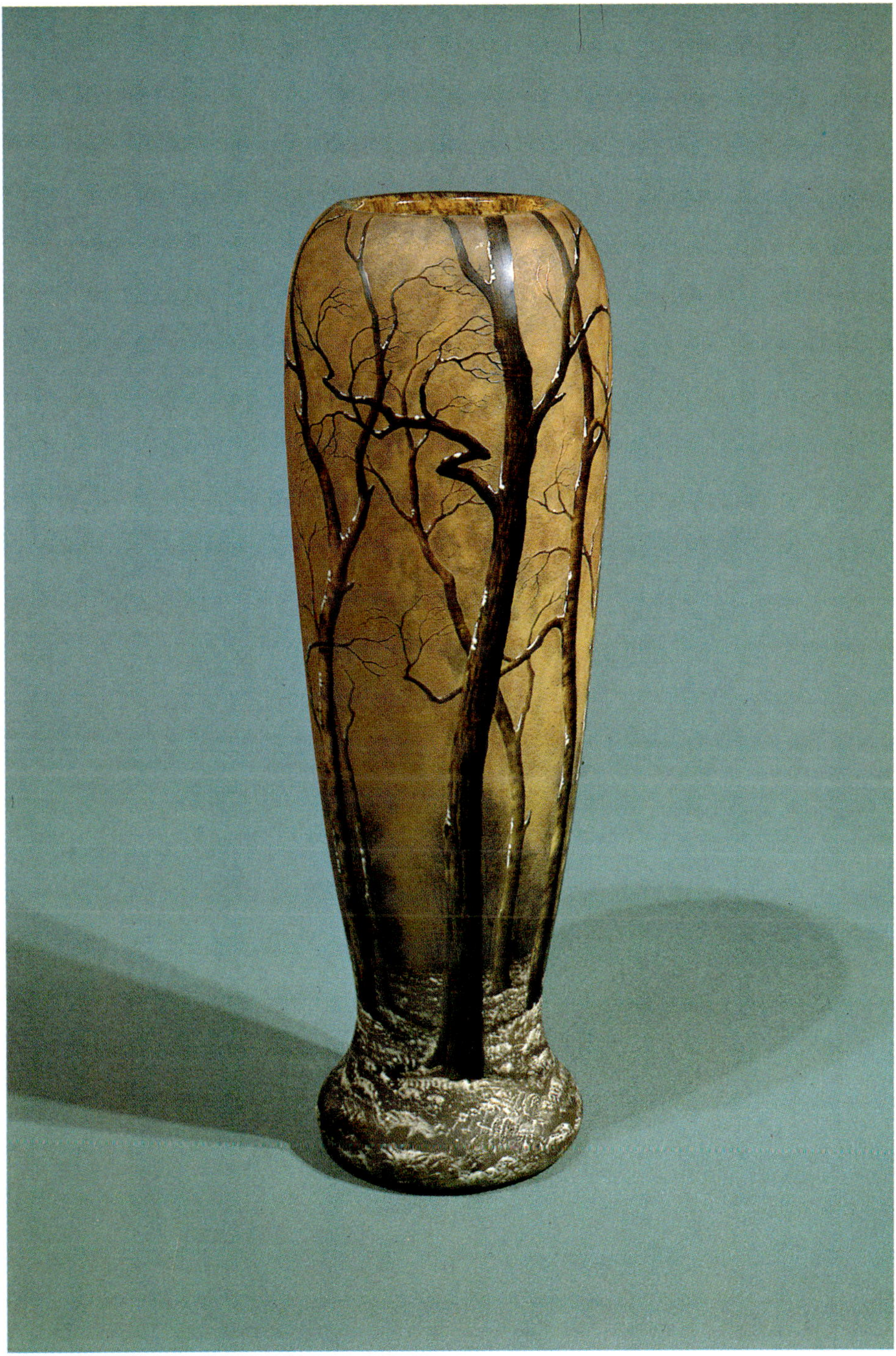

(249)

Vase, Daum Frères, Nancy, Frankreich, um 1900

Farbloses Glas, innen blau opalisierend, außen hellrot und dunkelgrün überfangen. Die Wandung ist umlaufend mit Orchideenrispen mehrschichtig geätzt. Anschließend wurde der Grund mit Marteléschliff* verziert und die gesamte Oberfläche in einem eigens dafür konstruierten Ofen feuerpoliert. Signiert: „Daum Nancy", in die Bodenkugelung graviert.
Höhe 40 cm.

* *Schliffart, welche die Oberfläche gehämmert erscheinen läßt.*

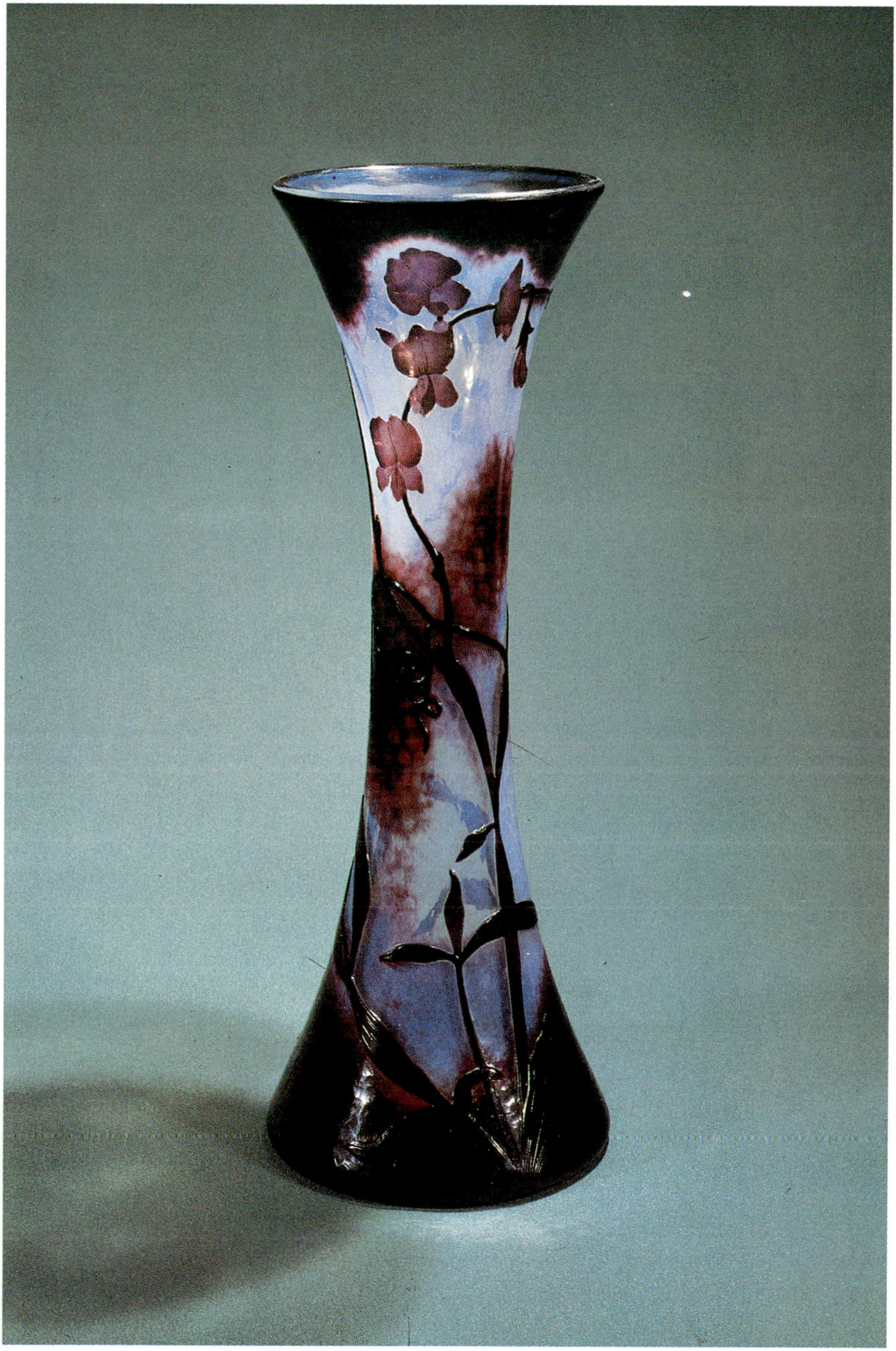

(250)

Vase, Vallerysthal, Elsaß-Lothringen, Deutschland/Frankreich, Ende 19. Jahrhundert

Hellgrünes Glas, teilweise rot überfangen. Die Wandung ist umlaufend mit einer Glockenrebenranke und Insekten in verschiedenen Ätztechniken (Nadelätzung*, Flächenätzung) und Emailmalerei dekoriert. Der Hals ist zusätzlich mit Fantasiemustern bemalt und im oberen Teil mattiert. Signiert „Vallerysthal", Nadelätzung in einem Blatt auf der Unterseite des Bodens. Höhe 33 cm.

Der untere Teil des aufgeschmolzenen Glasfadens ist an zwei Stellen (insgesamt ca. 5 cm lang) restauriert.

** In die Schutzlackschichte werden mit einer Radiernadel beliebige Muster gezeichnet. Durch das verschieden lange Einwirken der Säure entstehen auf der Vasenoberfläche unterschiedlich tiefe Rillen.*

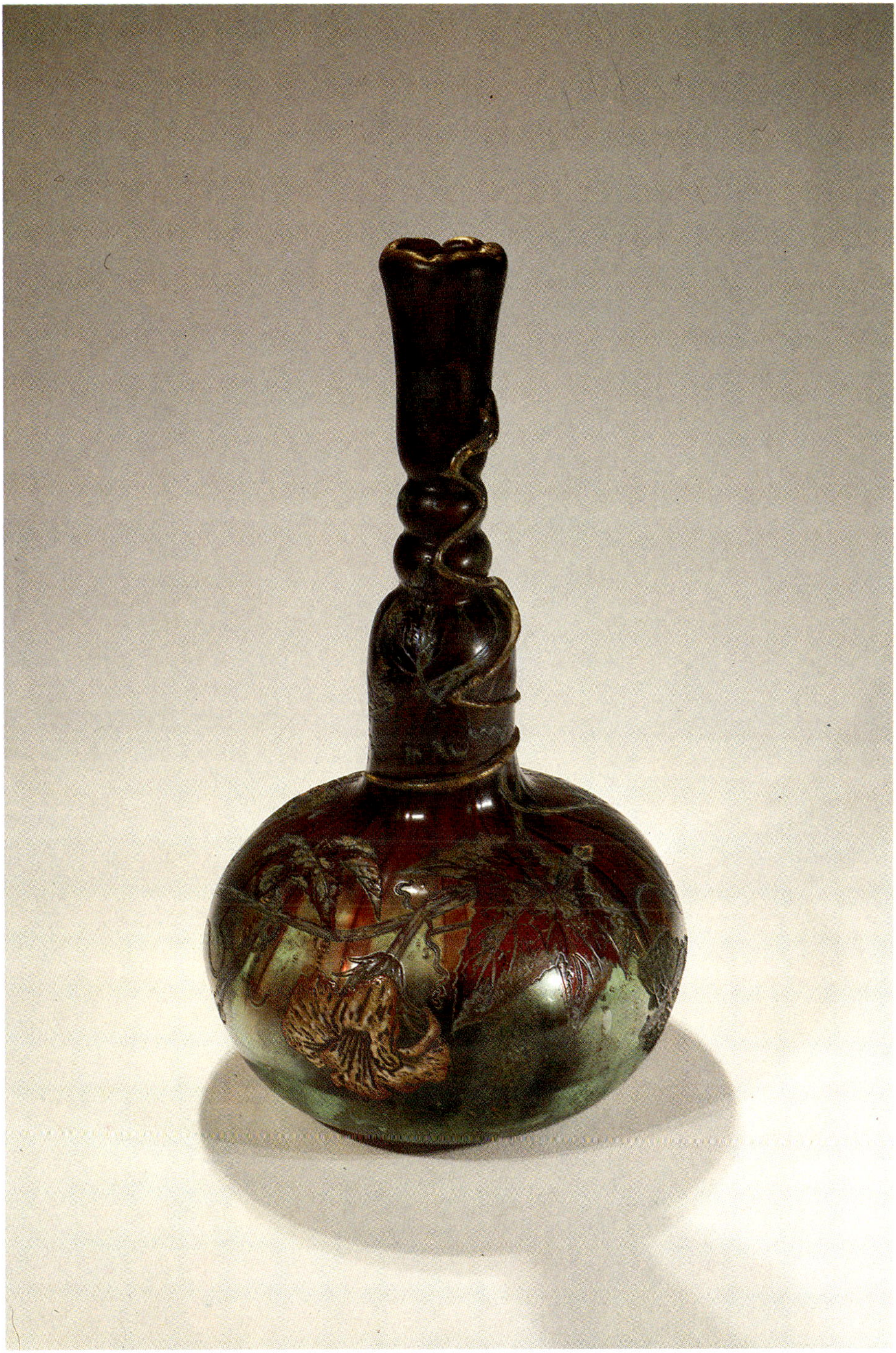

(251)

Vase, Emile Gallé, Nancy, Frankreich, Anfang 20. Jahrhundert

Grünes Glas, innen orange überfangen und verschiedenfarbige Oxydeinschmelzungen. Die Wandung ist umlaufend mit einem Blattdekor (Christrose) mehrschichtig geätzt. Die anschließend feuerpolierte Oberfläche wurde an manchen Stellen nachgeschliffen. Signiert: „Gallé", auf der Wandung geätzt. Höhe 35,8 cm.

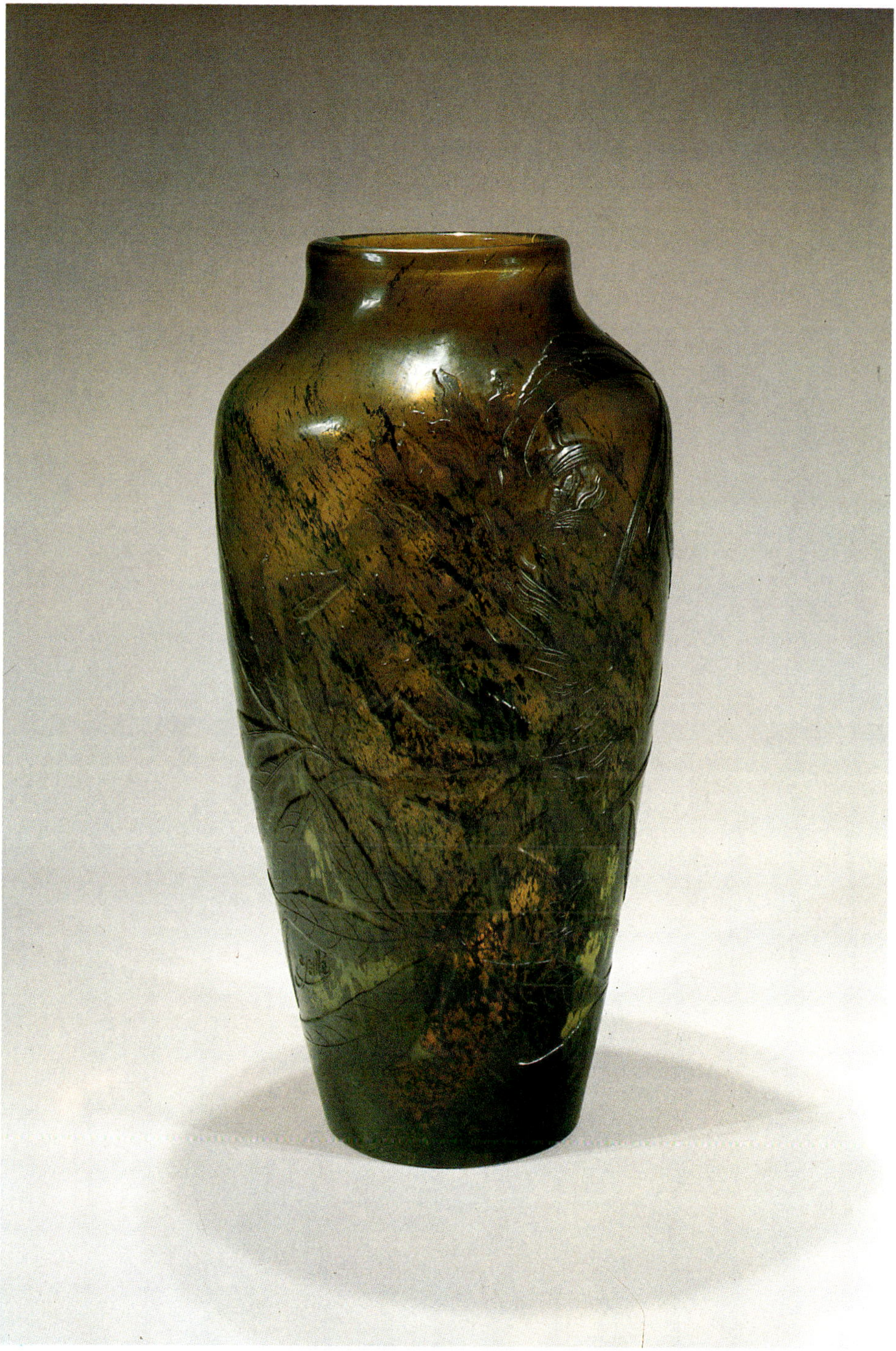

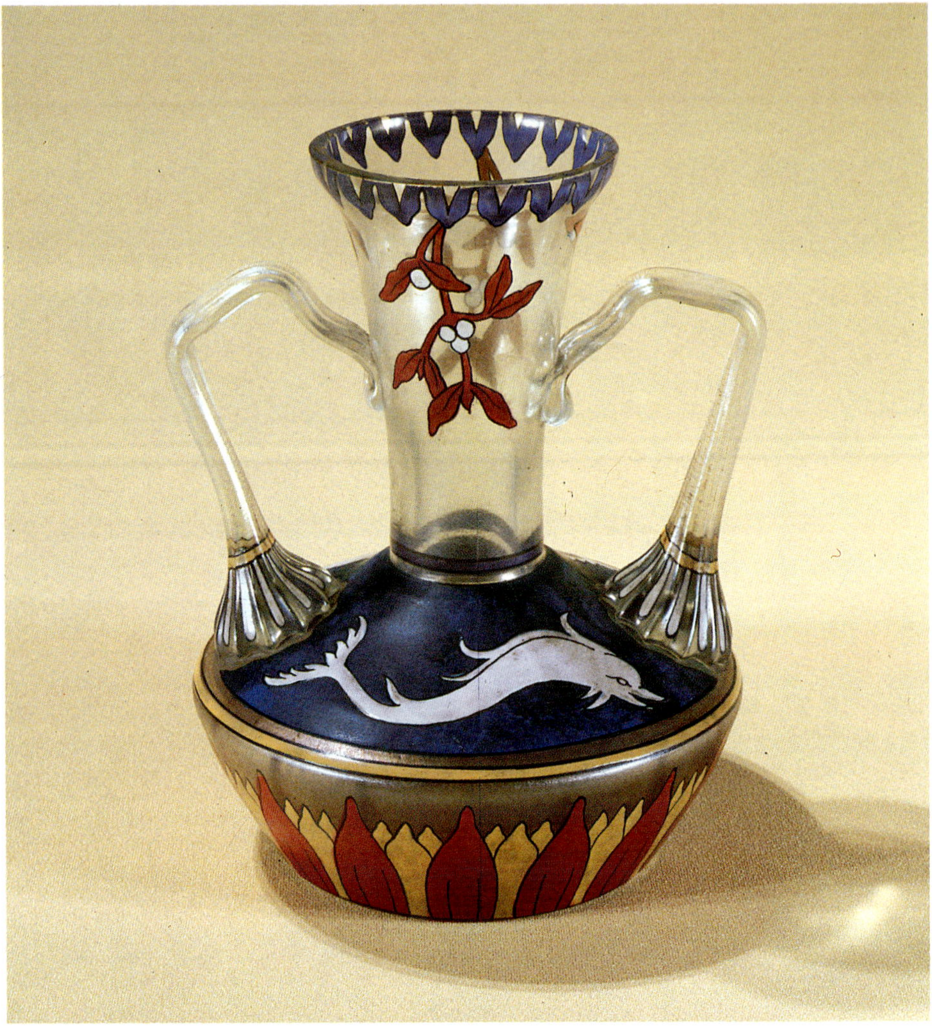

252

Vase, Fritz Heckert, Petersdorf, Riesengebirge, Ende 19. Jahrhundert
Entwurf des Dekors: Max Rade, Dresden

Farbloses Glas, auf der Außenseite zart grün irisierend. Die Wandung ist umlaufend mit Ornamenten, zwei Delphinen und zwei Mistelzweigen mit opaken Emailfarben bemalt. Signiert: „F. H. 2828 MR" ligiert, auf der Unterseite des Bodens. Höhe 13,5 cm.

Literatur:

Pazaurek/Spiegl, Glas des 20. Jahrhunderts, 1983, Abb. 304, 305.

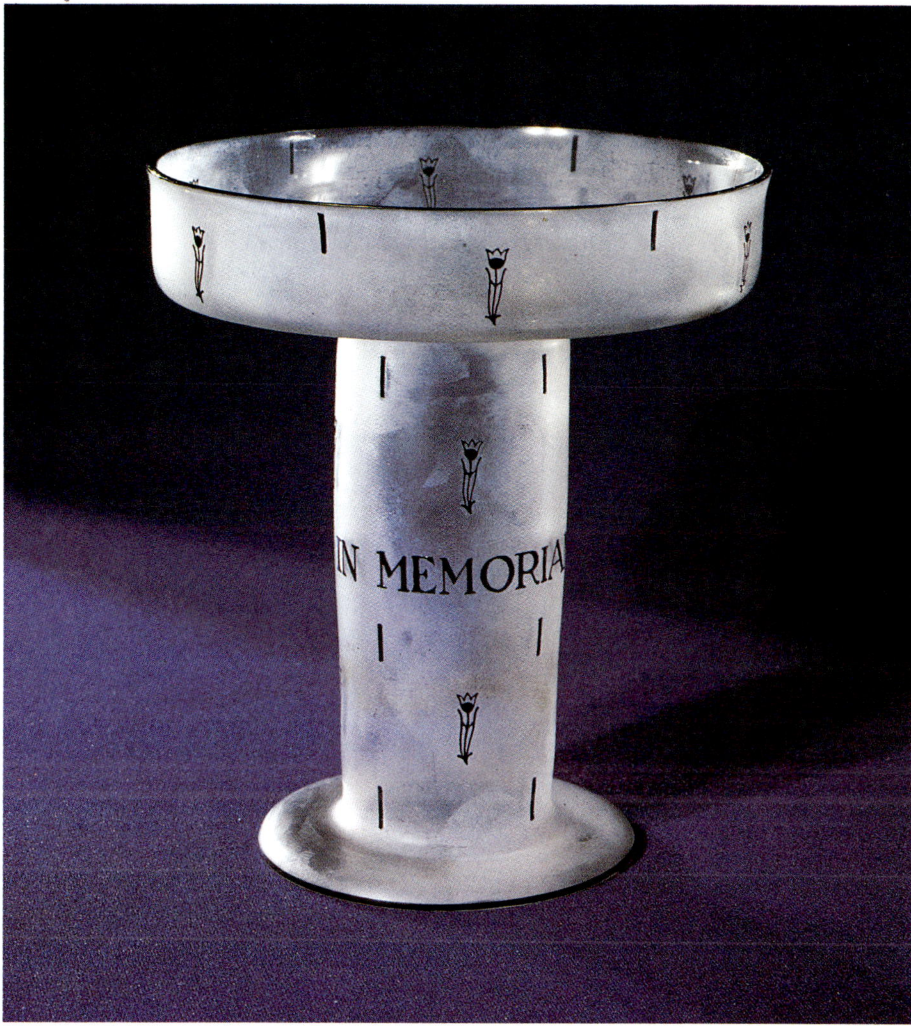

(253)

Schale, J. u. L. Lobmeyr, Wien, um 1912—15
Entwurf: Walther Weber

Farbloses Glas, die Außenwandung fleckig geätzt. Umlaufend dekoriert mit Blumen und Strichen in schwarzer, glänzender Emailmalerei. Inschrift: „In Memoriam Walthari" in Antiqua-Versalbuchstaben. Höhe 11,9 cm.

254

Hochzeitsbecher, Fachschule Haida oder Steinschönau, Böhmen, 1. Viertel 20. Jahrhundert

Zwei geblasene Becher aus farblosem Glas zusammengeschmolzen. Der untere umlaufend und der obere Becher mit drei Phantasieblumen in transparenter Emailmalerei dekoriert. Die Konturen des Blumenmusters sowie der Mundrand mit Schwarzlot gemalt. Höhe 26 cm.

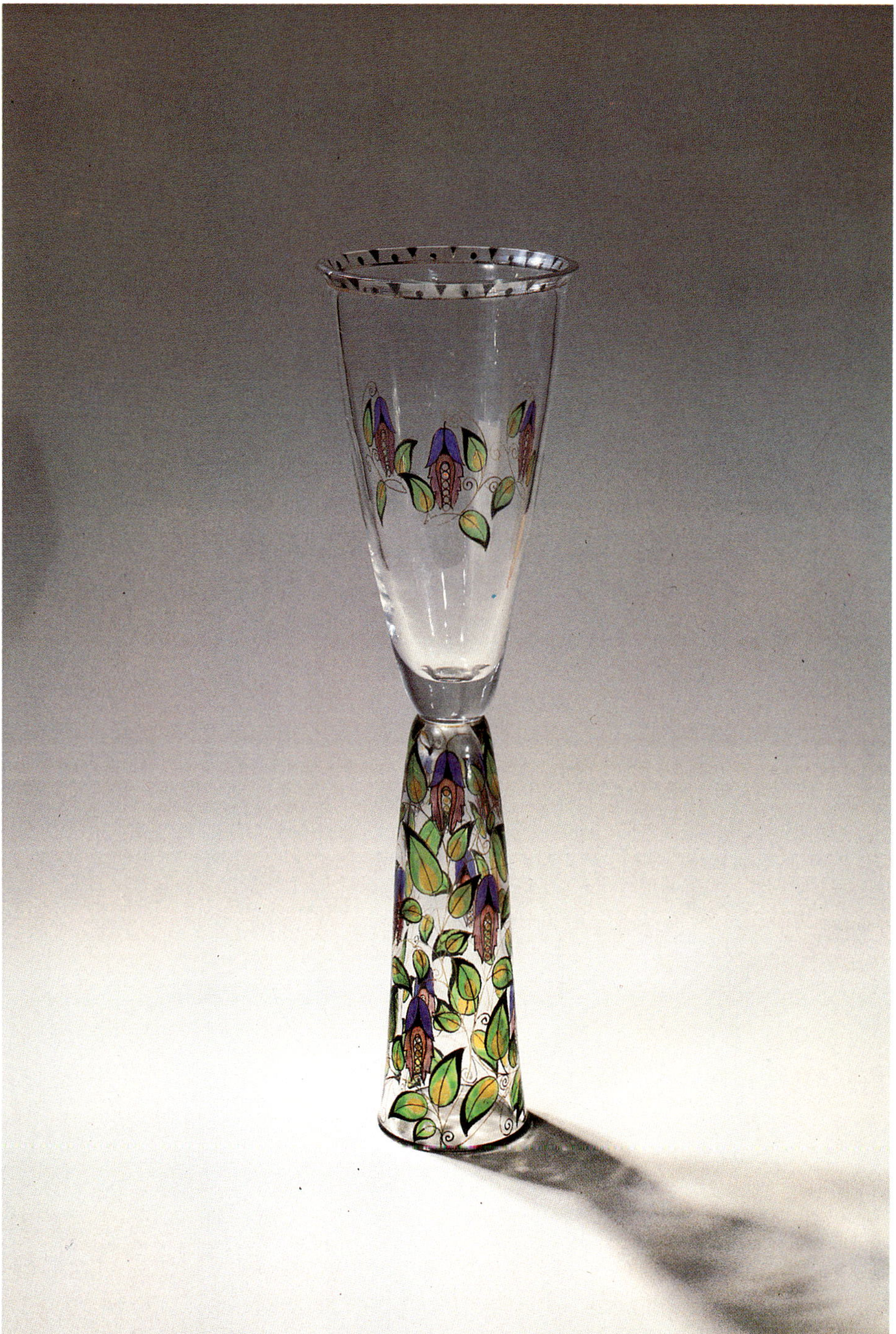

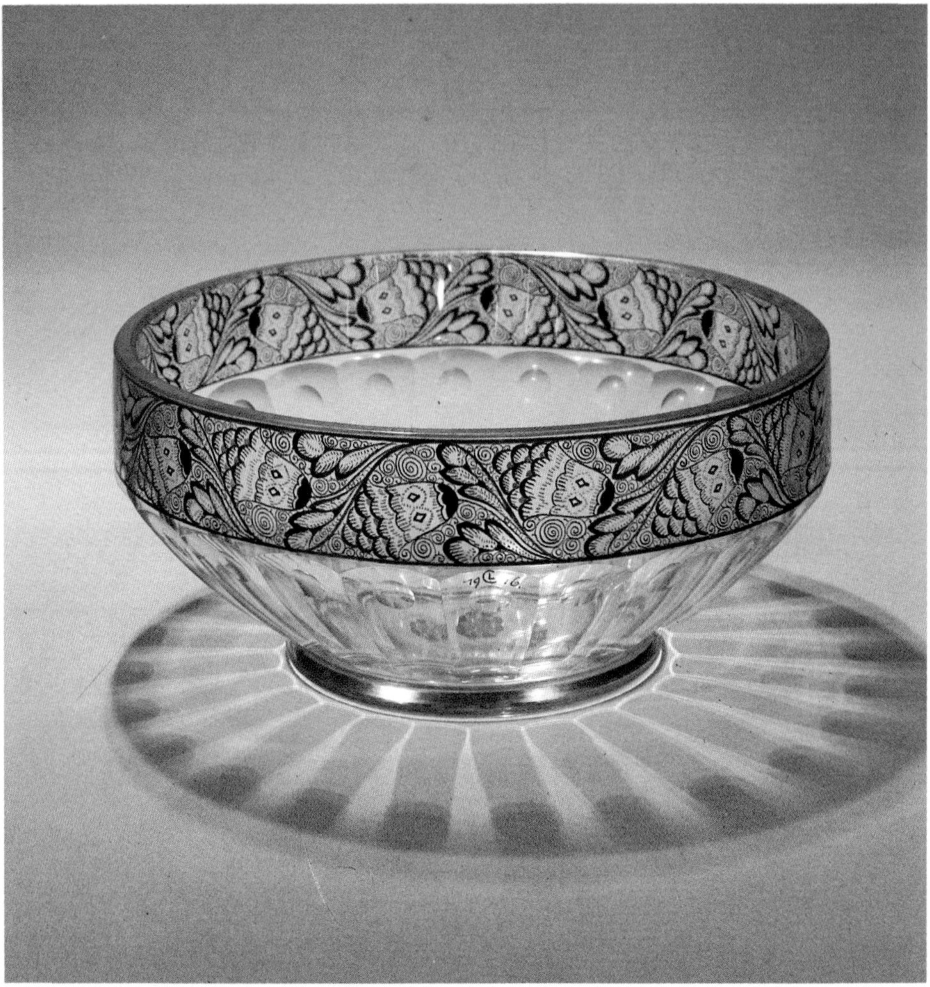

(255)

Schale, Raffinerie Conrath und Liebsch, Steinschönau, Böhmen, 1916
Bemalung: Karl Massanetz, 1890—1918

Farbloses Glas, mit schräg ansteigender, vielfach facettiert geschliffener Wandung. Der Schalenrand und die Bodenkugelung sind mit sehr feiner Schwarzlot- und Goldmalerei dekoriert. Fußwulst und Mündung vergoldet. Signiert: „19 CL 16". Höhe 7,1 cm, ∅ 15,9 cm.

Literatur:

Gustav E. Pazaurek, Kunstgläser der Gegenwart, 1925, Abb. 108, S. 132 und Signaturtafel Nr. 13

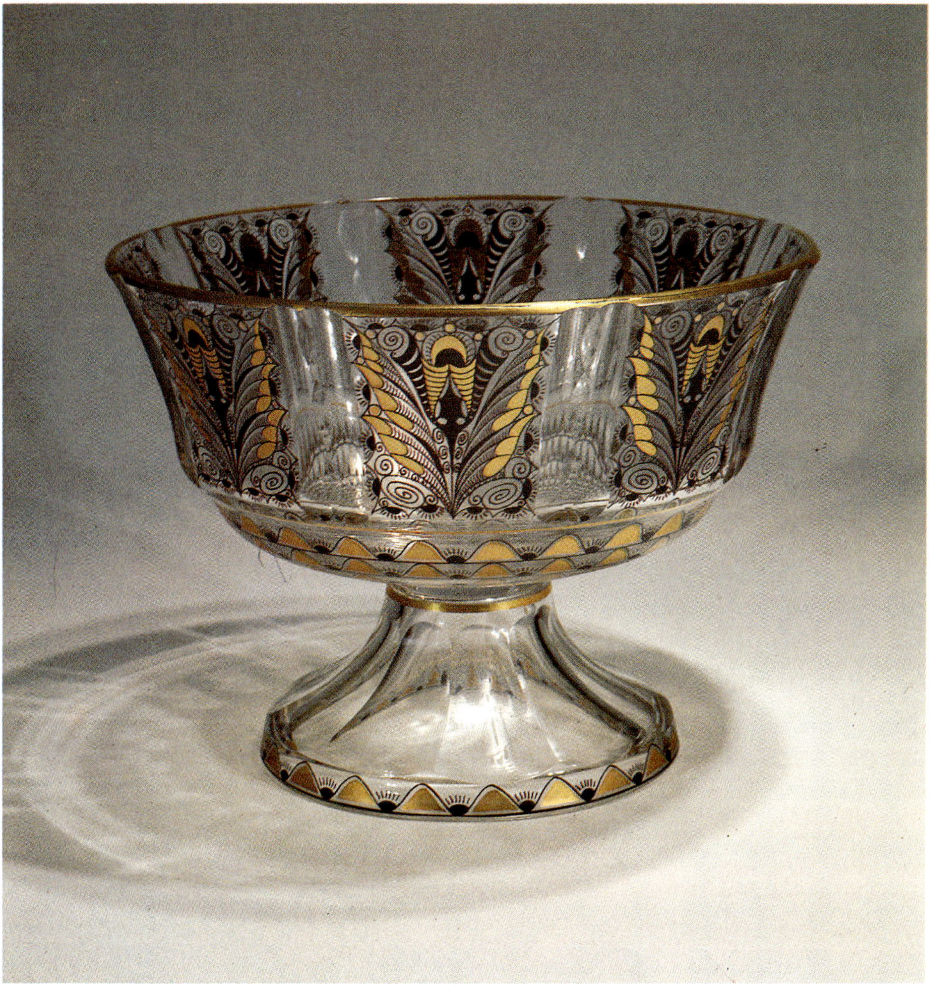

(256)

Schale, Steinschönau, Böhmen, um 1920
Entwurf des Dekors: Adolf Beckert
Ausführung: Friedrich Pietsch

Farbloses Glas, verschiedenartig geschliffen. Die dekorierten Flächen teilweise mit farbloser Emailfarbe mattiert und anschließend mit Schwarzlot und Gold sehr exakt und fein bemalt. Höhe 13,6 cm. ∅ 18,9 cm.

Literatur:

Deutsche Kunst- und Dekoration, Bd. 38, 1916, S. 272.

(257)

Glasskulptur, „Diana", Wien, um 1930
Entwurf: Karl Hagenauer?

Farblose, hohle Glasstäbe wurden vor der Flamme erwärmt und durch Blasen und Biegen zu einer Skulptur geformt. Sogenannte „Lampenarbeit". Die Zunge des Hundes ist aus rotem Glas. Durch das Bedampfen mit Metalloxyden erhielt die Oberfläche den metallischen Glanz. Höhe 27,1 cm.

Kleine Absplitterung, entstanden durch einen Spannungsriß, am Ansatz des rechten Fußes.

In der Werkstätte „Hagenauer", gegründet im Jahre 1898 von Carl Hagenauer, wirkte ab 1919 sein Sohn Karl Hagenauer als Architekt und Entwerfer mit. Ob der Entwurf für diese Glasskulptur tatsächlich von Karl Hagenauer stammt, oder ein namentlich nicht bekannter Entwerfer von den stilistisch ähnlichen Metallfiguren Hagenauers beeinflußt wurde, konnte nicht geklärt werden.
Auch für die Herstellung in einer bestimmten Glaserzeugungs-Werkstätte konnte kein Beweis erbracht werden. Möglicherweise ist diese Figur von einem Mitarbeiter der „Bimini Werkstätte" in Wien (bekannt für sehr fein geblasene Lampenarbeiten) ausgeführt worden.

Literatur:

Katalog, neue Folge Nr. 7, Österr. Museum für angewandte Kunst, Werkstätte Hagenauer, 1971, Abb. Taf. 3, stilistischer Vergleich.

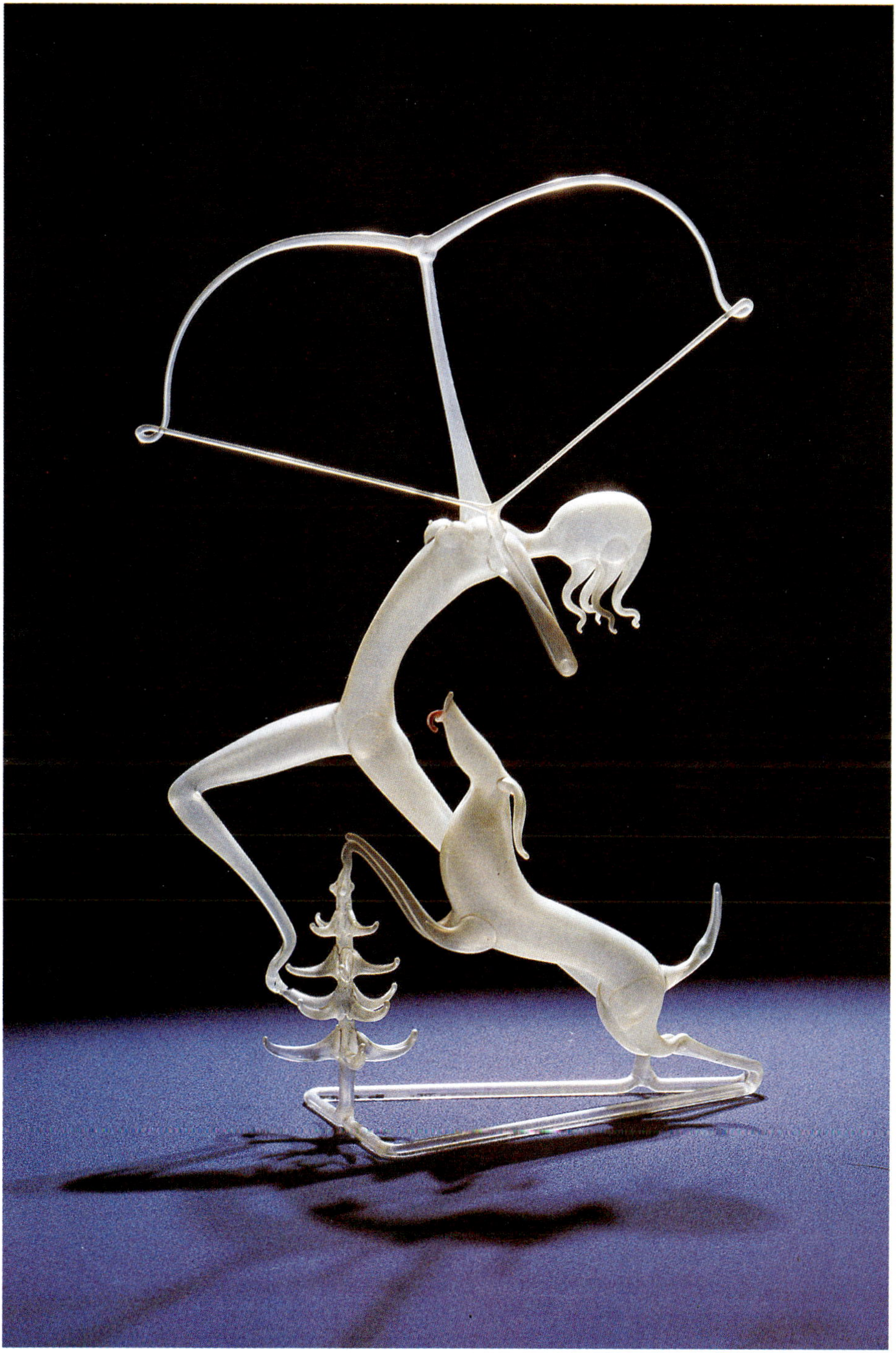

(258)

Vase, Böhmen, um 1920—30

Blau marmoriertes Beinglas in eine vierteilige, reliefierte Form geblasen. Die Kanten der Blätter sowie die sechs umlaufend angeordneten Blüten wurden ebenso wie der Mündungsrand und die flache Standfläche poliert. Höhe 25,3 cm.

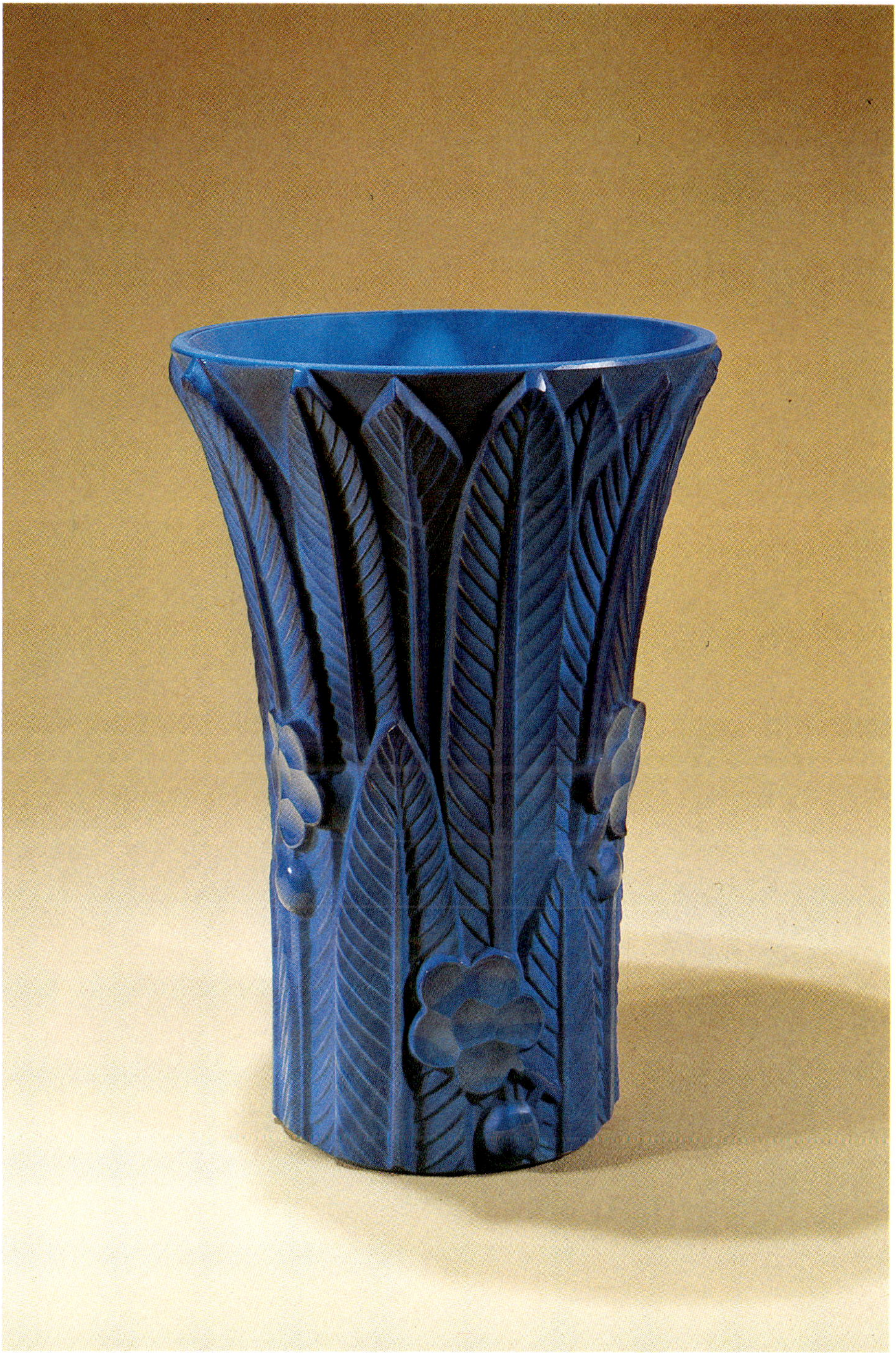

259

Vase, Zwiesel, Bayerischer Wald, um 1930
Glasschnitt: Franz Pietsch

Farbloses Glas, blau überfangen und in eine aufklappbare Form geblasen. Rückseitig von oben bis unten durchgehend acht hohle, geschliffene Vertikalstreifen. Auf der Vorderseite rechteckiges Bildfeld mit einer zeitgenössischen Darstellung in Hochschnitt-Technik. Signiert: „FP" ligiert in der rechten unteren Ecke des Bildfeldes. Höhe 21,5 cm.

Franz Pietsch ist ein Nachkomme des bekannten Glasgraveurs Otto Pietsch aus Steinschönau.

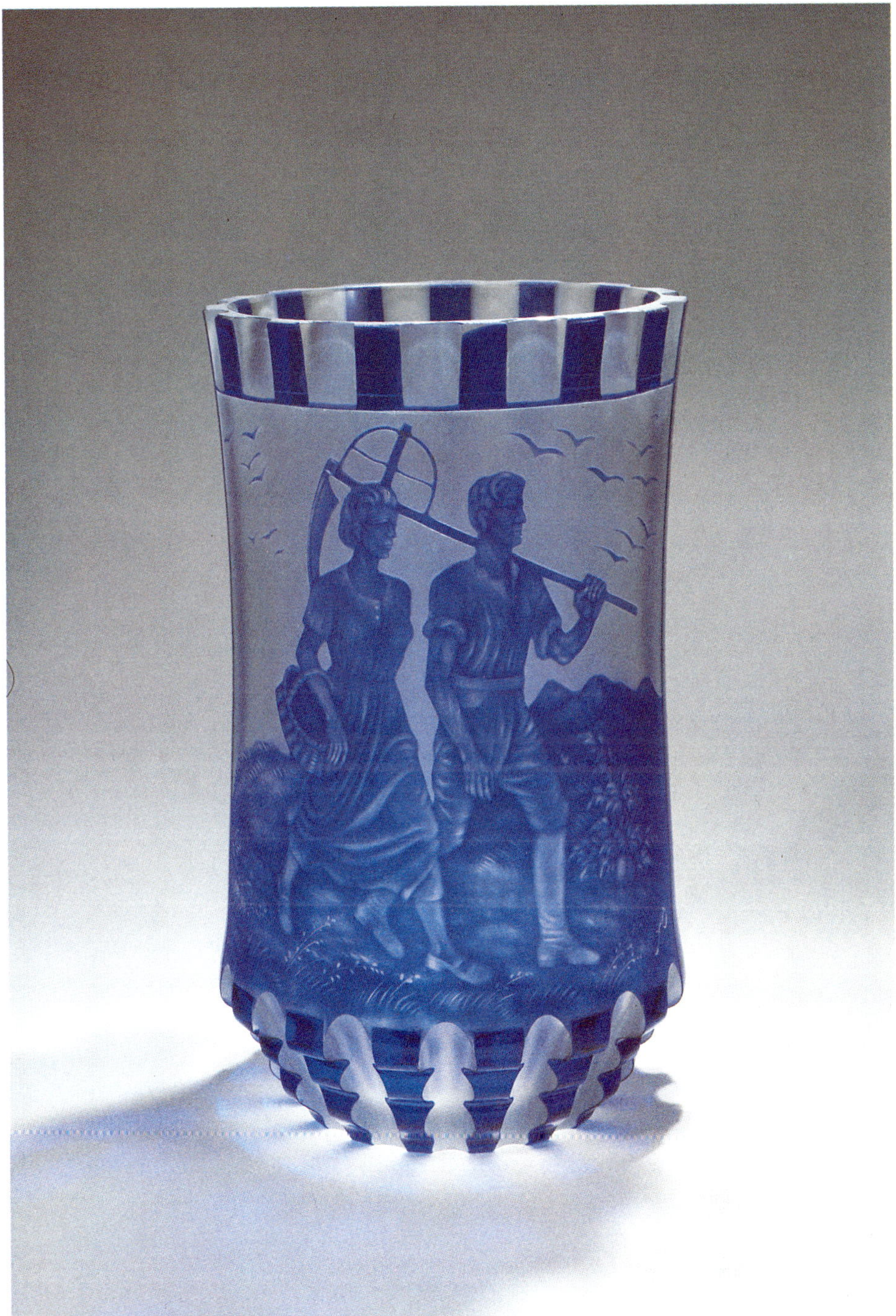

260

Ranftbecher, Wien, 2. Viertel 20. Jahrhundert
Bemalung: Fürchtegott Leberecht Fischer

Farbloses Glas mit sechzehnstrahlig geschliffenem und gelb gebeiztem Bodenstern. Die Schlägelung des Ranftes, die Bordüre unter dem Mundrand und die Bildeinrahmung sind ebenfalls gelb gebeizt. Der Golddekor des Mundrandes und der Bildumrahmung sowie die Darstellung der Fliegenden Hexe in Transparentmalerei, sind exakt nach dem Original von Anton Kothgasser kopiert. Lediglich die Größe und der etwas plumpe, geschliffene Ranft ermöglichen die Unterscheidung vom Original. Signiert: rechts unter der Einrahmung des Bildfeldes „F.L.F. pinx" in Goldschrift. Höhe 14,4 cm.

Literatur:

Vorlage zu diesem Glas, vgl.:
Katalog, Hermann Trenkwald, Ausstellung von Gläsern, Wien, 1922, Abb. 13

Als im ersten Viertel des 20. Jahrhunderts das Interesse an den Gläsern der Biedermeierzeit erwachte und viele bedeutende Sammlungen entstanden, fand im Jahre 1922 im Museum für Kunst und Industrie in Wien (heute Österreichisches Museum für angewandte Kunst) die bisher größte Ausstellung von Gläsern der Empire- und Biedermeierzeit statt. Insgesamt wurden über 1000 Gläser gezeigt. Allein aus der Werkstätte Kothgassers waren fast 200 Arbeiten zu sehen. Angeregt durch diese ausgestellten Gläser wurden in den darauffolgenden Jahren eine Vielzahl meist primitiver Kopien hergestellt. Zu den besten Nachahmern zählt der Maler Fürchtegott Leberecht Fischer, geb. 19. 10. 1866, gest. 11. 11. 1951. Er betrieb seit 1894 eine Werkstätte für Glas- und Porzellanmalerei im 18. Wiener Gemeindebezirk.

Die Mehrzahl der Kopien von Kothgassergläsern, welche heute immer wieder zum Kauf angeboten werden, stammen aus der Zwischenkriegszeit und nicht, wie vielfach behauptet wird, aus der zweiten Hälfte des 19. Jahrhunderts. In dieser Zeit war der Geschmack ganz in Richtung des sogenannten altdeutschen Stils ausgerichtet. Danach folgte der Jugendstil und erst nach dem Krieg wurde die Zeit des Biedermeiers wieder geschätzt.

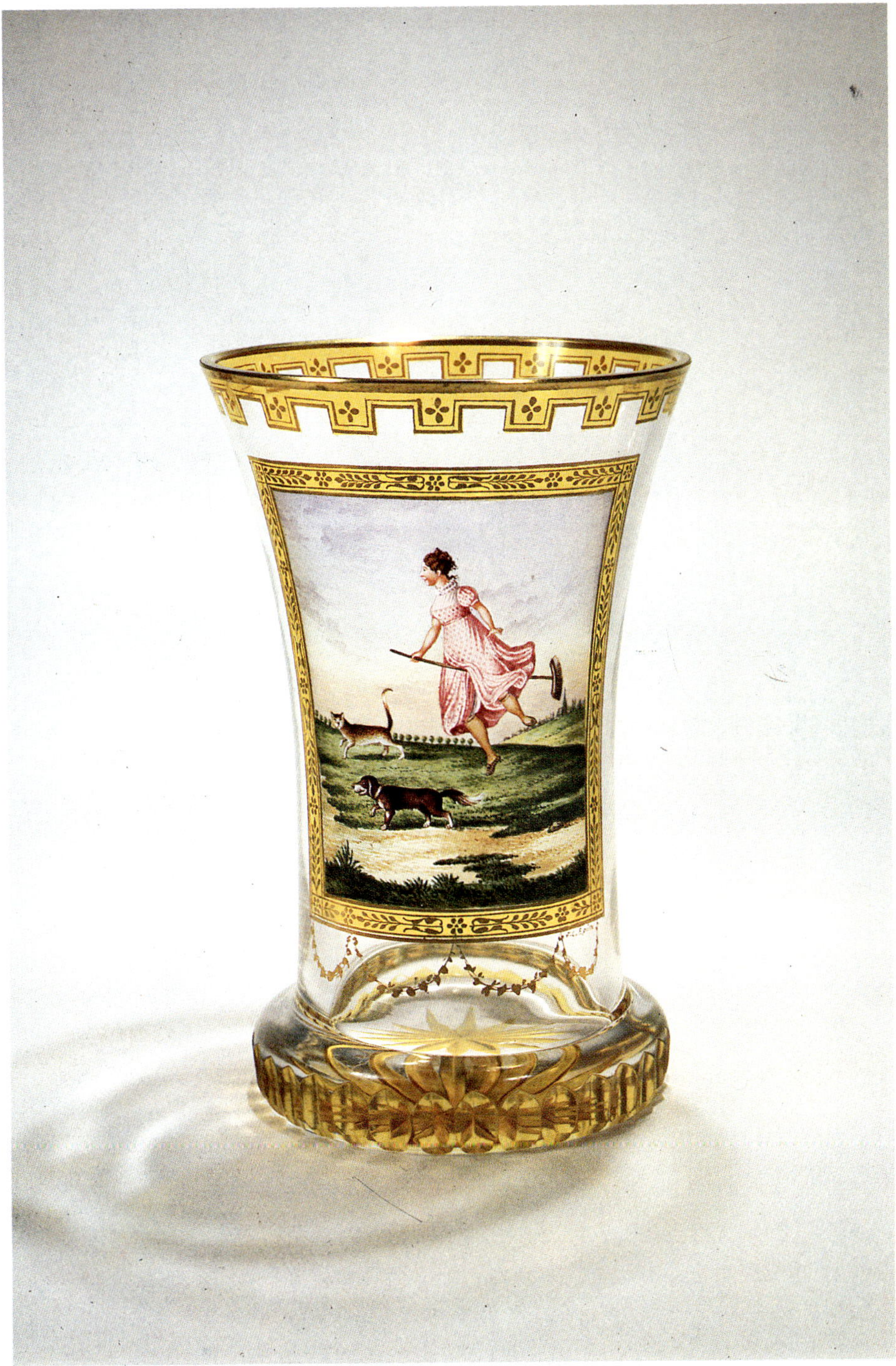

Werter Glasfreund!

Wenn sich in Ihrem Besitz Gläser befinden — Einzelstücke oder eine Sammlung — über die Sie näher Bescheid wissen wollen oder deren Wert Sie interessiert, sind wir gerne bereit nach bestem Wissen kostenlose Auskunft zu erteilen. Sollten Sie die Absicht haben, sich von dem einen oder anderen Stück zu trennen, unterbreiten wir Ihnen gerne jederzeit ein Angebot. Wir versichern Ihnen absolute Diskretion.
Unser Geschäft ist täglich von 10.00—13.00 und von 14.00—18.00 Uhr, Samstag 10.00—12.30 Uhr geöffnet. Sollten wir nicht persönlich anwesend sein, bitten wir Sie, Ihre Wünsche unserer Mitarbeiterin mitzuteilen, die uns zuverlässig informiert. Sie bekommen von uns umgehend Antwort.

Mit besten Grüßen
Regine Kovacek

Michael Kovacek
Allgemein beeideter, gerichtlicher Sachverständiger

1010 Wien, Stallburggasse 2
Tel.: 52 99 54 oder 53 21 66
(ab Juni 1986: 512 99 54 oder 513 21 66)

INHALT